线上资源获取方法

学生资源

请按照如下步骤获取本书配套的线上内容资源：

第一步，关注"博雅学与练"微信服务号；

第二步，扫描二维码标签，即可进入资源页面。

一书一码，相关资源仅供一人使用。

如在使用过程中遇到技术问题，请发邮件至 em@pup.cn。

发展经济学（第三版）
请刮开后扫码获取数字资源

本码2029年12月31日前有效

教师资源

欢迎任课教师按照如下步骤获取配套教学课件：

第一步，扫描右侧二维码，或者直接搜索微信公众号"北京大学经管书苑"，进行关注。

第二步，点击菜单栏"在线申请"—"教辅申请"，填写相关信息后点击提交。

发展经济学

（第三版）

Development Economics

Third Edition

姚洋 / 编著

北京大学出版社
PEKING UNIVERSITY PRESS

图书在版编目(CIP)数据

发展经济学 / 姚洋编著. -- 3 版. -- 北京：北京
大学出版社，2024.8. -- ISBN 978-7-301-35542-8

Ⅰ.F061.3

中国国家版本馆 CIP 数据核字第 20242JZ081 号

书　　　　名	发展经济学（第三版）
	FAZHAN JINGJIXUE（DI-SAN BAN）
著作责任者	姚　洋　编著
责 任 编 辑	任京雪
策 划 编 辑	徐　冰
标 准 书 号	ISBN 978-7-301-35542-8
出 版 发 行	北京大学出版社
地　　　　址	北京市海淀区成府路 205 号　100871
网　　　　址	http://www.pup.cn
微信公众号	北京大学经管书苑（pupembook）
电 子 邮 箱	编辑部 em@pup.cn　总编室 zpup@pup.cn
电　　　　话	邮购部 010-62752015　发行部 010-62750672　编辑部 010-62752926
印 刷 者	北京市科星印刷有限责任公司
经 销 者	新华书店
	787 毫米×1092 毫米　16 开本　26.25 印张　575 千字
	2013 年 4 月第 1 版　2018 年 8 月第 2 版
	2024 年 8 月第 3 版　2024 年 8 月第 1 次印刷
定　　　　价	78.00 元

序

一、发展经济学简介

经济发展是所有发展中国家所追求的目标。发展经济学的研究对象就是一个国家从不发达向发达,特别是从低收入向高收入过渡的过程。

纵观世界过去五百年的历史,即使是那些早已进入发达行列的国家,在不太久远的过去也经历了一个"发展"的过程,而且这个过程所耗费的时间大大超过最近才进入发达行列的国家所用的时间。我们在今天研究经济发展,实际上是要研究如何让低收入国家在短时间内赶上发达国家。在这个意义上,发展经济学获得了更坚实的学科地位。但是,过去一百年的历史告诉我们,经济赶超不是发展中国家的常态,而是特例。除东亚和南欧地区外,其他发展中国家和发达国家的差距不是在缩小,而是在拉大。如何解释这一百年的发展历史,特别是如何解释东亚和其他地区的差异,是发展经济学所面对的最激动人心的课题。

发展经济学成为一个独立的学科始于 20 世纪 50 年代。那时,第三世界国家纷纷独立,它们的发展问题为西方学术界所关注。因此,发展经济学从它建立之初就是问题导向的,专注于研究发展中国家所特有的问题。其中最富有创见的是两方面的工作:一是起始于保罗·罗森斯坦-罗丹的(Rosenstein-Rodan, 1943)对规模报酬递增的研究。20 世纪 50 年代的发展经济学家们注意到,经济起飞是有一定门槛的,一个国家如果无法跨越这个门槛,就不可能实现经济赶超,而决定这个门槛的就是企业内部和经济整体的规模报酬递增。二是起始于威廉·阿瑟·刘易斯的(Lewis, 1954, 1955)对剩余劳动力的研究。对于 20 世纪 50 年代的主流发展经济学家来说,发展经济学不仅研究特定的问题,还使用不同于新古典经济学的研究假设和方法,因为发展中国家的市场发育不完善,人们的行为方式也因此不符合经济理性的假设。其中一个现象就是农业中存在剩余劳动力,即那些名义上参与生产但实际上不增加产出的劳动力。刘易斯在此基础上提出了工业劳动力无限供给的概念,确定了发展中国家经济起飞的一个重要条件。这个理论对于我们理解中国经济在改革开放之后的高速增长,特别是外向型经济的增长具有重要意义。但是,刘易斯的理论受到了西奥多·W. 舒尔茨(Theodore W. Shultz)的挑战(舒尔茨,1987)。舒尔茨力图证明,不发达经济中的农民具有和发达经济中的人们一样的理性,而且那里的市场交易也是非常发达的。由此他提出了不发达经济"贫穷但有效"的假说。舒尔茨的工作极大地刺激了西方学者对发展中国家微观层面的研究,由此而产生的大量文献表明,尽管舒尔茨关于不发达经济中农民的理性假设是成立的,但不发达经济中市场的不完备的确使得发展经济学拥有了和西方主流经济学不同的研究对象。

宏观发展经济学在 20 世纪 60 年代之后变得沉寂了。这有两方面的原因:一方面是新古典经济学的研究手段无法满足发展经济学所要研究的问题的需要。在 20 世纪 50 年代经典发展经济学家的著作中,规模经济处于核心地位。但是,经典的一般均衡理论无法处理规模经济问题,因此在当时的学科水平下,发展经济学家无法将他们的思想模型化,从而也无法进行深入的研究。另一方面是由 20 世纪 50 年代经典发展经济学理论所导出的一些标准的政策建议,如进口替代,未能给发展中国家带来实质性的经济增长,相反,实施出口导向的经济政策却给东亚地区带来了奇迹般的增长。

在宏观发展经济学沉寂的同时,微观发展经济学却有了长足的进步。自 20 世纪 70 年代以来,发展经济学家们深入研究了发展中国家的市场、农民行为和制度安排,取得了丰硕的成果,其中一些成果对主流经济学产生了深远的影响。比如,张五常和约瑟夫·斯蒂格利茨对土地租赁市场的研究为信息经济学做出了开创性的贡献。

进入 20 世纪 90 年代,出于两方面的原因,宏观发展经济学进入复苏和再发展阶段。第一个原因是全球化环境下世界经济发展水平不平衡加剧。学者们意识到,发达国家收入水平的提高并不必然传导到发展中国家,因此有必要对发展中国家的问题进行专门研究。第二个原因是新增长经济学为发展经济学提供了新的研究方法,其中最重要的是对规模经济的研究。增长经济学家通过借用垄断竞争理论的成果,成功地将规模经济引入一般均衡分析,因此开辟了发展经济学的新篇章,使得发展经济学家重新重视 20 世纪 50 年代经典发展经济学家的思想,并在其基础上有所推进。今天,发展经济学所关注的领域进一步扩大,除了经典发展经济学家所关注的资本积累、结构变化和技术进步问题,贫困、收入不平等和制度也被纳入发展经济学的研究领域。特别值得注意的是,这些新的因素不是作为经济发展的后果来研究,而是作为可能促进或限制经济发展的条件而受到发展经济学家的关注。

那么,发展经济学和增长经济学有何不同呢?主要的不同是,发展经济学注重对结构性因素的研究,而增长经济学研究决定经济增长的因素,因此多将一国乃至世界经济作为一个整体进行研究。发展是由一系列结构性变化所引发的,这包括人口结构变化、非农化、城市化、产业升级及制度变化等。这些变化使得发展经济学和增长经济学在研究对象方面具有明显的差异。

更为重要的是,经济发展是一个综合的概念。在一般情况下,经济发展的衡量标准是一个国家人均国民生产总值(GNP)或人均国内生产总值(GDP)的提高;但是,收入水平的提高并不是经济发展的全部,当我们说到发展的时候,我们不仅指一个国家的人民吃得更好、休闲更多、享受更多的消费品,还指他们的寿命更长、身体更健康、教育水平更高,以及身处更好的环境和更和谐的社会,而后面这些成就可能和收入提高并不一定直接相关。说到底,经济发展是人类文明进步的一部分,对经济发展的研究需要一种综合性的取向。这将是本书写作基调之一。

二、本书的特点和结构

本书是为经济学专业高年级本科生准备的一本教科书。经过半个多世纪的发展,发展经济学已经形成包括微观发展经济学和宏观发展经济学在内的庞大体系。要想把这两部分内容都收入一本教科书,任务艰巨。鉴于国内多数经济院系只给本科生开设一个学期的发展经济学课程,而且宏观问题更具一般性,因此本书把重点放在宏观发展经济学上,但也涉及一些微观课题,如贫困和饥荒等。

本书注重一般性介绍、经验事实和理论分析三者的结合。一般性介绍的目的是让学生全面了解发展经济学的概貌,作为一本教科书,这是必要的。本书的一个特点是覆盖面较广,不仅涵盖经典的资本积累、结构变化和技术进步理论,还包括以下几项新内容:首先,本书着重介绍了随着新增长理论发展出来的新发展经济学理论,特别是和规模经济有关的理论进展。其次,本书的一大特点是和中国的现实紧密结合。中国经济在起飞阶段高度依赖外贸和外国投资,本书因此包括了大量开放经济的内容。同时,中国又是一个已迈入社会主义现代化建设新阶段的转型国家,随着实践的快速发展,已有制度需要不断健全,新领域新实践需要推进制度创新、填补制度空白。为了给学生提供一个分析和看待中国现实的框架,本书花了较大篇幅讨论制度和经济发展的关系,并纳入新政治经济学理论的内容。最后,本书还专辟一章讨论发展的规范问题。

本书非常重视展示经验事实,为学生提供了大量的关于中国经济发展的统计资料和分析。为了不影响教材主体内容的流畅性,这些资料多数以专栏的形式出现。专栏之外还提供一些线上延伸阅读材料,学生可以按照文前"线上资源获取方法"获取。呈现这些资料的目的,是激发学生对现实问题的兴趣。中国是一个发展中国家,让学生对自己身边的事情产生兴趣,是培养他们在今后的研究中养成以问题为导向的习惯的第一步。在理论分析方面,本书不停留在对已有理论的泛泛介绍上,而是对理论模型进行深入的讨论,包括较详细的推导。因此,学生必须在学完中级微观经济学和中级宏观经济学之后才能选修本课程。理论模型的作用是用严谨的经济学语言即数理模型来表达经济学家对问题的解释或预测。这对于任何经济学分支学科都是重要的。本书的目的是让学生领会如何用严谨的理论模型来探讨现实问题,给予他们智力上的挑战,从而激发他们从事理论和经验研究的兴趣。

本书第一版于2013年出版,第二版于2018年出版。第二版对第一版的修订较多,为本次修订打下了良好的基础。本次修订没有对全书的结构做改动,主要是更新书中的数据、专栏和延伸阅读材料,并增添了一些习题。其中增添较多的是要求学生自己动手收集数据并进行分析的习题,旨在激发学生将理论应用于现实问题分析的热情,提高学生分析问题的能力。

本书的结构如下:

第1章考察20世纪以来世界经济的发展轨迹,并以历史的眼光考虑中国的经济增长,然后讨论决定经济发展的各种因素,援引世界和中国的数据对这些因素与经济发展之间的关系进行描述。这一章的讨论为其他章节内容提供了一个框架。

第2章至第5章讨论人口、农业和结构变化与经济发展之间的关系。具体地,第2章讨论人口与经济发展之间的关系,第3章讨论农业的作用,第4章讨论结构变化和城市化,第5章讨论二元经济结构。

第6章至第8章讨论经典的资本积累理论、规模报酬递增和技术进步。这三章的一个特点是结合了经典理论和新增长理论的内容。在技术层面,这三章向学生介绍简单的动态分析方法,并通过简单的模型引领学生掌握一般均衡分析以及垄断竞争模型在发展经济学中的应用。

第9—12章讨论贸易、外资和国际经济环境与经济发展之间的关系。这三章的特点是结合中国实际,除理论讨论之外,还运用大量的数据展示贸易和外资对中国经济发展的贡献,并探讨在新的国际环境特别是全球失衡的背景下中国的政策选择。

第13章、第14章转而讨论两个专题问题,即金融和自然资源与经济发展的关系,第14章还涉及可持续发展问题。

第15章讨论中等收入陷阱的形成原因,并对比成功经济体和不成功经济体的差异,特别强调成功经济体之间的高度相似性。在一定程度上,这一章也是对前面章节所讲授的理论的一个应用。

第16章及后续章节转向对非纯经济因素的探讨。具体地,第16章、第17章讨论贫困和收入分配及其对经济发展的制约作用;第18章、第19章讨论制度对经济发展的制约和促进作用,以及新政治经济学的解释;第20章讨论发展的规范问题,向学生介绍政治哲学特别是分配正义的基本理论,并探讨如何建立能够指导实践的分配正义原则。

三、用书指南

本书涵盖的主题广泛,而且内容有一定的深度,教师在讲授时可以做一定的取舍。如果是 64 学时的课程,应该可以完成所有章节的讲授。第 20 章涉及政治哲学的内容,教师可以视情况决定是否讲授。如果是 48 学时的课程,则需要做进一步的取舍。建议全面讲授第 1—9 章、第 13—14 章及第 16—17 章的内容,其他章节可以从略。本书的许多章节包含理论模型,这些模型各自独立,与不同的文献有联系,因此需要教师熟悉相关文献。

对于学生而言,具备中级微观经济学的基础才可能较顺利地掌握本书的内容。每章开篇会列出该章需要掌握的知识点,也是学生学习的指南。专栏、线上延伸阅读和扩展阅读旨在帮助学生了解中国的现实,激发学生理论联系实际的热情。学生可以关注每章的习题中需要自己找数据进行简单研究的题目,有意锻炼自己构建和分析问题及收集数据的能力。

目　录

导论
第 1 章

1.1 引言

经济发展从来不是一个普遍的现象。在人类的历史长河中,直到 18 世纪,只有欧亚大陆的少数地区才有较显著的以农业为基础的经济增长,其他地区一直处在游牧或原始社会阶段。在 18 世纪中叶工业革命爆发之后,工业文明率先在欧洲确立,并逐渐向美洲和亚太地区扩散。第二次世界大战之后,东亚地区迅速崛起,日本更是继德国在 19 世纪后半期经济实现赶超之后又一个实现赶超的大国。从 20 世纪 80 年代开始,中国经济开始起飞,至今取得了令世人瞩目的成就。如果说德国是 19 世纪经济赶超的楷模、日本是 20 世纪经济赶超的楷模的话,中国则将是 21 世纪经济赶超的楷模。这激发了学者关于经济增长收敛的想象。然而,放眼全世界,我们看到的不是收敛而是发散,即除少数国家之外,多数发展中国家与发达国家之间的差距不是缩小而是拉大了。认清这些历史事实,是我们学习发展经济学的第一步。

本章内容包括以下几节:1.2 节为读者提供一个第二次世界大战结束以来世界经济增长的大致图景;1.3 节介绍和讨论中国历史上经济增长的轨迹,并给出中国未来经济增长的一个预测;1.4 节简要讨论影响经济发展的因素,并提供数据加以佐证,后续章节将围绕这些因素展开;1.5 节对本章作一小结。

学习目标:

熟悉第二次世界大战之后世界经济增长的典型事实。

把中国经济的复兴放在历史中进行考察。

掌握关于经济发展的决定因素的基本事实。

理解因果关系与相关关系的不同之处。

1.2 第二次世界大战之后世界的经济增长

按照经典的新古典经济学模型(如索罗模型),资本积累是经济赶超阶段提高人均收入的关键,而由于资本边际回报递减,较低收入国家的收入增长速度应该高于较高收入国家。这就是所谓的"经济收敛假说"。但是,20 世纪以来的经验事实表明,在多数情况下,高收入国家的增长速度高于低收入国家,因此,世界经济增长的基调是贫富差距拉大。图 1.1 对比了 1965 年和 2019 年世界主要的 98 个国家(地区)人均收入的分布情况。图中横轴表示国家(地区)的收入排名,数字越大表明排名越高;纵轴为按

2017 年购买力平价(PPP)计算的人均收入(万美元)。可以看到,与 1965 年相比,2019
年各国(地区)的收入都有所提高,但富国(地区)提高的速度更快。即使不看 2019 年
排名最高的几个国家(地区)的数字(这些国家主要是产油国),该年的世界收入分布也
比 1965 年的更为陡峭。这说明全世界的收入水平不仅没有收敛,反而更加发散了。

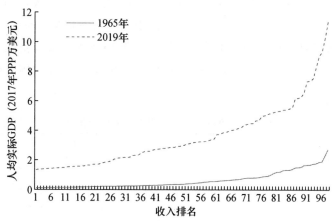

图 1.1　世界收入分布格局:1965 年和 2019 年比较

资料来源:佩恩世界表(Penn World Table)10.0。

　　世界经济的发散引发了以保罗·罗默(Paul Romer)为代表的新增长理论家对规
模经济及其作用的研究(如 Romer,1986)。他们认为,出于"干中学"等原因,经济增
长具有规模效应,因此高收入国家的增长速度可以高于低收入国家的增长速度,世界
经济是发散而不是收敛的。但是,随后的经验研究表明,在整体的发散过程中,一些地
区表现出了一定的收敛趋势。

　　通过柯成兴(Quah,1993)构造的转移矩阵,我们可以对世界各国(地区)的分化和
收敛情况进行更详细的考察。转移矩阵所显示的是一个国家(地区)由一个收入组转
变为另一个收入组的概率。表 1.1 考察了从 1965 年到 2019 年世界人均收入转移矩
阵。为了构造这个矩阵,我们将各国(地区)按购买力平价度量的人均收入表示为当年
世界平均收入的倍数。比如,当年世界平均收入为 4 000 美元,一个国家(地区)的收入
是 1 000 美元,则该国(地区)由世界平均收入所表示的收入就是 1/4。然后,我们按照
新构造的相对收入按年将国家(地区)分成五组,第一至第五组依次是低于 1/4,1/4 到
1/2 之间,1/2 到 1 之间,1 到 2 之间,以及大于 2。在表 1.1 中,纵列代表 1965 年的分
组,横列代表 2019 年的分组,表中数字代表 1965 年一个组中的国家(地区)转移到
2019 年一个组中的概率。可以看到,人均收入最低的第一组和最高的第五组是最稳定
的组,分别有 65.0% 和 84.2% 的国家(地区)从 1965 年到 2019 年停留在本组没有动。
在第一组上升的国家(地区)中,最高也只上升到第三组;在第五组下降的国家(地区)
中,最低也就降低到第四组。中间三组的流动比较活跃。在第二组中,只有 21.9% 的
国家(地区)保持在原组没有动,而多达 56.3% 的国家(地区)下降至第一组,但也有
9.4% 的国家(3 个国家,罗马尼亚、马耳他、韩国)进入了第四组。在第三和第四组中,

保持在原组没有动的国家(地区)在一半左右,其他国家(地区)的变动遍布所有组别。这些结果综合起来,可以得到与图 1.1 所反映的情况基本一致的结论,即世界经济倾向于发散而不是收敛,但我们也看到两个更加详细的情况:一是最低收入组和最高收入组的构成非常稳定,说明贫困陷阱是存在的,同时高收入是可持续的。二是中间三组国家(地区)的分化非常突出。这三组国家(地区)属于中等收入行列。表 1.1 的数据说明,对于它们当中的多数国家(地区)而言,中等收入陷阱是存在的,但是也有一些国家(地区)能够跃升到更高的组别,如巴拿马、马来西亚和阿根廷由第三组进入第四组,新加坡和中国台湾地区更是由第三组进入第五组,爱尔兰和中国香港地区也由第四组进入第五组。

表 1.1 1965—2019 年世界收入转移矩阵

1965 年分组	2019 年分组				
	第一组	第二组	第三组	第四组	第五组
第一组	0.650	0.200	0.150	0.000	0.000
第二组	0.563	0.219	0.094	0.094	0.031
第三组	0.273	0.046	0.455	0.136	0.091
第四组	0.048	0.048	0.333	0.476	0.095
第五组	0.000	0.000	0.000	0.158	0.842

资料来源:佩恩世界表 10.0。

更具体地,表 1.2 考察了五个地区及其代表国家 1965—2020 年的经济增长情况。这五个地区是撒哈拉以南非洲、南亚、东亚及太平洋、拉丁美洲及加勒比海和经济合作与发展组织(发达国家)。可以看到,发达国家保持了年均 2% 左右的增长速度;南亚的年均增长速度为 2.8%,高于发达国家;拉丁美洲的增长相对缓慢,1965—2020 年增长速度平均只有 1.5%;撒哈拉以南非洲的表现最令人担忧,1965—2020 年平均每年增长还不到 0.5%。拉丁美洲和撒哈拉以南非洲与发达国家之间的差距增大而不是缩小了。东亚及太平洋地区的增长速度最快,平均达到 3.8%,东亚更是一枝独秀,保持了高速的经济增长,新加坡、韩国和中国台湾地区进入了高收入国家(地区)行列。东亚的高速增长被称为"东亚奇迹",并引起了 20 世纪 90 年代以来学术界和政策领域的广泛关注(参见世界银行,1995;斯蒂格利茨和尤素福,2003)。值得注意的是,撒哈拉以南非洲、南亚 1991 年以来的经济表现比之前有了较大的改观,而发达国家、拉丁美洲和东亚的经济增长有放缓的趋势。拉丁美洲的经济最不容乐观,一个重要原因是制造业的萎缩和对资源出口的过度依赖。在东亚地区,中国的表现好于其他国家(地区)。中国是东亚地区经济增长的后来者,但经济增长速度超过其他国家(地区),且 1991 年以来呈现加速趋势。中国曾经在历史上领先世界一千七百多年,但在最近的五百年落后了。中华人民共和国成立之后,特别是改革开放之后的高速经济增长,为中国在 21 世纪的复兴开创了一个好的开端。在下一节里,我们将回顾中国长时段经济增长的记录,将之与世界特别是西欧进行比较,并给出对未来的一个预测。

表 1.2 1965—2020 年世界五个地区的经济增长

地区(国家)	2020 年人均 GDP (2017 年 PPP 国际元)	增长率(%)		
		1965—2020 年	1965—1990 年	1991—2020 年
非洲(撒哈拉以南)	**3 718**	**0.5**	**0.2**	**0.6**
南非	12 666	0.4	0.5	0.4
尼日利亚	4 917	0.8	0.1	1.4
肯尼亚	4 340	1.3	2.0	0.7
南亚	**5 814**	**2.8**	**1.8**	**3.8**
孟加拉国	4 871	2.1	0.0	4.0
印度	6 166	3.0	1.8	4.2
巴基斯坦	4 563	2.1	2.9	1.5
东亚及太平洋	**17 548**	**3.8**	**3.9**	**3.7**
中国	16 316	7.3	5.9	8.5
印度尼西亚	11 445	3.4	3.6	3.1
泰国	17 285	4.0	5.2	3.0
韩国	42 336	6.0	8.2	4.1
拉丁美洲及加勒比海	**14 824**	**1.5**	**1.9**	**1.1**
秘鲁	11 261	1.1	−0.6	2.6
巴西	14 064	1.9	3.1	1.0
阿根廷	19 691	0.7	0.3	1.1
经济合作与发展组织	**42 430**	**1.9**	**2.7**	**1.2**
英国	42 676	1.7	2.5	1.0
法国	42 321	1.8	2.9	0.8
美国	59 920	1.8	2.3	1.3
日本	40 232	2.5	4.6	0.7
世界	**16 185**	**1.7**	**2.0**	**1.5**

资料来源:世界银行世界发展指标(World Development Indicators,WDI)数据库。

1.3 中国经济增长的历史透视

唐代是中国古代文明发展的一个高峰,但中国文明发展进步速度最快的时期是在两宋,当时涌现了一批先进的技术发明,如接近现代形式的枪、水泵、水力推动的纺织机等(Morris,2010)。但是,北方游牧民族的入侵阻断了中国在当时的技术进步,明清时期中国的农业生产虽仍有较大的发展,但技术进步基本停滞。表 1.3 是安格斯·麦迪森(Angus Maddison)对中国 1700—2015 年的人口和 GDP 的估算。在他的估算中,1820 年是中国经济发展的顶峰,GDP 占世界总量的 33%。在此之后的 80 年,中国的GDP 总量下降。20 世纪前半叶,尽管动荡不安,中国的 GDP 仍然有所增长,但世界其他地区增长更快,致使到 1950 年时,中国的 GDP 只占世界总量的 5%。到 2001 年,中国 GDP 恢复到占世界总量的 12%。麦迪森曾经预测,到 2015 年,中国 GDP 将恢复到占世界总量的 20%,将略超过中国人口占世界人口的比重,位居世界第二。[①] 中国人均收入的下降早于中国在世界上相对地位的下降,1700—1820 年,中国人均收入由相当于世界的 98% 下降到 90%。其中一个原因是中国在此期间经历了一次人口爆炸。1700—1850 年这 150 年间,中国人口增长了两倍,由 1.38 亿人增长到 4.12 亿人。要支撑如此迅速的人口增长,没有较快的粮食生产的增长是不可能的。事实上,清代中国的农业有了很大的发展,保证了人均粮食拥有量基本保持不变。另一个原因是,当西欧开始工业革命时,中国的工业生产却处于停滞状态。中国在近代并没有经历衰落,而是被世界特别是西欧赶超了。

表 1.3　中国在世界经济中的地位(1700—2015)

	1700 年	1820 年	1900 年	1950 年	2001 年	2015 年
	人口(百万)					
中国	138	381	400	547	1 275	1 387
世界	603	1 042	1 564	2 521	6 149	7 154
中国占世界比重(%)	23	37	26	22	21	19
	GDP(10 亿,1990 年国际元)					
中国	83	229	218	240	4 570	11 463
世界	371	696	1 973	5 326	37 148	57 947
中国占世界比重(%)	22	33	11	5	12	20
	人均 GDP(1990 年国际元)					
中国	600	600	545	439	3 583	8 265
世界	615	668	1 262	2 110	6 041	7 154
中国/世界	0.98	0.90	0.43	0.21	0.59	1.16

资料来源:麦迪森(2022)。

注:国际元为麦迪森为比较世界各国历史收入而编制的计量单位。

图 1.2 比较了中国和西欧在公元 400—2000 年的人均收入水平。在此期间,公元 1000—1300 年(相当于两宋时期)是中国的高速增长时期,但随后便进入了停滞。而西欧在经历了中世纪的衰退之后,于公元 1000 年左右开始加速,到 1300 年左右人均收入超过中国,到 1820 年达到中国的两倍以上。在此之后,西欧进入工业革命的顶峰时期。19 世纪中后期,科学开始介入技术发展和工业生产,欧洲及其在新大陆和其他地区的衍生国的经济增长进入加速期,人均收入加速增长。与此同时,中国则由于连绵近百年的战乱(太平天国起义、军阀混战、外敌入侵等)进入了衰退期,直到 1950 年以后,中国才再次进入加速增长时期,且增长速度远超西欧。

[①]　后来的事实证明,麦迪森的预测乐观了一些,2015 年中国的 GDP 占世界总量的 12%,实际人均收入尚未达到世界平均水平。

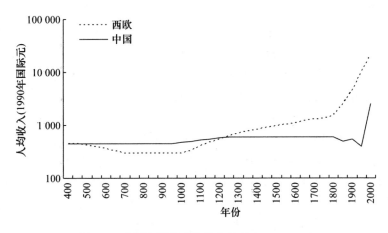

图 1.2　中国和西欧人均收入比较(400—2000)

资料来源:麦迪森(2022)。

注:图中收入曲线按收入的自然对数值绘制。

关于中国相对于西欧的衰落,学术界有所谓的"李约瑟之谜"之说。李约瑟(Joseph Needham)在《中国科学技术史:第一卷　导论》中提出了一个极富挑战性的问题:既然中国古代的科学技术已经如此发达,为什么中国没有产生相似的近代科学和工业革命?(李约瑟,1990)经济史学家更关心工业革命问题。对这个问题的解答可以从两方面进行:一方面是论证工业革命为什么会发生在欧洲。经济学界主流的观点是,欧洲在其进入近代社会时建立了适合工商业创新活动的产权制度。这方面的代表性著作是道格拉斯·诺斯(Douglass North)和罗伯特·托马斯(Robert Thomas)的《西方世界的兴起》(诺斯和托马斯,1999)。[①]另一方面,学者们试图解答为什么中国没有发生工业革命。尽管学术界做出了许多努力,但至今仍然没有达成一致性意见。随着经济史研究的深入,新的理论不断涌现(见专栏 1.1),它们加深了我们对李约瑟之谜以及中国经济史的理解。

专栏 1.1
对李约瑟之谜的解释

迄今为止,已经出现许多关于李约瑟之谜的解释,这些解释大体上可以分成七类。

第一类是思维方式说。李约瑟本人认为,中国之所以没有产生近代科学,是因为中国人重实用而轻分析。这个结论大体上是成立的,但即使中国人的思维方式的确和欧洲人有差别,这种差别也无法解释工业革命为什么没有在中国发生,因为工业革命

---

① 对于西欧兴起的原因,学术界也有不同的观点。比如,弗兰克(2000)和彭慕兰(2003)认为,西欧的兴起得益于美洲的白银以及与亚洲特别是中国和印度的贸易。按照弗兰克的说法,亚洲在长时期内是世界的中心,而西欧不过是搭上了亚洲经济发展列车的三等车厢而已。Morris(2010)认为,发现新大陆是西欧经济起飞的关键性事件,并从地理环境的角度论证了为什么是西欧而不是中国首先发现新大陆。

并没有依赖于科学的帮助。工业革命(公认的时期为1750—1850年)比近代科学和技术的结合(公认为19世纪后半叶)早了近百年。

第二类是中央集权说。杰瑞德·戴尔蒙德(Jared Diamond)是这一学说的代表之一(Diamond,1999),李约瑟本人也提出过类似的解释。欧洲的海岸线犬牙交错,且近海岛屿众多,而中国的海岸线平滑有序,近海几乎没有大的岛屿;前者有利于形成众多竞争的小国,而后者有利于形成大一统的帝国,从而也决定了两个区域不同的发展轨迹。但是,这个解释虽然对中国在近代的落伍有一定的解释力,但无法解释中国在此之前为什么能够领先世界一千七百多年。与戴尔蒙德的解释相类似的是中央集权的税收假说(艾德荣,2005)。其基本观点是,南宋时期中国已经有了工厂化工业的萌芽,但被高度集权的中央税收扼杀了。然而,这个解释也存在一定的局限。如果南宋时期因战争而不得不把税收全部收归中央,那么明、清两代经历了几百年的和平时期,难道各位皇帝都没有学会"放水养鱼"的道理?

第三类是制度说。马克斯·韦伯(Max Weber)早就指出,中国古代的制度是造成中国停滞的原因。黄仁宇(1997)进一步认为,中国古代社会没有产生资本主义的原因,在于财产所有权没有得到应有的尊重和保护。比如,明末著名清官海瑞的断案方针是:"凡讼人之可疑者,与其屈兄,宁屈其弟;与其屈其叔伯,宁屈其侄;与其屈贫民,宁屈富民;与其屈愚直,宁屈刁顽。事在争产业,与其屈小民,宁屈乡宦,以救弊也。事在争言貌,与其屈乡宦,宁屈小民,以存体也。"这个解释具有相当强的说服力,但是和中央集权说一样,它无法解释为什么中国曾经领先世界一千七百多年。

第四类是戴尔蒙德所说的"英雄理论"。它认为技术创新是少数"英雄"的活动,而"英雄"的数量以及创新的数量取决于人口的多少和技术创新的难易程度。林毅夫教授持这种观点(Lin,1995)。他认为,中国之所以在历史上能够领先世界,是因为当时的技术比较简单,可以靠经验积累来完成,所以中国较大的人口规模更容易产生技术创新。但是,近代技术不是建立在经验而是建立在科学实验基础上的,人多并不能保证更多的技术创新。这个解释为中国过去的领先和明清时期的停滞都提供了依据,但是我们前面已经指出,工业革命并不是以近代科学为前提的。

第五类是资源约束说。这主要是经济史领域的加州学派的观点,以彭慕兰(Kenneth Pomeranz)、王国斌和李伯重为代表(如彭慕兰,2003;李伯重,2003)。他们认为,中国与欧洲的比较应该是江南与英格兰的比较,因为这两个区域面积相当,又分别是当时中国和欧洲最发达的地方。他们试图证明,直至1800年左右,江南在收入、市场发育、教育等各个方面的发展程度并不比英格兰的差,江南之所以没有发生工业革命,是因为工业革命所需的至关重要的资源——煤炭——在北方,运至江南的成本太高。但这个解释比较牵强,因为当时大运河已经到达北京,沿途经过产煤地淄博,同时北京离开滦煤矿也不远。事实上,英格兰的煤炭也集中在北部,主要靠海运送至东南部的经济中心地带。因此,只要需求足够大,交通不会成为巨大的障碍。

第六类是人口约束说。伊懋可(Mark Elvin)的高水平陷阱假说就是这样的一个学说。伊懋可(Elvin,1973)认为,中国之所以在工业革命之前一千七百多年里领先世界,而后又被欧洲赶超,是因为中国受到人口众多而资源匮乏的限制。由此,中国的农业技术非常发达,但剩余被人口增长吞噬,因而工业停滞不前,进而落入了一个"高农业水平、高人口增长和低工业水平"的高水平陷阱之中。与此相关的是黄宗智的"内卷化"理论(黄宗智,2000a,2000b)。该理论认为,明清时期,江南人口压力导致资源紧张,人们只能依靠不断增加劳动投入和提高农业技术来提高产量,其结果是劳动边际报酬递减、劳动生产率下降,出现"没有发展的增长"。

第七类是地理环境说。Diamond(1999)通过大量的实证资料试图证明,地理环境决定了人类文明为什么起源于欧亚大陆。伊安·莫里斯(Ian Morris)继承了这一学说,试图进一步证明,地理环境以及气候变化是影响东西方文明进程的主要因素(Morris,2010)。北半球气温下降先后导致罗马帝国和北宋的衰落,而西欧的地理优势让哥伦布成为文明世界首先发现新大陆的人。莫里斯认为,地理大发现是西方文明再次超越东方文明的关键性事件,因为它极大地刺激了西方的航海技术和工业技术的发展。

【线上延伸阅读】
地理环境、社会制度和李约瑟之谜

1950年以来,中国的经济增长举世瞩目。图1.3显示了1953—2020年中国GDP的增长速度。1953—1978年,中国实行的是计划经济,而且经历了大大小小的政治和社会动荡,但是以世界水平观之,经济增长的平均速度并不低,达到 6.5%。[①]自1978年实行改革开放政策以来,中国GDP的年均增长速度达到8.5%,和日本以及亚洲"四

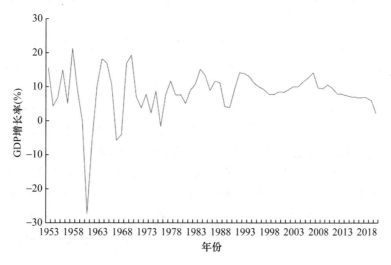

图1.3 中国经济增长(1953—2020)
资料来源:国家统计局网站(www.stats.gov.cn)。

---

① 计划经济时代过分倚重重工业的增长,重工业产品的价格被人为提高。如果按照1985年的轻重工业产品价格重新计算,计划经济时代的年均增长速度降低到4.5%(参见帕金斯,2005)。

小龙"在高速增长时期的增长速度相当。因此,把中国的经济增长称为一个奇迹,一点都不为过。

但是,中国的经济增长是不平衡的。和世界总体情况不同,中国内部各省份之间的收敛比发散更为明显。表1.4为中国各省份1952—2020年的收入转移矩阵。由于样本较小,我们将所有省份[①]收入相对于平均收入分成四组(低于3/4,3/4—1,1—2,2以上)。从中可以发现几个有趣的现象:一是1952年收入最低的两组中,所有的省份都升入了更高的组别,说明中国过去近70年发生了局部的省际收敛。这与世界低收入国家的停滞情况非常不同,值得进一步研究。二是第三组的变动最大,尽管多数省份(63.64%)留在该组,但也存在升入第四组以及跌落到第二和第一组的省份。考虑到该组的省份均是中等收入省份,这个现象与中等收入陷阱是一致的。三是1952年收入最高组的变动较小,除一个省份(黑龙江)跌至第二组之外,其他省份的分组没有变化。

表1.4 1952—2020年中国各省份收入转移矩阵　　　　　　　　　　　　单位:%

1952年分组	2020年分组			
	第一组	第二组	第三组	第四组
第一组	0.00	40.00	60.00	0.00
第二组	0.00	0.00	87.50	12.50
第三组	9.09	9.09	63.64	18.18
第四组	0.00	25.00	0.00	75.00

资料来源:国家统计局国民经济综合统计司(1999)和国家统计局网站(www.stats.gov.cn)。
注:海南省和重庆市分别并入广东省和四川省;没有包括西藏自治区和港澳台三地;总计28个省份。

未来中国经济增长的前景如何?图1.4试图通过把中国与亚洲国家(地区)进行对比找到这个问题的答案。图中,横轴是一个国家(地区)从经济起飞那年到2019年经历的时间,纵轴是一个国家(地区)2019年的人均购买力平价收入(2017年PPP万美元)。可以看到,除中国香港和日本外,一个国家(地区)起飞得越早,该国(地区)的人均收入水平就越高。[②]如果用一条曲线拟合图中国家(地区)的数据点,就会得到图中的S形曲线。当一个国家(地区)的收入水平还较低的时候,其增长速度较慢;当它的收入达到一定水平的时候(如图中马来西亚的水平),增长加速;当它的收入达到很高水平的时候(如图中中国香港的水平),增长开始放缓。如果以新加坡所处的位置为高速增长停止的时间的话,则中国内地从2019年算起还可以维持二十多年的高速增长。而且,中国是一个大国,当沿海地区达到很高的收入水平并停止增长的时候,内陆地区

---

① 包括省、自治区、直辖市,下同。
② 中国香港经济受到1997年亚洲金融危机的沉重打击,日本从20世纪90年代初期开始进入所谓的"失去的二十年",人均收入几乎没有增长。图中各国(地区)的起飞时间确定为:日本,1946年;中国香港,1951年;新加坡,1954年;中国台湾,1961年;韩国,1964年;马来西亚,1970年;泰国,1971年;中国内地,1978年;菲律宾,1981年;印度,1983年。其中一些年份是公认的一个国家(地区)经济起飞的年份,另一些年份是可以获得数据最早的年份。

的收入可能还只能处于图中马来西亚的水平,尚有很长一段高速增长的时期。因此,我们有理由相信,中国在未来一段时间里维持较高水平的增长速度是可能的。

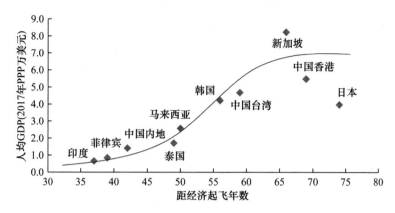

图 1.4　2019 年亚洲国家(地区)人均收入水平快照
资料来源:佩恩世界表 10.0。

1.4　影响经济发展的因素

经济增长的实质是把今天的消费节省下来变成投资,并在明天生产出超过投资的收入。因此,如何增加储蓄并提高投资的效率是经济增长的核心问题。对于经济发展而言,在此之上还要加上结构性变化以及人类发展指标的提高。下面简要讨论影响经济发展的因素。我们在后面的章节里将对它们进行更细致的讨论。

储蓄和投资　储蓄和投资通常就像一对孪生兄弟,较高的储蓄带来较高的投资,而投资促进经济增长。图 1.5 显示了 148 个国家(地区)1975—2020 年投资与 GDP 增长之间的关系。横轴为投资占 GDP 比重的平均值,纵轴为 GDP 年均增长率。可以看到,两者之间存在显著的正向关系。将 GDP 增长率对投资占比做简单的线性回归,我们可以发现,投资占比每上升 1 个百分点,GDP 增长率将提高 0.074 个百分点,且这个效应在 0.3% 的统计水平上显著。1975—2020 年,148 个国家(地区)的 GDP 年均增长率为 3.3%,平均投资占比为 22.6%,粗略估计可得投资贡献了 0.75 个百分点的增长率,占全部增长率的 1/5。因此,投资的贡献率是很高的。

必须意识到的是,高储蓄并不等于高投资,而高投资也并不意味着高增长。储蓄要转化为投资,需要一个良好的金融体系作为中介,将居民分散的储蓄集中到有效的投资项目上去。另外,政策性因素也可能妨碍储蓄转化为投资。政局的动荡、过高的通货膨胀率、对产权缺乏保护以及高额的税收等因素都会打击国内投资者的积极性,在一个开放经济体系中,这些因素将导致本国资本的外流。

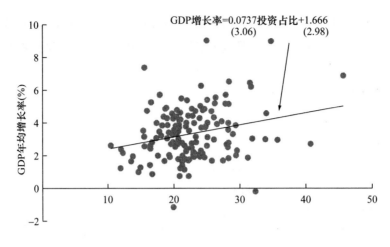

图 1.5 投资与 GDP 增长(1975—2020)

资料来源:世界银行 WDI 数据库。

注:括号中的数字为估计系数的 t 值。

人力资本 狭义的人力资本指的是人的教育水平和技能,广义的人力资本还包括健康。自 20 世纪 60 年代以来,人力资本成为发展经济学家所关注的焦点之一,新经济增长理论更是将它置于核心地位。图 1.6 显示了 2003 年世界上 112 个国家(地区)识字率与人均 GDP 对数值之间的关系。简单线性回归表明,识字率每提高 1 个百分点,则人均收入提高 4.8%。这是一个非常显著的效果。图 1.7 显示了相同国家(地区)2003 年预期寿命与人均 GDP 对数值之间的关系。预期寿命是衡量一个国家(地区)健康水平的重要指标。从图 1.7 中可以看到,它与人均 GDP 之间具有显著的正向关系。简单线性回归表明,预期寿命每提高 1 岁,则人均 GDP 提高 7.7%。当然,图 1.6 和图 1.7 显示的只是识字率和预期寿命与人均 GDP 之间的简单相关关系,而不足

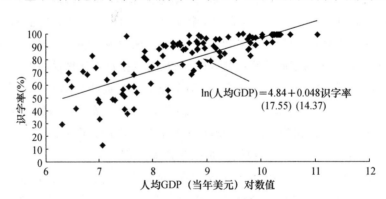

图 1.6 识字率与人均 GDP

资料来源:联合国开发计划署《2005 年人类发展报告》。

注:括号中的数字为估计系数的 t 值。

以确立从识字率和预期寿命到人均 GDP 之间的因果关系(见专栏 1.2)。但是,如此显著的相关关系仍然可以为我们提供足够的启示,增加我们对人力资本理论的信心。

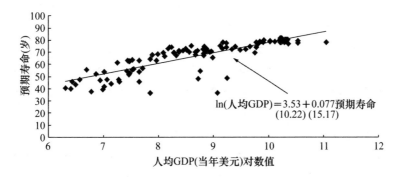

图 1.7　预期寿命与人均 GDP

资料来源:联合国开发计划署《2005 年人类发展报告》。

注:括号中的数字为估计系数的 t 值。

专栏 1.2
相关关系和因果关系

相关关系指的是两个变量之间具有统计意义上显著的正向或负向的关系;因果关系指的是一个变量的变化可以引起另一个变量的变化。因果关系肯定导致相关关系,但是相关关系并不能确定两个变量之间存在因果关系。另外,相关关系也不一定因因果关系而产生。认识到这一点,在应用计量经济学研究过程中非常重要。一个回归方程式只能证明因变量和自变量之间是否存在相关性,而不能证明因变量的变化一定是由自变量引起的。下面举几种常见的情形,说明相关关系不一定代表因果关系。

第一种情形是伪相关,即两个变量之间的相关关系只是一个巧合。一个常举的例子是,华尔街的一个分析员发现,当街上流行红裙子的时候,股市价格就会上涨。这是一个相关关系,但不是因果关系,因为不存在任何理由让我们相信,红裙子和股价之间具有任何实质性的关系。分析员发现的相关性可能仅仅是一段时间内的巧合而已。另一种伪相关完全由随机因素导致,即两个变量包含了相同的随机因素,因此显示出相关关系。

第二种情形是因果关系倒置。如果把价格放在回归方程的左边当作因变量,把个人的购买量(而不是市场需求)放在右边当作自变量,也可以得到显著的结果。但是,通常而言,个体消费者是价格的接受者,单个消费者的购买量不会影响价格,而是被价格影响。当然,一个有经验的研究者不会犯这样的错误。更隐蔽的因果关系倒置发生在下面的情形:在理论上,自变量对因变量有解释能力,但是在现实中,自变量的变化可能是因决策者愿意得到因变量的结果而有意争取的。比如,在理论上,更长期的土地租赁合同可以促使承租者对土地进行长期投资,但是在现实中,可能只有那些想对土地进行长期投资的承租者才会签订长期合同。在这种情况下,研究者如果用长期合同来解释承租者对土地的长期投资,就会犯因果关系倒置的错误。

第三种情形是遗漏变量,即因变量和自变量都与第三个没有出现在回归方程中的变量相关,从而显示出相关关系。比如,一个研究者发现在一定时期内一种物品的价格和销售额都上涨了,如果他因此得出结论,需求是价格的增函数,他就错了,因为他观察到的价格和销售额是市场的均衡结果,它们的上涨可能都是收入增长造成的。

第四种情形是联立方程偏差。在很多情况下,研究者感兴趣的两个变量之间存在相互作用,因此需要构造联立方程进行估计,单独研究一个变量对另一个变量的因果关系就会产生联立方程偏差问题。比如,一个产品的市场需求总量是其价格的函数,但是这个产品的供给有可能影响价格。问题在于,研究者只能观察到均衡时刻的价格和市场销量,如果研究者把市场销量回归到价格上,而销量对价格的影响就会出现联立方程偏差。

在计量经济学里,上述情形大体上被统称为"内生性"问题。在多数情况下,发生内生性问题都是缺乏正确的理论模型的结果;正确的理论模型可以给出完整地描述因果关系的结构估计方程,因而可以避免上述内生性问题。另外,计量经济学家发展了许多处理内生性问题的方法,但结果不总是令人满意。最近的进展是直接到现场做实验,如在贫困地区给学生发放免费午餐,看学生入学率是否提高。但是,这种方法也有很大的局限性,如无法得到一个政策的长期效果,也无法处理复杂的因果关系。

为了进一步考察人力资本与经济增长之间的因果关系,我们比较一下中国和印度的情况。1990 年,印度和中国的人均收入相当,但按名义量计算,2008 年已经不及中国的三分之一。表 1.5 对比了中国和印度 1990 年、2009 年的成人文盲率水平。很显然,中国的成人文盲率远低于印度,而且在 1990—2009 年下降的速度快于印度。同时,中国的婴儿死亡率也远低于印度。在 20 世纪 60 年代初期,中国农村地区的婴儿死亡率达到 160‰,但是得益于基本医疗服务的普及,到了 20 世纪 80 年代迅速下降到 45‰左右,而印度此时的婴儿死亡率仍然维持在 80‰左右(王丽敏等,2003)。正如著名印度经济学家阿马蒂亚·森(Amartya Sen)所指出的,中国之所以在改革开放之后实现了高速的经济增长,主要是因为中国在改革之初人力资本的积累远高于同期印度的水平(森,2002)。

表 1.5　1990 年、2009 年中国和印度 15 岁及以上成人文盲率　　　　单位:%

国家	总计		男性		女性	
	1990 年	2009 年	1990 年	2009 年	1990 年	2009 年
中国	22.2	7.1	13.0	3.76	32.0	10.45
印度	50.7	37.25	38.1	24.81	64.1	49.18

资料来源:国家统计局网站(www.stats.gov.cn)和印度人口普查网站(www.censusindia.net)。
注:印度 2009 年数据实为 2006 年数据。

技术进步　技术进步直接改善投资效率,而投资效率是促进经济增长的两个要素之一。如果我们将资本积累当作内生因素来考虑,则长期经济增长就完全取决于技术进步,因为在没有技术进步的情况下,投资的边际回报将变得越来越小,并最终稳定在一定的水平,在这个水平上,投资量只足以弥补资本的折旧。但是,对于发展中国家而言,道理并不一定是这样。在经济发展的早期,一个国家要进行大规模的技术创新可能是得不偿失的。此时,引进国外技术是更可行的办法。诱致性技术变迁理论认为,一个国家采用什么样的技术,取决于这个国家相对于世界上其他国家的成本优势,后者与其资本和劳动力的相对资源禀赋有关。发展中国家拥有相对丰富的劳动力资源,因此应该采用资本含量较低的技术。由于这些技术是发达国家的淘汰技术,发展中国家采用它们可以节省开发成本,这就是所谓的后发优势。图 1.8 显示,人均 GDP 越高的国家(地区),其出口产品的技术复杂度越高。人均 GDP 大致可以代表一个国家的资本丰裕度,因此图 1.8 是对诱致性技术变迁理论的一个证明。但是,要利用国外的技术,本国必须具备一定的生产能力。因此,资本积累在初期就显得特别重要。事实上,资本积累和技术进步是很难截然分开的:对于发展中国家而言,购置设备的过程几乎也是学习新技术的过程,而技术进步也总是要消耗资本的。

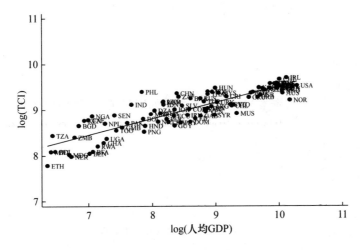

图 1.8　人均收入和出口产品技术复杂度(2000)
资料来源:杨汝岱和姚洋(2008)。
注:TCI 为产品技术复杂度指数。样本国家(地区)详见杨汝岱和姚洋(2008)。

　　人口　关于人口总量与经济增长之间的关系,学术界和民间都存在模糊的认识,人口规模往往被看作经济增长的障碍。事实却是,人口密度快的国家也是经济发展速度高的国家。图 1.9 显示了世界上 75 个国家(地区)1961—2020 年人均 GDP 平均增长率与其 1961 年人口密度的关系。简单线性回归表明,每平方公里增加 100 人,则人均 GDP 平均增长率提高 0.71 个百分点,但统计意义上这个结果不是太显著。

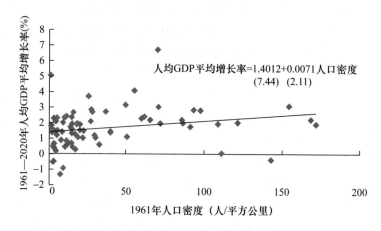

图 1.9　人口密度与经济增长的关系(1961—2020)

资料来源:世界银行 WDI 数据库。

图 1.10 显示了中国 1952—2020 年 27 个省份人口密度与经济增长之间的关系。横轴是 1952 年各省份的人口密度,纵轴是 1952—2020 年人均 GDP 的增长倍数。图中的趋势线显示,1952 年的人口密度对各省份 1952—2020 年人均 GDP 的增长具有显著的正向影响。

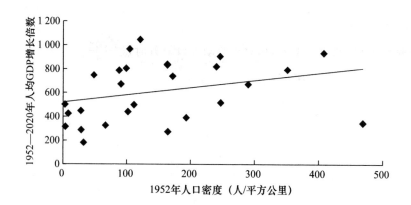

图 1.10　中国省份人口密度与经济增长的关系(1952—2020)

资料来源:国家统计局国民经济核算司(1997),国家统计局国民经济综合统计司(1999),国家统计局网站(www.stats.gov.cn)。

注:海南和重庆分别并入广东和四川;西藏缺收入数据,未绘出;上海 1952 年的人口密度为 924 人/平方公里,远超其他省份,未绘出。①人均 GDP 增长倍数定义为"2020 年人均 GDP 与 1952 年人均 GDP 的比值−1",人均 GDP 使用以 1952 年为基年的实际值。

---

① 上海 1952—2020 年人均 GDP 增长了 242.3 倍,处于全国较低水平。另外,图中右下角的点代表天津,其人均 GDP 增长也较慢。上海和天津是中国工业发展最早的两个城市,它们在 1952 年之后的增长相对较慢,可能和经济收敛有关,也可能和国家从这两个城市抽调人员到外地有关。

人口规模对经济增长的积极作用,主要来自消费—生产之间的正反馈效应。较大的人口需求带动生产的增加和收入水平的提高,进而进一步增加人口需求。这是一个加速的过程,收入水平的提高快于人口增长的速度。当然,图1.9和图1.10所显示的人口密度与人均 GDP 增长之间的正向关系可能仅仅是一种相关关系,并不说明人口密度和人均 GDP 增长之间具有因果关系。尽管不可能存在从后者到前者的反向因果关系(因为我们是用早期的人口密度预测之后的经济增长速度),但是可能存在同时决定人口密度和经济增长速度的其他长期因素,如历史条件和人力资本差异等。

但是,和人口规模不同,人口增长速度对人均 GDP 的增长具有负面作用。图1.11显示了中国各省份 1952—2020 年人均 GDP 增长倍数和 1952—2020 年人口增长倍数之间的关系。如果不考虑人口增长速度最快的北京(图中最右下角的点),则很明显地,人口增长越快的省份,其人均 GDP 增长得越慢。这里的原因可能有三个:一是随着人口的增长,经济虽然也在增长,但其速度会因人口的增长而被部分抵消;二是当人口增长过快时,人口的质量下降,经济增长的动力不足;三是当人口增长过快时,社会抚养负担增加,储蓄降低。第二点和第三点更具实质意义。第二点符合加里·斯坦利·贝克尔(Gary Stanley Becker)所提出的"数量—质量权衡"理论,即当一个国家(或家庭)选择出生较多的人口时,它的人口质量就会下降;反之亦反。第三点和所谓的"人口红利"有关。更多的劳动人口为一个国家创造更多的产出,即使给定人力资本水平,一个拥有更多劳动力的国家的经济增长速度也会较快。这就是人口红利。当一个国家的被抚养人口(儿童和老人)相对于劳动人口上升时,这个国家的人口红利就会下降,增长就会放缓。

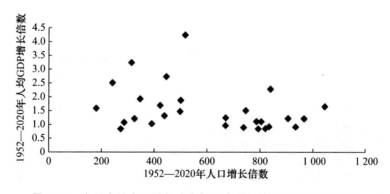

图 1.11　中国省份人口增长速度与经济增长的关系(1952—2020)

资料来源:国家统计局国民经济核算司(1997),国家统计局国民经济综合统计司(1999),国家统计局网站(http://www. stats. org. cn/)。

注:未包括西藏;海南和重庆分别并入广东和四川。人均 GDP 增长倍数定义为"2020 年人均 GDP 与 1952 年人均 GDP 的比值—1",人均 GDP 使用以 1952 年为基年的实际值;人口增长倍数定义为"2020 年人口数与 1952 年人口数的比值—1"。

自然资源　自然资源对一个国家具有正反两方面的作用。一方面,丰富的自然资源能够为一个国家的资本积累提供坚实的基础;但另一方面,丰富的自然资源可能导致一个国家过分依赖自然资源产业,从而使得其他产业显现萎缩势头。弗兰克·关汉姆(Frank Graham)早在20世纪30年代就提出了所谓的"关汉姆之谜",即自然资源比较贫瘠的国家或地区往往比自然资源丰富的国家或地区发展得快。在世界范围内,日本是一个很好的例子;在中国,温州是一个很好的例子。两地的自然资源都很有限,但经济特别是制造业却很发达。之所以出现这样的现象,可能和两个原因有关:一个是自然资源产业对其他产业的压抑作用,极端的例子是所谓的"荷兰病"。在20世纪70年代的石油危机之后,荷兰发现了北海油田,石油出口大增,但国内的制造业出现萎缩,这一现象被称为"荷兰病"。另一个是丰富的自然资源容易滋生腐败和强势利益集团,阻碍经济增长。自然资源不能移动,而且数量大、开采成本低,因此容易成为腐败官员或强势利益集团的"猎物"。出于以上两个原因,国际上有"自然资源的诅咒"之说。

在现实中,资源丰富国家的增长受到国际大宗商品价格变动的巨大影响。图1.12对比了两个时期的情况,一个是1990—1999年,另一个是2000—2012年。国际大宗商品价格在前一个时期较低,在后一个时期则大幅攀升。在图中,横轴代表一个国家在一个时期内自然资源(原油、煤炭、金属、木材)收入占GDP的比重,纵轴代表同期人均GDP平均增长率。可以看到,在图1.12(a)中,散点图的趋势线是一条显著向下倾斜的曲线,自然资源收入占比每上升一个百分点,经济增长速度下降0.08个百分点;而在表示第二个时期的图1.12(b)中,这种负相关关系不但消失了,甚至变成了微弱的正相关关系。总体而言,资源丰富国家的经济表现受制于国际需求,缺乏自主产业,"荷兰病"的症状比较明显。

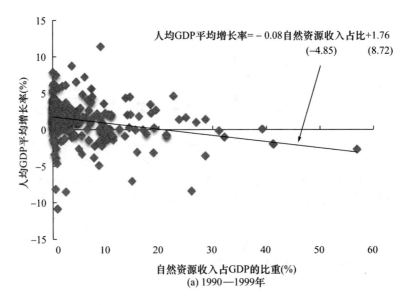

(a) 1990—1999年

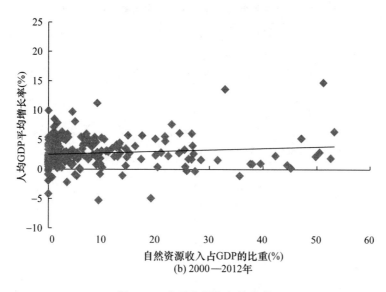

图 1.12　自然资源与经济增长

资料来源:世界银行 WDI 数据库。

对外贸易　亚洲新兴工业化国家(地区)无一例外地将对外贸易作为经济增长的主要动力。表 1.7 显示了 1970—2008 年若干国家每十年的平均贸易依存度(即进出口总额占 GDP 的比重)和 GDP 平均增长率。东亚三国,即中国、韩国和新加坡的贸易依存度较高,而且它们的经济增长率也很高。拉丁美洲的阿根廷和巴西的贸易依存度较低,经济增长的表现起伏很大,20 世纪 80 年代因为债务危机两个国家经济增长均为负,其他时期的经济增长率也有较大波动。印度在 1960 年时的贸易依存度较高,但是之后下降很大,直到 1991 年实行经济改革之后才重新开始上升,而这之后印度的经济增长也开始加速。这些证据表明,一个国家的经济增长和它的国际贸易有正向的关联关系。但是,非洲的情况表明,较高的贸易依存度不一定带来强劲的经济增长。表 1.7 列示的三个非洲国家(尼日利亚、南非和赞比亚)的贸易依存度都较高,但它们的经济增长表现在 2000 年之前并不好,但 2000 年之后很好。依附理论认为,发展中国家对发达国家的出口具有依附性质,国际贸易可能使发展中国家陷入国际分工陷阱,永远成为发达国家的原料供应国。非洲 2000 年前的情况似乎证明了这种说法。但是,非洲在此之前一直处于动荡和转型之中,高贸易依存度和经济增长之间的不协调可能不能成为依附理论的依据。然而,非洲的出口的确主要以资源为主,长期而言可能会产生自然资源的诅咒问题。贸易能否促进经济增长,可能和一个国家(地区)的技术水平、制造业能力以及产业结构有关。

表 1.6　若干国家贸易依存度和经济增长率(1970—2008)　　　　单位:%

地区/国家	贸易依存度				增长率			
	20 世纪70 年代	20 世纪80 年代	20 世纪90 年代	2000—2008 年	20 世纪70 年代	20 世纪80 年代	20 世纪90 年代	2000—2008 年
东亚								
中国	19.60	29.71	30.54	59.08	5.12	7.38	8.39	9.80
韩国	19.48	29.85	42.42	72.68	7.16	6.20	5.67	3.66
新加坡	283.68	331.85	315.50	397.84	7.88	4.96	5.12	3.30
拉丁美洲								
阿根廷	14.76	19.43	33.70	42.47	1.26	-2.13	3.12	2.65
巴西	11.09	10.92	18.43	26.22	6.28	-0.04	0.16	1.90
南亚								
印度	12.91	16.35	25.12	41.11	1.09	3.19	3.23	5.83
非洲								
尼日利亚	49.60	59.16	49.77	55.03	2.93	-3.12	0.18	6.77
南非	52.18	39.14	47.22	53.42	1.08	-0.18	0.32	2.96
赞比亚	31.20	20.42	18.15	37.34	-3.45	-2.43	-3.54	8.50

资料来源:佩恩世界表 7.0。

注:表中数据为各个年代的平均数。

结构变化　结构变化是经济发展的重要特征之一,它包括产业结构的变化、城市化以及人口的非农化。表 1.7 显示了中国六个省份 2020 年的几个经济结构指标。其中,北京和上海的人均 GDP 最高,广东和辽宁次之,广西和贵州最低。从表 1.7 我们可以发现,随着收入水平的提高,经济结构发生下面几个变化:第一,城市人口比例上升;第二,第一产业(农、林、牧业)占 GDP 的比重大体呈下降趋势;第三,第二产业(制造业、采掘业、建筑业、公用事业)占 GDP 的比重先上升、后下降;第四,第三产业(服务业、交通运输业和金融业等)占 GDP 的比重持续上升。这些变化也是一个国家在发展过程中所经历的过程。

表 1.7　中国六个省份经济结构指标的对比(2020 年)

省份	人均 GDP(元)	常住人口(万人)	城市人口比例(%)	三次产业附加值占比(第一产业:第二产业:第三产业)
北京	155 768	2 488	89.3	0.3∶26.6∶73.1
上海	164 889	2 189	87.55	0.3∶15.8∶83.9
广东	88 210	12 624	74.15	4.3∶39.2∶56.5
辽宁	58 872	4 255	72.14	9.1∶37.4∶53.5
广西	44 309	5 019	54.2	16.0∶32.1∶51.9
贵州	46 267	1 858	53.2	14.3∶34.8∶50.9

资料来源:国家统计局网站(www.stats.gov.cn)。

注:常住人口对应年末总人口,城市人口比例为年末城镇人口比重。

结构变化不仅是经济发展的结果,还是经济增长的原因。这是因为城市的劳动生产率高于农村的劳动生产率,而第二、三产业的劳动生产率高于第一产业的劳动生产率。表1.8显示了中国2020年三次产业劳动生产率的对比情况。可以看到,第二产业的劳动生产率最高,为第一产业的4倍;第三产业次之,为第一产业的3.5倍。第二产业的资本密集程度远高于其他产业,而且大部分产品为可贸易品,受到的竞争压力最大,因此技术进步最快;第三产业虽然使用较少的资本,但其产品的收入弹性大,而且需要较高的人力资本水平,因而劳动生产率也较高;而第一产业不但使用资本最少,而且无须较高的人力资本水平,因而劳动生产率也最低。另外,表1.8还表明,相对于GDP份额,第一产业的就业份额过高。这与农业的特点有关,也与中国长期的城乡隔离制度有关。

表1.8　中国三次产业劳动生产率比较(2020)

产业	GDP 份额 (%)	就业份额 (%)	劳动生产率 (第一产业为1)
第一产业	7.7	23.6	1
第二产业	37.8	28.7	4.0
第三产业	54.5	47.7	3.5

资料来源:国家统计局网站(www.stats.gov.cn)。

收入分配　收入分配在以往的经济学文献中被看作经济发展的副产品。西蒙·库兹涅茨(Simon Kuznets)根据对美国的考察,发现了后来被称为"库兹涅茨曲线"的规律:收入分配的不平等程度和人均收入水平之间呈现倒U形关系,即随着收入的增加,不平等程度先上升,然后下降。

进入20世纪90年代之后,收入分配开始被当作影响经济增长的一个重要原因加以研究。表1.9比较了几个东亚新兴工业化国家和非洲、拉丁美洲以及南亚典型国家在2020年的人均GDP、收入分配的基尼系数[1]及其1990—2020年人均GDP平均增长率。可以看到,收入分配不平等程度和人均收入水平之间的倒U形关系并不明显。非洲很贫穷的三个国家津巴布韦、赞比亚和肯尼亚的基尼系数很高;南亚的印度和巴基斯坦虽然人均收入水平低,但基尼系数也低。在人均收入超过1万PPP美元的国家中,韩国的基尼系数较低,南非、智利和阿根廷的基尼系数却很高。但是,我们可以发现收入分配不平等和经济增长速度之间呈现较强的倒U形关系:南亚的收入分配最平等,但经济增长速度并不是很高;东亚的不平等程度适中,经济增长速度最高;非洲和拉丁美洲的收入分配最不平等,经济增长速度最低,特别是几个非洲国家,其中津巴布韦1990—2020年平均是负增长。拉丁美洲国家早已进入中等收入国家之列,但经济增长停滞,是比较典型的陷入中等收入陷阱的案例。收入分配不平等是否对此有加强作用,值得研究。总之,收入分配不平等与经济发展水平以及经济增长速度之间的关

---

[1]　基尼系数是度量收入分配不平等程度的一个指标,其值介于0与1之间;也可以用百分数表示,其值介于0与100之间(如表1.9)。值越大,表示收入分配越不平等。参见第17章。

系可能是复杂的,需要深入细致的研究才能确定,本书第 17 章将专门讨论这个问题。

表 1.9　部分国家收入分配和人均 GDP 增长

地区/国家	2020 年人均 GDP (PPP 美元)	基尼系数(%) (括号中数字为数据年份)	1990—2020 年人均 GDP 平均增长率(%)
东亚			
中国	17 189	38.2(2019)	8.30
韩国	45 226	31.4(2016)	4.31
马来西亚	27 921	41.1(2015)	3.36
泰国	18 198	35.0(2020)	3.29
非洲			
南非	13 359	63.0(2014)	0.33
津巴布韦	3 537	50.3(2019)	−0.23
赞比亚	3 457	57.1(2015)	1.28
肯尼亚	4 587	40.8(2015)	0.69
拉丁美洲			
巴西	14 834	48.9(2020)	0.78
智利	25 089	44.9(2020)	2.94
阿根廷	20 769	42.3(2020)	1.12
南亚			
印度	6 525	35.7(2011)	4.19
巴基斯坦	5 426	29.6(2018)	1.52

资料来源:世界银行 WDI 数据库。

产业政策　产业政策曾处于宏观发展经济学的核心地位,但自霍利斯·钱纳里(Hollis Chenery)之后,关于产业政策的讨论在发展经济学界销声匿迹了。林毅夫关于发展战略的讨论(林毅夫等,1999)重新引发了人们对产业政策的兴趣,而起始于管理学界对国家竞争力的一场讨论(波特,2002)促使经济学界重新思考经典发展经济学家的思想。回顾东亚的发展历程,我们发现,东亚各国(地区)都经历了一个或长或短的进口替代时期,以建立自己的制造业基础;同时,它们又在适当的时候放弃了进口替代政策,而转向利用本国的比较优势,加入国际分工。东亚地区的发展轨迹是否具有世界意义,值得发展经济学学者进行深入研究。

制度因素　道格拉斯·诺斯(Douglass North)和罗伯特·托马斯(Robert Thomas)在《西方世界的兴起》(诺斯和托马斯,1999)一书里断言,投资、人力资本等主流经济学所认为的属于经济增长原因的因素,不过是增长本身而已,只有制度才是经济增长的真正原因。经过许多失败教训,以世界银行为代表的国际经济学界日益关注制度建设在经济发展中的作用。一般的观点是,一个更廉洁的政府、更独立的司法制度以及对财产权更好的保护,有利于经济增长。但是,跨国数据并不完全支持这个观点。图 1.13 显示了 153 个国家 2001—2020 年廉洁指数与人均 GDP 增长率之间的关系。廉洁指数是国际反腐机构透明国际编制的,衡量的是民众对其政府清廉程度的主观感知,取值在 0 与 100 之间(2011 年及之前取值为 0—10),数值越大,表示政府越清廉。图 1.13 使用的是 2001—2020 年各国的平均数(2011 年及之前的数据经过处理)。与此相对应,人均 GDP 增长率也是这个时期的平均数。图 1.13(a)是两个数据序列的简单散点图。线性趋势线显示,两者之间呈现微弱的负相关关系。这种负相关关系在廉洁指数均值低于 60 的国家中更加明显。图中显示了中国的位置:中国的廉洁指数均值得分不高,但人均 GDP 平均增长率达到 8%。然而,简单相关关系的一个问题是没有控制一个国家的初始收入水平。一个可能的情况是,廉洁指数较低的国家也是初始收入水平较低的国家,因此图 1.13(a)显示的负相关关系可能是经济收敛导致的。图 1.13(b)控制了 2000 年各国的人均 GDP,此时人均 GDP 增长率与廉洁指数之间呈现微弱的正相关关系。

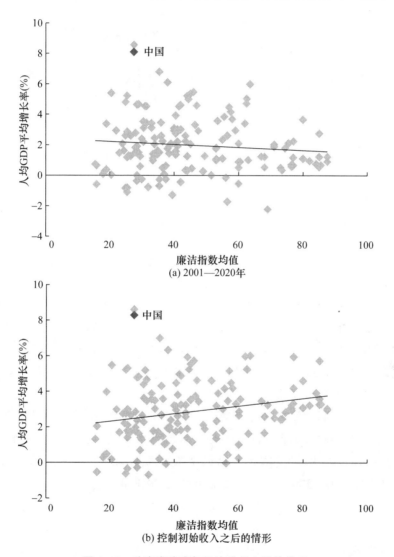

图 1.13　政府廉洁度与经济增长之间的关系

资料来源:廉洁指数来自透明国际,收入数据来自世界银行 WDI 数据库。图 1.13(a)为原始数据,图 1.13(b)的增长率为剔除初始人均 GDP 影响之后的残差。

对于中国人来说,民主与经济增长之间的关系更为引人注目。但是,这个关系也是不确定的。图 1.14 显示了世界上主要国家 1990—2020 年的平均民主化程度与人均 GDP 平均增长率之间的关系。我们从这张图中看不出民主与经济增长之间的关系。由此可见,民主与经济增长之间的关系需要更进一步的研究。

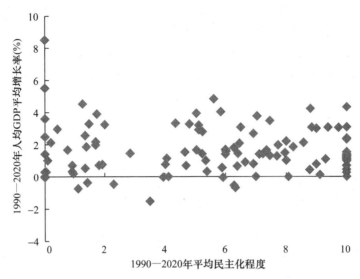

图 1.14　民主与经济增长之间的关系:1990—2020 年
资料来源:民主指数来自 Policy IV 数据库,收入数据来自世界银行 WDI 数据库。

政府的作用　政府从来就没有和经济脱钩。在古代的中国和西方,重要的商业活动需要得到政府的特许才可以开展。进入现代社会之后,重商主义一度是欧洲各国奉行的国策;尽管 19 世纪自由贸易占据上风,但政府对经济系统的调节从来没有中断过;罗斯福新政之后,政府对经济的直接投资成为政府日常活动的一部分;第二次世界大战之后,产业政策兴起,成为日本和德国经济复苏以及亚洲“四小龙”起飞的源头之一。我国政府在经济活动中也一直扮演着重要角色。除计划经济时代政府对经济的直接控制外,改革开放时期政府也大量应用产业政策引导产业和地区发展。全球金融危机之后,受中国崛起的刺激,美国各界开始反思政府的作用,产业政策重新成为政府的议题。当前,学界和政策界的问题不是政府该不该在经济发展中发挥作用,而是政府该如何发挥作用。从理论和历史实践两个维度来看,政府的作用应该随着经济发展水平而发生变化,而产业政策也应该因地制宜、就事论事。

1.5　小结

本章回顾了第二次世界大战以来世界经济发展的大致图景,透视了中国经济发展的历史轮廓,并提纲挈领地讨论了影响经济发展的因素。经济发展是一个复杂的过程,而经济赶超更是一个小概率事件。就经济本身的逻辑而言,只要做好储蓄、投资、技术进步和人力资本的积累,一国经济就不可能不增长。发展中国家面临的挑战是如何做好这些事情,正如一位围棋高手高在"功夫在棋外"一样,一个成功的发展中国家一定是在经济发展本身之外做得比其他国家更好,包括制度的适应性、社会的包容性和政府政策的合理性等。本书既讨论经济发展本身的问题,又讨论促进或阻碍经济发展的外部条件,这是本书的特色之一。

【练习题】

1. 为什么说关注结构变化是发展经济学与增长经济学的主要区别之一?

2. 讨论一个能够反映一国的发展水平但又可能与该国的人均收入不相关的指标。

3. 在网上查找 2010—2020 年中国与美国 GNP 的名义美元和 PPP 美元数据,以及人民币兑美元汇率。如果购买力平价成立,试计算人民币兑美元名义汇率对人民币每年的低估比例。

4. 根据佩恩世界表 10.0 提供的数据,表 1.1 中 1965 年五个收入组国家的比例是 22∶32∶20∶21∶19。请根据表 1.1 给出的收入转移矩阵计算 2019 年五个收入组国家的比例。

5. 挑选一个关于李约瑟之谜的解释并加以评论。

6. 莫里斯在 *Why the West Rules-for Now：The Patterns of History，and What They Reveal About the Future*(Morris,2010)一书中指出,自 2 万年前至工业革命开始之前,欧亚大陆文明的进步基本上发生在旧文明主体的地理边缘地区(如希腊文明在埃及文明的边缘地区,而罗马文明又在希腊文明的边缘地区)。为什么会是这样?

7. 思考一下我们对影响经济发展的因素的讨论。哪些因素可能存在内生性问题?然后,着重考察一个因素,具体说明可能存在哪种内生性问题。

8. 一位研究者在研究中国地方官员的经济表现时发现,新上任的官员在任期前一两年的表现(如经济增长率)好于其前任在整个任期里的平均表现,因而得出"新官上任三把火"的结论。这个结论可靠吗? 是否存在内生性问题?

9. 众所周知,我国的房价上涨得很快。有人认为,地价上涨是推动房价上涨的一个重要因素。一位研究者于是收集了 70 个大中城市 2010—2020 年的房价和地价等数据,并进行下述回归:

$$P_{it} = \alpha + \beta D_{it} + \gamma X_{it} + \eta_i + \eta_t + \varepsilon_{it}$$

其中,P_{it} 是第 i 个城市 t 年的房价,D_{it} 是第 i 个城市 t 年的地价,X_{it} 是第 i 个城市 t 年的其他控制变量,η_i、η_t 分别是城市和年份哑变量,ε_{it} 是扰动项,其他是待估计的参数。请问,如此估计得到的估计值是无偏的吗? 为什么? 如果不是,如何改进?

10. 在网上查找 2010 年巴西与韩国的名义 GDP 和 PPP 美元 GDP 数据并进行对比,说明巴西存在"荷兰病"现象。

人口和经济发展
第 2 章

2.1　引言

　　人口和经济发展的关系体现在三个方面,即人口数量、人口质量和人口结构。关于人口数量的最初也是最悲观的学说是托马斯·罗伯特·马尔萨斯(Thomas Robert Malthus)在 18 世纪末提出来的。马尔萨斯认为,人口数量的增长总是要超过产出的增长,其结果是对产出的争夺,最终战争和瘟疫将不可避免地发生,以消灭多余的人口。马尔萨斯人口理论的较温和的现代版认为,人口越多,则人均 GNP 的增长速度越慢。这种想法符合人们的直觉:既然人口是分母,人口越多,则摊到每个人头上的产出就越少。但是,仔细考虑一下,人口数量不一定和人均 GNP 增长呈直线的负相关关系。人口数量在两方面可能对经济增长有促进作用:一方面,人口越多,对产出的需求就越大;另一方面,人口越多,劳动力就越便宜,产出就会增加。

　　但是,我们在讨论这些正面作用时,可能忽视了人口数量增加对人口质量的负面影响。以加里·斯坦利·贝克尔为代表的新人口理论学家认为,人口的决定是在数量和质量之间的权衡,两者呈负相关关系。这也符合人们的直觉。我们常听说,不发达农村地区多养一个孩子不过是在锅里多加一瓢水,而在大城市里,许多年轻夫妇即使是养一个孩子还抱怨养不起。这个对比的结果是,大城市孩子所得到的教育远远好于不发达农村地区孩子所得到的教育。[①]

　　我们还要考虑人口结构的作用。这里的人口结构指的是人口的年龄结构。与此相关的是著名的"人口红利"假说。该假说认为,和一个未成年人与老年人比重较大的人口相比,一个青壮年比重较大的人口更可能有利于经济增长,因为青壮年人口可以提供更多的劳动力和储蓄,同时需要较低的养老和医疗花费。发达国家的一个历史事实是,一个国家经济增长较快的时期,也正是这个国家的人口处于青壮年的时期;而一个国家经济增长减速的时期,也正是这个国家人口开始老化的时期。同时,在许多发展中国家,特别是撒哈拉以南非洲国家,高生育率使得未成年人口占比高,而这些国家的经济增长却都不尽如人意。尽管这些事实还不足以建立人口结构和经济增长之间的因果关系,但它们足以引起我们对这两者之间关系的关注。

　　本章 2.2 节将介绍马尔萨斯的人口理论;2.3 节将介绍贝克尔的人口理论;2.4 节将讨论人口转型和人口结构以及与此相关的人口红利问题;2.5 节作一小结。

学习目标:

　　从马尔萨斯的人口理论开始,掌握简单的动态均衡概念,并逐渐能够求解简单的

---

　　① 当然,不发达农村地区的学校设施和师资水平都远比大城市的差,这也是导致两个地区教育水平存在差异的很重要的原因。这里所要说的是,即使控制设施和师资的差别,数量和质量之间的权衡也会导致两地教育水平的差异。

动态问题。

　　掌握贝克尔人口理论中的成本—收益分析方法,并能应用到对现实场景的分析中。

　　理解人口红利及其对经济增长的贡献,并将其与中国的现实联系起来。

2.2　马尔萨斯的人口理论

2.2.1　基本假设

　　马尔萨斯的人口理论是在其名著《人口论》中阐述的(马尔萨斯,1959)。这本书的第一版发表于1798年。马尔萨斯的人口理论建立在几个基本的假设之上:第一,社会中存在一个刚好可以维持个人生存的生存工资,如果一个人的收入低于生存工资,他就无法存活。第二,只要收入高于生存工资,多余的收入就会被用于人口的再生产,人口就会开始增长,而且人口增长速度是多余收入的增函数。第三,收入的多寡受到自然资源的约束,由于自然资源是有限的,因此收入的增长也是有限的。

　　这三个假设在马尔萨斯生活的年代里是比较接近现实的。当时的生活水平不高,普通人时刻面临饥饿的危险。因此,关注生存工资是有意义的。在马尔萨斯生活的年代,人口增长主要取决于婴儿的营养状况,而不是父母的生育计划。当时的婴儿死亡率非常高,可以达到35％以上,在这种情况下,生育计划是没有意义的,而婴儿的营养状况却是决定性的。给定同样的出生率,较高的收入提高婴儿的营养水平,从而提高婴儿的成活率,促进人口的增长。马尔萨斯虽然生活在工业革命将要进入高潮的时期,但是和他的同时代人(如亚当·斯密)一样,他没有意识到英国已经处在一个伟大的转变之中,没有意识到农业技术的发展将解决生存问题。因此,我们可以理解他的第三个假设,即收入的多寡受到自然资源的约束。但是,在马尔萨斯出版《人口论》之后的两百年间,特别是在第二次世界大战之后,农业技术发生了突飞猛进的进步,马尔萨斯人口理论的三个主要假设都不再成立。

2.2.2　基本内容

　　马尔萨斯人口理论的基本内容可以概括如下:假设初始状态下人均收入高于生存工资。根据马尔萨斯的第二个假设,人口将增长。根据第三个假设,自然资源是有限的,因此人口增长虽然可以提供更多的劳动力,但是劳动力的边际报酬是递减的,从而人均收入将下降。此时,人口仍然在增长,但是速度在下降,直到人均收入下降到等于生存工资,此时人口不再增长。反过来,假设初始状态下人均收入低于生存工资。则此时人口下降,人均收入提高,人口下降速度减缓,直至回归增长为零的状态。因此,在短期内,人口增长会呈现上下波动,但在长期内,人均收入将保持在生存工资的水平上,人口没有增长。此时,我们说经济落入了"马尔萨斯陷阱"。

我们可以用一个简单的数学模型把马尔萨斯的上述理论表达出来。假设 n_t 为一个国家在第 t 年的人口数量,w_t 为该年的人均收入。简单起见,我们不区分人口和劳动力,而将 n_t 也看作这个国家的劳动力数量。再假设 $\bar{w}$ 为生存工资,$\bar{R}$ 为自然资源(可以理解为土地)总量,这两个量都不随时间而改变。假设这个国家只有一种生产活动,即种植粮食。粮食的生产需要劳动力和自然资源的投入,假设两种要素都达到充分就业,则第 t 年的粮食产量由以下生产函数决定:

$$Y_t = AF(\bar{R}, n_t) \qquad (2.1)$$

式中,Y_t 为第 t 年的总产出,A 为一个表征技术水平的参数且 $A>0$,F 为一个递增的凹函数。劳动力的边际产出为 $\partial AF(\bar{R}, n_t)/\partial n_t$,因为 $\bar{R}$ 是固定不变的,这个边际产出是劳动力数量的减函数,从而人均收入也是劳动力数量的减函数。为了更清楚地看清后一点,假设农业生产具有不变规模报酬。在马尔萨斯生活的时代,农业技术非常简单,要素投入基本是可分的,因此这个假设是合理的。那么,我们可以从式(2.1)中求出人均收入为:

$$w_t = [An_t F(\bar{R}/n_t, 1)]/n_t = Af(\bar{R}/n_t) \qquad (2.2)$$

式中,f 为人均产出函数,它是人均自然资源的增函数。由此可知,人均收入是自然资源总量的增函数,是人口数量的减函数。这样,我们就表达了马尔萨斯的第三个假设。

我们以 $\hat{n}_t$ 表示第 t 年的人口增长速度。根据马尔萨斯的第一个和第二个假设,我们有下面的人口增长方程:

$$\hat{n}_t = \beta(w_t - \bar{w}) \qquad (2.3)$$

式中,β 为一个常数且 $\beta>0$。这个方程表明,当一个人的收入大于生存工资时,他便可以存活,并开始养育后代,整个社会的总人口开始增长;否则,整个社会的总人口将下降。将式(2.2)代入人口增长方程,得到:

$$\hat{n}_t = \beta[Af(\bar{R}/n_t) - \bar{w}] \qquad (2.4)$$

式(2.4)两边同时对时间 t 求导,得到:

$$\frac{d\hat{n}_t}{dt} = -\beta Af'(\bar{R}/n_t)\bar{R}\frac{\dot{n}_t}{n_t^2} = -\beta Af'(\bar{R}/n_t)\bar{R}\frac{\hat{n}_t}{n_t} \qquad (2.5)$$

式中,$\dot{n}_t = dn_t/dt$ 为人口的增长量,$\dot{n}_t/n_t = \hat{n}_t$。从式(2.5)中我们可以看出,如果人口处于增长状态(速度大于零),则增长速度会不断下降,直到等于零;反之,如果人口处于下降状态(速度小于零),则下降速度会减慢,直到等于零。这样,人口增长速度在长期将等于零,同时人均收入等于生存工资。

图2.1是对上述推导的一个直观表达。图中横轴为人均收入,纵轴为人口增长速度。人口增长方程表明,人口增长速度是人均收入的线性函数,这条直线和横轴相

交于 $\bar{w}$。当人均收入高于 $\bar{w}$ 时,人口增长速度为正;反之为负。在两种情况下,人口增长速度都沿着人口增长方程(图中箭头所指方向)回归到零,而人均收入也会回归到 $\bar{w}$。此时,我们说,经济进入了一个稳态,即停止变化的状态。在文献中,这个稳态被称为"马尔萨斯陷阱",因为它是一个没有人口增长且人们只能勉强维持生存的状态。

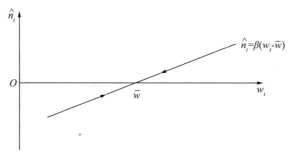

图 2.1 马尔萨斯人口增长

2.2.3 对马尔萨斯人口理论的批评

以今天的眼光来看,马尔萨斯人口理论的缺陷是显而易见的。对它的批评集中在两个方面:一个是针对资源约束假设的,另一个是针对人口增长方程的。现代经济学告诉我们,资源约束取决于技术;即使资源的物理总量不变,技术水平的提高也将提高产出水平,从而缓解资源的有效约束。在式(2.2)中,如果技术水平 A 随时间迅速提升,则人均收入可以随人口的增长而提高而不是下降。这正是过去一百多年间发生的事情,我们将在下一章对此进行详细的讨论。对马尔萨斯人口理论的第二个批评是和第一个批评联系在一起的。既然人均收入可以持续提高,人类就可以摆脱马尔萨斯陷阱;此时,人口增长不主要取决于婴儿的营养状况,而是取决于父母的生育计划。由于节育措施的普及,计划生育的成本大大降低,在多数国家,生孩子不再是由自然决定的事情,而是成为父母选择的一部分。下一节将要介绍的贝克尔的人口理论就是在这个前提下产生的。

但是,对马尔萨斯人口理论的批评并不能否定其重要性。和所有理论一样,马尔萨斯的人口理论也是时代的产物,是马尔萨斯为了解决他那个时代所面临的问题而创造的。尽管这个理论在今天已经不再适用,但是它对我们理解历史是非常有帮助的。同时,我们还必须看到,在中国历史上,对马尔萨斯人口理论的政治性批判导致了中国在特定时期对计划生育的忽视,使中国的人口政策走了很大的弯路(参见专栏 2.1)。

专栏 2.1
中国的人口问题

　　从 1953 年第一次全国人口普查到 1982 年第三次全国人口普查,中国人口从 6.02 亿人增加到 10.08 亿人。自 1979 年之后,中国开始实施计划生育政策。城市和发达农村地区普遍实行一对夫妇生一个孩子的政策;中西部农村地区普遍实行"一胎半"政策,即如果第一个孩子是男孩,则只能生一个孩子,如果第一个孩子是女孩,则允许再生一个。这样严格的政策使得中国的人口增长大大减速。根据官方估计,1979—2009 年,中国因计划生育而少出生的人口超过 4 亿人。但是,这个估计没有考虑其他因素,如教育水平、收入水平和妇女劳动参与率的提高对生育率降低的作用。事实上,如果不考虑 1959—1961 年三年严重困难造成的人口出生率的下降以及随后几年的补偿性生育高峰,那么中国的人口出生率自 20 世纪 50 年代初期到 1979 年一直在下降(见图 2.4)。因此,计划生育对出生率的作用还需要更加细致的研究。

　　另外,我们还必须看到计划生育也带来了严重的问题,即人口的迅速老龄化。2021 年,中国 65 岁及以上人口所占的比重首次超过 14%,中国步入深度老龄化社会。由于国民的收入水平还很低,因此人们是未富先老。相比之下,日本在 1995 年步入深度老龄化社会,其时它的人均 GDP 按可比价格超过美国的 80%,按汇率计算甚至是美国的 1.5 倍。据估计,到 21 世纪中叶,中国 60 岁以上人口将占到总人口的 30%(Cai and Wang,2005)。人口的老龄化造成养老负担越来越重,劳动力供给和储蓄下降,以及消费需求下降,对经济增长造成负面影响。

　　中国政府已经意识到计划生育带来的负面作用,并于 2015 年秋季决定全面放开二孩生育,于 2021 年放开三孩生育。但是,人口学家普遍认为,这些政策不会改变中国人口老龄化的大趋势。

　　然而,我们也没有必要对人口老龄化过于悲观,至少有两个因素会弱化老龄化带来的冲击:一个是退休的延迟。中国目前的退休年龄女性为 55 岁(女性工人为 50 岁),男性为 60 岁(男性工人为 55 岁)。随着健康水平的提高,退休可以适当延迟。延迟退休可以增加劳动力供给,同时降低领取养老保险的人数。2024 年 7 月发布的《中共中央关于进一步全面深化改革推进中国式现代化的决定》指出:"按照自愿、弹性原则,稳妥有序推进渐进式延迟法定退休年龄改革。"另一个是教育水平的提高。教育提高劳动生产率,因此可以部分弥补劳动力数量的下降。研究结果表明,与将要退出劳动力市场的中老年人相比,刚进入劳动力市场的年轻人不仅拥有更高的教育水平,还拥有更高质量的教育,两者综合起来,年轻人的生产率是中老年人的 2 倍(姚洋和崔静远,2015)。

【扩展阅读】
　　白晨、雷晓燕(2020):《从人口红利到老龄化》,载姚洋、〔美〕杜大伟、黄益平主编《中国 2049:走向世界经济强国》第三章,北京:北京大学出版社。

2.3 贝克尔的人口理论

2.3.1 生育的成本—收益分析

在《家庭经济分析》(贝克尔,1987)一书中,贝克尔将经济学的成本—收益分析方法应用到对生育和家庭的研究。在现代社会,人口增长已经摆脱了马尔萨斯陷阱,人们对生育的选择成为影响人口增长的最主要因素。在这种情况下,经济学的成本—收益分析就有了用武之地。从收益的角度来看,生育孩子对父母有两种功效:其一,孩子如同耐用消费品,能够给父母带来持续的快乐;其二,孩子又是投资品,在未来可以为父母带来收入流。和第二种功效紧密联系的,是子女长大以后可以给父母提供养老保障,这一点在传统社会中尤为重要。比如,在中国某些农村地区,"养儿防老"仍然是农户要生男孩的主要动机之一。从成本的角度来看,生育孩子需要父母投入时间和金钱。贝克尔特别强调父母时间投入的机会成本。这个成本取决于父母能够在劳动力市场上获得的报酬,或是自我雇佣所能获得的收入。父母生育多少孩子,取决于生育孩子的收益和成本之间的权衡。这样,我们就可以用标准的成本—收益分析方法来进行分析了,这里重要的因素是边际收益和边际成本的变化。

从孩子作为耐用消费品的角度来看,生育孩子的边际收益是下降的,因为孩子像其他耐用消费品一样,对他们的"消费"符合边际效用递减规律,即孩子越多,再生一个孩子所能带来的效用下降。同时,从孩子作为投资品(带来未来收入)的角度来看,生育孩子的边际收益也是递减的,因为收入的边际效用递减。生育孩子的边际成本的情况要稍微复杂一些。从父母收入损失的角度来看,生育孩子的边际成本是上升的。我们可以从两个方面来看:第一,生育更多的孩子需要投入更多的金钱,这样父母的现期消费就要减少。根据边际效用递减规律,在较低的消费水平上,收入的边际效用较高。因此,对孩子投入更多的金钱就意味着父母由现期消费下降带来的效用损失在边际上增加,即生育孩子的边际成本上升。第二,生育更多的孩子需要投入更多的时间。如果父母是自我雇佣的,则他们投入在自家生产或经营上的时间就会减少。根据边际效用递减规律,当时间投入较少时,其边际效用较高。因此,对孩子投入更多的时间就意味着父母现期收入损失在边际上的增加,即生育孩子的边际成本上升。如果父母是拿工资的,则生育更多的孩子会让他们减少工作时间,可能不得不由全职变成兼职,雇主就会给他们分配较不重要的工作,他们的工资就会下降,我们因此再次得到生育孩子的边际成本上升的结论。但是,从生育孩子的直接成本来看,多生育一个孩子的边际成本可能是下降的。过去中国农村地区多养一个孩子不过是"往锅里多加一瓢水"的说法是这种可能的一个形象的比喻。另外,把大孩子穿过的衣服和用过的玩具、书包等物品留给弟弟和妹妹,也是节约成本的一个方法。但是,在现代社会,和父母的消费以及时间损失比较起来,这些成本的节约可能是微不足道的。因此,我们在这里假设生育孩子的边际成本是上升的。

　　既然生育孩子的边际收益是下降的、边际成本是上升的,那么应该存在一个生育孩子的最佳数目,即边际收益等于边际成本时的数目。如图 2.2 所示,当边际收益曲线为 MU_0、边际成本曲线为 MC_0 时,最佳孩子数目是 n_0,即两条曲线相交时的孩子数目。边际收益曲线或边际成本曲线的移动导致最佳孩子数目的变化。那么,有哪些因素会导致这两条曲线的移动从而影响最佳孩子数目呢?

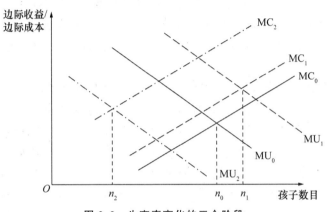

图 2.2　生育率变化的三个阶段

　　第一是父母的收入水平。当父母单位时间能够挣得的收入提高(个人劳动力变得更加昂贵)时,会出现对孩子需求的替代和收入两种效应。很显然,父母收入水平越高,则生育孩子的机会成本越高,这是替代效应。从收入效应角度来看,更多的收入使得享受孩子带来的快乐变得相对便宜了,这会导致生育孩子的边际效用上升。这种情况在历史上就曾存在。比如,一种理论认为,中国之所以未能在清代发展起来,就是因为地主将地租都用到生育更多的孩子上,而不是投资到工商业。[①]但是,如果其他消费的收入弹性高于孩子需求的收入弹性,则父母在收入水平提高时更愿意把更多的收入花费到其他物品的消费上。从效用的角度来看,这相当于生育孩子的边际效用下降。这种情况在现代社会很常见,更多的收入让夫妻能够去旅游、发展自己的爱好或进行奢侈性消费,这些活动都对生育孩子有替代作用。因此,父母的收入水平对生育孩子的边际收益的影响是不确定的。

　　第二是社会的总体收入水平以及与此相关的对人力资本的回报。在现代社会,社会总体收入水平的提高是和人力资本的增加联系在一起的;同时,随着人力资本的增加,社会更加倾向于采用更密集地使用人力资本的技术,从而提高人力资本的回报。

----

　　① 这种理论最近受到许多批评。最近的研究发现,中国的家庭规模并不比当时欧洲的家庭规模大。由于地主更可能拥有大家庭,因此这个发现表明,地主并不比其他人更愿意生孩子;至少,中国人口在清代的快速增长并不完全是地主的责任(参见彭慕兰,2003)。

此时,家庭的一个理性选择是少生孩子,同时增加对孩子的教育投资。贝克尔把这一现象概括为"数量—质量权衡"。

第三是父母的教育水平。较高的教育水平一方面提高父母生育孩子的成本,另一方面降低他们生育孩子的收益。前者容易理解,后者需要一些解释。教育不仅提高一个人的收入潜力,而且改变他的世界观,特别是教育让父母看到了生育孩子之外获得快乐的途径。从目前社会来看,母亲的教育比父亲的教育更为重要,因为母亲在家庭里陪伴孩子的时间更多,从孩子身上得到的乐趣也更多。

第四是父母特别是母亲的劳动参与。如果母亲不参与劳动,而是待在家里,她就更可能把乐趣寄托在孩子身上,从而提高生育孩子对她的边际效用;另外,如果母亲不参与劳动,她的时间机会成本就很低,从而降低生育孩子对她的边际成本。这两者结合起来的结果是,如果母亲不走出家庭到外面去工作,则一个家庭更倾向于多生育孩子。

第五是社会保障的健全程度。既然生育孩子的目的之一是获得未来的收入流,那么在社会保障较为健全的情况下,生育孩子的边际收益就会下降。

第六是社会习俗和地理环境的限制。一些社会习俗鼓励多生育孩子。比如,在中国不发达的农村地区,至今还流传着多子多福的传统,而且孩子特别是男孩的多寡仍然影响家庭的社会地位。宗教也对生育有显著的影响,如有宗教反对节育和堕胎。地理环境主要是通过影响父母的眼界和机会来影响他们生育孩子的意愿。在一个封闭的地理环境中,人们的眼界较窄,机会也较少,从而生育孩子的意愿较强。

2.3.2　一个应用:经济成长阶段和生育率

应用上述分析方法,我们可以考察不同经济成长阶段生育率的变化。利用图2.2,我们可以分三个阶段来进行讨论。

早期阶段　在这一阶段,收入水平很低,没有社会保障。在这种情况下,家庭会通过多生育孩子以换取更多的未来收入,并提供养老保障;换言之,早期生育孩子的边际收益较高。另外,由于教育回报低,家庭不会过多地投资子女的教育,因此生育孩子的花费也较少,同时父母生育孩子的机会成本也不高。因此,在早期阶段,生育孩子的边际成本很低。在图2.2中,早期的边际收益以 MU_0 表示,边际成本以 MC_0 表示,两者的交点 n_0 即最佳孩子数目。

中期阶段　随着经济的增长,收入水平提高,但这主要来自物质资本投入的增加,而不是人力资本投入的增加;同时,社会保障制度还没有建立起来。由此带来的影响表现在两个方面:其一,生育孩子的边际收益提高,因为劳动力的回报增加,但人力资本的回报没有变化或增加很少。其次,生育子女的边际成本有所提高,但是提高的幅度并不大。两方面的结果导致 MC 曲线向左上方移动到 MC_1 的位置,而 MU 曲线向右上方移动到 MU_1 的位置,且移动的幅度大于 MC 曲线移动的幅度。这样,新的均衡

点由 MU_1 曲线和 MC_1 曲线相交决定,此时的最佳生育数目 n_1 大于早期的生育数目 n_0。

成熟阶段 到了成熟阶段,收入水平大大提高,人力资本的回报增加,社会保障制度不断健全。此时,生育孩子的边际收益下降,同时边际成本上升,父母在数量—质量权衡中会倾向于选择质量,从而降低生育孩子的数量。在图 2.2 中,边际收益曲线下移到 MU_2 的位置,边际成本曲线上移到 MC_2 的位置,最佳生育数目下降到 n_2。

2.4 人口转型和人口红利

2.4.1 人口转型

人口转型指的是人口出生率、死亡率和人口结构的变化。根据对各国经济发展过程的历史观察,我们大致可以把人口转型分为三个阶段:第一阶段为高出生率、高死亡率、低人口增长率;第二阶段为高出生率、低死亡率、高人口增长率;第三阶段则为低出生率、低死亡率、低人口增长率。就出生率而言,这三个阶段对应于 2.3 节里讨论的三个经济成长阶段。在死亡率方面,第一阶段的高死亡率与这一阶段较差的营养状况和较低的医疗水平有关。由于营养状况差,婴儿的死亡率较高,成人生病的概率也高,此外较低的医疗水平降低了疾病治愈的可能性。到了第二阶段,收入水平提高,医疗条件改善,从而婴儿存活率提高,疾病得到有效的控制,死亡率下降。到了第三阶段,死亡率的下降主要缘于预期寿命变长,死亡率下降缓慢甚至停止下降。

图 2.3 和图 2.4 对比了英国与中国的人口转型。图 2.3 给出了英国 1750—1980 年出生率和死亡率的变动情况。从中可以看到,英国经历了人口转型的完整的三个阶段。大体上而言,1790 年之前为第一阶段,此时英国还没有进入工业革命的高潮期,收入水平很低;1791 年至第一次世界大战结束为第二阶段,此时英国经历了工业革命的高潮期,成为全世界经济最发达的国家;第一次世界大战之后为第三阶段,此时英国进入人口稳定增长时期。图 2.4 给出了中国 1950—2020 年出生率、死亡率和自然增长率的变动情况。从中可以看到,中国人口转型的三个阶段并不典型。由于缺乏历史数据,我们无法确定中国人口转型第一阶段是何时结束的。排除 1959—1961 年三年严重困难以及随后的补偿性生育高峰时期,中国 1950—2002 年出生率呈下降趋势,2002—2016 年是一个低水平的稳定期,2016 年之后急剧下降。死亡率在 20 世纪 70 年代初期之前是下降的,之后基本保持稳定。因此,从出生率的角度来看,中国在 2002 年之前处于人口转型的第二阶段,在 2002 年之后进入第三阶段;但从死亡率的角度来看,中国则早在 20 世纪 70 年代就进入人口转型的第三阶段。

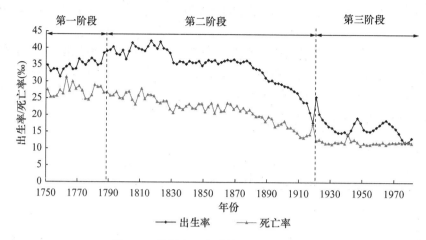

图 2.3　英国人口变动情况（1750—1980）

资料来源：Mitchell(1988)。

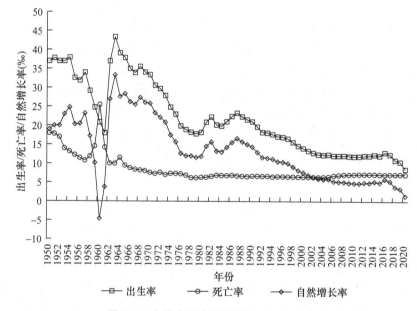

图 2.4　中国人口变动情况（1950—2020）

资料来源：国家统计局，Wind 数据库。

　　中国从 1979 年开始全面推进计划生育政策，该政策对减缓中国人口的增长速度起到了积极作用，这从人口出生率的下降可以得到证明。[①]中国死亡率的下降要得益于后发国家优势。英国是最早进入工业化社会的国家，其人口转型完全是内生的。中国是后发国家，可以从先发国家那里直接学习医疗技术和控制死亡率的方法，因此中国

---

　　① 注意到，20 世纪 80 年代中后期到 20 世纪 90 年代早期有一个生育小高峰，这是 1962—1966 年的补偿性生育高峰的"回音"，即那时出生的人到 20 世纪 80 年代中后期进入生育年龄。

的死亡率可以快速下降。决定死亡率的一个重要因素是婴儿死亡率。除提高婴儿营养之外,控制婴儿死亡率的办法随着 20 世纪几大发明的出现变得非常简单,其中包括青霉素等抗生素和牛痘等一批免疫疫苗的发现。事实上,一些简单的改进就可以大大降低婴儿死亡率。比如,中国从 20 世纪 60 年代开始大力推广新法接生,使得婴儿死亡率急遽下降。表 2.1 报告了中国和印度 1970—2009 年婴儿死亡率(零岁人口死亡率)的变化情况。从中可以看到,中国在 1985 年以前婴儿死亡率下降得非常快,远远超过印度,但是在 1985—1995 年下降幅度小于印度,2000 年之后又加速下降。

表 2.1　中国和印度零岁人口死亡率对比(1970—2009)　　　　　　单位:‰

	1970 年	1975 年	1980 年	1985 年	1990 年	1995 年	2000 年	2005 年	2009 年
印度	126.2	112.8	103.2	94.4	83.8	77.0	67.6	57.2	50.3
中国	82.8	64.2	46.1	36.7	36.8	36.4	29.8	21.5	16.6

资料来源:世界银行 WDI 数据库。

2.4.2　人口红利

人口转型的三个阶段意味着不同的人口结构。对经济增长而言,第二阶段后半段的人口结构相对于其他两个阶段具有优势。在这个阶段,劳动人口相对于被抚养人口更丰富,从而可能有利于经济增长。这就是所谓的"人口红利",即无须额外投入就可以得到的收益。国际上通行的衡量人口红利的指标是劳动人口比及其倒数——人口抚养比。劳动人口指的是大于等于 15 岁、小于 65 岁的人口,被抚养人口指的是 15 岁以下和 65 岁及以上的人口。劳动人口比是劳动人口与被抚养人口的比值[①],这个比值越大,则人口红利越多,经济增长就越快。这背后的机制表现在如下四个方面:

一是抚养负担轻。当劳动人口比重较大时,老人和孩子的抚养负担相对较轻,这样就可以把更多的资金投入生产而不是消费。一般而言,养育孩子是家庭的责任。孩子较多时,家庭的即时消费就较多,储蓄就减少,从而不利于经济增长。对于多数现代社会来说,养老是由国家组织的,而且除少数国家(如阿根廷和新加坡)外,世界上绝大多数国家的养老保险制度都具有现收现付的性质,即用现时工作着的人缴纳的保险费(或国家向他们征收的特定税收)支付已退休人员的工资。由于退休人员的工资基本用于消费,因此更多的老年人口意味着一个国家必须把更多的资源用于消费而不是投资,从而它的长期经济增长速度可能下降。

二是劳动力供给充足。劳动人口比重大的国家的劳动力供给比较充足。中国改

---

① 　劳动人口比和抚养比都是人口学概念,而非经济学概念,因为这里的劳动人口仅仅指处于劳动年龄的人口,而这些人口并不一定都参与劳动。

革开放后 30 年的高速经济增长在很大程度上得益于充足的劳动力供给。一方面，1979—2010 年，劳动人口比持续上升，劳动力总量增长迅速；另一方面，大量农村劳动力转移到工业。由此带来的结果是，中国的劳动力成本很低，从而增强了中国产品在国际市场上的竞争力。

三是创造力高。一个人年纪大了之后头脑中就会出现一些固化的东西，创造力就会下降，不像年轻人没有约束，创造力比较高。爱因斯坦连续发表五篇重要论文是在他 26 岁的时候。从国家来看，最好的一个例子是美国，美国人口现在已经超过 3 亿，在发达国家中位于前列，而它的创造力也是最高的。这和美国开放的移民政策有关，大批的移民让美国保持了一个年轻的人口结构。跨国研究表明，年轻的人口结构有利于一个国家产生企业家(Liang et al.，2018)，而企业家是创新的动力之一。

四是储蓄率高。弗兰科·莫迪利安尼(Franco Modigliani)提出的生命周期假说认为，一个人在权衡当前的消费和储蓄时，不只考虑今天，而是考虑一生的计划(Modigliani and Brumberg,1954)。一个人年轻时收入较低，但由于预期壮年时生产率提高，因此会借贷；壮年时生产率达到顶峰，可以偿还年轻时欠下的债务，并为老年储蓄；最后，老年时只消费，不生产。这样，一个人的一生大体可以保持相同水平的消费。从个体推及整个人口，一个处于壮年，即劳动人口比重较大的社会的居民储蓄率会比较高，经济增长也会比较快。[①]

但是，生命周期考虑之外的其他因素可能稀释人口红利的作用。一个重要的因素是储蓄和孩子之间的替代。一个较老的人口意味着孩子的数量较少，由于数量和质量之间的替代关系，人们需要在较少的孩子身上投入更多的精力和储蓄来提高他们的教育水平，这就导致一个较老的人口未必比一个较年轻的人口的储蓄率低。图 2.5 显示了韩国和新加坡在各自经济高速发展时期的人口结构与国民储蓄率的变动情况。从中可以看到，当韩国和新加坡的人口处在老化的初期时，国民储蓄率在多数时间是上升的，只有当人口接近进入老年社会(60 岁以上人口超过 11%)时，储蓄率才开始下降。

即使生命周期假说不成立，一个高劳动人口比的国家也可能通过工资机制创造更多的储蓄。较多的劳动力供给压抑工资的增长，当技术进步体现为劳动生产率的提高时，企业利润和政府税收占 GDP 的比重就会上升。如果企业分红不足或政府再分配不足，则企业利润和政府税收就会转化为企业的储蓄，从而提高整个国家的国民储蓄率。我们可以通过下面的简单运算，理解为什么工资相对于劳动生产率的低速增长会提高企业利润和政府税收占 GDP 的比重。

---

① 在莫迪利安尼于 20 世纪 50 年代正式提出生命周期假说之前，俄罗斯经济学家恰亚诺夫和列宁早在 20 世纪 20 年代就有过一场著名争论。列宁认为，公社解体之后，俄国的小农当中存在阶级分化，有些人变成了地主，有些人变成了赤贫的雇农。而恰亚诺夫通过调查发现，其实这并不是阶级分化，而是人口分化。年轻人刚分家，由于缺少生产资本而去借贷，因而变成穷人；随着年龄的增长，他不仅还清了负债，还积累了一定的资产；到 40 多岁的时候，他甚至可能成为拥有很多土地的地主；而当他到不能再干农活的时候，子女就要分家，把资产分掉后，他又变成一个贫农。这就是小农的生命周期(恰亚诺夫,1996)。

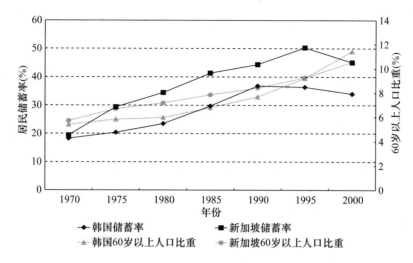

图 2.5　韩国和新加坡人口结构与国民储蓄率变动情况（1970—2000）
资料来源：世界银行 WDI 数据库和联合国数据库。

以 L 代表企业的职工数，A 代表职工为企业创造的人均增加值，即劳动生产率。则企业的增加值可以表示为 $Y=AL$。以 w 代表职工的平均工资，则企业工资总额为 $W=wL$，企业毛利（纯利加政府税收）为：

$$P=Y-W=AL(1-w/A) \tag{2.6}$$

式中，w/A 是劳动者收入占企业增加值的比重，$(1-w/A)$ 是企业毛利占企业增加值的比重。对于整个经济而言，如果劳动生产率上升的速度高于人均工资上升的速度，则劳动者收入占 GDP 的比重下降，企业利润和政府税收占 GDP 的比重上升。

2.4.3　人口红利与经济增长关系的经验证据

人口红利对经济增长的贡献有多大？根据大卫·布鲁姆（David Bloom）等人的研究（Bloom et al.，2007），人口红利可以解释"东亚奇迹"的四分之一；国内学者蔡昉和王德文利用省际数据研究表明，人口红利也可以解释 1982—2000 年中国经济增长的四分之一（Cai and Wang，2005）。在他们的研究中，人口抚养比作为解释经济增长的附加变量加入经济增长方程，人口红利对经济增长的贡献则由人口抚养比的回归系数计算得到。比如，在蔡昉和王德文的研究中，人口抚养比的系数为 -0.115，即人口抚养比每提高 1 个百分点，年均 GDP 增速下降 0.115 个百分点。1982—2000 年，中国的人口抚养比下降了 20.1 个百分点，年均 GDP 增速因此提高了 2.3 个百分点，同期中国 GDP 年均增速为 8.6%，因此人口红利对经济增长的贡献率为四分之一强。

表 2.2 对比了中国和印度 1960—2005 年人口转型、储蓄及投资的情况。从中可

以看到,20世纪60年中国和印度的人口抚养比基本一致,但由于中国实行了较为严格的计划经济,因此中国的储蓄率和投资率都高于印度。自此之后,两国的人口抚养比都下降,但中国下降的速度要高于印度的下降速度;特别是中国实行严格的计划生育政策之后,中国的人口抚养比迅速下降,2000—2005年,中国的人口抚养比下降到43.6%,而同期印度的人口抚养比为61.8%。随着人口抚养比的下降,两国的国民储蓄率都同步上升,由此也带动了两国投资率的上升。人口红利的上升可以部分解释两国的高速经济增长。

表2.2 中国和印度的比较(1960—2005)　　单位:%

指标	1960—1969	1970—1979	1980—1989	1990—1999	2000—2005
印度					
人口抚养比	77.8	76.8	71.7	67.0	61.8
国民储蓄率	13.0	18.0	19.9	23.8	26.3
投资率	15.1	18.1	21.8	25.2	26.0
中国					
人口抚养比	79.0	74.8	57.4	48.1	43.6
国民储蓄率	25.6	34.7	35.4	38.5	39.8
投资率	26.1	34.8	34.8	40.6	42.2

资料来源:Cheten *et al*.(2006)。

　　在2010年之前的二十多年里,中国的经济增长在很大程度上是由出口带动的。自2001年加入世界贸易组织到2008年国际金融危机这短短七年间,中国的出口更是增长了四倍。在这个过程中,人口转型做出了巨大的贡献。图2.6显示了中国1982—2020年劳动人口比的变化情况。从中可以看到,自1979年实行计划生育之后,中国的劳动人口比在20世纪80年代快速上升。进入90年代之后,由于出生率上升[①],劳动人口比的上升停滞下来;进入21世纪之后,中国的劳动人口比再次攀升,至2010年达到顶峰。这个趋势和大量劳动力从农村向城市的流动结合在一起,推动了中国出口的高速增长(参见专栏2.2)。2010年之后,中国的劳动人口比开始下降,其速度快于21世纪头十年的上升速度。预计下降趋势将持续到21世纪40年代。未来一段时间里,中国必须在生产技术、产业结构以及社会保障等诸多方面做出相应的调整。但是,我们也不用为劳动人口比的下降而过分担心,因为就劳动人口比而言,中国目前的人口结构仍然是世界上最好的,只有等到2030年前后,这种优势才会被南亚国家超越。

---

　　① 这次出生率的上升主要是1962—1976年婴儿潮的"回声"造成的。婴儿潮时期出生的人到90年代进入生育年龄,因而造成了出生率的小高峰。

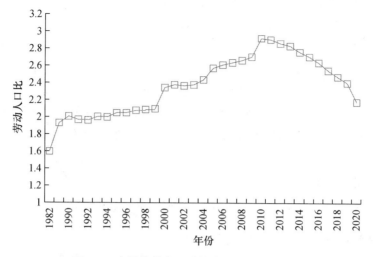

图 2.6　中国劳动人口比的变化(1982—2020)

资料来源：国家统计局网站(www.stats.gov.cn)。

专栏 2.2
人口双转型与中国经济增长模式

在我国，人口结构的改善伴随着大量劳动力从农村向城市的转移，两者叠加，为工业特别是出口部门提供了海量的劳动力。这个过程可以称为"人口双转型"。

人口双转型促进了我国的出口增长。我国于 2001 年加入世界贸易组织，而此后十年恰恰是我国人口红利上升最快，同时农村劳动力大规模转移到工业的时期，人口双转型对我国出口在 2001—2008 年的井喷式增长做出了巨大贡献。其中的机制是，随着工业劳动力数量的增加，我国的工业产出增加，从而促进出口增长；由于丰富的劳动力供给抑制了工资增长，储蓄相应增加，从而工业进一步扩张，进一步推高出口。田巍等(2013)使用一个变通的劳动人口比，即劳动人口/全部人口，并把这个比值引入传统的引力方程作为一个新的解释变量[①]，利用 176 个国家(地区)1970—2006 年的双边贸易数据进行了计量分析。根据计量分析结果他们发现，2001—2010 年人口红利的上升使我国出口增长 56.9%，占全部出口增长的 14.6%。

人口双转型还是导致我国劳动收入占国民收入的比重在 2008 年以前下降的主要原因之一。1992—2008 年，我国制造业的劳动生产率大幅提高，2008 年的 1 个工人相当于 1978 年的 8 个工人；服务业劳动生产率提高的速度也较快，2008 年的 1 个工人相当于 1978 年的 4 个工人(卢锋和刘鎏，2007；2008 年的数据来自卢锋和杨业伟的更新)。这意味着劳动生产率平均每年提高 13.2%，而同期工资年均增长率仅为 7.7%(Conference Board，2010)，两者相差甚大。根据式(2.6)，劳动收入占比下降。根据卢

---

①　引力方程的原理是，两国的贸易往来和两国的经济规模呈正比。这个原理和万有引力定律类似。

锋和刘鎏(2007)的研究,劳动生产率的提高主要是通过资本积累获得的,而资本积累在很大程度上是劳动生产率增长快于工资增长的结果。

2010 年之后,随着我国人口结构的逆转,我国经济结构也发生了巨大的变化。出口增长不再是我国经济增长的主要动力,国内消费增长对 GDP 增长的贡献保持在70%以上。我国的经济增长已经从外需推动模式转变为内需推动模式。与此同时,我国也跨越了所谓的"刘易斯转折点",劳动力市场不再宽松,而是趋于紧张,劳动收入增长速度快于 GDP 增长速度,劳动收入占 GDP 的比重上升(刘亚琳、茅锐和姚洋,2018)。

【线上延伸阅读】

Labor，Demography，and the Export-Oriented Growth Model in China

【扩展阅读】

蔡昉(2010):"人口转变、人口红利与刘易斯转折点",《经济研究》,(4):4—13。

2.5　小结

本章讨论了人口影响经济增长的结构性要素。本章首先分别介绍了马尔萨斯和贝克尔的人口理论,然后讨论了人口转型和人口红利的概念,并着重论述了人口红利对经济增长的贡献。我国人口众多,且由于实行计划生育政策,人口结构变化剧烈,理解人口和经济增长之间的关系可以帮助我们理解我国的经济增长模式。我们在后续章节还会对此进行更多讨论。

中国式现代化是人口规模巨大的现代化,巨大的人口规模有优势,也有难题和挑战。本书没有辟专节讨论人口规模对经济增长的影响,部分原因是,人口规模和自然资源的多寡是联系在一起的,而自然资源和经济增长的关系是本书将在第 14 章讨论的内容。另外,人口规模还与市场规模相关联,本书在后续章节里将对此有所涉及。

【练习题】

1. 在马尔萨斯模型中,如果生产函数 $Y_t = AF(\bar{R}, n_t)$ 中的技术水平因子 A 随时间的推移而提高,试证明马尔萨斯陷阱不一定会发生。

2. 一个系统的稳态是稳定的,即使系统发生离开稳态的小扰动,系统最终也会回到稳态。检验马尔萨斯陷阱是一个稳定的稳态。

3. 考虑 20 世纪 30 年代的一个中国村子的情况。一户人家的土地拥有量越大,这户人家的生育率应该更高还是更低?根据你的分析,没有土地的雇农的生育率更高,还是拥有大量土地的地主的生育率更高？

4. 中国 2016 年 1 月 1 日正式实施"全面二孩"政策。你认为出生率增长最快的地方可能是哪里？请查一下 2016 年的情况，验证一下你的猜测。

5. 2016 年之后，中国的人口出生率急剧下降，原因可能是多方面的。你认为其中最为重要的原因是什么？请用省级数据验证你的猜测。

6. 什么是人口红利？较丰富的劳动力供给如何提高一个国家的国民储蓄率？

7. 如果一个国家 65 岁及以上人口的比重超过 7%，则这个国家进入了老龄化社会；如果一个国家 65 岁及以上人口的比重超过 14%，则这个国家进入了深度老龄化社会。请利用佩恩世界表和世界银行 WDI 等数据库，查找那些经历过老龄化到深度老龄化的国家在进入老龄化年份和进入深度老龄化年份之间的国民储蓄率。并思考：

（1）储蓄率与人均收入之间有什么关系？

（2）把这些国家分成高收入国家（达到 OECD 国家收入门槛的国家）和低收入国家，再看两者之间的关系。

（3）从这两个小研究里，你能得出什么结论？

8*.①本题是生命周期假说的一个简化版本。考虑一个每个人存活两期的社会，人口增长速度为常数 μ。年轻人工作，老年人不工作。假设年轻人的劳动投入时间是固定的，定为 1。对于生活在第 t 期和 $t+1$ 期的个人，令他在第 t 期（年轻时期）的工资为 w_t。假设工资的年增长率为 g。年轻人决定当期消费和储蓄，老年人靠年轻时的储蓄生活。假设储蓄利率为常数 r，外生给定。以 c_t^Y、c_{t+1}^O 分别表示个人在年轻和老年时期的消费水平，则个人一生的效用贴现为：

$$u(c_t^Y, c_{t+1}^O) = \ln c_t^Y + \rho \ln c_{t+1}^O$$

式中，ρ 代表消费的跨期贴现率。假设个人最大化一生的效用贴现。试求解年轻人和老年人任意第 t 期的消费以及社会人均储蓄（当期产出减去当期消费）及其增长率。

---

① 本书标注 * 的练习题目难度较高，教师可酌情要求学生。

农业与经济发展
第 3 章

3.1 引言

农业是国民经济中最具有基础性意义的经济部门,其他经济部门的出现、存在和发展都离不开农业的支持。可以毫不夸张地说,人类自身的历史,也正是农业发展的历史。截至 2024 年,我国在本世纪已经有 21 年中央一号文件连续聚焦"三农"。农业重要性可见一斑。

3.2 节阐述舒尔茨提出的"传统农业"概念,对传统农业所具有的"贫穷但有效"的双重特性进行讨论,探讨"贫穷"与"有效"这对表面矛盾的概念能够共存的基础。进而,从一般性到特殊性,我们将把注意力投向中国的传统农业,从经济效率的角度探讨中国小农体系的成因。这一节还将介绍伊懋可关于中国近代经济的"高水平陷阱"理论。3.3 节论述传统土地关系对生产力的束缚,并论证土地改革对农业乃至国民经济整体的贡献。3.4 节讨论现代农业的特征,重点放在现代要素(如良种、化肥等)投入所带来的农业产量增长方面。3.5 节阐述农业对经济发展的贡献,特别强调一个国家的落后首先是农业的落后这一现象。3.6 节讨论农业在国民经济中的份额下降这一世界普遍规律,给出它的理论解释和经验数据支持。3.7 节回顾计划经济时代对农业的过度汲取及其后果。最后,3.8 节总结全章。

学习目标:

理解关于传统农业的"贫穷但有效"假说。

理解高水平陷阱理论。

掌握小农自我剥削模型的构建和推导。

理解农业落后阻碍一国经济发展的原因。

理解农业在国民经济中份额下降的原因。

3.2 传统农业

3.2.1 传统农业的典型特征

何谓"传统农业"? 按照舒尔茨在《改造传统农业》一书中的定义,不使用现代要素的农业生产都被视为传统农业的范畴(舒尔茨,1987)。舒尔茨进一步用"贫穷但有效"来概括传统农业的特征。从技术和收入的层面来看,传统农业是贫穷的;但从资源配置的层面来看,传统农业却是有效的。

传统农业的"贫穷"来自它具有的较低的生产力水平。我们可以从两方面理解这一特征:其一,单位面积产出较低;其二,人均产出,即劳动生产率较低。单位面积产出低是因为传统农业基本不使用良种、化肥、杀虫剂、机械等现代农业生产要素。传统农业主要依赖三大传统要素,即土地、人力和畜力进行生产,最终都会面临要素边际报酬递减的限制。劳动生产率较低除受制于现代要素投入缺乏之外,还与大量的人口集中在农业有关。所有文明都起源于农业,现代化进程的一部分就是劳动力从农业向工业的转移。在传统农业阶段,劳动力转移还没有发生,农业因此积聚了大量的劳动力。较高的人地比压低了劳动力相对于土地的价格,从而不利于提高劳动生产率的技术(特别是机械技术)的采用,这样人均产出就无法提高。

中国历史上单位面积产出是有所提高的。特别是在清代前期两百年间,中国人口增长了近 3 亿人,需要大量的粮食供应来应对如此快速的人口增长。尽管东北地区的开发增加了土地面积,但能够成功平衡人口增长的一个重要原因是土地单位产出的提高。伊懋可和加州学派历史学家的著作提供了这方面的大量证据(参见 Elvin,1973;李伯重,2003;彭慕兰,2003)。但是,即便如此,我们也应该意识到,历史上单位面积产出的提高是十分缓慢的,基本上只能赶上人口增长的速度而已,结果就是劳动生产率和人均粮食拥有量没有发生大的变化。

传统农业的"有效"来自它的资源配置效率。在舒尔茨于 1964 年发表《改造传统农业》之前,发展经济学家倾向于认为,传统农业的生产组织和制度安排不同于资本主义常见的形式。比如,刘易斯就认为,传统农业里存在大量的剩余劳动力,即处于完全失业状态的劳动力,但是为了维持他们的生存,传统农业不得不付出高于他们劳动边际产出的工资(见第 5 章的讨论)。从这里出发,我们可以得出两个结论:第一,我们无法把新古典经济学理论直接应用到对传统农业的分析上。新古典经济学的基石是"均衡",在要素使用上,均衡要求要素的边际产出等于其价格,对于人力而言,就是劳动力的边际产出等于其工资,而传统农业恰恰不满足这个要求。第二,从现代经济学的角度来看,由于传统农业的生产组织和制度安排导致要素边际产出与其价格之间发生偏差,所以传统农业蕴含着效率上的损失。

舒尔茨反对上述看法。在《改造传统农业》一书中,他借用大量的人类学证据说明,传统农业不存在组织和制度的效率损失。他认为,要素边际产出等于要素价格的基本原理并不受生产力发展水平的制约,即使是在生产力不发达的社会,这仍然是成立的。即使是在很贫穷的社会,市场也是发挥作用的,从而经济整体的一般均衡仍然可以实现。基于一般均衡意义下的"效率"正是舒尔茨反驳刘易斯理论的关键。在生产领域,一般均衡的效率和以下两个条件是等价的:要素边际产出等于要素价格,要素市场出清。用通俗的语言来讲,这两个条件意味着所有要素都已经物尽其用,因此整个经济处于帕累托最优的境界。舒尔茨试图证明,这两个条件在生产力不发达的社会也是成立的,因此传统农业是有效的。但是,他也进一步指出,这种"有效"只是静态意义上的,传统农业的贫穷来自它缺少动态意义上的效率,即技术进步。这也是他提出改造传统农业的核心所在,即从传统农业向现代农业的转变必须依赖技术进步和人力资本提高。

3.2.2　中国的小农体系

中国历史上的农业完全符合传统农业的特征。本小节讨论一个更为细致的现象,即小农体系。在中国历史上,小农体系指的是一种以小农耕作为主导的农业生产组织形式。这里的"小农"不仅包括自耕农,还包括佃农;换言之,即使土地分配极端不均,但只要不存在很多经营性地主(雇用雇工、自己经营的地主),只要土地是由小农耕作的,则一个社会仍然拥有小农体系。按照这个标准,中国农业自南宋以来基本上属于小农体系,至今如此。目前中国农户平均土地经营规模为 8 亩左右,远远低于发达国家水平。

根据通常的理解,小农体系不仅制约了古代中国农业的发展,还限制了现代中国农业的国际竞争力。通常,持这种论点的人会给出两个理由,一个是小农损失土地经营规模扩大之后带来的规模经济,另一个是小农不利于现代要素特别是机械的采用。但是,这两个理由都缺乏理论和经验依据。

关于规模经济,首先必须区分两个层面的定义:一个是经济学通常意义上的规模经济,即当所有的要素投入同比例增加时,产出会超比例增加。产生规模经济的核心是某些要素的不可分性,比如一个农户购买的拖拉机。但是,农业生产的多数要素投入如土地、人力、化肥等都是可分的,那些不可分的要素如拖拉机也可以通过市场租赁变成可分的。因此,农业生产不具备经济学意义上的规模经济,多数对农业生产函数的经验研究也证实了这个结论。另一个是规模经济单指土地经营规模的扩大引起的产出超比例增加,这是一个更流行的定义。但是,从经济学的角度来看,这个定义是错误的。如果其他要素投入不变,单单扩大土地经营规模必然导致土地边际回报下降,也就是说,即使从这个定义本身出发,我们也会发现规模不经济。[①]

事实上,多数论者在谈论农业的规模经济时,其论点是大农场有利于现代要素投入的增加。这个论点是否成立,取决于市场的完备程度。在完备市场条件下,无论农户大小,他们都可以获得他们所需要的要素,小农户因此不会比大农户亩均投入更少的现代要素。在不完备市场条件下,小农户可能比大农户亩均投入更少的现代要素。比如,如果信贷市场是不完备的,银行要求农户在申请信贷时提供抵押物,大农户就可以用更多的土地去抵押,获得更多的贷款,他们因此可以比小农户购买更多的现代要素。但是,这个事例说明,扩大土地经营规模只是解决现代要素投入缺乏的方法之一,完善银行的信贷体系可以是一个替代方法。

---

① 国内学术和政策界还流行一个定义,即农场规模的扩大导致农场利润的超比例增加。这个定义就更是错误的,因为它已经脱离单纯的生产技术,而涉及农户在市场上的决策。

事实上,微观发展经济学的经验研究早已发现了一条规律,即土地单位面积产出随着农户土地经营规模的扩大而下降(有关中国的案例研究,参见李谷成等,2009)。在理论上,如果包括劳动力市场在内的多个市场不完备,就会出现这个规律,原因在于,此时农户的时间边际成本受其消费的影响,当土地经营规模缩小时,如果农户什么都不做,他们的消费水平就会降低;为了防止消费水平的降低,他们会在土地上投入过多的劳动,从而提高单位面积的产出。这就是恰亚诺夫所说的"自我剥削"机制(参见专栏3.1)。

专栏 3.1
苏联经济学家恰亚诺夫

恰亚诺夫(1888—1939)是苏联和俄罗斯交替时期的经济学家,他毕生研究农民和农业问题,留下了对后世影响巨大的关于农户行为的自我剥削理论和家庭生命周期理论(参见恰亚诺夫,1996)。

自我剥削理论也被称为劳动—消费均衡理论。恰亚诺夫认为,俄罗斯小农和资本主义农场具有不同的生产组织方式。对于一个资本主义农场而言,生产和消费是分离的,生产以要素边际回报等于要素市场价格为原则;对于一个小农而言,生产和消费是不可分的,劳动的价格不是由市场决定的,而是由劳动投入对家庭消费的边际贡献决定的。由于消费的匮乏,小农会采取任何措施提高消费水平,此时,劳动投入对家庭消费的边际贡献就会压到很低的水平,也就是说,劳动的价格非常低。根据劳动的边际产出等于劳动价格的原理,小农就会过多地在土地上投入劳动,从而产生自我剥削。

家庭生命周期理论认为,一个农户家庭从组建到结束具有一定的生产和消费规律。当户主较年轻时,农户家庭往往必须靠借贷度日;当户主进入壮年时,农户家庭的劳动力充足,它开始购买土地,消费水平也随之提升;当户主进入老年之后,由于分家析产,农户家庭开始走下坡路,重新变得贫穷起来。这一理论与列宁关于俄罗斯农村地区的阶级分化理论形成对比。从表面上看,19世纪末俄罗斯公社解体之后,俄罗斯农村地区出现了两极分化。列宁认为,这是阶级分化所致;而根据恰亚诺夫的家庭生命周期理论,这不过是人口分化而已。两个理论的政治含义显然是不同的。

【线上延伸阅读】

恰亚诺夫与苏联20世纪20年代"组织—生产"学派

根据恰亚诺夫的自我剥削理论,我们可以对中国的小农体系做一个重新认识。在人口逐步增加从而形成人多地少的格局的情况下,中国形成小农体系有其必然性。史料表明,尽管井田制在战国后期已经式微并在秦朝彻底放弃,但直至唐朝,官府主导的均田制仍然时有发生(赵冈和陈钟毅,2006)。北宋之后,人口增长加速,导致人均土地面积持续减少以及农业生产组织的显著变动。赵冈和陈钟毅(2006)认为,这种变动的决定性因素是人地比的变化。他们反对马尔萨斯人口理论,认为人口增长不会到达人均粮食拥有量低于生存所需的地步,而是会更早地止步于人均粮食边际产量开始低于生存所需的时候。从这个理论出发,他们总结并解释了北宋之后农业生产组织的两个显著变化:一个是奴隶和部曲使用的减少。蓄奴在中国历史上一直是合法的,直至清末才被取缔,但北宋之后农业生产中使用奴隶的现象愈来愈少。这是因为,奴隶的劳动生产率低于自由人,因此当农业劳动的边际产出开始接近甚至低于生存工资时,地主会选择使用更有效率的自由人。另一个是经营性地主的没落和租佃的勃兴。在《水浒传》里,卢俊义是大地主,拥有大量的庄户(农奴),宋江也是地主出身,可见北宋时期经营性地主是普遍现象。但南宋之后,这种现象逐步减少。到明清时期,租佃关系成为普遍现象。

下面用一个简单的理论模型说明人地比的上升如何导致土地经营规模的缩小。假设一个农业社会只使用两种要素进行生产,一个是土地,另一个是劳动。假设参与生产的农户是同质的,每户经营的土地规模为 T。对于单个农户而言,土地规模是固定的,但它的劳动投入是可变的,假设为 L。每个农户的粮食生产函数为:

$$Y = F(T, L) \tag{3.1}$$

根据前面的讨论,我们假设这个生产函数具有不变规模报酬。则令 $l = L/T$ 为单位土地劳动投入,单位土地的生产函数就可以写成 $y = f(l)$,$f' > 0$,$f'' < 0$,它与总产出之间的关系是 $Y = Tf(l)$。进一步假设农户除了农业生产没有其他就业渠道,换言之,劳动力市场是不完备的。农业劳动产生负效用,以 $V(L)$ 表示,且 $V' > 0$,$V'' > 0$。农户的目标是决定农业劳动投入 L,以最大化其净效用 $Y - V(L)$,即

$$\operatorname*{Max}_{L} Tf(l) - V(L) \tag{3.2}$$

其一阶条件是:

$$f'(l) - V'(L) = 0 \tag{3.3}$$

我们对 f 和 V 的假设使得二阶条件满足。利用隐函数定理,对 T 求全导,得到:

$$f''(l) \frac{\mathrm{d}l}{\mathrm{d}T} - V''(L) \left(l + T \frac{\mathrm{d}l}{\mathrm{d}T} \right) = 0 \tag{3.4}$$

由此得到:

$$\frac{\mathrm{d}l}{\mathrm{d}T} = \frac{lV''(L)}{f''(l) - TV''(L)} \tag{3.5}$$

根据我们对 f 和 V 的假设,我们知道 $\mathrm{d}l/\mathrm{d}T < 0$,也就是说,单位土地的劳动投入随着土地经营规模的扩大而下降。这个结论的反面自然是,单位土地的劳动投入随着土地经营规模的缩小而上升。这实际上是对恰亚诺夫自我剥削机制的一个理论证明。

把上述结论应用到中国历史,我们就可以为中国的小农体系提供一个经济效率上的合理解释。由于土地规模有限,而人口在不断增长,社会必须尽可能地提高粮食产出,因此随着人口的增长,把土地分给更多的农户,从而缩小每个农户的土地经营规模,对全社会来说是最优的选择。注意,这里的"农户"不一定是自耕农,而可能是佃农,只要他们是一个生产单位即可。实际上,地主可以利用小农的自我剥削倾向,通过

把土地细分给更多的佃户来从他们那里榨取更多的剩余(姚洋,2004)。这符合舒尔茨的贫穷但有效假说——小农变得越来越穷,但在给定的技术条件下,生产的组织变得更有效率。

3.2.3 高水平陷阱

在第1章提到的解释李约瑟之谜的理论中,只有伊懋可的高水平陷阱理论具备比较坚实的经济学基础。在 Elvin(1973)中,伊懋可详细考察了清朝中国的农业和工业生产情况,并以此为基础提出了高水平陷阱理论。所谓高水平陷阱,指的是农业高度发达但工业停滞不前的状态。伊懋可的推理如下:

首先,清朝初期中国的农业技术已经达到很高的水平,但技术进步已经达到极限。如当时的冶炼技术已经不可能再有提高的余地;又如在江南地区,铜和布的价格都已经变得非常高昂,整个经济受到资源约束的限制。其次,在这一分析思路下,农业技术若要进一步改进,就需要更多的铁、铜等工业资源,但是这些工业生产要素昂贵得使投资者望而却步。要打破这一资源约束,需要农业创造更多的剩余,使部分人可以付得起生产要素的高价格,从而推动技术的进步。但是,由于马尔萨斯人口原理的作用,每次技术变革所带来的农业剩余的增加都被人口增长消耗,最终,农业技术变革达到传统农业的最高点就不再增长,而工业则处于停滞状态。

伊懋可用图3.1解释高水平陷阱理论。在图中,横轴为劳动投入,纵轴为粮食产量。图中曲线 OT 为传统技术下的长期农业产量边界,直线 OD 为粮食需求曲线,其斜率为以粮食衡量的生存收入;显然,随着人口增多,社会所需要的粮食也相应增加。另外,在各个历史时期也存在许多短期农业产量边界,曲线 OT 即为这些短期边界的包络线。我们从短期农业产量边界 P_1 开始。基于马尔萨斯人口原理,在 E_1 点之下由于粮食需求小于粮食供给,多余的粮食引起人口增长;而若人口水平超过此点,过多

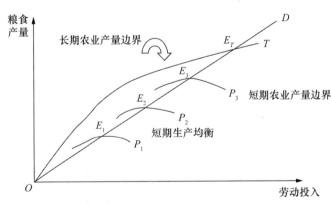

图 3.1 伊懋可的高水平陷阱理论

资料来源:Elvin(1973)。

的人口又会使得粮食需求最终超过粮食供给,人口减少,再次回到 E_1 的短期生产均衡点上。但是,在 E_1 点上的粮食紧张会导致技术进步,从而使得短期农业产量边界从 P_1 上升到 P_2,进而人口增长,直到另一个短期生产均衡点 E_2。如此循环向上直到 E_T 这一点。在 E_T 这一点上,由于长期农业生产边界的限制,技术不可能再度向上发展,因此该点即为长期生产均衡点,也即所谓的"高水平陷阱"。

伊懋可的理论存在两个明显的问题:其一,资源总是在价格意义上的相对缺乏,绝对资源不足是不存在的。一个生动的比喻是"石器时代的结束不是因为地球上耗尽了所有的石头",可见,资源约束是与价格、技术关联在一起的,伊懋可设定的资源约束则忽视了这一点。其二,伊懋可对技术问题的讨论陷入了循环论证的圈套,他用传统农业技术的约束解释中国农业的停滞,而李约瑟之谜要回答的恰恰是为什么中国没有跳出传统技术的约束发展出现代技术。

姚洋(2003)试图完善伊懋可的理论。他构建了一个动态一般均衡模型并证明,中国比西欧高得多的人地比是导致中国和西欧出现文明分岔的原因。[①]从秦朝开始,中国的人口密度即远远超过欧洲。到 1700 年左右,中国的人均耕地为 0.28 公顷;而在同时期的欧洲,法国为 0.83 公顷,英国为 0.91 公顷,是中国的 3 倍左右(赵冈和陈钟毅,2006)。具体而言,人口密度上的巨大差别和地理环境有密切关系。中国文明的发源地在华北平原地带,森林覆盖率很低,人口增长迅速,并且在一个漫长的历史时期依靠小米即可养活不断增长的人口。在欧洲,森林覆盖率很高,森林地区的环境不利于人的居住,因而人口是长期逐渐渗透到欧洲中部和北部地区的。从人地比的巨大差异出发,姚洋(2003)证明,在两个条件成立的情况下,中国会落入高水平陷阱,而西欧会发展出现代工业。这两个条件是:人口增长符合马尔萨斯人口原理,以及工业存在规模经济。如果人口增长不符合马尔萨斯人口原理,农业剩余就不会被人口增长吞噬,工业发展因此可以得到资金。如果工业不存在规模经济,则工业可以在任何规模上生存,起点上的差别就不足以导致最终的文明分岔。下面是姚洋模型的逻辑。

一方面,相对于西欧而言,在起始点上,中国的情况为人多地少,因而土地价格高昂,投资土地的资本回报率高,因此人们更愿意投资于土地,发展农业技术。根据马尔萨斯人口原理,农业产量的提高激励人口的增长,从而进一步抬高土地的价格,诱发新一轮的农业投资,因而农业及其技术能够一直处于发展状态。另一方面,在工业环节上,人多地少的状况引起食物紧缺,因此大部分花销必然用于粮食消费,农业剩余很少。由于工业具有规模经济,需要相当规模的农业剩余才足以供给它所需的最低投资,因而工业无法发展起来。这样,中国就掉入了农业高度发达且保持增长而工业停滞不前的高水平陷阱。相比之下,较低的人地比使得西欧较为容易解决粮食供给问题,从而产生较大规模的农业剩余供工业投资使用,西欧因此得以进入农业和工业同时发展的新的文明阶段。

---

① 所谓"文明分岔",指的是中国和西欧 16 世纪之后文明发展的不同路径:中国停留在农业文明,而西欧发展出了工业文明。参见彭慕兰(2003)。

根据彭凯翔(2006)对清朝的研究,中国的宏观价格指数基本与粮食价格指数保持一致,物价的起落几乎就是粮价的变化。这说明了粮食在中国历史上的重要性。图 3.2 显示了 1500—1930 年中国米价和田价的变化情况。从中可以看到,米价上涨非常迅速,尤其是 1880 年以后,几乎为直线上涨趋势。同样,田价在 17 世纪 70 年代至 19 世纪 30 年代也都在上涨,1840 年之后的突降和太平天国起义有关。值得注意的是,同期米价上涨的速度并不很高,这暗示了亩均产量提高的可能性,而亩均产量的提高会促进田价的上涨。事实上,直到近代,中国还存在许多"不在村地主",即那些在城市居住但拥有大量土地的地主。他们之所以不投资工商业却仍旧投资土地,正是因为投资土地的长期平均回报高于投资工商业的回报。民国时期,工商业的运营技术已经比较完备,而仍然存在大量不在村地主,这充分印证了中国的高土地回报率。

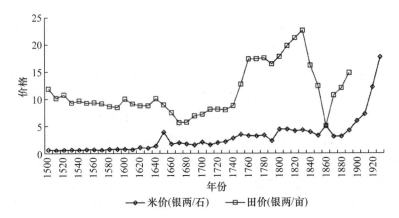

图 3.2　1500—1930 年中国的米价和田价

资料来源:彭凯翔(2006)。

3.3　传统土地关系和土地改革

3.3.1　传统土地关系及其问题

近代以来,农民大体上可以分成四种,即地主、自耕农、佃农和雇农。地主拥有土地但不耕种,或者部分耕种土地;自耕农自己拥有并耕种土地;佃农依靠租入土地维持生计,但也可能拥有部分土地(此时叫半佃农);而雇农靠给地主做长工或短工获得微薄的收入。旧中国虽然是一个小农社会,但自耕农的比重并不大,表 3.1 反映了 1933 年中国土地所有权的分布情况。从全国的情况来看,自耕农和地主只占 41.7%,而无地的雇农和佃农分别占到 10.3% 和 27.2%,另外 21.8% 的农户是部分拥有土地的半佃农。南方地区的情况比北方地区更差。在北方,近 60% 的农户是自耕农或地主,而南方地区只有 27.2% 的农户是自耕农或地主。但是,北方的雇农比重大于南方,而南方的佃农、半佃农比重大于北方。

表 3.1　1933 年中国土地所有权分布情况　　　　　　　　　　　　　　单位:%

地区	雇农	佃农	半佃农	自耕农和地主
合计	10.3	27.2	21.8	41.7
北方地区	11.4	12.4	16.8	59.4
南方地区	9.3	39.0	24.5	27.2

资料来源:根据严中平等(1955:262—263)的表计算得到。

如此严重的土地所有权分布不均存在什么问题呢? 在社会层面,土地雇佣可能导致雇农和佃农对地主的人身依附关系。特别是雇农中的长工,他们吃住在地主家里,往往因贫困而不能组建自己的家庭,从而形成对地主的依附关系。在经济层面,土地租赁会导致效率损失。土地租赁有两种形式:一种是固定租,即佃农给地主上交固定数量的粮食产量;另一种是分成租,即佃农和地主按照一定的比例分配产量。在固定租下,佃农得到的激励最大,因为他们可以获得所有边际上劳动供给所带来的收入;但与此同时,佃农承担了所有的风险,而由于他们资产很少,无法承担大的风险,因此他们的生产积极性会降低,这意味着效率的损失。在分成租下,佃农必须和地主分配产量,等于是向地主交一个比例税,其好处是地主也分担了部分风险,坏处是佃农因为不能取得所有产出会减少对土地的投入,从而也导致效率损失。张五常比较早地关注土地租赁合约问题,他提出并研究了租赁合约中的风险分担问题,但是他没有发现租赁合约中的激励问题(Cheung,1969;张五常,2017)。后来,斯蒂格利茨把风险分担和激励问题放在一起研究,并发现了固定合约、分成合约以及工资合约之间的等价关系(Stiglitz,1974)。

3.3.2　土地改革

相比于自耕农,对于佃农来说租赁合约都意味着效率损失。固定租合约的效率损失来自佃农较低的风险承担能力,而分成租的效率损失来自佃农较低的风险承担能力和较低的激励水平的组合。土地改革(简称"土改")、实现"耕者有其田",从经济学的角度来看,就是要提高农业生产效率。除此之外,土改还有其他方面的意义:第一,土改提高了普通农民的生活水平,让他们有更多的资源投入子女的教育,从而提高了全社会的生产力水平。第二,土改打破了传统的等级结构,消除了大地主对国家政策的控制,从而使促进社会进步的公共政策得以实施。[①]第三,土改增强了民众的公平感,有

---

① 　如 Galor et al.(2009)的研究表明,土地均等分配有助于降低地主对公共教育的抵触。相比于工业,农业对人力资本的需求有限,因此地主倾向于反对政府投资公共教育。Galor et al.(2009)利用美国各州的数据对此进行了经验研究,发现土地分配不均的州(如南方各州)对高中教育投入的力度较小。

助于社会和谐。第四,土改消除了佃农和雇农对地主的依附关系,因此是对人的解放。

世界范围内的经验表明,较为平均的土地分配有助于经济增长。图 3.3 显示了一些国家(地区)1960 年土地分配基尼系数[①]与 1960—2000 年 GDP 平均增长率之间的关系。很明显,土地的初始分配越平均,该国(地区)的经济增长率越高。处于顶端的是那些进行了充分土改的国家(地区),如韩国、日本、中国大陆以及中国台湾地区等(中国大陆和台湾地区的土改参见专栏 3.2);处于底端的主要是拉丁美洲国家(地区),它们的土地分配极其不均,而经济增长也极其微弱。事实上,多数跨国经验研究表明,早期的土改对一个国家(地区)后期的经济增长表现具有很强的预测能力。

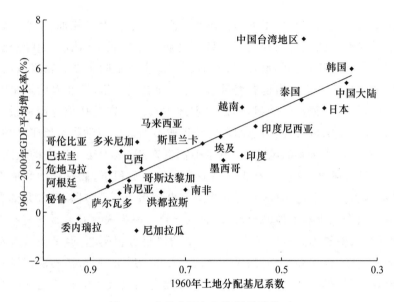

图 3.3　土地分配与经济增长的关系

资料来源:World Bank(2008)。

专栏 3.2
中国大陆和台湾地区的土地改革

中国的土改可以追溯到孙中山先生提出的"耕者有其田"的主张。一方面,蒋介石在 1927 年取得政权之后便开始着手实施土改。1928—1933 年,国民政府颁布了《土地法》等土地改革法律,其主要目标是实行"三七五减租",即把地主的租佃收入限制在产量的 37.5% 或以下。但是,直到抗日战争爆发,这一改革措施也没有得到多少具体的实施。抗日战争期间,国民政府在后方试图重新开始土改,实现孙中山先生"耕者有其田"的主张,但最后都不了了之。究其原因,是蒋介石政权的社会基础是城市资本所有

---

　① 基尼系数是衡量收入或财富分布不平等程度的指标,取值介于 0 和 1 之间,值越大表示越不平等。具体参见第 17 章。

者和农村土地所有者,土改触动了土地所有者的利益,因此也触动了蒋介石政权的社会基础。

另一方面,共产党的土改政策经历了几起几落。在中华苏维埃共和国期间,共产党的主张是"打土豪、分田地",没收地主土地,分给贫苦农民。抗日战争期间,共产党改变了措施,转而实施国民政府的"三七五减租"措施。抗日战争接近尾声之时,以1946年5月4日发布《关于清算减租及土地问题的指示》(《五四指示》)为起点,解放区开始了没收地主土地的土改运动。新中国成立之后,中央政府于1950年6月颁布《中华人民共和国土地改革法》,正式开始全国范围内的土改运动。该法规定,土改的目的是废除地主阶级封建剥削的土地所有制,实行农民的土地所有制,借以解放农村生产力,发展农业生产,为新中国的工业化开辟道路。至1953年春,全国除新疆和西藏等民族地区外都完成了土改,让3亿个无地或少地的农民分得了土地。

蒋介石败逃台湾之后,汲取了失败的教训,落脚未稳就开始在台湾地区实施土改。和在大陆不同,蒋介石政权和台湾地区社会无任何瓜葛,因此可以放开手脚进行真正的土改。与同时期大陆的土改不同的是,台湾地区土改没有没收地主的土地,而是采用赎买的方式。政府将地主的土地作价收购,但不支付现金,而是发给地主公营事业的公债,从而解决了政府的资金难题。然后,政府把得到的土地无偿发放或低价卖给无地和少地的农民。台湾地区的土改因其平和的方式和之后取得的成就成为发展中国家(地区)土改的范例。

大陆和台湾地区土改的一个共同的成就是为工业化积累了大量的资金。两地的土改虽然采用了不同的方式,但结果是一样的,均实现了孙中山先生"耕者有其田"的主张。总体而言,土改打破了中国旧有的土地所有制以及附着其上的阻碍社会进步的社会和经济关系,促进了中国的现代化进程。

3.4　现代农业

如舒尔茨所言,现代农业的主要特征为"现代要素"投入。具体的,现代要素主要体现在两个方面:其一为机械的广泛使用,其二为化肥、杀虫剂等现代化学品的普及以及生物技术带来的改进。不难发现,现代要素投入与科学和技术知识的广泛应用具有密切关系。工业革命的象征是蒸汽机,但那时科学还没有被普遍地应用于日常生产。19世纪中叶之后,电力得到广泛的应用,科学才开始与生产技术密切结合起来。自此,人类进入科技文明时代,人类的物质进步主要依赖科技进步而实现。在过去的几十年间,由于生物技术的广泛应用,农业从科技进步获得的好处甚至超过了工业和服务业。

例如,1929—2008 年,美国农业的全要素生产率年均增长 3.96%,相比之下,工业和服务业的年均增长率仅为 1.71% 和 0.8%(Mao and Yao,2012a)。这种对比不限于发达国家,经历了经济快速增长的发展中国家也如此。例如,1970—2009 年,韩国农业的全要素生产率年均增长 4.38%,而工业和服务业的年均增长率分别为 3.07% 和 0.8%(Mao and Yao,2012a)。农业和其他两个产业的一个不同点是它的同质性。工业技术的开发受限于行业,一个行业里发展出来的技术不容易被其他行业吸纳;而相比之下,一个新的小麦品种的开发基本上可以让全世界的小麦种植者受益。换言之,农业技术具有比其他两个产业更大的规模经济,因此农业技术的进步更快。

从 20 世纪 60 年代末开始,亚洲发生了一场"绿色革命",其标志是水稻单位面积产量的快速提高。在中国,绿色革命的步伐更快。图 3.4 显示了包括中国在内的几个亚洲国家 1961—2020 年水稻单产的变化。在这期间,中国水稻单产提高了 2 倍多,目前已经和日本、韩国持平。相比之下,印度的水稻单产只有中国的一半,印度尼西亚的单产也只有中国的 2/3,均还有巨大的潜力可挖。中国水稻产量和品质的提高,被誉为"杂交水稻之父"的袁隆平功不可没,专栏 3.3 对他的贡献进行了专门的介绍。实际上,中国水稻的平均单产还远低于袁隆平的超级稻产量。这一方面说明推广超级稻仍然存在一定的难度,另一方面也说明中国水稻增产的潜力巨大。

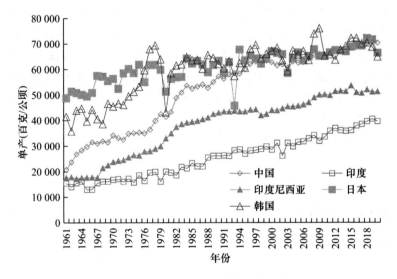

图 3.4　1961—2020 年一些亚洲国家水稻单产

资料来源:FAOSTAT(faostat. fao. org)。

注:单产为按照种植面积计算的数字,即单季产量。

专栏 3.3
"杂交水稻之父"袁隆平

"杂交水稻之父"袁隆平于 1930 年 9 月出生于北京,2021 年 5 月去世。他于 1949 年 8 月考入重庆相辉学院农学系(后并入西南农学院)。1953 年 8 月毕业后,袁隆平被分配到湖南省安江农业学校任教,直至 1971 年 2 月调入湖南省农业科学院工作。期间他开始研究杂交水稻,但始终没有开发出可以推广的杂交水稻品种。进入湖南省农科院之后,他向全国科技工作者公开了自己的研究,随着其他研究人员的参与,杂交水稻开发的进展加速,袁隆平于 1973 年 10 月发表论文,正式确立"三系"杂交水稻在中国取得成功。1976—1987 年,"三系"杂交水稻种植面积累计达到 11 亿亩,增产稻谷 1 000 亿公斤。1979 年,杂交水稻作为中国第一个农业技术专利转让美国。1986 年,袁隆平提出了中国杂交水稻发展战略,即杂交水稻的育种从"三系"到"两系"再到一系,方法上向由繁到简、效率越来越高的方向发展。1995 年,袁隆平成功实现"两系"杂交水稻的突破。"两系"杂交稻比"三系"杂交稻每公顷增产 750—1 500 公斤,且米质有了较大的提高。

从 1996 年开始,袁隆平致力于超级稻的开发。超级稻是日本人在 1980 年提出的概念,既要求较高的产量,又要求较高的品质。杂交水稻的产量虽然高,但蛋白质含量和口感欠佳,超级稻需要全面超越杂交水稻。袁隆平的研究团队虽然起步晚,但进步快,至 2005 年,已经实现单季亩产 800 公斤的目标,2014 年更是超过 1 000 公斤。

我国目前一半的水稻为杂交水稻。在国际上,印度是中国之外种植杂交水稻最多的国家,2014 年达到 3 750 万亩,占印度当年全部水稻种植面积的 5.6%;其次是越南,超过 1 000 多万亩,美国也达到 500 多万亩。此外,菲律宾、孟加拉国、巴基斯坦、马达加斯加、印度尼西亚、巴西等国也引进了杂交水稻。

由于在杂交水稻方面的卓越贡献,袁隆平于 1995 年当选中国工程院院士,2000 年获得首届"国家最高科学技术奖",2006 年当选美国科学院外籍院士。另外,他还获得联合国教科文组织及其他国际组织和国家的嘉奖。

资料来源:龚司,"'世界杂交水稻之父'袁隆平艰难的研究历程",载 2000 年 11 月 28 日《农民日报》;百度百科;张璐晶,"袁隆平:富豪科学家的'超级'目标",载 2010 年 9 月 21 日《中国经济周刊》;Raja Vadlamani,"Hybrid Rice in India-2016 Status",见 http://www.seedbuzz.com/knowledge-center/article/hybrid-rice-in-india-2016-status(2018 年 8 月访问)。

马尔萨斯陷阱成立的最重要条件是土地边际报酬递减。不同于工业和服务业,农业需要土地这一供给有限的投入。在传统农业范畴内,由于现代要素投入的缺乏,土地生产力得不到改善,因此必然受到土地边际报酬递减规律的限制。现代农业打破这一限制的要点在于,生物技术进步是一种土地加强型的技术进步,即提高土地生产力的技术进步,这相当于增加了土地的数量,把一种有限的投入变成了近乎无限的投入。

如今,中国已经远远摆脱马尔萨斯陷阱,解决了温饱问题。在世界范围内,如果现代农业技术得以推广,世界的粮食供给将不会成为问题。可以说,基于绿色革命的现代农业在一夜之间解决了人类的吃饭问题。但是,在现实中,饥荒仍然时有发生,而慢性营养不良更是非洲和南亚的普遍现象。造成这种现象的一个原因是现代农业技术还没有得到推广,例如世界平均水稻亩产只有 267 公斤。另一个(也可能是更为重要的)原因是现存的世界体系和经济秩序,它们阻碍了世界范围内粮食的有效配置,同时压低了贫穷国家穷人的购买力。我们将在第 16 章详细讨论这个问题。

3.5 农业对经济发展的贡献

农业是文明的摇篮,是一个国家发展的基石。通过世界各国的对比发现,一国的贫困首先表现为农业的贫困,这在图 3.5 中表现得非常明显。图中包括 2015 年的三张对比图,三张图的横轴均为一国人均 GDP 与美国人均 GDP 的比值,但纵轴不同。图 3.5(a)中,纵轴为美国农业劳动生产率与本国农业劳动生产率的比值。可以看出,穷国的农业劳动生产率与美国的农业劳动生产率之间存在巨大的差距,少数国家接近100 倍。图中没有显示马达加斯加的数据,因为美国的农业劳动生产率是该国的 309倍,已经无法显示。图 3.5(b)的纵轴把农业劳动生产率换成了工业劳动生产率。与图 3.5(a)相比,虽然穷国的工业劳动生产率比美国的工业劳动生产率低很多,但是,只有少数国家的差距在 20 倍以上,大多数国家实际上在 10 倍以下。图 3.5(c)的纵轴为一国工业劳动生产率与农业劳动生产率的比值(相对于美国)。可以看出,除少数国家外(基本上是农业比较不发达的产油国),这一比值在较为富裕的国家较小;但是,它随着一国人均 GDP 的下降而上升,一些贫穷国家超过了 10 倍。

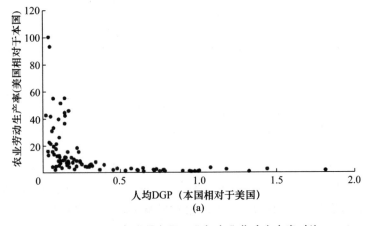

图 3.5　2015 年世界各国工业与农业劳动生产率对比

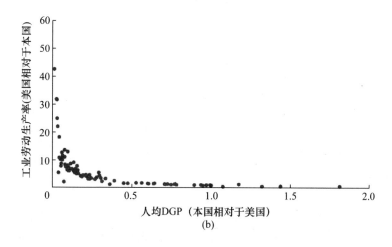

(b)

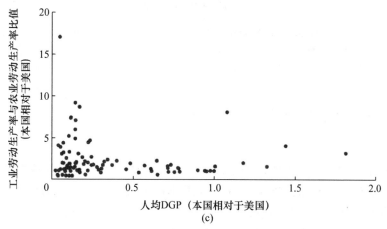

(c)

图 3.5　2015 年世界各国工业与农业劳动生产率对比（续）

资料来源：世界银行 WDI 数据库和佩恩世界表 9.0。

　　中国各省份的对比除与图 3.5 所反映的情况类似之外，还可以看到，农业的落后导致收入差距的拉大。图 3.6 显示了 2020 年中国各省份城乡收入差距与农村人均纯收入之间的关系。从中可以看到，城乡收入差距与农村人均纯收入之间呈反向关系，即农村越发达的省份，其内部的城乡差距就越小。农业落后与工农业生产率差距以及城乡收入之间的这种关系，让我们不得不思考下面的问题：农业落后是否会制约一个国家或地区的总体经济增长？

　　对这个问题的一个否定回答来自下面的逻辑。农业的作用限于为人口提供食物，但是在全球化时代，粮食可以通过进口获得，因此只要开放农产品贸易，快速的工业化完全可以带动就业，进而带动一国经济的增长。1980 年之后的一段时间里，世界银行对非洲的政策建议使用了这个逻辑。但其结果是非常糟糕的，非洲长期处于饥饿的阴影之下，而工业也没有发展起来。2008 年世界银行的《世界发展报告》以农业为主题，重新肯定了农业在经济增长中的基础地位。那么，农业对经济发展的贡献体现在哪些方面呢？

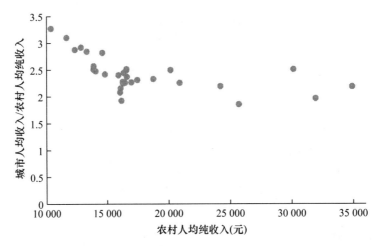

图 3.6　2020 年中国各省份城乡收入差距散点图
资料来源：国家统计局。

3.5.1　保障粮食供给

没有一个大国可以在无法保证本国粮食供应的情况下还能有效地发展经济。即使荷兰这样土地高度稀缺的国家，也能保证其本国民众 70％—80％ 的粮食供应。国内粮食供应如果不能有效满足需求，将直接影响社会的稳定，对于亚洲地区以水稻为主食的国家尤其如此。水稻的国际市场非常"稀薄"，主要产出地集中在南亚和东亚，而这些地区本来也集中了大量人口，当地存在大量的水稻内部需求，因此水稻商品化率较低。若一国内部粮食供应不足，则只能寄希望从国际市场上进口来填补缺口，但是由于国际市场容量的限制，这样的进口行为将立刻导致粮食价格显著上涨，让进口国面对极大的经济压力和政治风险。

中国政府高度重视粮食安全问题。在过去的三十多年间，中国实现了政府制定的保证粮食自给率 95％ 的目标，并略有出口。面对耕地面积随城市化进程缩小的挑战，中国政府提出了严守 18 亿亩耕地"红线"，并为此制定了严格的耕地保护措施。随着生物技术的进步，中国粮食安全应该不是一个问题。

3.5.2　提供就业

劳动力从农业向工业和服务业的转移是经济发展的规律之一，但是在经济发展的早期，农业仍然是提供就业的最主要场所。任何国家的经济发展都起始于农业，农业在经济发展的早期提供了几乎所有的就业,农业就业率的降低取决于农业本身劳动生产率的提高和非农产业的增长,其中非农产业的增长是决定性的,否则离开农业的劳动力将无法找到非农产业就业。但是,非农产业的增长速度是有限的,整个社会在相当长的时期内仍然需要农业来提供就业。

先发国家的历史经验表明,农业的破产是早期资本主义进程的一部分。一方面,这个过程为工业提供了廉价劳动力,促进了工业的增长;但另一方面,它也造就了大批的城市无产者。这正是马克思所批判的资本主义原始积累残酷的一面。后发国家需要从这些历史经验中汲取教训,找到一条"无剥夺的"工业化道路。

稳定的农业为这样一条道路提供了保障。它为农民提供了满足温饱的就业,只有当工业有需求的时候,农民才会离开土地。然而,农业要发挥这样的作用,需要农村土地制度的配合。如果农村土地分配极其不均,则农村地区就存在大量的无地农民,他们和城市工人一样,只有靠劳动换取生活必需品,如果宏观经济下行,他们的就业也会受到影响。相反,如果农村土地分配较为平均,则农民不仅可以通过劳动获得收入,还可以享受土地带来的收益。土地为农民提供了一种收入保险,使得他们在经济下行时渡过难关。这种保险机制不仅适用于在家种田的农民,而且适用于进城务工人员。1997—1998年亚洲金融危机期间,在中国7 000万进城务工人员当中,有3 000多万人失去了工作,他们中的多数人回到自己的家乡从事农业生产。这是因为在中国农村,家家户户拥有自己的土地,失去工作的进城务工人员可以回到自家土地就业。相比之下,印度尼西亚则在危机中发生了大规模的骚乱,最终导致苏哈托政权的瓦解。宏观经济风险具有连带性,即影响所有的产业。当经济下行时,工业和农业就业都萎缩,因此个人无法依靠市场来获取收入保险。土地提供一种个体层面的保险,在经济下行时,土地所有者可以进行家庭生产,规避整个经济的连带风险。

土地的保险功能不限于提供就业,还可以降低工业化的成本。Hart(2002)对比了中国和南非的工业化进程,认为中国均等的土地分配为工业化提供了一个"社会工资"——工厂不用负担的工资,从而降低了工业化的成本。根据20世纪90年代初期对中国农村的观察,Hart发现,在乡镇企业就业的工人八小时之内在工厂工作,其他时间则回到自家地里工作,因为有土地收益,他们在工厂里的工资要价就降低了,而降低的部分就是"社会工资"。相比之下,南非的工业化成本很高。第一,尽管自1994年种族隔离解除之后一部分黑人和其他有色人种获得了土地,但仍然有很多人没有土地,他们需要工厂解决他们所有的工资和福利待遇。第二,即使是那些获得土地的黑人也没有经营土地的能力,因为他们在种族隔离期间是农场工人,被固定在特定的工序上,没有学会如何经营一个农场。在这种情况下,他们往往抛弃土地到城市寻找就业,其境地和无地农民相似。第三,种族隔离期间白人的福利很高,种族隔离解除之后,这些福利被保留下来,并且要扩大到有色人种,从而提高了工业化的成本。

最后,农业的就业功能还可能影响城市贫民窟的形成。对发展中国家的粗略观察可以发现,贫民窟较多的国家是那些土地分配比较不均的国家,而在东亚土地比较紧张但分配比较平均的国家,贫民窟较少一些。在土地分配不均的国家,无地农民更可能流落到城市的边缘,侵占公共或私人用地搭建临时住宅,从而形成贫民窟。相比较而言,土地分配比较平均的国家也是土地比较紧张的国家,在这些国家,土地价格较高,而无地农民较少,两者都降低了土地被侵占的可能性,因此贫民窟较少。

3.5.3 缓解贫困

发展中国家的贫困是困扰当今世界的难题之一。无论是在哪个发展中国家,贫困都相对集中在农村地区。因此,农业能否得到发展是能否消除贫困的关键。政府和国际组织的救助只能解一时之需,不能解决长远问题,授人以鱼不如授人以渔,发展农业生产才是从根本上消除农村贫困的出路。中国的脱贫之路是一个很好的例证。1978年,按照当时极低的贫困线计算,中国的贫困人口达到2.5亿人,占总人口的25%。农村改革极大地提高了农民的生产积极性,到1984年,贫困人口下降到1.25亿人。而到2021年,我国向世界宣告,区域性整体贫困得到解决,完成了消除绝对贫困的艰巨任务,打赢了人类历史上规模最大的脱贫攻坚战,走出了一条成功的减贫道路。

3.5.4 促进劳动力转移和工业化进程

在经济发展过程中,劳动力从农业向非农产业的转移是城市化和工业发展的必要动力,农业的发展则对劳动力外移具有直接的推动作用。首先,如果农业生产力落后,粮食供应不足,就不可能出现劳动力外移,这是因为,粮食在市场上的短缺将导致粮食价格持续维持在很高的水平,这降低了劳动力外移的动力。其次,农业技术水平的提高,特别是机械的采用降低了农业对劳动力的需求,原本两个人才能完成的工作现在只需一人就可完成,剩余的劳动力就会自然外移。在这个意义上,所谓"谷贱伤农"未必是坏事。虽然"谷贱"必定导致农民暂时的经济压力,但若谷永远不"贱",农民就永远不会产生离开农村的动力。

农业的发展还可以促进农村的工业化进程。中国走出了一条较为独特的工业化道路,即基于农村的工业化,这在20世纪70—90年代早期更为突出。在70年代,沿海地区出现了一批社队企业,即公社和生产队合办的企业;80年代之后,这些企业演变为乡镇企业;进入90年代,民营企业蓬勃发展。其中,沿海地区深厚的商业传统和较高的人力资本水平固然重要,但是沿海地区农业的快速发展也为这些企业提供了必要的条件,主要表现在劳动力和资金供给上。许多发展中国家被中国的农村工业化打动,但都无法复制中国的模式,原因之一是这些国家的农业不发达。

总之,一国的不发达首先表现为农业的不发达,农业的进步是社会进步的基石。充分发展的农业保障粮食供给、提供就业、缓解贫困,并促进劳动力的转移和农村的工业化进程。先发国家早期和目前许多发展中国家的劳动力转移,是以农民的破产或农业的不发达为前提的,在这种情况下,进城务工人员必然发生马克思所说的"贫困化",成为被剥夺的对象。中国和一些东亚国家(地区)在很大程度上避免了这个过程,主要是因为这些国家(地区)在工业化过程中没有忽视农业,而农业的发展一方面吸纳了部分劳动力,另一方面提高了进城务工人员的工资要价。农业的基础地位是不可动摇的,一个国家如果想跳过农业的发展直接进入工业化阶段,将付出巨大的代价。

3.6 农业在国民经济中份额的下降

农业对经济发展具有不可替代的作用,但这并不意味着农业就应该成为一个主导产业。世界范围内的历史经验表明,随着一国人均 GDP 的提高,农业就业及其对一国经济总体的贡献将显著下降。图 3.7 给出了 2015 年世界范围内的截面数据,显示的是各国农业份额和人均 GDP 的关系。从中可以看出,在人均 GDP 低于 2 万美元的国家当中,两者呈现显著的负相关关系。观察一个国家的历史数据(如第 4 章所示的美国和韩国的情况),我们也会发现类似的负相关关系。在发展经济学中,这种关系被称为"农业份额的持续下降"。它是如何产生的呢?我们可以从供给和需求两个方面寻找原因。

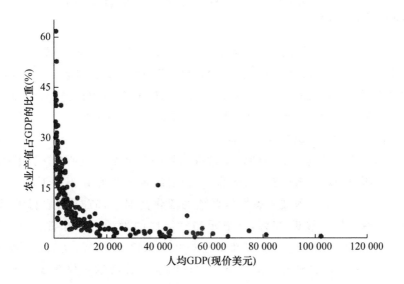

图 3.7 2015 年各国农业份额和人均 GDP 的关系
资料来源:世界银行 WDI 数据库。

在供给方面,如前所述,现代农业技术的进步率高于工业和服务业。技术进步的实质是单位产品的成本下降,因此在其他条件不变的情况下,技术进步较快的产业的相对价格会降低。这样,劳动力将转移到技术进步率较低但相对价格较高的产业。另外,受需求方面的约束,农业的需求量不可能超比例提高,从而农业产值占 GDP 的比重会下降。

图 3.8 显示了 1914—2010 年美国小麦、玉米价格指数和消费物价指数的对比情况。该图清楚地显示了农产品相对价格的下降。1914—2010 年这近 100 年间,美国的消费物价累计上涨了 2 200 倍,而小麦、玉米的价格只分别累计上涨了 587 倍和802 倍。

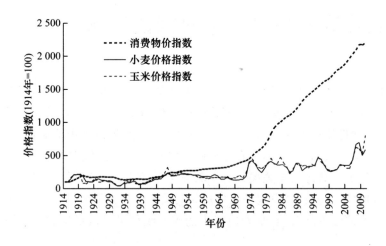

图 3.8 美国小麦、玉米价格指数和消费物价指数(1914—2010)
资料来源:美国农业部和劳工局。

在需求方面,农产品主要是食品这样的必需品,而必需品的收入弹性小于 1,即当收入增加 1% 的时候,人们对食品的消费增长会小于 1%。这意味着当收入增加时,越来越多的收入份额会被用在非食品的消费上。这样,农产品的价格持续下降,而其消费量占经济总消费量的比重也在下降,其乘积的综合结果必然导致农业在国民经济总量中的份额随着人均收入的提高而不断下降。

食品消费支出占总消费支出的比重被称为恩格尔系数。恩斯特·恩格尔(Ernst Engel)在早期研究中就发现,随着收入水平的提高,此系数是在不断下降的。图 3.9 显示了 1978—2020 年中国城乡恩格尔系数的变化情况。1978 年,农村的恩格尔系数接近 70%,城市的也接近 60%,这显示当时居民的生活水平非常低下。到 2020 年,农村的恩格尔系数降至 33%,城市的恩格尔系数降至 30%,两者的差距较 1978 年有大幅度的下降,且农村下降得更多。发达国家的恩格尔系数在 20% 以下,中国与这个水平还有一些距离。

农业在国民经济中份额的下降既是经济发展的一般规律,又是一个国家进步的表现。对待这个规律的态度应该是,既不压抑农业的发展,又不揠苗助长。但在发展中国家,压抑农业是一个普遍现象。3.7 节讨论中国计划经济时代的农业。

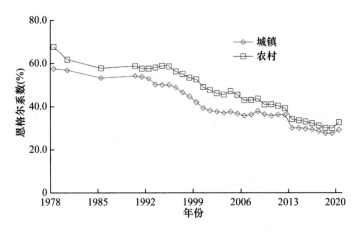

图 3.9 中国城乡恩格尔系数(1978—2020)

资料来源:国家统计局。

3.7 对农业的过度汲取及其后果

在中国受到人们广泛关注的"三农"问题,其历史渊源可以追溯到新中国成立初期的农业政策。当时,中国领导人的经济发展逻辑是,中国内忧外患的百年史告诉他们,发展重工业是一个国家独立于世界民族之林的必由之路。但是,当时的困难是工业基础薄弱、资金匮乏,要满足快速工业化的需求,就必须从农业汲取剩余,方法是压低农产品的价格,从而降低城市工人的工资,让工业获得更多的利润,实现资本的快速积累。新中国成立初期,经历了大规模土改,农民拥有了自己的土地,粮食的生产和销售都由私人掌控,生产靠农民,销售靠粮商,国家缺乏调控粮食价格的手段。在这样的历史条件下,"统购统销"政策应运而生。所谓"统购统销",指的是由国家统一购买、统一销售粮食。它产生于 1953 年,直至 1984 年公社制度正式结束之后才取消。但是,在实行"统购统销"政策的过程中,政府又发现,分散的小农生产对统购的实现造成了相当的难度,挨家挨户收粮的成本高昂。人民公社在很大程度上降低了统购的成本,国家不再参与直接收粮,而由生产队和公社一级一级上缴粮食。[1]

统购统销和人民公社帮助国家实现了对农业的汲取。对农业的汲取依赖所谓的价格"剪刀差"。在历史上,剪刀差存在两种形式:其一是指以低价收购粮食,再将这些粮食分配给城市居民消费;其二是以低价收购粮食,但以高价提供农业投入品,导致人为的差价。无论何种形式,剪刀差的直接受益者都是工业,而农民种粮的积极性下降。中国主要采用的是第一种形式。许多研究对剪刀差的具体数额进行过估计。在多数

---

① 国家重工业优先发展的战略只是人民公社产生的原因之一。

估计中,市场价格与国家收购价格之间的差距是计算剪刀差的依据,用这个差距乘以国家的粮食收购数量就得到剪刀差的总额。但是,困难在于如何估计当时的市场价格。图 3.10 是根据武力(2001)的一个比较保守的估计绘制的。在 1959 年之前,剪刀差基本为负,即国家收购价略微高于市场价格;而在 1959—1961 年三年严重困难时期,由于黑市价格很高,剪刀差迅速升高。三年严重困难时期结束之后,剪刀差回落,整个 60 年代一直维持在较低的水平上。但是,进入 70 年代之后,剪刀差再次出现了显著升高的趋势。在这一时期,国家收购价格基本维持不变,但是黑市价格出现了明显上涨。在武力(2001)的估计中,整个计划经济时代剪刀差的总额接近 2 000 多亿元,为中国的工业积累做出了巨大的贡献。

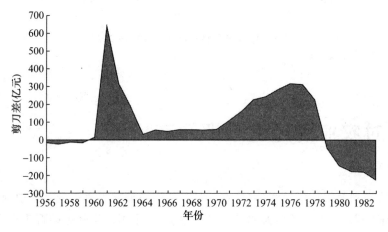

图 3.10　中国计划经济时代剪刀差的估计

资料来源:武力(2001)。

但是,统购统销和人民公社也带来了严重的负面后果,主要体现在三个方面。第一个后果是农业生产效率的严重下降。根据文贯中(Wen,1993)的估计,1952—1957年农业全要素生产率的年均增长率为 0.08%;而 1957—1978 年,年均为 -1.53%;得益于农村改革,1978—1987 年农业全要素生产率的年均增长率达到 6% 的高水平,1984 年农业全要素生产率恢复到了 1957 年的水平。在计划经济时代,农业产量一直处于增长状态,人均粮食拥有量(除了三年严重困难时期)也保持了增长,但是这种增长是靠大量甚至过度的劳动投入得来的,农业全要素生产效率则一直处在下降的过程中。过度的劳动投入可以从表 3.2 中看出,该表对比了 1953 年、1978 年和 1985 年水稻、棉花和小麦的劳动投入强度。显然,1978 年的劳动投入强度不仅远远高于 1953年,而且远远高于 1985 年,但是 1985 年的粮食单产远高于 1978 年,说明 1978 年的很多劳动投入都是浪费性的。

表 3.2　三个时期农业劳动投入强度　　　　单位:人·天/亩

	1953 年	1978 年	1985 年
水稻	250	421	328
棉花	300	908	643
小麦	120	461	218

资料来源:Naughton(2007)表 10.2。

第二个后果是农民被束缚在土地上,农村开始呈现完全等同于农业的态势。费孝通在《江村经济》里提到,20 世纪 30 年代在其家乡吴江开弦弓村已经存在纺织厂(费孝通,2001);曹幸穗(1996)根据"满铁"调查资料的计算结果也表明,江南农村在当时的兼业化程度已经很高,非农收入甚至已经超过农业收入。但是,人民公社实行之后,农村居民的生产方式被限制在了粮食种植上,这使得多样化的农村变成了单一化的农业基地。

第三个后果是城市农产品供应空前紧张,"票证"成为这一历史时期具有象征意味的符号式缩影。20 世纪 70 年代,北方居民惯常在冬日的凌晨去粮站排队买红薯,其原因在于这种粗粮具有相对较高的产量,国家允许居民用一斤粮票买三四斤红薯。由于农产品产量特别是经济作物产量增长速度低,城市的农产品供应趋于紧张,不得不实行计划供应。同时,国家对计划供应的产品进行价格补贴,造成了沉重的财政负担。

3.8　小结

本章讨论了传统农业、现代农业、农业对经济发展的贡献、农业在国民经济中份额的下降以及中国计划经济时代对农业的过度汲取问题。对于传统农业,本章从传统农业的特性出发,探讨了中国小农体系的经济成因,进而讨论了土地改革对经济增长的正面作用。对于现代农业及其对经济发展的贡献,本章强调了现代要素投入对农业增长的作用,并从保障粮食供给、提供就业、缓解贫困以及促进劳动力转移和工业化进程几个方面论证了农业对经济发展的贡献。对于农业份额的下降,本章揭示了农业技术进步和农产品消费需求增长滞后于收入增长这两个原因。最后,本章总结了计划经济时代对农业过度汲取所带来的负面后果。

【练习题】

1. 如何理解"贫穷但有效"假说?传统农业是否不存在制度方面的改进空间?

2. 在表 3.1 中,1933 年时,北方地区多雇农,而南方地区多佃农。请给出一个解释。

3*. 利用 3.2 节的理论模型,证明分成租合约下地主可以通过雇用更多的佃农,并缩小租给每个佃农的土地规模,增加自己总的租金量。

4. 一般的研究表明,大农场的利润率高于小农场。

(1) 请为这个发现给出一个解释。

(2) 有人因此说农业生产存在规模经济,这种说法对吗?

5. 在国家统计局网站(www.stats.gov.cn)找到最近连续两年中国农村和城市的恩格尔系数数据。假设消费的收入弹性为1,试分别计算农村和城市食物消费的收入弹性。

6. 假设一个人的收入是 y,食物消费支出的收入弹性为 γ,$0<\gamma<1$。假设食物价格不变。试证明,随着收入的增长,这个人的食物消费支出占其收入的比重下降。

7. 中国加入世界贸易组织之后,农业发生了巨大的结构调整,大大缩小了大豆、棉花、油料作物、糖料作物等土地密集型作物的种植面积。你觉得哪些作物的种植面积会扩大?为什么?请在官方(如国家统计局)网站上查找 2001 年前后各三年的数据,作图说明你的理由。

8. 利用佩恩世界表或 WDI 数据库的国别数据:

(1) 作图说明农业不发达阻碍经济发展的一个原因(如提供粮食、保障就业等)。

(2) 如何证明你找到的关系是因果关系?

9. 计划经济时代,中国农村人口占总人口的 80%,其粮食生产保证了全国的粮食供应。假使全国供应刚好保证自给自足,且全国每个人的粮食消耗量是一样的且不随时间变化。

(1) 农村粮食的商品率是多少?(商品率指的是出售到市场上或缴纳给国家的粮食占粮食总产量的比重。)

(2) 目前,农村人口下降到了总人口的 35%,与计划经济时代相比,农村粮食的商品率提高了多少?

结构变化与城市化

第 4 章

4.1 引言

在一般均衡理论中,均衡得以实现的最重要的机制是所谓的"负反馈机制"。当一个经济体增长时,总有一种力量把它的增长速度降下来,而这种力量发生作用的过程就是负反馈机制。如果没有这样的机制,一个企业就会出现爆炸性的增长,其他企业就没有生存的空间;同理,如果没有这样的机制,一个国家的经济也会出现爆炸性的增长,其他国家就不可能有任何增长。在自然界,负反馈机制的存在是万物和平相处的必要条件。

就与经济增长的关系而言,我们可以把影响经济增长的因素分成结构因素和总量因素,前者包括人口转型、结构变化、规模报酬、制度改进等不受负反馈机制限制的因素,后者则包括投资扩张、技术进步等受负反馈机制限制的因素。显然,前者更有利于一个国家的经济增长。本章和第5章关注结构变化,第6章考察投资和技术进步,第7章考察规模报酬的作用。

早期的经济增长文献可能受到索罗模型的启示,倾向于用稳态模式来描述经济增长路径,"卡尔多事实"就反映了这方面的情况。但是在现实中,经济发展带来经济结构变化,而结构变化可以让经济偏卡尔多事实所描述的情形。经济发展过程中最显著的结构变化是城市化以及与此相伴的从农村到城市的移民。这一特征显然与所有国家都起始于农业社会这个事实有关;经济发展是工业推动的,因此必然导致农业份额的下降。在非农部门内部,工业的发展不是线性的,其份额会呈现先增后减的趋势,但服务业的份额是线性增长的。这种结构变化是经济发展的结果,但同时也是强化经济增长的动力。自发的结构变化总是促使生产要素从低回报的部门向高回报的部门流动,因而带来"免费"的经济增长——"免费"的意思是,社会无须付出成本就可以得到更快的经济增长。比如,一个高中毕业生在农村的价值不会和一个初中毕业生的价值有多大的差别,可一旦进入工业,两者的差别就会体现出来,高中生掌握的更多的数理化知识就会转化为更高的劳动生产率。因此,结构变化也特指生产要素从低边际报酬部门向高边际报酬部门的转移。

本章的目的是考察结构变化的一般规律,并阐述结构变化对经济增长的贡献。接下来的4.2节介绍卡尔多事实;4.3节给出结构变化的典型事实和解释;4.4节转而讨论结构变化对经济增长的贡献;4.5节和4.6节讨论作为结构变化重要组成部分的城市化的一般规律及其对经济增长的贡献;4.7节给出一个微观模型,借以阐述从农村到城市移民的规律;最后,4.8节总结全章。

学习目标:

掌握结构变化的典型事实,并与卡尔多事实进行比较。

掌握经济增长的部门分解方法。

掌握城市化逻辑曲线的推导过程,并理解其背后的经济逻辑。

掌握简单的两部门一般均衡模型的求解方法。

4.2　卡尔多事实

在 1957 年发表的一篇有影响力的文章中(Kaldor,1957),尼古拉斯·卡尔多(Nicholas Kaldor)从英国和美国的经济发展历程中总结了六点经验观察:

(1) 劳动和资本收入占国民收入的比重在长期基本保持不变;

(2) 劳均资本的增长速度在长期基本保持不变;

(3) 劳均产出在长期保持增长;

(4) 资本—产出比在长期基本保持不变;

(5) 投资回报率在长期基本保持不变;

(6) 真实工资保持增长。

在现实中,除了英国和美国,其他发达国家也发现了类似的结论。因此,上述六点观察被统称为"卡尔多经典事实",或者简单地说成"卡尔多事实"。在第 6 章我们将看到,在一个单部门带技术进步的索罗模型中,全部卡尔多事实是对平衡增长路径的描述。但是,在引进结构变化的多部门模型中,要推导出卡尔多事实并非易事。事实上,在结构变化较快的经济体当中,我们经常可以发现与卡尔多事实不相符的现象。比如,我国的劳动收入占国民收入的比重从 20 世纪 90 年代中期开始一直呈现下降趋势,从 1996 年的近 70% 下降到 2008 年的 58%,之后又开始上升(刘亚琳等,2018)。这个急剧变化不能用短期或中期经济波动来解释,而是可能与我国工业化进程中的结构变化有关。即使是在发达国家,随着时间的推移,卡尔多事实也不再成立。比如,皮凯蒂(2014)发现,发达国家的资本—产出比自 20 世纪 70 年代之后有了较大的提高,资本收入与劳动收入之比因此也同时提高(类似于马克思所说的资本有机构成的提高)。事实上,如果引进个体之间的异质性(如起始状态下少数人拥有资产,多数人不拥有资产,或高资产拥有者的储蓄率更高),皮凯蒂的简单理论模型也可以证明,即使是在稳态(经济增长速度和投资报率为常数,且后者高于前者)上,资本—产出比也会提高。[①]

如果从结构变化的角度出发,就更容易理解为什么卡尔多事实可能是不成立的。4.2 节就给出了结构变化的典型事实以及相应的解释。

---

① 参见第 17 章专栏 17.2。

4.3　结构变化的典型事实和解释

在宏观层面上,结构变化有三个典型事实,即① 农业就业比重下降,② 工业(包括建筑业和运输业)就业比重先上升、后下降的驼峰形变化,以及③ 服务业就业比重持续上升。相应的,三大产业对 GDP 的贡献也呈现相似的趋势。图 4.1 和图 4.2 分别显示的是美国 1929—2009 年和韩国 1963—2009 年结构转型的情况。两国虽然起点不同,但经历了极其相似的结构变化过程。两国的农业就业比重持续下降,最终占总就业的比重都很低;美国工业就业比重在 20 世纪 50 年代初达到顶峰,韩国工业就业比

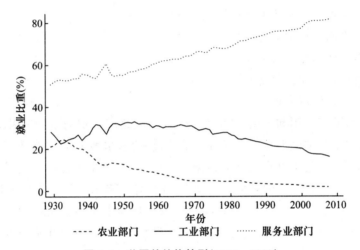

图 4.1　美国的结构转型(1929—2009)
资料来源:美国经济分析局数据中心(Bureau of Economic Analysis Data Center)。

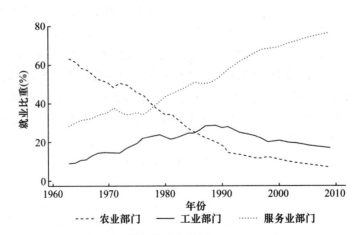

图 4.2　韩国的结构转型(1963—2009)
资料来源:Mao and Yao (2012a)。

重则在 20 世纪 90 年代初期达到顶峰;两国的服务业就业比重一直保持上升,到 2009 年美国已经超过 80%,而韩国也接近这个比例。这里值得强调的是工业份额的驼峰曲线,即工业份额不是单调上升的,而是会在人均收入上升到一定程度之后趋于下降。一个国家越过峰顶往往被认为是一个国家结构变化的转折点。

图 4.3 显示了 1953—2020 年中国三次产业就业比重的变动情况。[1]从中可以看出三个特点。首先,中国第一产业的就业比重偏高,至 2020 年仍然达到 23.6%,而当年第一产业增加值占全国 GDP 的比重只有 7.8%,农业劳动生产率因此只有城市劳动生产率的三分之一。其次,第三产业的就业比重早在 1994 年就已经超过第二产业,在 2011 年超过第一产业成为第一大就业产业,至 2020 年提供了全国近一半的就业。最后,第二产业的就业比重于 2012 年达到顶峰,之后开始下降,2020 年略有上升,主要是受新冠疫情影响,第三产业就业比重略有下降。中国的工业化进程起始于 20 世纪 50 年代[2],至 90 年代中期,工业就业比重稳步上升,受 1997 年亚洲金融危机的影响,工业就业比重在之后的几年里有所下降。2001 年加入世界贸易组织之后,中国的工业化进程大大加速。在 2002(亚洲金融危机之后工业就业比重下降的最低点)—2012 年,工业就业比重上升了近 8.9 个百分点,超过 1978—1997 年上升的总和。总体而言,自 2012 年起,中国已经开始去工业化过程。研究表明,如果没有国际金融危机,那么中国的工业化进程将持续到 2017—2018 年(刘亚琳等,2018)。国际金融危机迫使全球需求

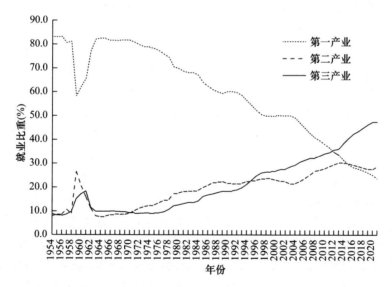

图 4.3　中国三次产业就业比重变动(1953—2020)
资料来源:国家统计局。

---

[1]　第一产业是指农、林、牧、渔业(不含农、林、牧、渔服务业);第二产业是指采矿业(不含开采辅助活动)、制造业(不含金属制品、机械和设备修理业)、公用事业(电力、热力、燃气及水生产和供应业)和建筑业;第三产业是指除第一产业和第二产业以外的其他所有行业,主要是生产性服务业、生活性服务业、金融业、教育及政府部门等。

[2]　1958—1961 年,受"大跃进"的影响,工业就业比重大幅上升(相应的,农业就业比重大幅下降)。之后,中国进入三年调整时期,工业就业比重回落到"大跃进"之前的水平。

回落,从而降低了对中国出口产品的需求,最终导致工业就业比重的下降。[1]

是什么因素导致了结构变化的经典事实呢?在文献里,下列四种解释比较常见。

偏好的变化　农业份额下降可以用农产品收入弹性来解释。农产品收入弹性小于1,因此农业份额随着收入增加而下降。对于服务业份额的上升以及工业份额的驼峰曲线,用偏好来解释结构变化的经济学家认为(如 Kongsamut et al.,2001),服务品收入弹性随着收入增加而上升,工业品收入弹性则不变。服务品的收入弹性会上升,是因为在收入水平不是很高时,消费者缺少消费服务品的余钱,而随着收入增加,许多制造业的产品成为必需品,消费者把更多的收入投入服务业,服务开始成为消费的重要组成部分。譬如旅游和金融服务,即使在美国也被认为是奢侈品,它们的收入弹性很高。起初服务品收入弹性较小,服务业不足以吸收从农业释放的全部劳动力,工业和服务业的就业比重因此同时上升。随着服务品收入弹性的上升,服务业不仅可以吸收从农业释放的全部劳动力,而且开始从工业那里挖劳动力,服务业的就业比重持续上升,而工业的就业比重下降。

产业间技术进步率的差异　世界范围内的经验表明,工业和农业的技术进步率高于服务业。但是,工业和农业的一个关键差异在于,工业的要素投入都是可竞争的,而农业使用土地这种特定要素,且其数量是相对有限的。因此,当农业发生技术进步时,农产品价格降低,并且因土地数量的相对固定而对劳动力产生推力,促使其转移到其他产业,两者都降低农业的就业比重。相比之下,当工业发生技术进步时,则会出现两个相反的力量:一个是工业品相对价格下降,工业挤出劳动力;另一个是劳动力边际产出提高,工业吸纳劳动力。在经济发展的初期,后一个力量更大,因此工业就业比重上升;而在经济发展的后期,前一个力量更大,因此工业就业比重下降。[2]

经济开放　开放经济条件下有两种商品——可贸易品和不可贸易品。其中,工业品和农产品属于可贸易品,而多数服务品属于不可贸易品。对于一个小国而言,可贸易品的价格由国际市场决定,不可贸易品的价格由国内供给和需求决定。在这种情形下,三次产业不同的技术进步率可以很好地解释结构变化的典型事实,特别是工业的驼峰曲线。与封闭经济不同,在开放经济条件下,农产品和工业品的价格在初期都不变,但农业因使用土地这一特定生产要素而失去劳动力,工业则吸纳农业释放的劳动力,工业就业比重上升。随着工业品出口的增加,本国货币发生实际升值,即要么本币名义升值,要么本国价格上涨,或者两者同时发生。[3]其结果都是农产品和工业产品价格相对于服务品价格的降低,加之服务业技术进步率相对较低,服务品价格的提高不会停下来,因而服务业份额持续上升,并开始从工业吸纳劳动力,而工业份额开始下降。[4]

---

　　① 中国工业发展的转折点不是国际金融危机爆发的 2008 年,主要原因是中国政府在危机爆发之后采取了强刺激政策,把中国的经济增长多维持了四年。

　　② 理论模型可以参考 Ngai and Pissarides (2007)。但是,Ngai and Pissarides (2007) 并没有给出工业驼峰曲线的显示解。

　　③ 这就是"巴拉萨–萨缪尔森效应",更多的讨论见第 10 章。

　　④ 理论模型参见 Mao and Yao (2012a)。和 Ngai and Pissarides (2007) 不同,Mao and Yao(2012a)得到了工业驼峰曲线的显示解。

产业转移和全球服务业的兴起　其一,随着本国工资的提高,发达国家将其制造业的生产环节部分转移到其他国家,剩下的仅为研发部门,从而出现了产业空心化,服务业份额自然开始上升。其二,发达国家将许多高端服务业(包括会计、律师、金融等)大量输出到其他国家,服务业开始全球化。这样,发达国家服务业的规模就会扩大,并具有了规模效应,服务业在国民经济中所占的份额自然上升。

但是,就全球经济整体而言,我们也能观察到农业份额的下降和服务业份额的上升,产业转移和全球服务业的兴起不能解释这个现象。比较可靠的解释是偏好的变化和产业间技术进步率的差异。然而,这不等于说全球化没有影响,一个国家从封闭走向开放,其结构变化会加速。

服务业成为就业的主体是经济发展的最终结果,但这并不意味着一个国家可以跳过工业发展阶段,一步跨入服务业为主的阶段。发展中国家尚处于制造业就业上升的时期,而服务业恰恰需要在工业发展之后才可能拥有服务的对象。此所谓"皮之不存,毛将焉附",服务业是"毛",而不是"皮"。发达国家之所以能走到服务业发达的阶段,是它们已经完成工业发展阶段。发展中国家的主要任务还是发展制造业。事实上,那些可能已经落入中等收入陷阱的国家所拥有的一个共性是没有完成深入的工业化。第15章将专门探讨这个问题。

从结构变化的角度,就可以理解为什么卡尔多事实对经济结构的描述是不成立的。很显然,随着工业化进程的推进,资本—产出比会上升,原因是工业比农业更加密集地使用资本。就中国而言,学术界和政策界最关心的是劳动收入占比的变化。图4.4显示了1998—2014年中国劳动收入占比的变化情况。从中可以看出,劳动收入占比的变化呈现一条U形曲线,前期下降,最低点为2007年,之后总体呈上升趋势。李稻葵等(2009)以及刘亚琳等(2018)的研究表明,劳动收入占比的U形曲线是工业份额驼峰型变化的结果。[①]一般而言,工业比农业和服务业更加密集地使用资本,因而资本

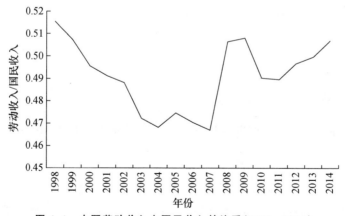

图4.4　中国劳动收入占国民收入的比重(1998—2014)
资料来源:刘亚琳等(2018)。

---

①　刘亚琳等(2018)与李稻葵等(2009)的区别在于,前者在一个三部门动态一般均衡模型中证实了劳动收入占比的U形曲线,而后者没有给出系统的理论模型。

收入与劳动收入的比值最大。在工业化进程中,劳动力从劳动收入占比较高的农业向劳动收入占比较低的工业转移,与此同时,工业产值的占比也上升,因而全社会的劳动收入占比下降。当工业化进程完成、工业就业达到顶峰之后,劳动力开始从资本收入占比较高的工业流向占比较低的服务业,且服务业产值的占比也上升,因而全社会的资本收入占比下降,劳动收入占比上升。这样,劳动收入占比随着人均收入的提高会呈现一条 U 形的微笑曲线。

4.4 结构变化对经济增长的贡献

结构变化将要素引入边际报酬较高的行业,因此对经济增长有贡献。这里要区分"高生产率"部门和"高边际回报"部门。这里的生产率通常指的是"全要素生产率",即扣除要素投入增长的生产率,我们在第 8 章将给出它的精确定义。正如 4.3 节所示,服务业的技术进步率较其他两部门低,因此可以说它是一个低生产率部门。但是,劳动力和资本向服务业转移,意味着服务业对劳动力和资本的边际报酬较高。通常情况下,一种要素在一个部门的边际报酬较高意味着这种要素在这个部门的劳动生产率(平均产出)也较高,因此结构变化带来"无成本"的经济增长。下面就以劳动力从农业向工业的转移说明结构变化对经济增长的贡献。

考虑一个拥有农业与工业的两部门模型。假设农业劳动生产率(人均产出)为 Y_A,工业劳动生产率(人均产出)为 Y_I。农业劳动力占全国劳动力的比重为 μ,工业劳动力占全国劳动力的比重为 $1-\mu$。因此,全国劳均产出为:

$$Y = Y_A \times \mu + Y_I \times (1-\mu) \qquad (4.1)$$

即为两部门劳均产出的加权平均。将式(4.1)两边对时间 t 求导,即可得出相应的变化量。这里需要注意的是,等式右边所含的三个变量,即 Y_A,Y_I,μ 均会随时间变化,特别是结构变化会引起农业向工业的劳动力转移,所以 μ 也会变化。求导得:

$$\frac{dY}{dt} = \frac{dY_A}{dt} \times \mu + Y_A \times \frac{d\mu}{dt} + \frac{dY_I}{dt} \times (1-\mu) - Y_I \times \frac{d\mu}{dt} \qquad (4.2)$$

用 $\dot{Y}$ 表示本期比上一期的增长量,即 $\dot{Y} = \dfrac{dY}{dt}$,其他变量做类似处理。则由式(4.2)整理得到:

$$\dot{Y} = \dot{Y}_A \times \mu + \dot{Y}_I \times (1-\mu) + (Y_A - Y_I) \times \dot{\mu} \qquad (4.3)$$

式(4.3)说明,全国人均产出增长是农业产出增长与工业产出增长的加权平均,再加上结构变化引起的增长。这意味着,由于 $Y_A - Y_I < 0$,因此从农村到城市的劳动力转移(当 $\dot{\mu} < 0$ 时)一定能对经济增长做出贡献。我们还可以得到增长率的关系式,将式(4.3)两边同除以 Y,整理可得:

$$\frac{\dot{Y}}{Y} = \frac{\dot{Y}_A}{Y_A} \times \frac{Y_A}{Y} \times \frac{L_A}{L} + \frac{\dot{Y}_I}{Y_I} \times \frac{Y_I}{Y} \times \frac{L_I}{L} + \frac{Y_A - Y_I}{Y} \times \dot{\mu} \qquad (4.4)$$

其中，$\dfrac{Y_A \times L_A}{Y \times L}$为农业 GDP 占全国 GDP 的比重，设为 s_A。对工业的处理类似，再令

$\hat{Y} = \dfrac{\dot{Y}}{Y}$ 为全国的人均产出增长率，并对其他变量做类似处理，可得：

$$\hat{Y} = \hat{Y}_A \times s_A + \hat{Y}_I \times (1 - s_A) + \left(\frac{Y_A - Y_I}{Y} \times \dot{\mu} \right) \qquad (4.5)$$

其中，$\left(\dfrac{Y_A - Y_I}{Y} \times \dot{\mu} \right)$ 部分即为结构变化对人均产出增长率的贡献。

上述推导为连续情况，离散的情况可以表示为：

$$\hat{Y}_t = \hat{Y}_t^A \times s_{t-1}^A + \hat{Y}_t^I \times (1 - s_{t-1}^A) + \left(\frac{Y_{t-1}^A - Y_{t-1}^I}{Y_{t-1}} \times \Delta\mu_t \right) \qquad (4.6)$$

因为式(4.6)中所表示的是增长变化量，因此农业 GDP 占全国 GDP 的比重以及农业劳动生产率相对于工业劳动生产率的变化率用前一年的信息。

在实际计算过程中，数据的可得性会影响计算结果。下面用农村和城市的人均名义收入及其变化作为核算基础，计算 1992—2015 年结构变化对中国经济增长的贡献，结果见表 4.1。表中一个有意思的结果是，全国人均收入增长率在很多年份都高于城市或农村的人均收入增长率。参照式(4.5)或式(4.6)，这个结果并不意外，因为只要结构变化的贡献为正，则全国人均收入增长率就超过城市人均收入增长率和农村人均收入增长率的加权平均。至于结构变化的贡献，由于城市收入一直高于农村收入，且农村向城市有持续的移民活动，这个贡献一直是正的。平均而言，1992—2015 年结构变化对中国经济增长的贡献达到 13.7%。

表 4.1 结构变化对中国经济增长的贡献(1992—2015) 单位：%

年份	城市人均收入增长率	农村人均收入增长率	农村收入占比	全国人均收入增长率	结构变化引致增长率	结构变化贡献率
1992	19.2	10.6	50.5	15.3	0.4	2.3
1993	27.2	17.6	47.9	23.1	0.5	1.9
1994	35.6	32.5	46.7	35.0	0.8	2.3
1995	22.5	29.2	47.4	26.4	0.7	3.2
1996	13.0	22.1	47.6	19.1	1.8	13.5
1997	6.6	8.5	46.4	9.1	1.6	23.8
1998	5.1	3.4	44.3	5.9	1.5	29.2
1999	7.9	2.2	41.5	7.0	1.4	18.2
2000	7.3	1.9	38.7	6.7	1.5	20.9
2001	9.2	5.0	36.3	9.3	1.6	17.8
2002	12.3	4.6	33.4	11.3	1.6	13.1

年份	城市人均收入增长率	农村人均收入增长率	农村收入占比	全国人均收入增长率	结构变化引致增长率	结构变化贡献率
2003	10.0	5.9	31.2	10.5	1.8	17.8
2004	11.2	12.0	30.3	13.0	1.6	14.3
2005	11.4	10.8	29.1	12.8	1.6	13.8
2006	12.1	10.2	27.7	13.3	1.7	14.2
2007	17.2	15.4	26.2	18.8	2.0	11.8
2008	14.5	15.0	25.4	16.0	1.4	9.8
2009	8.8	8.2	24.3	10.3	1.6	18.4
2010	11.3	14.9	23.7	14.1	2.0	17.4
2011	14.1	17.9	23.3	16.6	1.6	11.2
2012	12.6	13.5	22.5	14.3	1.5	11.8
2013	7.7	19.1	23.5	11.5	1.1	13.9
2014	9.0	11.2	23.1	10.5	1.0	11.5
2015	8.2	8.9	22.3	9.6	1.3	15.8
平均	13.1	12.5	33.9	14.1	1.4	13.7

资料来源:国家统计局。

4.5　城市化

4.5.1　城市化的度量

　　城市化是由农村向城市转变的过程,它既包括人的转移和生产方式的改变,又包括地理意义上的转换(如地表面貌的改变和空间分布的变化等)和生活方式的改变。中国过去的统计一直采用户籍人口度量城市化,即拥有城市户口的人才被算作城市人口,例如18%的城市化率即表示18%的人口拥有城市户口。这种方法在过去是可行的,因为在城市居住却无城市户口的人口几乎没有。但现在这种方法有很大的问题,因为城市中有很多人并没有城市户口。

　　从2000年开始,中国采用常住人口作为城市化率的统计指标。某人在一个地方住满6个月,即被算为该地的常住人口。国家通过抽样调查和每10年一次人口普查的方式来确定常住人口的具体数据。根据2010年第六次全国人口普查的结果,中国城市化率为49.7%;根据2020年第七次全国人口普查的结果,中国城市化率上升到63.9%,每年上升1.42个百分点。但是,如果按照户籍人口计算,则2020年的城市化率只有45.4%,也就是说,没有城市户口但在城市工作的农村居民有近2.6亿人。

但是,按照常住人口统计城市化率还是存在一定的问题,主要是它仍旧依托城市建制统计城市人口。城市建制是国家根据一定标准设立的,带有很强的行政色彩。它的一个结果是,发达地区很多已经城市化的农村(如华西村这样已经没有农业就业的村庄)因为没有得到国家的批准设立城市或镇,仍被统计为农村地区;而一些内陆地区的乡镇因为被国家批准设镇,其人口被统计为城市人口,但多数人仍然从事农业。

一个改进的办法是以非农就业人口为基础计算城市人口。但这需要给非农就业人口下一个确切的定义,而这又存在一定的困难,因为农村地区的兼业化程度很高,不容易确定一个人到底是在农业部门还是在非农部门就业。

美国采用的是城市化地区这一概念。全部国土以一平方英里为单位划分为许许多多的方格,国家通过地理信息系统掌握每个方格内的详细数据,包括人口密度。一个方格内的人口密度若超过一定的量,则这个方格就算为城市化地区。这种方式比较好,因为人口集中到一定程度必然带来生产方式和生活方式的改变,就应该算为城市。当然,中国若要采取这种方式,就需要应用比美国的人口密度更高的指标。

4.5.2　城市化的一般规律

一般而言,一国的城市化率随着人均收入的增加而上升。图 4.5 显示的是世界各国 2020 年的情况。趋势线表明,城市化率随着人均收入的增加而上升,但当人均收入水平很高时,城市化率会略有下降,主要是因为发达国家出现的郊区化现象。如果追踪每个国家的城市化过程,我们就会发现,多数国家经历了逻辑曲线过程,即开始时城市化进程较慢,中间有段快速发展时期,最后缓慢下来,整个过程呈放倒的 S 形状。下面给出一个简单的理论模型,推导出城市化的逻辑曲线。

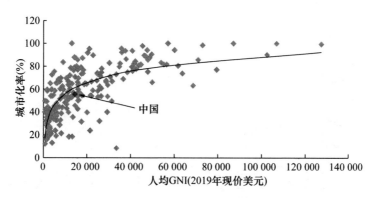

图 4.5　世界各国人均收入与城市化水平的关系:2020 年
资料来源:世界银行 WDI 数据库。

以 U_t 表示城市人口数量,R_t 表示农村人口数量。定义 $s_t = \dfrac{U_t}{R_t}$,即城市人口和农村人口的比值(不是城市化率)。我们的一个重要的假设是,s_t 的增长率为常数,定义为 k(平均而言中国过去 30 年的 k 值约为 5%),即

$$k = \hat{s}_t = \frac{\dot{s}_t}{s_t} = \frac{1}{s_t}\left(\frac{\dot{U}_t}{R_t} - U_t \frac{\dot{R}_t}{R_t^2}\right) = \hat{U}_t - \hat{R}_t \tag{4.7}$$

或者

$$\mathrm{dln}\left(\frac{U_t}{R_t}\right)/\mathrm{d}t = k \tag{4.8}$$

对式(4.8)两边求不定积分得:

$$\ln\frac{U_t}{R_t} = k \times t + C \tag{4.9}$$

其中,C 为一个常数。由此得到:

$$\frac{R_t}{U_t} + 1 = e^{-k \times t - C} + 1 \tag{4.10}$$

从而可以求出城市化率:

$$P_t = \frac{U_t}{R_t + U_t} = \frac{1}{1 + e^{-k \times t - C}} \tag{4.11}$$

式(4.11)第二个等式正是逻辑曲线的形式。其中,常数 C 靠初始值确定。而且,随着 t 趋近于无穷大,P_t 趋近于 1,即 $\lim\limits_{t \to \infty} P_t = 1$。

图 4.6 显示了 1949—2020 年中国城市化进程。从中可以看到,中国的情况比较符合逻辑曲线的前半段。20 世纪 50 年代,中国的城市化进程很快。"大跃进"之后,城市化发生倒退,直到 1978 年基本处于停滞。改革开放之后,城市化开始提速,目前仍然正处在快速上升期。但总体而言,中国的城市化进程慢于中国的收入增长(参见专栏 4.1)。

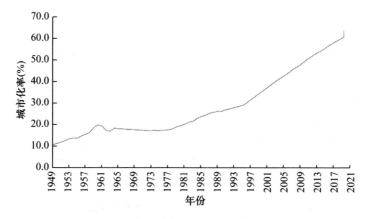

图 4.6　中国城市化进程(1949—2020)
资料来源:国家统计局。

中国城市化水平滞后及其负面影响

从国际比较的角度来看,中国的城市化水平落后于中国的人均收入。图 4.5 显示,中国所处的点在人均收入—城市化率趋势线以下。另外,按照可比价格计算,中国 2015 年的人均收入相当于日本 20 世纪 70 年代初期或韩国 20 世纪 90 年代初期的水平,但日本 1970 年的城市化水平已经达到 72%,韩国 1990 年的城市化水平更是达到 75%。从中国劳动力和人口的分布来看,也能得到中国城市化水平滞后的结论。按照常理,一个国家农村就业人口占全部就业人口的比重应该大体上等于该国农村人口占全部人口的比重,但是 2020 年,中国农村人口占全部人口的 35%,而农村就业人口占全部就业人口的占 23%,两者相差 12 个百分点。如果中国农村人口缩减到农村就业人口的占比,则城市化率将达到 77%,超过韩国 1990 年的水平。中国城市化水平滞后的主要原因是户籍制度阻碍了家属伴随劳动力向城市的流动。

城市化水平滞后带来一系列的负面影响。首先,农村居民不能及时完成非农化过程,阻碍了中国的现代化进程。其次,劳动力和家属的分离产生了留守儿童和留守老人问题,由此产生了一系列社会和经济问题。最后,国内消费增长不足,影响了中国经济结构的转型和升级。

【线上延伸阅读】

Urbanization, Inequality, and Poverty in the People's Republic of China

---

城市化是人口和经济活动在地理上的集聚。那么,城市的地理集聚是否存在一定的规律呢?除历史因素之外,影响城市产生和成长的因素还包括交通(如石家庄)、港口(如天津港)、对外开放(如深圳)等。就城市规模分布而言,最著名的是齐普夫法则。该法则来自语言学家乔治·金斯利·齐普夫(George Kingesye Zipf)本人是语言学家,说的是,词汇的使用频率排名和使用频率的乘积是一个常数。它的另一个表述是,词汇使用频率排名的自然对数和使用频率的自然对数之间是一个负相关的线性关系。这个法则也适用于城市的规模分布。在语言学界,关于齐普夫法则的理论基础,比较流行的是"省力原则",即人们倾向于使用熟悉的词汇。就城市规模分布而言,还没有一致公认的理论可以解释齐普夫法则[①],但作为一个经验规律,它已经在城市经济学界得到广泛应用。图 4.7 显示了中国 2020 年的情况。从中可以看到,城市人口排名靠前的大城市分布在线性拟合线的下方,说明就中国城市总体规模分布来看,它们的规模还不够大,中国的人口还需要进一步集中。在最低程度上,齐普夫法则的一个推论是不存在适度规模的城市。认识到这一点,对于我们理解中国城市化道路的选择是有

---

① 齐普夫法则也适用于收入分布。因此,一个可能的情形是,齐普夫法则适用于所有涉及个体大小(如频率、城市规模、收入水平)和排名之间关系的分布。

帮助的(参见专栏 4.2)。

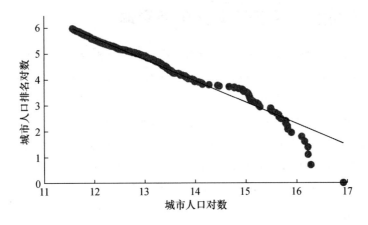

图 4.7　齐普夫法则在中国的应用(2020)
资料来源:世界人口综述(World Population Review)数据库。

专栏 4.2
中国城市化道路的选择

　　费孝通先生在 20 世纪 80 年代初提出以小城镇为基础的城市化道路。小城镇的好处是农民"离土不离乡",就地转化成非农民。尽管没有写入任何官方文件,但是发展小城镇成为当时中国城市化的主导思想。发展小城镇在 80 年代的历史条件下具有合理性。其一,当时是乡镇企业大发展时期,沿海地区农村工业遍地开花,为小城镇的发展提供了有利条件。其二,当时对户口的控制还相当严格,农民进城非常困难。其三,当时大部分学者对所谓的"大城市病"顾忌很多,认为中国不应该重复西方发达国家走过的路。但是,现在这些条件发生了巨大的变化。工业向城市集中的倾向越来越明显,各省已经取消省内居民城市和农村户籍的划分,而大城市的优势也为更多的人所认同。在这种情况下,继续坚持小城镇发展道路是不合适的。

　　世界范围内和中国的发展经验表明,城市化是区域城市集群的形成过程,城市化不一定导致人口向大城市集中,而是人口向城市化区域集中。一个完整的城市化区域应该是由数个特大城市、一些大城市和众多中小城市组成的城市网络,人口不是全部集中在特大和大型城市,而是分布在所有城市层级上。中国的长江三角洲和珠江三角洲已经形成较为完整的城市化区域。相比之下,环渤海地区的城市层级是不完整的,北京和天津是两座特大城市,下级城市中除唐山之外都发展比较缓慢。

　　中国的城市化是人口向长江和珠江两个三角洲以及内陆一些城市化区域集中的过程。由于水源充足,长江三角洲和珠江三角洲地区的人口还可以增长;京津唐地区由于缺水,人口需要控制。但是,三个地区人口总和达到中国全部人口的 25%—30% 是可能的。这并不是没有先例。例如,日本 60% 的人口集中在以东京为中心的关东地区和以大阪为中心的关西地区。中国的幅员比日本更辽阔,人口集中度会低于日本,但会显著地高于中国现有的水平。

党的十八大以来,以习近平同志为核心的党中央深刻把握新时代城镇化建设的客观规律,引领我国走出一条具有中国特色的新型城镇化道路,城镇化率和质量大幅提升。2023年年末全国城镇总人口超过93亿,城镇化率达到66.2%,我国城镇化进入了新的发展阶段。党的二十大报告进一步强调"推进以人为核心的新型城镇化,加快农业转移人口市民化"。

【线上延伸阅读】
中国城市化路径的困境与抉择

4.6　城市化对经济发展的贡献

4.6.1　聚集效应

城市化意味着生产要素的集聚,而集聚会节约成本、增加需求。成本节约体现在交通、通信、市政设施、信息传递、教育培训等方面。从交通来看,如果人口和产业布局是分散的,就需要很多道路。如果工业都集中在大大小小的村庄,路就要修到每个村,而这条路平时多半是没有车行驶的,也就造成了浪费。通信也是一样,比如固定电话和网络通信光缆,铺到农村也是很不方便的,但在城市平均成本是下降的。市政设施就更不用说了。教育培训看似和聚集效应没有关系,实则不然。如果人口分散,培训就没有规模效应;在城市,由于有了发达的公共交通,培训就可以获得规模效应。

城市化之所以会增加需求,主要是因为生活方式的改变和交通设施的便利化。相互模仿也是另外一个原因。在城市居住的人,很容易看到别人是怎么消费的,自己也会跟着去消费,这自然会增加需求。

城市化可以增加国内需求,这对中国当前的意义重大。中国的经济增长大量依赖国外市场,这造成了国际和国内的不平衡[1],扩大内需因此被认为是国家发展的战略基点。中国目前的城市化水平虽然不低,但质量不高,主要体现在进城务工的1.68亿农村劳动力(2015年的数据)没有成为真正的"城里人",他们虽然在城市工作,但多数人的家庭仍然在农村。这种现象大大限制了进城务工人员在城市的消费。如果按照消费来统计,那么这些人应该被排除在城市居民之外,这样中国的城市化率就下降到

---

[1]　参见第10章和第12章的讨论。

45%。按照国家统计局一年的数据，一个城市居民的消费水平是一个农村居民的 2.57 倍。如果我们可以让这些进城务工人员完全变成城市居民，则国内消费会大大提高。我们看一下具体的计算。

以农村居民消费为 1，则目前全国居民消费是：

$$0.55 + 0.45 \times 2.57 \approx 1.71$$

即为农村居民消费的 1.71 倍。倘若所有进城务工人员的消费水平达到城市平均水平，则全国居民消费变成：

$$0.36 + 0.64 \times 2.57 \approx 2.00$$

即为农村居民消费的 2 倍，提高了 17.2%。值得注意的是，这个计算没有考虑进城务工人员在城市稳定下来之后引致的家属进城带来的更高的城市化水平，也没有考虑由此带来的服务业的增长。如果加上这些因素，高质量的城市化对中国国内需求的贡献将更大，会更加有力地推动中国经济的转型。

4.6.2　发挥企业的规模经济

企业的规模经济可以分成两大类：一个是内部经济，指企业自身的规模经济；另一个是外部经济，指企业之间相互作用而产生的市场上的规模经济。从企业内部来看，如果存在规模经济，企业就必须达到最低有效规模才会开始盈利。如果企业和人口都较为分散，要把货物运到消费地，交通成本就比较高，就会阻碍企业发挥规模经济。城市化带来企业和人口的集聚，运输成本就大大降低，这样企业就会发展起来。揭示企业内部规模经济与集聚之间的交互作用，是所谓的新经济地理学的一大贡献（见Krugman，1995），其主要发起人保罗·克鲁格曼（Paul Krugman）为此获得了诺贝尔经济学奖。尽管新经济地理学所研究的现象早已为经济地理学家所熟识，但克鲁格曼是第一个用严谨的经济学分析工具描述这些现象背后的逻辑的人。原先的经济地理学中充斥着用自然语言表达的很模糊的概念，克鲁格曼所使用的垄断竞争模型改变了这一倾向，不仅给了我们一个批评和发展的基础，而且揭示了空间集聚的新机制，特别是企业的规模经济在其中起到的重要作用。

从企业外部经济的角度来研究集聚问题，就产生了企业集群理论。所谓企业集群，就是生产活动相似的企业聚集在一个特定的地理空间的现象。按照企业生产之间的联系，我们大体上可以把企业集群分成纵向和横向两种。纵向集群指的是以少数龙头企业为核心、带动许多零部件供应商的集聚，如上海乐亭的汽车产业基地。横向集群指的是产品相似的企业的集聚，如温州乐清的虹桥和柳市，早期生产电器元件，现在已发展成为规模很大的低压电器制造中心。纵向集群的形成容易理解，配件厂家靠近龙头企业设厂可以大大节约运输成本。横向集群的形成主要是为了获得信息优势，最有名的例子应属美国硅谷。硅谷的行业竞争性很强，为什么大家还要在一起呢？其中最重要的原因是分享高科技信息。比如，很多公司举办不定期的研讨会，邀请包括竞争对手在内的公司研发人员参加,讨论自己公司的前沿发明。从常理来看,这样做泄露了自己的商业秘密,但是研讨会上的交流可以激发思想的火花,促进企业的研发,其收益远远大于让别人知道自己技术前沿可能带来的风险。当然,美国强硬的知识产权保护法律是一个重要的保障力量,一旦发明形成了受专利保护的生产技术,其他公司就不能复制了。

4.6.3　促进结构变化

城市化可以从两个方面促进结构变化。其一,集聚产生规模经济,从而拉大集聚地与农村之间的生产率差距,诱使更多的农村劳动力向集聚地转移。其二,在城市内部,随着工业的集聚,服务业也会相应地发展起来。一方面,工业本身要求一定的服务业的支持,如财会、金融和法律服务;另一方面,人口的集聚也对服务业提出要求并提供发展的条件。各个城市开发区的发展为后一方面提供了例证。开发区设立的目的是促进产业的集聚和发展,集约化地利用土地资源。但是,单一的产业发展不能满足开发区的长远发展需求,这主要是因为开发区的人口越来越多,必然对服务业(包括政府服务)提出要求。很多开发区最终都演变成一级政府,其原因就在于此。

城市化意味着生活方式的转变,城市使得人类的生活更加丰富,而这种丰富性是服务业升级的基础。在这个过程中,城市的功能也在发生变化,从以制造业为主转向以高端服务业为主。所谓"高端服务业",指的是财会、金融和法律这样高附加值的服务,它们的高度发达是世界级城市的最重要特征,纽约、伦敦和香港都已经达到这样的高度,而中国的大多数城市与此还有相当大的距离。

4.6.4　有利于污染治理

城市化对环境保护的作用常被人忽视,有时甚至被误读。通常的观点是,集聚产生更多的污染。但是,这种观点是错误的。一个工厂即使是在农村也要产生污染,搬迁到城市并不会提高它的污染强度;换言之,给定经济活动的产出,工厂是在农村还是在城市生产并不会影响它的排污量。但是,在治理污染方面,城市具有农村无法比拟的优势,主要体现在治污成本上。一个污水处理厂具有可观的规模经济。在农村,要使一个污水处理厂达到盈亏平衡点,就必须铺设超长的管线,把分散的工厂的污水收集起来,其成本将非常高。在城市,特别是在城市开发区,一个污水处理厂很容易达到盈亏平衡点。这是集聚产生经济效益的又一个例证。

此外,城市化促使企业和社会采用更加环保的生产技术与消费方式。这主要是因为城市居民的收入水平高,他们对污染的容忍度较低。[1]比如,当北京等大城市已经开始对机动车实施国Ⅴ排放标准时,多数二、三线城市还停留在国Ⅳ排放标准上。

当然,即使是采用更加环保的生产技术与消费方式,城市的空气质量也会低于农村。这里就存在一个个人和社会层面的选择问题。从社会的角度来看,工业和其他生产活动的集聚比分散更有利;从个人的角度来看,是好是坏取决于个人的偏好。如果一个人偏好城市的多样生活,他就可以选择大城市;如果他更注重环境的质量和生活的安逸,他就可以选择小城市或乡村。

4.7　从农村到城市的移民:理论分析

结构变化和城市化都涉及从农村到城市的移民。那么,从农村到城市移民的微观基础是什么? 本节将首先利用一个哈里斯-托达罗模型的简化模型,说明移民的微观基础,然后在此基础上讨论制度限制对移民的影响以及如何检验这些限制。

4.7.1　从农村到城市移民的微观模型

在介绍这个模型之前,我们首先考察影响一个人从农村到城市移民决策的因素。第一个也是最重要的因素是收入差距。人们之所以想要移动,是因为城市的收入高于农村,否则就没有必要离开家乡。第二个因素是生活成本。城市的收入高,但生活成本也高,因此移民决策要考虑实际收入,而不仅仅是名义收入。第三个因素是在城市获得工作的机会。虽然城市的工资较高,但是去了未必能找到工作,工作之后工资还有可能被拖欠,所以还应考虑找到工作并拿到工资的概率。除此之外,移民决策还受一些其他因素的影响,如人际关系、距离和初始财富等。在极不发达地区,一些人想来城市打工,但是若来城市的车票很贵,则初始财富就会影响移民决策。

接下来,我们首先考虑一个完备市场条件下的简单模型。在这里,完备市场指的是不存在阻碍劳动力流动的制度性障碍,劳动力市场完全出清,不存在失业。

令全国的劳动力数量为 L,农村劳动力数量为 L_r,城市劳动力数量为 L_u,显然

$$L_r + L_u = L \tag{4.12}$$

假设农村和城市都只使用劳动力进行生产,则农村的生产函数是:

$$Y_r = a_r \ln L_r \tag{4.13}$$

式中,a_r 可以看作一个效率指数,也可以看作农民拥有的土地、资本等要素对生产的贡献。城市的生产函数是:

---

[1]　参见第 14 章的讨论。

$$Y_u = a_u \ln L_u \qquad (4.14)$$

和农村生产函数唯一不同之处,是效率指数有差别。由两个生产函数可以求出农村和城市劳动力的边际产出分别是 $\frac{a_r}{L_r}$, $\frac{a_u}{L_u}$。在完备市场假设下,均衡(没有劳动力流动的状态)要求这两个边际产出相等,并决定农村和城市的工资率 w。由此得到 $L_r = \frac{a_r}{a_u} L_u$。代入式(4.12),我们可以求得:

$$L_r = \frac{a_r}{a_r + a_u} L, \ L_u = \frac{a_u}{a_r + a_u} L \qquad (4.15)$$

进而可以解出工资率:

$$w = \frac{a_r + a_u}{L} \qquad (4.16)$$

现在,我们引进一种市场不完备性,即城市存在失业,劳动力市场没有出清。此时,城市工资必须由制度来保障,否则工资就会因存在失业而降至零。在下面的模型里,我们假设城市工资 w_u 是外生给定的。相比之下,农村工资 w_r 是由市场决定的。

在城市,工厂雇佣劳动力的原则仍然是边际产出等于工资,即 $\frac{a_u}{L_u} = w_u$。农村也是如此,即 $\frac{a_r}{L_r} = w_r$。由此我们得到城市和农村雇用的劳动力数量:

$$L_u = \frac{a_u}{w_u} \qquad (4.17)$$

$$L_r = \frac{a_r}{w_r} \qquad (4.18)$$

由于城市工资外生给定,城市就业人数就由式(4.17)确定了。而农村工资是由模型内生决定的,为了得到它的解,我们还需要劳动力流动的均衡条件。在完备市场条件下,均衡条件是农村工资等于城市工资。当城市存在失业时,一个农民在考虑是否进城时必须把失业率考虑进去。以 μ 表示在城市就业的概率($1-\mu$ 即为失业率),则农民的期望工资是 μw_u。注意,由于城市工资是固定的,因此失业率是内生的,需要我们在模型中解出来。

求解从设定劳动力市场均衡条件开始。这个条件是:

$$w_r = \mu w_u \qquad (4.19)$$

即农村工资等于城市工资。将式(4.19)代入式(4.18),我们可以解出农村雇用的劳动力数量:

$$L_r = \frac{a_r}{\mu w_u} \qquad (4.20)$$

这里 μ 和 L_r 都是内生的。由于存在失业,我们不能使用式(4.12)劳动力市场出清条件,但可以使用就业率的定义:

$$\mu = \frac{L_u}{L - L_r} \tag{4.21}$$

将该式代入式(4.20)并整理得到：

$$\mu = \frac{a_u + a_r}{w_u L} \tag{4.22}$$

以 u 表示城市的失业劳动力，则可知 $\mu = \dfrac{w_u L_u + w_r L_r}{w_u (L_u + L_r + u)} \leqslant \dfrac{w_u L_u + w_u L_r}{w_u L_u + w_u L_r + w_u u} \leqslant 1$。将式(4.22)代入式(4.20)或式(4.21)，我们可以得到农村劳动力数量的解，再利用式(4.18)，我们可以得到农村工资的解。

我们可以用图 4.8 解释上述求解过程。图中横轴表示劳动力数量，O_r 和 O_u 分别代表农村劳动力和城市劳动力的原点，而 $O_r O_u$ 代表全部劳动力 L。图中向下倾斜的曲线是农村劳动力需求曲线，向上倾斜的曲线是城市劳动力需求曲线。我们知道劳动力的需求曲线是劳动力的边际产出曲线。在完备市场条件下，两条曲线的交点决定了均衡的农村和城市工资 w。当城市存在失业、城市工资由制度外生给定的情况下，农村和城市的工资不再相等，农业工资 w_r 低于城市工资 w_u，$O_r L_r$ 是农村就业人数，$O_u L_u$ 是城市就业人数。注意，L_r 和 L_u 之间存在一个差，这个差代表失业人数。

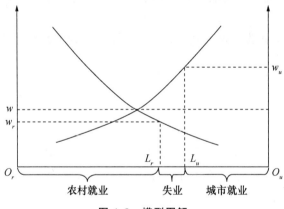

图 4.8　模型图解

在上述推导过程中，我们直接使用了市场均衡条件。在现实中，劳动力流动达到均衡需要时间，在此过程中，我们也对达到均衡之前的潜在移民数量感兴趣。显然，这取决于城市期望工资与农村工资之间的差距，因为农村就业和城市就业互为替代关系。因此，总体而言，我们可以将潜在移民数量函数定义为：

$$M = f(\mu w_u - w_r) \tag{4.23}$$

显然，f 是 μw_u 的增函数，是 w_r 的减函数，具体形式需要经验数据来确定。如果 $\mu w_u > w_r$，则 $M > 0$；如果 $\mu w_u \leqslant w_r$，则 $M = 0$。

4.7.2 制度限制对移民的影响

在上述理论模型中,城市较高的工资是由制度性因素(如国家的立法)支撑的,在这种情况下,劳动力市场出现劳动力剩余(失业)。在现实中,我们可以发现其他形式的制度性障碍(见专栏 4.3),阻碍劳动力从农村到城市的流动,使得农村滞留过多的劳动力。因此,学术界关注的一个问题是:如何度量制度性因素对劳动力流动的作用?

理论上,正如我们在上述模型中所看到的,制度性限制最终会表现为城乡之间的工资差距。这主要是因为,只要存在流动障碍,农村就会有过多的劳动力就业,根据边际报酬递减规律,农村劳动力的边际产出下降,农村的工资就会低于城市的工资。

在经验层面,困难在于正确估计城乡工资差距。首先,用城乡收入差距度量对劳动力流动的限制不是一个好办法。农村的人均收入不一定等于人均工资。如果农村收入与劳动投入之间满足边际报酬递减,则边际收入肯定小于平均收入。其次,农村收入可能包括很多项目,其中一部分是由在城市打工的人寄回去的。仅仅计算平均收入就会把这部分收入计算在内。最后,不同的人教育水平不同,教育水平高的更可能在城市获得一份工作。这样,城乡收入差距可能部分反映的是城乡教育水平之间的差距。

最准确的办法是收集同一群人在城市和农村的工资数据,如果个人城乡工资差距的均值和零无差异,则说明他们在城乡之间的流动没有受到约束,反之则说明存在约束。如果无法获得同一群人的城乡工资数据,则应该估计农村的劳动边际产出和城市的工资函数,看在控制教育水平等反映个人人力资本和家庭生产(适用于农村)的变量之后,城市工资与农村劳动边际产出之间是否还存在差距。

专栏 4.3
中国人口流动政策

根据第七次全国人口普查数据,中国的流动人口(居住地和户籍地分离的人口)从 2010 年的 22 143 万人增加至 2020 年的 37 582 万人。如此巨大的人口流动,在世界史上都是罕见的。本专栏回顾中国人口流动政策的演化,并简要讨论目前存在的问题。就人口流动政策而言,我们可以大致将其分为以下六个阶段:

1958—1978 年,不允许流动。中国从 1958 年开始实施严格的户籍管理制度,人口除国家管理的工作调动、升学、入伍和婚姻之外,不允许自由流动。

1979—1983 年,限制流动。农村改革之后,城市出现了走街串巷的农村小商小贩,但是总体而言限制较大。

1984—1988 年,开始允许流动。1984 年费孝通提出了以小城镇为基础的城市化道路,国家开始允许农民自带口粮、自筹资金进入小城镇。另外,广东沿海出口加工业的发展开始对内地工人产生需求,因此出现了较大规模的跨区人口流动。

1989—1991年,控制流动。农民进城受到限制,乡镇企业也受到很大的打击。

1992—2002年,从控制到"规范"。1992年邓小平南方谈话之后,改革重启,劳动力流动增加。但是,流动需要许多证件,如暂住证、计划生育证等。这段时间也是城市改革最困难的时期,下岗失业严重,因此一些城市出台了歧视性政策,如北京市的"腾笼换鸟"政策。

2003年至今,敞开流动。以2003年"孙志刚事件"为催化剂,中国的流动人口政策出现了根本性的变化。不仅废止了歧视农村移民的相关法规,之后中央还颁布了保障进城务工人员权益的"十七点意见"。

目前,农民进城务工的限制基本消除,进城务工人员面临的问题和不在户籍所在地工作的城市人面临的问题一样,就是子女的教育问题。由于高考以户籍划分名额,移民子女都必须回到原籍参加高考,这对他们来说是一个很大的限制。

4.8　小结

本章讨论了结构变化和城市化问题。我们从结构变化的典型事实出发,探讨了结构变化的原因及其对经济增长的贡献;接着我们讨论了城市化的一般规律及其对经济增长的贡献;最后,我们用一个模型研究了从农村到城市移民的微观基础,这一模型虽然只有一种生产要素,但体现了多部门一般均衡模型的基本原理。

我们也在三个专栏里讨论了中国的城市化和人口流动及其对经济结构的影响。中国正处于结构变化的高峰时期,因此为学术研究提供了难得的素材。中国是一个大国,结构变化将持续相当长的时间。本章没有穷尽结构变化的所有含义,我们在后续章节里还将涉及结构变化对中国经济增长的影响。

【练习题】

1. 在国家统计局网站"统计公报"栏(https://www.stats.gov.cn/sj/tjgb/)找到2020年各直辖市和省区人均GDP和第一、二、三产业的数据,进行横向比较,看是否符合结构变化的典型事实。

2. 继续使用国家统计局网站"统计公报"栏找到相关数据,计算中国2021年相对于2020年第一产业向第二和第三产业的结构变化对经济增长的贡献(注:第一产业的就业人口用农村人口代替;第二和第三产业合在一起考虑,就业人口用城市人口代替)。

3. 中国 1978 年的城市化率为 20%，1978—2020 年城市人口的增长速度和农村人口的增长速度之差为 5 个百分点。试计算此间中国的逻辑曲线，用该曲线预测中国 2000—2020 年的城市化率，并与实际值比较。

4. 根据表 1.8 给出的数据，我国第三产业的劳动生产率低于第二产业的劳动生产率；但是，2010 年之后，第二产业的就业人员开始向第三产业流动。这两个现象矛盾吗？说明理由。

5. 查找数据，仿照表 4.1，计算 2001—2020 年三次产业结构变化（人员从第一产业向其他两个产业流动以及第二产业向第三产业流动）对我国经济增长的正面（负面）贡献。

6. 自 20 世纪 90 年代中期到 2010 年，中国的劳动收入占国民收入的比重下降，其中一个原因是劳动力从农业向工业的转移。为此，假设一个经济体由农业和工业组成，农业的生产函数为 $Q = aT^{1-\alpha}L_A^\alpha$，其中 T 为土地投入，L_A 为劳动投入，a 为农业效率因子，工业的生产函数为 $M = mK^{1-\beta}L_M^\beta$，其中 K 为资本投入，L_M 为劳动投入，β 为工业效率因子。经济体的劳动力总量为 $L = L_A + L_M$，农业劳动力的产出弹性 α 大于工业劳动力的产出弹性 β。假设工业品相对于农产品的价格为 p。试证明：当劳动力从农业向工业转移时，经济中的劳动收入占总产出 $Y = Q + pM$ 的比重下降。

7. 本章的移民模型假设城市工资是外生给定的。现在，假设失业率给定，而工业工资内生，请重新求解该模型。通过求解，请思考下列问题：

（1）假设城市工资或失业率给定的意义是什么？

（2）如果两者都是内生的，还会存在失业吗？

（3）从对这两个问题的答案里，你是否加深了对完备的市场经济的理解？

8. 考虑一个由农业部门和工业部门组成的简单经济。农业部门只使用劳动力进行生产，每个农村劳动力的教育水平为 E_S。以 L_{R0} 代表农村劳动力数量，以 L_S 代表农业实际使用的劳动力数量，则农业的有效劳动力数量为 $E_S L_S$，农业生产函数为：

$$S = E_S L_S$$

工业使用劳动力和资本进行生产。城市的劳动力数量为 L_U，每个城市劳动力的教育水平为 E_U，他们全部在工业就业。同时，农村劳动力可以转移到工业就业，以 L_{RI} 表示其数量。则工业的劳动力总数是：

$$L_I = L_{RI} + L_U$$

工业的有效劳动力数量为：

$$L_{IE} = E_S L_{RI} + E_U L_U$$

令 K 为工业使用的资本量。工业生产函数为：

$$M = K^\alpha L_{IE}^{1-\alpha}, \quad 0 < \alpha < 1$$

请思考下列问题：

（1）城市劳动力和农村劳动力的工资分别是多少？为什么？

（2）当农村教育水平上升时，工业的劳均资本量 $k = K/L_I$ 将如何变化？

剩余劳动力
和二元经济结构
第 5 章

5.1　引言

在第 3 章里,我们介绍了舒尔茨的"贫穷但有效"理论,同时也提到了刘易斯的剩余劳动力理论。在刘易斯于 1954 年发表的经典论文里,他提出了关于传统农业的剩余劳动力理论(Lewis,1954)。他认为,与西方现代经济不同,传统农业里存在经常性的劳动力过剩,这些过剩人口获得生存工资却不增加农业产出。由于这些剩余劳动力的存在,工业劳动力供给具备无限弹性,即存在所谓的"劳动力的无限供给"。在这种情况下,工业的扩张可以是无成本的,而政府也可以通过兴建公共工程,让农村剩余劳动力得到就业,并促进经济发展。刘易斯的理论经由古斯塔夫·拉尼斯和费景汉(Ranis and Fei,1961)进一步发展为二元经济结构理论。按照这个理论,一个发展中经济需经历两个大的阶段,第一个阶段存在剩余劳动力,城乡市场不统一,即形成二元结构;第二个阶段剩余劳动力被工业完全吸收,城乡结构统一,社会进入现代经济阶段。两个阶段之间的转折点一般被称为"刘易斯转折点"。这个理论在很大程度上是对中国经济发展历程的一个很好的描述。改革开放初期,中国农村人口占全国人口的 80%,随着农业劳动生产率的提高,大量的农村劳动力被挤出农业。自 20 世纪 90 年代初期以来,大量的劳动力涌入城市,其情形和刘易斯的劳动力无限供给很类似。但是,2004 年以来,工人工资增长加速,从而引发当时学术界的一个重要争论,即中国是否已经跨越了刘易斯转折点。这些争论涉及如何判断剩余劳动力是否消失的问题,其中最重要的是工资上涨是否是剩余劳动力消失的标志。从刘易斯模型来看,工资上涨意味着剩余劳动力的消失,但是刘易斯模型存在缺陷,特别是无法对它的核心概念——制度工资——给出逻辑一致的定义。阿马蒂亚·森以家庭为单位研究剩余劳动力存在的条件,使得剩余劳动力可以和工资上涨同时存在(Sen,1966)。森的理论为度量剩余劳动力指明了新的方向。

本章的安排如下:5.2 节首先讨论刘易斯的剩余劳动力概念,然后讨论剩余劳动力存在条件下的工业劳动力的无限供给,并介绍拉尼斯和费景汉的阶段论以及平衡发展理论。5.3 节介绍森对刘易斯剩余劳动力概念的改进,并进一步讨论农业剩余劳动力与工业劳动力无限供给之间的关系。刘易斯在从剩余劳动力推导出工业劳动力的无限供给时,忽略了一些逻辑困难,森的改进可以克服这些困难。5.4 节讨论剩余劳动力对中国经济增长的意义。5.5 节讨论剩余劳动力的度量问题。如何度量剩余劳动力,对于我们理解中国是否跨越了刘易斯转折点是至关重要的。最后 5.6 节总结全章。

学习目标:

理解剩余劳动力的概念。
掌握森对刘易斯剩余劳动力理论的修正模型。

准确理解农业剩余劳动力与工业劳动力无限供给之间的关系。

理解剩余劳动力与中国经济增长模式之间的关系。

5.2 剩余劳动力与工业劳动力的无限供给

5.2.1 刘易斯对剩余劳动力的定义

按照刘易斯最初的定义,剩余劳动力指的是边际产出为零的劳动力。也就是说,如果把这些劳动力移走,农业产出不会下降。刘易斯没有说明一个社会里为什么会存在这样的劳动力。从现代经济学的角度来看,一个农场是不会雇用边际产出为零的劳动力的;即使是按照马尔萨斯的人口理论,多余的人口也会被饥荒、战争等因素消灭。但是,人口的再生产可能是一个复杂的过程,特别是在一个传统社会里,人们的生育决策不仅要考虑经济因素,还要考虑社会和文化因素,因此人口"过剩"是可能的。问题是如何定义"过剩"。刘易斯的剩余劳动力是对人口过剩的一个定义,下面我们就利用图 5.1 给出这个定义的详细解释。

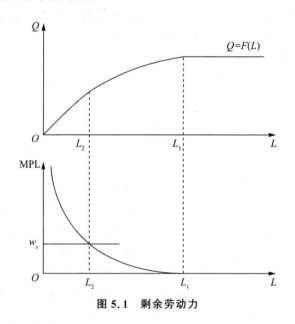

图 5.1 剩余劳动力

图 5.1 的上半部分反映的是农业生产函数 $Q=F(L)$,横轴代表农业劳动力数量 L,纵轴代表农业产出 Q;下半部分纵轴反映的是劳动力边际产出 MPL,横轴和上半部分一样,代表劳动力数量。上半部分的农业生产函数直到 L_1 点之前都与通常的生产函数无异,劳动力增加,产出增加;但自 L_1 之后,劳动力增加不带来产出增加。反映在

下半部分,则边际产出随着劳动力增加而下降,到 L_1 处降为零。这样,超过 L_1 的劳动力就是剩余劳动力。

如果农业劳动力的边际产出最终降为零,而且农业劳动力市场是完备的,那么农业劳动力的工资应当是零,也就是说,剩余劳动力得不到任何报酬,按照马尔萨斯人口原理,他们将被消灭掉。这样,刘易斯的剩余劳动力概念就陷入了一个逻辑圈套,无法自圆其说。为了解决这个逻辑上的缺陷,刘易斯提出了"制度工资"的概念。所谓制度工资,就是让一个劳动力得以存活的工资,因此也称生存工资。在图 5.1 中,我们用 w_s 表示生存工资。农业劳动力的边际产出等于 w_s 对应的劳动力数量为 L_2。从图 5.1 中可以看到,超过 L_2 的所有劳动力的边际产出都小于 w_s,即他们的贡献小于他们得到的回报,但在 L_2 和 L_1 之间的劳动力与超过 L_1 的劳动力不同,他们的边际产出为正,我们称他们为"隐蔽性失业"劳动力。

制度工资可以解释为什么剩余劳动力可以存活下来,但是它没有解决为什么农场愿意雇用隐蔽性失业劳动力和剩余劳动力的问题。这就是刘易斯和舒尔茨的争论所在。按照舒尔茨的观点,即使是在传统社会里,劳动力市场仍然是有效的;如果工资高于劳动边际产出,工资就会降低,直到等于劳动边际产出,这样就不可能出现剩余劳动力。刘易斯则认为,制度工资是由传统社会的生存伦理决定的,如果工资低至生存工资以下,传统社会是不会容忍的。在这里,隐含在舒尔茨观点背后的一个假设是,工资的降低最终会让马尔萨斯人口原理发生作用,或最终压制生育,从而不可能出现人口过剩;而隐含在刘易斯观点背后的一个假设是,传统社会的生育决策不完全受经济因素的左右,人口过剩是可能的。中国清初以来的历史表明,人口过度增长是实实在在存在过的(见表 1.3),因此至少从中国历史的角度来看,刘易斯的假设更符合现实。

然而,刘易斯没有说明,制度工资到底是如何确定的。如果仅仅是维持生存所需的收入,则由于隐蔽性失业劳动力和剩余劳动力的边际产出都低于制度工资,维持制度工资必须要求社会进行收入转移。在这种情况下,制度工资就和农村的人均收入挂钩,我们将看到,这会瓦解刘易斯的工业劳动力无限供给。

撇开制度工资定义的难题不谈,我们还要追问,真的存在边际产出为零的劳动力吗?难道传统社会就无法找到让劳动力创造价值的机会吗?要解决这个问题,我们需要区分劳动时间和劳动力数量。一个人既然投入了劳动时间,就应该有所产出,否则他可以歇着,这样产出没有降低,而他自己避免了劳动带来的负效用。也就是说,劳动时间的边际产出不可能为零。但是,增加一个劳动力不会创造任何产出,或移走一个劳动力不会减少产出是有可能的。产出不会减少是因为存在劳动时间的分摊,比如原先三个人干一份工作,如果把其中一个人移走,剩下的两个人各增加一半工作量,总产出就不会减少。这就是 5.3 节将介绍的森对剩余劳动力概念的改进。

5.2.2　工业劳动力的无限供给

　　刘易斯创立剩余劳动力概念的一个主要目的,是想说明发展中国家早期存在巨大的未加利用的人力资源,对这些资源的利用可以促进一个国家的经济增长。他的思想的核心是工业劳动力的无限供给。我们利用图 5.2 来说明他的这一思想。图中横轴代表工业和农业的全部劳动力数量,O_u 是工业劳动力的原点,O_r 是农业劳动力的原点,横轴上的任意一点代表劳动力在工业和农业之间的分配。比如,对于 L_1 而言,O_uL_1 代表在工业里工作的劳动力数量,而 O_rL_1 代表在农业里工作的劳动力数量。图 5.2 的特殊之处在于,它由上下两部分组成,上半部代表工业部门,下半部代表农业部门。

　　农业部门的图实际上是图 5.1 上半部分倒转过来。假设起始时刻经济完全是农业社会,则 O_rL_2 可以称为有效劳动力,L_2L_1 是隐蔽性失业劳动力,而 L_1O_u 就是剩余劳动力。根据刘易斯的假设,社会存在制度工资 w_s,在图 5.2 中,它等于 L_2 点处劳动力的边际产出,高于 L_2O_u 这部分劳动力的边际产出。

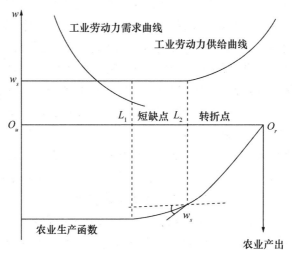

图 5.2　工业劳动力的无限供给

　　在此基础上我们再考察工业的情况。在图 5.2 的上半部分,工业的劳动力需求曲线和常规的需求曲线没有差别,但劳动力供给曲线是一段水平线和向上倾斜的曲线的结合。下面就讨论这条供给曲线是如何形成的。首先,如果工业吸纳的劳动力低于 O_uL_1,那么只要工业付比 w_s 多一点儿的工资,这些劳动力就会全部愿意转移到工业中,因为他们在农业的边际产出为零。因此,O_uL_1 线段上的工业劳动力供给曲线是一条完全弹性的水平线。此时,我们说存在工业劳动力的无限供给。这里的"无限供给"不是说劳动力数量是无限的,而是说劳动力供给的价格弹性无限大,只要稍微提高工业工资,就会有无限数量的劳动力离开农业来申请工作。当这部分劳动力都转移到工业后,工业部门如果再从农业部门吸纳劳动力,则农业总产出会下降,劳动力边际产出会上升。因此,我们把 L_1 称为"短缺点"。但是,工业的劳动力供给曲线在这点之后还是一条水平线,直到 L_2 这一点,因为这部分劳动力在农业的边际产出小于 w_s。如果工业要继续吸纳 L_1O 中的劳动力,工资就必须上升,因为劳动力在农业的边际产出大于 w_s,而工业工资水平至少要达到农业的边际产出才能继续吸引劳动力。这样,我们就看到了图 5.2 中所显示的工业劳动力供给曲线。

我们可以把 L_2 称为"转折点"(turning point)。在达到转折点之前,农业除劳动力减少外没有任何变化;但是达到转折点之后,农业的收入不再是制度工资,农业收入与工业收入同步增加,整个国家经济起飞,所以转折点也被称作"起飞点"。起飞点之前的经济是传统经济,之后的经济是资本主义经济。但是,在现实中可能不存在截然的起飞点;更多的情况是,一个国家的一部分尚处于传统经济,另外一部分处于资本主义经济,此时,这个国家就形成"二元结构"(中国的情况参见专栏 5.1)。

专栏 5.1
中国的城乡二元结构

众所周知,中国存在典型的城乡二元结构。这主要表现在以下几个方面:第一,城乡收入差距长期高达三倍左右,属世界第一。第二,社会福利保障的范围和水平差距较大。第三,在教育方面,城乡差距也很大。第四,公共服务、基础设施等方面的差距较大。第五,农村居民的生活和社会交往方式也与城市迥然不同,农村仍然是"熟人社会",而城市特别是沿海城市已经进入"生人社会"。总之,中国的城乡二元结构是全方位的,也是世界上少有的。

形成这种二元结构的原因是多方面的。首先,它是计划经济时代实行的城乡隔离政策的产物。中国 1978 年的城乡收入差距为 2.7 倍,已是当时世界第二。其次,很高的人地比也是引起城乡差距的原因。在人多地少的情况下,机械的采用比较缓慢,农业劳动生产率无法迅速提高,从而压制了农业收入的增长。再次,市场因素扮演了越来越重要的角色。市场本身就有聚集的效果,它将人力、物力都引向城市。最后,政治学文献里有"歧视多数"的经验观察,即占人口多数的人群反倒容易遭到政府政策的"歧视"。这是因为占人口少数的人群较容易组织起来"游说"政府,影响政府政策;农村居民数量多,反而不好组织。

消除城乡二元结构的根本出路是从农村到城市的人口迁移。但是,我们需要认识到,这是一个缓慢的过程。即使城市化率达到 75%,由于中国人口基数大,剩余的四分之一人口,即 3.6 亿人仍旧会留在农村,因此城乡差距依旧会很大。在此期间,政府应该加强对农村的投入,包括医疗卫生、教育以及公共设施等诸多方面。正在全面推进的乡村振兴战略就是这个目的。

5.2.3 拉尼斯和费景汉的改进

拉尼斯和费景汉拓展了刘易斯模型,明确提出了二元结构理论,并区分了经济发展的三个阶段。第一阶段是剩余劳动力阶段,对应于图5.2中的 O_uL_1 部分,此时劳动力的转移不影响产出。第二阶段是粮食短缺阶段,对应于图5.2中的 L_1L_2 部分,此时每移走一个劳动力,粮食产出都会下降一点儿。前两个阶段的共同特点是二元结构,即农业和工业脱节,各自形成独立的经济体系,农业收入不随工业的扩张而增加。第三阶段是资本主义阶段,对应于刘易斯模型中起飞点之后的阶段,农业和工业形成统一的劳动力市场,农业收入增长和工业扩张同步。

拉尼斯和费景汉还关注了第二阶段,即粮食短缺阶段的情况。如果发生粮食短缺,则粮食价格会上涨,从而导致制度工资上涨,不利于工业的扩张。由此,他们提出了平衡增长模型,即在工业扩张的同时,农业技术水平得到改进,农业产出提高,从而保障工业增长不发生停滞。我们可以用图5.3来说明这个模型。

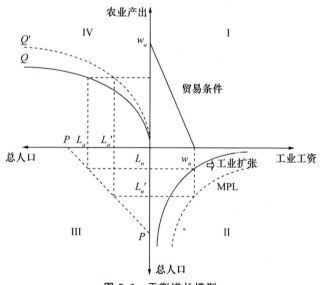

图 5.3 平衡增长模型

图5.3中包括四个象限。第 I 象限表示的是工农业的贸易条件。如果工业工资为 w_n,则按照图中实线所表示的贸易条件,这个工资转化为可以购得的农业产出,就是 w_a(w_n 除以农产品价格得到的量)。第 II 象限表示的是工业的劳动力需求曲线(边际产出曲线),第 III 象限表示的是工农业就业之间的转换,第 IV 象限表示的是农业生产函数。假设初始状态工业工资为 w_n,转化为农业产出是 w_a,总人口为 P。工业劳动力需求是实线表示的曲线,此时,工业雇用的劳动力数量为 L_n,通过第 III 象限的三角转换,我们可以推断农业雇用的劳动力数量 L_a。假设由于资本积累或技术进步,工业

的劳动边际产出曲线外移至虚线表示的位置。工业劳动力数量增加至 L_n'，农业劳动力数量减少至 L_a'。如果农业技术水平不变，则农业总产出将下降，从而导致农产品价格上涨，w_a 下降。为了维持工人的生活水平，工业工资就必须提高，但这将不利于工业的进一步扩张。平衡增长要求加大对农业的投资，提高农业的技术水平，使得产出在劳动力数量减少的情况下保持不变。在图 5.3 中，这意味着农业生产函数从 Q 变成 Q'，这样可以保持工农业的贸易条件不发生变化。

拉尼斯和费景汉的平衡增长模型是对第 3 章农业作用的一个很好的解释，说明了粮食供给影响经济增长的途径。但是，他们的分析仍然建立在刘易斯制度工资的假定之上，鉴于前面所指出的问题，我们有必要对农业剩余劳动力与工业劳动力无限供给之间的关系做进一步的讨论。

5.3 森的改进

5.3.1 家庭决策与剩余劳动力

森对经济学的贡献是多方面的，其中之一是对发展经济学的贡献。在 1966 年发表的一篇文章中，他从农户家庭的生产和消费决策的角度发展了刘易斯的剩余劳动力理论。这是一篇关于剩余劳动力的重要文章，修正了刘易斯模型中剩余劳动力概念中的逻辑缺陷，特别是解决了农业剩余劳动力与工业劳动力无限供给之间的衔接问题（Sen,1966）。[1] 下面是他的模型的一个简化版本。

假设一个封闭经济中不存在任何劳动力市场，即劳动力只能在家庭内部工作而不能为别人打工。家庭内部的生产函数是 $Q = Q(L)$，$Q' \geqslant 0$，$Q'' \leqslant 0$。L 定义为家庭的总劳动时间。注意，这里 L 指的不是劳动力数量。假设一个家庭有 β 个家庭成员，α 个劳动力，$\alpha \leqslant \beta$。每个家庭成员的消费是 $g = Q/\beta$，劳动力平分劳动时间，每个劳动力的劳动时间为 $l = L/\alpha$。每个家庭成员消费的效用函数为 $u = u(g)$，$u' > 0$，$u'' \leqslant 0$。每个劳动力的劳动负效用为 $v = v(l)$，$v' > 0$，$v'' \geqslant 0$。

假设家庭是一个计划单位，由家长决定每个劳动力的劳动时间 l 以最大化全家的净效用之和，即

$$\underset{l}{\operatorname{Max}} \beta u(g) - \alpha v(l) \tag{5.1}$$

这是一个无约束的最大化问题，一阶条件是：

$$\beta \mu'(g) \frac{\alpha}{\beta} Q'(L) - \alpha v'(l) = 0 \tag{5.2}$$

---

[1] 但是，这篇文章常常被剩余劳动力研究忽视，多数发展经济学教科书没有涉及这篇文章。

根据我们对生产函数和劳动负效用的假设，二阶条件成立。将一阶条件化简之后，我们得到劳动时间的边际产出：

$$Q'(L) = \frac{v'(l)}{u'(g)} \tag{5.3}$$

式(5.3)左边是劳动时间的边际产出。在一个开放经济中，边际产出应当等于市场上的工资。在当前的模型中，没有劳动力市场，因此也没有工资，但是我们可以把式(5.3)右边看作工资，也就是所谓的"影子工资"。$v'(l)$是劳动时间的边际负效用，因此是时间的边际效用成本，将它除以劳动收入的边际效用$u'(g)$，就消除了主观评价因素，变成和劳动边际产出可比的一个度量。

森认为，影子工资在一定范围内可以是不变的，即在一定范围内，劳动时间的增减不影响影子工资。由于影子工资度量的是劳动时间的真实（心理）成本，这意味着农民对劳动时间投入的长短不是很敏感。我们可以用图5.4来对此加以解释。左图表示的是一般意义上的消费边际效用递减和劳动边际负效用上升的规律，右图则解释在一定条件下影子工资是可以保持不变的。图中l^*是一个分界点。当劳动时间大于l^*时，右图变成了左图；当劳动时间小于l^*时，消费的边际效用和劳动的边际负效用保持不变。在收入水平很低时，消费边际效用递减可能是不成立的。比如，一个人一天吃一斤粮食，但是他没有吃饱，如果让他吃一斤半粮食，他的边际效用就不会下降。同样的道理，在低收入情况下，劳动的边际负效用也不会上升。在一个传统农业社会里，就业机会有限，农民可能愿意做任何增加收入的事情，无心考虑劳作的辛苦。所以，如果l仅在不超过l^*的范围内变动，则影子工资不会发生变化。

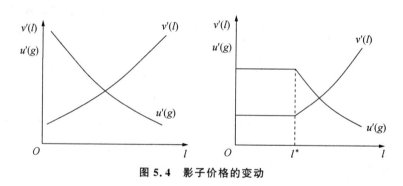

图5.4 影子价格的变动

如果影子工资保持不变，则当一个家庭移走一个劳动力时，留下的劳动力就会增加劳动时间，使家庭总的劳动时间保持不变，从而产出也不会降低。在这种情况下，那些可以移走而不会影响家庭产出的劳动力就是剩余劳动力。

显然，森在这里利用了恰亚诺夫的自我剥削概念。农民的时间成本很低，也就是说，他们的影子工资很低，而且增加劳动投入不会提高他们的影子工资。在这里，自我剥削的含义是，农民压低自己的影子工资，并使之在一定范围内保持不变，从而迫使他们增加劳动时间。

5.3.2 兼业与工业劳动力的无限供给

如果农业存在一个外生给定的制度工资,则刘易斯的农业剩余劳动力与工业劳动力无限供给之间就是完全相容的。但是,正如我们在 5.2.1 节里所指出的,刘易斯无法解释制度工资的形成过程。如果收入分享是制度工资形成的机制,则制度工资就是农村人均收入的函数。在这种情况下,农村每移走一个劳动力,人均收入就会增长一点儿,从而增加农村移民的要价,那么工业的劳动力供给从一开始就必须是向上倾斜的,这样就不存在工业劳动力的无限供给了。

弥补刘易斯定义与工业劳动力无限供给之间差距的一个办法是假设城市存在一个远高于农村平均收入的生存工资。在这个假设下,只要农村的劳动边际产出低于城市的生存工资,则工业劳动力的供给就具有无限弹性。在现实中,我们可以把地方政府公布的最低工资标准作为城市的生存工资。比如,深圳市 2011 年的月最低工资标准是 1 250 元,折合成年收入就是 15 000 元。相比之下,2010 年全国农村的年人均收入为 6 000 元,以每个家庭平均 3.1 个成员、2 个劳动力计算,劳均收入为 9 300 元。考虑到农村劳动力具有边际产出递减规律,农村劳动力的边际产出应低于其平均产出,因此深圳的工作对中等地区的农村劳动力具有一定的吸引力。当然,这里给出的是名义收入,如果考虑物价因素和其他生活成本,深圳和其他地方的差距会小很多。

但是,在城市存在生存工资的假设下,农村存在剩余劳动力就不再是工业劳动力无限供给的必要条件了。如果存在剩余劳动力,工业劳动力供给自然具有无限弹性;但即使不存在剩余劳动力,只要农业劳动力边际产出低于城市最低工资,工业也存在劳动力的无限供给。这样,剩余劳动力理论就失去了它的理论力量,从而变得不可取。

下一步,我们还可以假设农村存在绝对的失业,即农业生产技术把一部分人完全排除在就业门外,这些人完全靠救济过活。他们的产出为零,因此是剩余劳动力;同时,移走他们中的一部分也不会影响他们当中留在农业的其他人的收入,所以工业的劳动力供给仍然是完全弹性的。但是,这个假设在现实中不大可能成立,而且这个假设让结论一目了然,从而也降低了理论的力量。

森对剩余劳动力的定义不需要假设制度工资,而且如果我们考虑劳动时间而不是劳动者数量,则只要存在剩余劳动力,劳动力的边际产出就是不变的[见式(5.3)],这样,工业劳动力的供给就具有无限弹性。在允许兼业的情况下,考虑劳动时间而不是劳动力个体的边际产出是可行的,因为一个农民既可以在农业就业,又可以在附近的工业部门就业,他的劳动力配置决策就是比较工业和农业劳动时间的边际产出。

但是,现实中劳动力的迁移往往是不能兼顾兼业的。比如,离开本县的进城务工人员是不可能兼业的。在这种情况下,森的模型就会和劳动力的无限供给发生冲突。如我们在森的模型里所看到的,农户家庭劳动力分摊劳动时间,那么随着劳动力数量的减少,劳动力的边际产出就会增加,每个移出的劳动力在工业的要价就会提高,这就意味着工业劳动力的供给不再具有无限弹性。

一个折中的办法是在森的模型的基础上,假设决定劳动力迁移规模的是那些考虑在家乡兼业的劳动力。具体地,我们可以想象,把农村劳动力按照他们的迁移意愿进行排队,那些想完全离开农村的劳动力排在前面,那些想兼业的劳动力排在后面,排在前面的人先走,排在后面的人后走。这样,排在前面的人不会决定最终有多少人发生迁移,起决定作用的是那些排在后面想兼业的人。在农业劳动力数量众多的情况下,这样来想象迁移决策是一个很好的近似。① 实际上,现实中兼业或其他家庭考虑会增加农村剩余劳动力的数量。比如,一个劳动力不愿意放弃农业生产,即使他在农业的就业不足,也不愿意完全离开农业。再如,一个家庭主要成员可能因担心自己走后孩子的学习或老人的健康而留在农村,这可能是当前中国农村正在发生的情况。

根据以上讨论,我们可以用一个简单的模型建立森的剩余劳动力与工业劳动力的无限供给之间的关系。我们仍然采用森的假设,但在农业生产函数中加入土地投入 T 和一个全要素生产率 A,即 $Q = AQ(L, T)$。进一步假设生产函数具有不变规模报酬,则生产函数可以写成 $Q = LAq(T/L)$,其中 Aq 是人均产出函数。这样,我们可以得到和式(5.3)类似的一阶条件,

$$Q'_L(L, T) = A\left[q\left(\frac{T}{L}\right) - \frac{T}{L}q'\left(\frac{T}{L}\right)\right] = \frac{v'(l)}{u'(g)} \tag{5.4}$$

现在,考虑 n 个农户的情况,他们的人口数量、劳动力数量以及土地数量都可以是不同的,但他们的影子工资在一定的 l 和 g 区间内相同且不变。这样,在这个区间内,每个移出农业的人的日工资要价即他们的影子工资都是一样的。把这个日工资乘上一个月的标准工作天数,我们就可以得到他们的月工资要价,工业劳动力供给在这个工资上就具有完全弹性。

我们还可以把农户行为加总到整个社会层面,考虑全社会的加总农业生产函数。假设这个生产函数也具有不变规模报酬。以 $\bar{T}$ 代表社会土地总量,$\bar{L}$ 代表农业劳动力总量,则总产出可以表示为 $\bar{Q} = A\bar{L}_q(\bar{T}/\bar{L})$。一阶条件为:

$$\bar{Q}'_L(\bar{L}, \bar{T}) = A\left[q\left(\frac{\bar{T}}{\bar{L}}\right) - \frac{\bar{T}}{\bar{L}}q'\left(\frac{\bar{T}}{\bar{L}}\right)\right] = \frac{v'(l)}{u'(g)} \tag{5.5}$$

比较式(5.4)和式(5.5),很容易得到 $\bar{T}/\bar{L} = T/L$,即每个农户的劳均土地量(或亩均劳动投入时间)相同,因而亩均产出也相同,即 $q(\bar{T}/\bar{L}) = q(T/L)$,$\bar{Q}$ 因此是所有农户产出的简单加总。这样,给定农户影子工资在一定区域内保持不变和土地的总量,我们就可以确定一个全社会的劳动时间 $\bar{L}^*$,工业劳动力在 $\bar{Q}'_{L^*}(\bar{L}^*, \bar{T})$ 这个工资率上实现无限供给。

---

① 在森的模型里,决策单位是家庭。为了和我们的排队理论一致,我们必须假设家庭里至少存在一个愿意兼业的劳动力。以中国的小规模农业观之,这个假设是可以接受的——在土地经营规模只有半公顷的情况下,几乎所有的农户都必须兼业。

以上推导表明,除解决了剩余劳动力与工业劳动力供给之间的一致性问题外,森的理论还将劳动力无限供给下的工业工资和农业边际产出联系在一起。如果采用刘易斯的制度工资,则劳动力无限供给下的工业工资就和农业没有任何关系;而且,制度工资必须是固定的,不能随农业技术的改进而变化。这种脱钩在现实中是无法得到印证的,我们更多的是观察到进城务工人员的工资和他们在农村的收入高度相关。森意义上的剩余劳动力和这个观察是一致的。在式(5.5)中,只要等式右边的影子工资没有变化,农业效率因子 A 的提高并不提高农业劳动力的边际产出,因而仍然存在剩余劳动力。当影子工资提高时(这可能是因为农户拥有了更高的收入,从而其劳动边际负效用提高),劳动边际产出上升,则当 A 不变时,农业劳动时间减少,潜在的剩余劳动力数量减少,但这并不意味着剩余劳动力的消失。森的理论的一个推论因此是,即使观察到工人工资提高,我们也不能断定一个国家跨越了刘易斯转折点。这对于判断当下中国所处的阶段至关重要,我们将在后面详细讨论这个问题。

最后要提醒读者注意的是,森的理论是建立在不存在农业劳动力市场的假设之上的,但在当代中国农村这个假设是不成立的,这样我们就有一个疑问:森的理论是否适用于当代中国?回答这个疑问需要读者了解所谓的农户生产决策和消费决策的"不可分性"问题,但这涉及更深入的研究生阶段的发展经济学问题,超出了本书的范畴,因此这里只简单地提一下。[①] 在现代经济中,企业和消费者是分离的;但是,对于发展中国家的农户而言,他们既要决定消费,又要决定生产。如果所有产品和要素市场都是完备的,即农户可以完全自由地买卖和借贷,则农户的生产决策和消费决策是可以分离的,我们可以想象农户先做出生产决策,然后做出消费决策。但是,现实中很多市场是不完备的。比如,由于时间和空间的限制,农户可能无法随心所欲地配置自己的劳动时间;由于担心别人不用心对待自己的土地,农户也不会随意地租出自己的土地;又由于银行的担保要求,农户也不可能借到满足他的需求的资金。当农户面对两个以上的市场缺陷时,他的生产决策和消费决策就是不可分的;此时,他的生产决策就不能使用市场上的价格信号,而是要使用由他的消费决定的影子价格,这样,他的决策仍然可以用和式(5.3)相类似的形式刻画。

5.4　剩余劳动力和中国经济增长

一般观点认为,中国农村在改革开放初期存在大量的剩余劳动力,但进入 21 世纪之后,剩余劳动力的数量大大减少,学术界普遍认为,中国已经于 2010 年前后越过刘易斯转折点(参见专栏 5.2)。正如我们在第 3 章和第 4 章所看到的,自 20 世纪 90 年代初期以来,大量农村劳动力进入工业和城市,推进了中国经济的发展。任何事物都

---

① 有兴趣的读者可以参阅 Singh et al. (1986)。

有两面性,剩余劳动力也如此。大量剩余劳动力的存在造成了中国经济和社会严重的二元结构,阻碍了中国社会的整合和发展(参见专栏 5.1);但是,剩余劳动力也是中国经济高速发展的强大动力,具体而言,主要表现在以下两个方面:

第一,剩余劳动力的存在使得中国工业可以在很低的成本上实现持续的扩张。我们可以用图 5.3 来说明这一点。在正常情况下,工业的扩张即劳动力需求曲线的外移,总是要面对一条上升的劳动力供给曲线,从而导致工资的上升;如果工业没有发生相应的技术进步,则工业利润和再投资能力将下降,工业扩张速度也随之下降。当存在剩余劳动力时,工业劳动力供给曲线具有完全弹性,劳动力需求曲线的外移就不会导致工资的上升,全部增长变成了利润,从而使得工业有更多的资金投入再生产,工业扩张加速。

在现实中,工人工资并不是没有增长,而是增长较慢。20 世纪 90 年代初期,进城务工人员的平均货币工资高出城市职工平均货币工资近 50%(主要是因为当时城市职工还享受国有企业的其他非货币福利),到 2008 年,进城务工人员的平均货币工资只有城市职工平均货币工资的一半(中国宏观经济研究中心,2011)。即使扣除城市职工收入货币化这个因素,进城务工人员工资的增长速度也低于城市职工工资的增长速度。如果以城市职工工资的增长为经济增长给普通百姓发放的正常红利,则进城务工人员显然没有得到这些红利。这虽然不能说明农村存在剩余劳动力(关于剩余劳动力数量的度量,参见 5.5 节的讨论),但肯定说明,使用农村转移劳动力降低了中国经济增长的成本。

第二,消除剩余劳动力的过程也是中国经济结构变化的过程。一方面,大量的剩余劳动力会延缓中国结构变化的过程;另一方面,大量的剩余劳动力也意味着巨大的"人口势差"——从农村到城市的势差、从中西部到沿海的势差——可以为中国经济增长提供持续的动力。如我们在第 4 章所揭示的,结构变化是经济增长的源泉之一,持续的结构变化可以为经济带来"便宜的"增长。结构变化的结束意味着一个发展阶段的完成,经济增长就要面对常规的负反馈机制的限制。既然消除剩余劳动力的过程是结构变化的一部分,剩余劳动力的存在就有利于减缓负反馈机制的作用。

一个例子是我们将要在第 10 章涉及的巴拉萨-萨缪尔森效应。这个效应说的是,如果一国可贸易品部门相对于不可贸易品部门劳动生产率增长得比另一个国家快,则该国的货币将相对于另一个国家的货币发生真实升值。这是一个典型的负反馈机制。可贸易品部门相对于不可贸易品部门劳动生产率的增长提高一个国家出口产品的竞争力,巴拉萨-萨缪尔森效应使得这个竞争力不能无限发挥作用,通过货币的真实升值,这个效应会抵消劳动生产率提高带来的竞争力。导致这个效应的一个重要渠道是工资随着可贸易品部门劳动生产率的提高而上升。但是,当一个国家存在剩余劳动力时,工人的谈判地位低下,他们的名义工资因此无法随着劳动生产率的提高而上升,这会抑制国内物价的上涨,因而巴拉萨-萨缪尔森效应的作用就会下降,劳动生产率提高带来的竞争力就会持续更长的时间。

5.5 剩余劳动力的度量

既然剩余劳动力是客观存在的,研究者就要想办法度量他们。但是,如何度量涉及如何定义剩余劳动力的问题。根据不同的剩余劳动力的定义,我们可以有四种度量方式。

5.5.1 绝对剩余劳动力

首先需要说明的是,任何对剩余劳动力的度量都在给定农业生产技术和要素价格的情况下才有意义,因此并不存在绝对剩余劳动力。这里所说的"绝对剩余劳动力",指的是在给定农业生产技术的前提下,农业生产所需劳动力之外的农村劳动力。支持这个度量的是对剩余劳动力的绝对失业定义,即剩余劳动力是那些农业生产绝对不需要、只能靠救济过活的劳动力。根据这个度量,研究者可以先估计农业生产的前沿生产函数——最有效利用各种投入要素(包括劳动力)的生产函数,然后计算前沿生产函数上和现有土地数量相配合的最优劳动力投入量,以这个量为基准,农村劳动力超过部分就是剩余劳动力。

绝对剩余劳动力的问题在于,它是一个纯技术概念,没有考虑要素价格对劳动力需求的影响。比如,随着工资的上涨,即使农业生产技术不变,也会发生机械对劳动力的替代,从而增加剩余劳动力的数量。

5.5.2 边际产出为零的劳动力

这个度量符合刘易斯对剩余劳动力的定义,但是如何在经验研究中应用这个度量需要谨慎考量。按照刘易斯的原意,劳动力边际产出为零是就整个经济而言的,因此要检验一个经济中是否存在剩余劳动力,必须估计整个经济的农业生产函数,看是否存在劳动力边际产出为零的区间。但是,数据的限制使得这样的估计基本不可行。这是因为,对剩余劳动力的估计总是要在特定的农业生产技术下进行,但是农业生产技术总是变动的。这样对于一个国家而言,我们无法找到同一农业生产技术下足够让我们得到可靠结论的数据。

5.5.3　不改变家庭劳动时间的劳动力

根据森对剩余劳动力的定义,我们可以用农户的微观数据来估计剩余劳动力的数量。式(5.3)表明,只要一个农户的劳动时间不随劳动力数量的增减发生变化,则该农户存在剩余劳动力。根据这个判断,我们可以把一组农户的劳动天数对其劳动力数量的二次式进行回归,然后看这个二次式所代表的曲线后端是否是水平或接近水平的,如果是,则水平线段代表的劳动力数量就是农户平均的剩余劳动力数量。

5.5.4　工资标准

最后,我们可以直接应用刘易斯的劳动力供给曲线来估计一个国家是否存在剩余劳动力:如果一个国家跨越了刘易斯转折点,则这个国家不再拥有剩余劳动力。那么,如何断定一个国家是否跨越了刘易斯转折点呢? 文献里常用的方法是看进城务工人员的工资是否开始较快速增长(参见专栏5.2)。但是,这个方法有很大的缺陷,因为进城务工人员工资的增长可能由多个因素造成,其中一些并不表明一个国家跨越了刘易斯转折点。我们可以用图5.5来说明这些因素:

(1) 供给曲线不变,需求曲线由 D_1 变成 D_2;

(2) 需求曲线不变,供给曲线由 S_1 变成 S_2;

(3) 供给曲线由 S_1 变成 S_3,需求曲线由 D_1 变成 D_2;

(4) 供给曲线由 S_1 变成 S_3,需求曲线不变。

在这些因素中,(1)(2)(3)三种情况反映剩余劳动力的消失,而(4)不反映。在情况(4)下,供给曲线的完全弹性部分由 w_1 的位置上移到 w_2 的位置,工业工资上涨,但剩余劳动力仍然存在。供给曲线之所以上移,可能是因为农业劳动力边际产出于劳动力变动之外的原因而上升。根据森的剩余劳动力理论,工业劳动力可以在 $\overline{Q}_{\overline{L}}$ $(\overline{L}^*, \overline{T})$ 这个工资水平上实现无限供给。如果农户的影子工资的上涨完全被全要素生产 A 的提高率弥补,工资水平的提高就不压缩剩余劳动力的数量。在图5.5中,这表现在农业生产函数由实线所示的 Q_1 变成了虚线所示的 Q_2。L_0 是和 $\overline{L}^*$ 相当的标准劳动力数量,超过 L_0 的劳动力是剩余劳动力。和 Q_1 相比,Q_2 下的剩余劳动力数量没有变化,但 L_0 点的劳动力边际产出增加,从而工业工资也会上涨。所以,工资的上涨并不能说明一个经济越过了刘易斯转折点,这个结论对于中国剩余劳动力的讨论有重要意义,具体讨论参见专栏5.2。

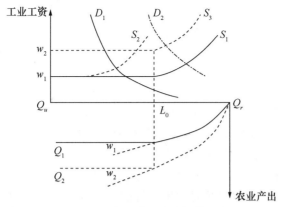

图 5.5　工资上涨和刘易斯转折点

　　从 2004 年开始,低端工人的工资出现了加速上涨的势头,到 2009 年和 2010 年,名义工资和实际工资上涨都超过 15%(Knight et al., 2010);同时,沿海和内地地区都出现了招工难的情况。在这种情况下,一些学者认为中国已经跨越刘易斯转折点(蔡昉,2008)。但是,正如本章讨论所显示的,工资上涨不是剩余劳动力消失的充分条件。在现实中,2010 年前后工人工资的上涨和国际金融危机之后中国实施的扩张性的财政政策和货币政策有关,也可能是对过去进城务工人员工资上涨缓慢的一个矫正。另外,代际文化的变化也可能是一个因素。目前的新工人普遍是"90 后",他们的工作和生活观念与父母一代相去甚远;和父辈相比,他们更不愿意做流水线上的重复工作,同时也关注当下生活的质量,而不是长远的财富积累。在这种情况下,工厂必然面临工资上涨的压力。

　　2012 年之后,中国经济进入景气周期的下降期,劳动力转移的速度明显放缓,2015 年开始甚至出现负增长。其主要原因是沿海城市增长速度的下降以及内陆地区工业化的兴起和加速。但是,农业仍然无法吸纳所有的农村劳动力,回流劳动力主要在非农就业。在许多地方,这些劳动力的就业是不完全的,处于打零工的状态。剩余劳动力问题已经转化为农村的充分就业问题。国家正在实施的乡村振兴战略是解决这个问题的出路。

　　【线上延伸阅读】

　　Macro-Economic Implications of the Turning Point

　　Demographic Transition, Demographic Dividend, and Lewis Turning Point in China

5.6 小结

本章首先介绍了刘易斯的剩余劳动力和工业劳动力无限供给理论,然后讨论了森对剩余劳动力定义的改进,并在这个定义的基础上建立起了农业剩余劳动力与工业劳动力无限供给之间自洽的逻辑关系。本章还讨论了剩余劳动力的度量问题,并简要阐述了剩余劳动力对中国经济增长的贡献。

剩余劳动力和二元经济结构是中国经济的一个重要特征,本章的讨论仅仅是一个开始,在后续章节里,我们还会经常涉及这个特征,讨论它对中国经济方方面面的影响。

本章对剩余劳动力的理论和经验研究都还不够深入,还有许多值得发掘的东西等待研究者去尝试。

【练习题】

1. 在刘易斯模型中,制度工资的概念存在哪些缺陷?这些缺陷如何导致剩余劳动力的概念与工业劳动力的无限供给之间存在逻辑冲突?

2. 森对刘易斯模型的改进表现在哪些方面?

3. 对刘易斯模型的一个"技术性"改进是对农业生产函数施加一些限定,下面就是一个例子。假设农业具有列昂惕夫生产函数 $Q = \min\{AL, BT\}$,其中 L 为劳动力数量,T 为土地数量,A 为劳动生产率,B 为土地生产率。开始的时候,农村的劳动力总数为 $\overline{L}$,$A\overline{L} > BT$。

(1) 假设工业出现,请找到工业劳动力供给是无限弹性的区间。

(2) A 提高是增加还是减少了剩余劳动力的数量?背后的直觉是什么?

4. 找一篇认为中国跨越了刘易斯转折点的文章,并用课堂上学到的知识和分析方法对其进行评论。

5. 当前中国农村面临的可能不是剩余劳动力的问题,而是失业和就业不足的问题。失业(或就业不足)与剩余劳动力之间有什么共同之处和不同之处?

6. 根据 5.3.2 节的讨论,试证:当农户的真实工资不变因而农业存在森意义上的剩余劳动力时,农业生产效率提高会导致更多的剩余劳动力。给出这个结论的直观解释。

7*. 当我们以家庭为单位考虑农民的迁移决策时,劳动力的不可分性可能导致农村出现剩余劳动力。比如,考虑到子女的教育和成长问题,一对农户夫妻可能决定都留在农村照顾孩子,但由于土地太少,如果不存在兼业机会的话,则他们不可能在农业获得完全就业。请构造一个简单的农户决策模型,反映以上观察。

8*. 本题意在显示劳动力的无限供给如何促进资本积累和经济增长。令 t 年的工业生产函数为 $y_t = K_t^\alpha L_t^{1-\alpha}$,其中 L_t 为当年雇用的劳动力数量,K_t 为当年的资本存量,$0 < \alpha < 1$ 为资本产出弹性。假设工业劳动力是无限供给的,且资本回报率 r 为常数,工人消费当年所有的收入,资本所有者储蓄所有的资本收入,再假设储蓄全部转化为资本,资本折旧率为 $\beta < r$。试计算资本存量、工业劳动力数量和产出的增长速度。

经典理论中的
资本积累问题
第 6 章

6.1 引言

在第 2 章至第 5 章里,我们讨论了经济发展的结构性因素,本章将转向一个总量因素,即资本积累。在目前发展经济学的理论中,资本积累较少被提及,主要原因是学者把大部分注意力都投向了人力资本、技术进步等方面。但对于发展的早期而言,资本积累是很重要的;而且,人力资本积累和技术进步在很大程度上需要靠物质资本积累才能完成。正如我们在第 1 章所指出的,经济增长最终要归结为储蓄及其利用,没有储蓄,一个国家不可能实现经济增长。从这个角度来看,美国担心巨大的经常项目赤字会影响其经济增长的可持续性是有道理的;另外,中国自 1978 年以来的高增长与非常高的储蓄率以及与此相关的高投资率是分不开的(参见专栏 6.1)。

本章将讨论四个理论模型,即李嘉图模型、马克思的资本积累理论、哈罗德-多马模型及索罗模型。李嘉图模型以马尔萨斯原理为基础,考虑了资源约束对资本积累的影响,反映了早期经济学家对资本积累的思考。马克思的资本积累理论强调资本有机构成的提高对资本积累的制约作用,是一个为无产阶级革命服务的理论。哈罗德-多马模型是一个凯恩斯主义的增长模型,旨在揭示储蓄对增长的重要性。虽然这是一个简单的模型,但通过将储蓄内生化,我们可以得到多重均衡解。索罗模型是 20 世纪 50 年代以来最具影响力的资本积累和增长模型,其最大特点是预测了各国经济增长的条件收敛,迄今为止,这个结论是增长理论中最经得起经验检验的理论预测。

我们展示和讨论上述模型的目的有二:一是让读者体会构建增长模型的最基本的要素;二是让读者了解经典作家们是如何思考经济增长的,他们的时代又是如何影响他们的理论的。另外,通过这些模型,读者也将掌握构建一个动态模型的基本方法。再者,这些模型对于读者思考中国的经济增长也大有裨益。特别是索罗模型把经济增长划分为赶超和稳态增长两个阶段,为读者理解中国的经济增长阶段提供了一个理论框架。

学习目标:

掌握已知转型动态的时候对动态模型的求解过程。

理解经典增长模型的发展脉络。

全面掌握索罗模型的结构和求解过程,理解绝对收敛和条件收敛的不同和它们之间的关系。

理解基于索罗模型的增长方程并能熟练使用跨国(地区)数据估计这个方程。

1978 年以来,中国经济的年均增长率高达 9.0% 以上,高储蓄率是支撑如此高增长速度的主要动力之一。受 20 世纪 90 年代企业改制的影响,1992—1999 年,国民储蓄占 GDP 的比重下降。之后,随着中国加入世界贸易组织,出口成为中国经济增长的强劲动力,国民储蓄率大幅提高,2011 年储蓄率(国民储蓄/GDP)达到 48%。如此高的储蓄率加快了中国资本积累的过程,促进了国内的经济增长。2008 年国际金融危机之后,中国告别出口推动的增长模式,储蓄率也开始下降(见图 6.1)。

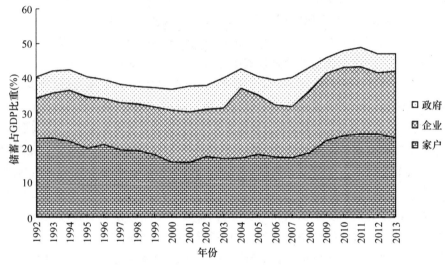

图 6.1　中国高储蓄之谜

资料来源:国家统计局。

国民储蓄由居民储蓄、企业储蓄和政府储蓄三部分构成。图 6.1 显示了这三个构成部分占 GDP 的比重,由图 6.1 我们可以发现以下三个事实:第一,居民储蓄在 20 世纪 90 年代经历了一个下降过程,由占 GDP 的 21% 下降到占 GDP 的 16%,其主要原因在于,这一时期是体制改革推进最快的时期,下岗和失业比较普遍,民众收入增长缓慢。自 2001 年之后,居民储蓄占比稳步提高,2010 年恢复到 1992 年的水平,之后开始下降。第二,在 2003 年之前,企业储蓄占比基本稳定在 15% 左右,但这之后快速增加,2008 年已经接近居民储蓄规模。第三,除少数年份(如 2000 年、2001 年为负)之外,政府储蓄占比维持在略高于 5% 的水平上,但 2007 年之后下降明显,可能与民生支出增加有关。如何解释上述变化?学术界给出了许多解释,有兴趣的同学可以阅读"线上延伸阅读"里的文献。

【线上延伸阅读】
Explaining rising household saving rates
美丽的烦恼：如何用好我国的巨额储蓄？

6.2　人口增长和经济发展：李嘉图模型

大卫·李嘉图(David Ricardo)是与马尔萨斯同时代的人。在《政治经济学及赋税原理》一书中，李嘉图在马尔萨斯原理的基础上论述了资源约束对经济增长的制约作用(李嘉图，2011)。其主要逻辑是，在没有资源约束的情况下，工人的生存工资保持不变，资本剩余因此随着工业的扩张而增加，从而经济可以保持长期增长；但是，当存在资源约束时，粮食价格随着人口的增长而上升，工人的生存工资因此上升，挤占资本剩余，从而减缓经济增长。在本节里，我们利用现代经济学模型重新阐述李嘉图的这个论述。使用经济学模型的目的是为一个论述提供严谨的逻辑推理过程。自然语言是不严密的，当我们自认为是在做严密的推理时，我们可能忽视了为得到结论所必需的某些假设条件。经济学模型迫使我们对假设条件进行仔细的思考，并在这些条件的基础上进行经济逻辑的推导。这样做的一个好处是能够让其他人对我们的论述进行批评，从而可以促进学术的发展。我们将看到，在一些符合当时条件的假设前提下，李嘉图模型较好地描述了19世纪初期的经济增长情况。下面我们先讨论无资源约束的情况，然后讨论有资源约束的情况。

6.2.1　无资源约束的情况

假设经济初始资本存量为 K_0，劳动力存量为 L_0。整个经济只有一家代表性企业，利用资本和劳动力生产一种工业品，其生产技术为不变规模报酬，市场为完全竞争，因此生产不产生利润，资本家只得到资本回报，工人只得到工资。假设资本家将资本收益全部用于投资，工人把工资所得全部用于消费。这两个假设对于19世纪初期是比较合适的。那时，资本家人数较少，因此他们的消费占社会资本利得的比重较小；而工人的收入水平较低，他们不得不把绝大部分收入用于购买食物和其他生活必需品。由于只有相对价格有意义，因此我们假设工业品价格为1。这意味着我们用工业品作为整个经济的计价单位。以 w 代表工人在一个时间区段内的工资，则 w 是每个工人在该时间区段内挣得的相当于一定工业品价值的货币量。进一步假设社会存在一个生存工资，它是工人为购买维持生命所必需的食物而需挣得的工业品价值。

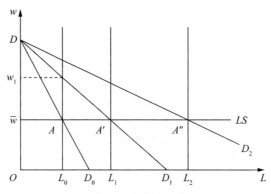

图6.2 无资源约束条件下的经济增长

在以上假设下,我们可以利用图6.2来分析李嘉图模型。图中横轴代表劳动力数量,纵轴代表工资。在初始资本存量K_0下,资本家对劳动力的需求曲线由DD_0表示;劳动力的供给在短期没有弹性,处于L_0的水平。假设此时市场出清的工资为生存工资。那么,由于劳动力需求为劳动力的边际产出,工厂所创造的全部价值为$ODAL_0$,它包括两个组成部分,即全体工人的收入$O\overline{w}AL_0$和资本回报$\overline{w}DA$。这里的资本回报相当于马克思所说的剩余价值。资本家把这些剩余全部用于投资,因此第二期的劳动力需求增加,变成DD_1。由于劳动力数量在短期没有变化,新的市场出清工资上升到w_1。此时,由于工资水平w_1高于生存工资水平$\overline{w}$,所以马尔萨斯原理开始起作用,人口(这里和劳动力没有区别)增长至L_1,即工资恢复到生存工资$\overline{w}$时的人口水平。因此,第二期资本回报增加到$\overline{w}DA'$,从而使第三期的劳动力需求增加到DD_2,人口规模也扩大到L_2的水平。在长期,劳动力供给是LS,它是完全弹性的。这意味着资本回报不断增加,投资增加,整个经济保持增长。这个模型中的长期劳动力供给和刘易斯模型里得到的工业劳动力供给完全一样,形成机制也有相似之处。生存工资和刘易斯的制度工资等价,但是李嘉图使用了马尔萨斯原理,说明为什么在长期整个社会的工资会维持在生存工资水平上。

6.2.2 有资源约束的情况

前面的讨论将生存工资作为外生给定的。在现实中,生存工资受到粮食价格的影响,较高的粮食价格需要较高的生存工资。在李嘉图所处的时代,农业生产技术很简单,更没有化肥和良种这样的现代要素投入,在一个静态的水平上,粮食价格取决于生产粮食的土地的质量。土地质量有好有坏,质量好的土地通常位于城市附近,开垦、耕种和产品运输成本较低,而质量差的土地通常离城市较远,开垦、耕种和产品运输成本较高。一个社会总是先从质量好的土地开始开垦,然后再开垦质量较差的土地;这样,土地开垦和利用的边际成本不断提高,粮食的供给价格也要相应提高(回忆一下,产品的供给曲线就是它的边际成本曲线)。一个工人生存所需的粮食数量是一定的,但是由于工资是以工业品计价的,因此生存工资必须随着粮食供给价格的提高而提高。

让我们利用图6.3来对上述论述进行一个正式的讨论。起初,当粮食产量在Q_0以下时,社会利用的是质量较高的土地,我们把它称为"一类土地"。使用这类土地的边际成本较低,因此粮食的供给价格也较低,位于P_0的水平。当粮食产量超过Q_0时,社会不得不开始利用质量较差的二类土地,它所产出的粮食的供给价格上升到P_1的水平。等到粮食产量超过Q_1时,社会不得不开始利用质量更差的土地,依次类推。这样我们就可以画出粮食的供给曲线,它是一条分段上升的线。另外,粮食需求取决于对劳动力的需求;对劳动力的需求越大,则劳动力的工资越高,根据马尔萨斯原理,人口增长速度就越快。对应于图6.4中的劳动力需求DD_0,粮食需求曲线为d_0d_0,它与粮食供给曲线的P_0段相交。此时,粮食的市场价格为P_0,相应的生存工资为$\overline{w}$。当资本家在第二期将第一期的资本所得全部用于投资时,劳动力需求变成DD_1,在粮食价格保持不变的情况下,人口增长,从而使粮食需求曲线外移到d_1d_1的位置,此时粮食的市场价格上升为P_1。拥有一类土地的地主因此获得级差地租,即价格高出边际成本的部分,其总量是图中阴影部分的面积。此时,为了满足工人维持生存所需的粮食需求,生存工资必须提高到$\overline{w}'$。

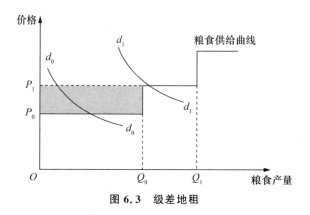

图6.3 级差地租

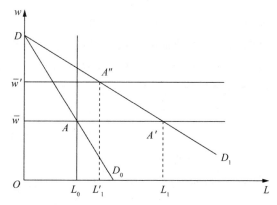

图6.4 资源约束下的经济增长

生存工资的增加导致资本剩余的减少。在图6.4中，当劳动力需求变成 DD_1 时，最终的人口数量不再是 L_1，而是 DD_1 和 $\overline{w}'$ 的交点 L_1'。这样，资本家的资本所得不再是 $DA'\overline{w}$，而是 $DA''\overline{w}'$。这些剩余用于投资，又会带来新一轮的工资上涨和人口增加，从而迫使社会去开垦质量更差的土地，生存工资进一步提高。如此下去，资本剩余越来越少，最终可能稳定在很低的水平上，经济要么没有增长，要么稳定在很低的增长速度上。

李嘉图模型看似简单，但蕴含了一般均衡思想，具备足够的弹性。它的悲观结论和它的两个重要假设有关，即人口增长符合马尔萨斯原理，以及经济增长面对资源的硬约束。工业革命之后，这两个假设都不成立了。人口增长不再是收入的被动函数，而是可以被人类掌握的选择过程，收入提高没有进一步导致人口的增长；相反，由于数量—质量的权衡，人口增长随着收入的提高而下降了。另外，资源约束不是一个绝对的概念，而是由技术决定的相对概念。在过去的一百五十多年间，由于科学和技术的结合，技术进步呈现指数增长，资源数量的物理约束变得越来越不重要了。在第3章里我们已经看到，以现代要素投入为特征的农业技术进步，已经完全打破土地对粮食供应的约束作用。

6.3 马克思的资本积累理论

在古典资本积累理论方面，斯密、李嘉图和马克思等人做出了显著贡献。斯密在《国富论》中强调劳动分工，但他也谈到了很多资本积累方面的问题（斯密，2009）。对于斯密等古典经济学家而言，企业家是资本积累的载体。譬如在《国富论》中，斯密较痛恨高利贷者、地主和特权阶级，因为他们只消费而不积累。李嘉图基本继承了这种观点，他的模型中资本家积累、工人不积累，若人口符合马尔萨斯原理，且没有资源约束，则资本积累会呈加速状态。本节接着讨论马克思的资本积累理论。马克思也认为资本积累是由资本家完成的，而且劳动力的供应是无限弹性的。他强调城市平民和破产农民与资本积累之间的关系。按照他的理论，资本家有意让无产阶级变得赤贫化，从而造就一支一无所有的产业大军；但是，随着资本有机构成的上升，资本积累的利润率在长期下降，从而最终导致资本主义自身的灭亡。下面用一个简单的模型来论述这个思想。

我们从产品恒等式开始：

$$W = c + q + s \tag{6.1}$$

其中，W 为产品价值，c 为固定成本（物化劳动），q 为工资（活劳动），s 为剩余价值。定义 $x = \dfrac{s}{q}$ 为剥削率。显然，这里暗含的前提是，剩余价值是由劳动创造的。马克思的

关键假设是,剥削率不随时间改变。在此基础上,定义利润率 p:

$$p = \frac{s}{q+c} \tag{6.2}$$

该定义和通常的定义有所不同,一般将利润率定义为 $\frac{s}{c}$,称作资本回报率;或定义为 $\frac{s}{W}$,即销售利润率,而这里的利润率可以认为是成本利润率。将式(6.2)分子和分母都除以 q 得到:

$$p = \frac{s/q}{1+c/q} = \frac{x}{1+J} \tag{6.3}$$

其中,$J=c/q$ 定义为资本的有机构成,即固定成本与可变成本(工资)之比。由于 x 不随时间改变,但随着资本积累的深化,资本替代劳动的趋势日益明显,资本有机构成 J 上升,从而利润率 p 下降,资本积累失去动力。在此意义上,资本主义成了自己的掘墓人。

上述推导中有许多很强的假设。譬如在现实中,剥削率 x 在一段时间内有可能上升,即使工人进行有组织的反抗,新技术的产生也会使得剩余价值增加。资本有机构成也未必会上升,相反,过去几百年的实际结果表明,资本有机构成是下降的。发达国家普遍发生的是偏向劳动——提高劳动生产率——的技术进步,从而劳动回报占比上升,资本回报占比下降。[①] 接下来将 p 对时间 t 求导,可以将其发展过程看得更为清楚:

$$\frac{\mathrm{d}p}{\mathrm{d}t} = \frac{\dot{x}}{1+J} - \frac{x}{(1+J)^2}\dot{J} \tag{6.4}$$

其中,$\dot{x}$ 和 $\dot{J}$ 是 x 和 J 对时间的导数(我们将一直使用这个标记)。从而

$$\hat{p} = \hat{x} - \frac{J}{1+J}\hat{J} \tag{6.5}$$

其中,上标 ^ 表示增长率。因此,即使剥削率为常数,即 $\hat{x}=0$,但若资本有机构成下降,即 $\hat{J}<0$,则利润率仍旧上升,即 $\hat{p}>0$;或者,$\hat{J}>0$ 且 $\hat{x}>0$,则利润率仍有可能上升。

罗素在《自由之路》中提到,马克思的思想在他写《共产党宣言》时已基本定型,后期的工作都是为了体现这个思想,《资本论》不过是对前者"冗长但又不严谨"的论证而已(罗素,2003)。马克思关于未来的设想在《共产党宣言》中都已经提出,包括他的那句名言:资本主义"首先生产的是它自身的掘墓人"。《资本论》只不过是用一种学术的写法将他的思想注解了一遍。但是,马克思是一个行动和理论一致的人,这是很多人都做不到的。

---

① 中国当前的情况是劳动收入占 GDP 的比重下降。我们将在后面章节讨论这个问题。

6.4 哈罗德-多马模型

6.4.1 原始模型

哈罗德-多马的原始模型是一个较简单的凯恩斯模型,下面是这个模型的一个推导。首先,$g = \hat{Y}$ 表示收入增长率,S 表示总储蓄,则 $s = S/Y$ 为储蓄率;定义 $c = \dot{K}/\dot{Y}$ 为资本消耗弹性,即一定产出增长所需的资本增长量。由此我们有:

$$g = \frac{\dot{Y}}{Y} = \frac{S}{Y} \times \frac{\dot{Y}}{S} = \frac{S/Y}{S/\dot{Y}} \tag{6.6}$$

在凯恩斯均衡下,储蓄等于投资,后者又等于资本形成,即 $S = I = \dot{K}$,所以我们有:

$$g = \frac{s}{c} \tag{6.7}$$

哈罗德和多马假设 c 为常数,因此经济增长率完全取决于储蓄率。由此得到的结论是:发展中国家要想发展,最重要的是提高储蓄率。

6.4.2 一个变形

上述原始模型没有考虑人均收入的变化,且储蓄为外生的。本小节对原始模型的变形体现在两方面:引进人口增长和内生储蓄。首先,假设人口增长为马尔萨斯人口增长方程:

$$\hat{n} = \beta(y - m) \tag{6.8}$$

其中,β 为正的常数,y 为人均收入,m 为生存收入。其次,定义储蓄率为:

$$s = f(y - m) \tag{6.9}$$

即人们只有满足生存收入后才开始储蓄,当 $y \leqslant m$ 时,$s = 0$。另外假设 $f' > 0$,$f'' > 0$,前者表示人均收入越高则储蓄率越高,后者表示人均收入越高则储蓄率的增长率也越高,即储蓄率的增长是加速的。后一假设对我们得到多重均衡是重要的,直观地看,它意味着越富有的人储蓄越多,在现实中这是可以理解的。最后,总收入的增长率由式(6.7)决定。

在以上假设下,我们必须考虑经济增长的动态过程,人口增长和总收入提高构成一个动态系统。求解这样一个动态系统的起点是确定系统的状态变量,即随时间变化并能完全描述系统某一时刻状态的变量,其他变量叫"决策变量",即在给定状态变量的前提下行为者需要决策的变量。通常情况下,我们希望对不同变量做比较静态分析。在静态模型中,比较静态分析的基础是均衡:只有当模型达到均衡时,我们才能进行比较静态分析。在动态模型中,除非我们知道所有状态变量的转型动态——它们随时间变化的轨迹,否则我们无法对变量之间的关系进行分析。通常的做法是,我们先找到动态系统的稳态,然后在稳态上进行比较静态分析。所谓稳态,即所有状态变量以固定速度增长的状态。这一定义包括状态变量停止变化的状态,如第 2 章里的马尔萨斯陷阱。

在我们设定的动态系统中,人口 n 和总收入 Y 就是状态变量,它们随时间变化,一旦它们确定,其他变量的值也就确定了。图 6.5 是对它们随时间变化的一个描述。

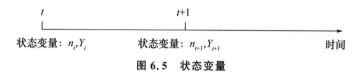

图 6.5 状态变量

确定了状态变量,我们下面求解系统的稳态。首先,稳态要求人口增长率为常数,即 $\hat{n}$ 为常数,根据人口增长方程式(6.8),我们可得到人均收入 y 在稳态时亦为常数,即 $\dot{y}=0$。进一步的,由 $Y=n\times y$ 得:

$$\dot{Y}=\dot{n}\times y+n\times\dot{y}=\dot{n}\times y \tag{6.10}$$

因此:

$$\hat{Y}=\frac{\dot{Y}}{Y}=\frac{\dot{n}\times y}{n\times y}=\hat{n} \tag{6.11}$$

即在稳态时,人口增长率等于收入增长率,且均为常数。这种所有状态变量都以相同的增长速度增长的稳态一般被称为平衡增长路径。

合并式(6.7)、式(6.8)、式(6.9)和式(6.11)四个等式,我们得到一个可以求解稳态下人均收入的等式:

$$\beta(y-m)=\frac{f(y-m)}{c} \tag{6.12}$$

要得到 y 的确切值,我们需要知道 $f(\cdot)$ 的函数形式。但是,即使不知道具体的函数形式,我们也可以通过图 6.6 得到一些有意义的结论。图 6.6 包括上、中、下三张图。上图表示人口增长函数,即人口增长率和人均收入的关系,中图反映储蓄率和人均收入之间的关系(注意储蓄率是人均收入的凸函数),下图把人口增长曲线与收入增长曲线表示在一起。根据式(6.12),这两条曲线的交点即稳态下的人均收入,同时确定了稳态下的人口增长率 $\hat{n}$ 和收入增长率 $\hat{Y}$。如果给定起始点的人口和收入,我们就可以得到任意时点上稳态下的人口和收入。由图 6.6 可知,人口增长曲线与收入增长曲线相交于 m,u 两点,即存在两个稳态。其中,m 点为稳定的稳态,其右侧的点表示人口增长速度大于总收入增长速度,因此人均收入不断下降,直到回归到 m 点,反之起始点在左侧时,人口下降速度的绝对值大于总收入下降速度,因此人均收入不断上升;而 u 点为不稳定的稳态,其右侧的点表示人口增长速度小于总收入增长速度,因此人均收入发散增长,也就是说,u 点相当于一个分水岭:若起始点处于 u 点左侧,则它只能达到低水平均衡 m;相反,若起始点处于 u 点右侧,则总收入、人口、人均收入都将不断增长,且总收入的增长速度大于人口的增长速度。u 点可以视为起飞点,而 m 点是一个低水平陷阱。

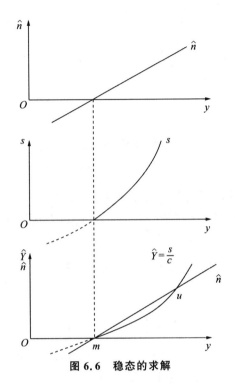

图 6.6　稳态的求解

以上是对哈罗德-多马模型的一个简单动态化,我们得到高、低两种均衡结果。在以后的章节中,特别是对规模报酬递增模型的介绍中,也时常能碰到类似的情况。这里最重要的假设是储蓄是人均收入的凸函数,它是类似于规模报酬递增的假设。

6.5　索罗模型

6.5.1　基本模型

索罗模型写于 20 世纪 50 年代,虽然很简单,动态求解也不困难,但其预测能力很强,直到今天,索罗模型仍被广泛应用。作为一个经典的单部门模型,索罗模型假设一个包括两种生产要素且具有不变规模报酬的柯布-道格拉斯生产函数：

$$Y = K^a L^{1-a} \tag{6.13}$$

其中，K 为资本，L 为劳动力，a 为 0 到 1 的小数，代表资本的产出弹性（显然，$1-a$ 代表劳动力的产出弹性）。记人均收入 $y = Y/L$，人均资本 $k = K/L$，则有：

$$y = \left(\frac{K}{L}\right)^a \times \left(\frac{L}{L}\right)^{1-a} = k^a \tag{6.14}$$

这样，在一个简单的生产函数的假设之下，人均收入与人均资本联系在一起。

在上述基本假设之下，我们可以考察索罗模型的动态过程。我们要考察的动态系统中有三个状态变量，分别为资本、劳动力和总收入；由于总收入是由资本和劳动力所决定的，因此本质上只有两个自由的状态变量。将劳动力的增长速度外生给定为 $\hat{n}$，于是我们剩下的任务就是研究资本的运动轨迹，即资本积累问题。在索罗模型中，资本积累等于储蓄减去资本折旧（资本有折旧这一情况是哈罗德-多马模型中未考虑的）。以 δ 表示资本折旧率、s 表示外生给定的储蓄率，则资本的增长量可以表示为：

$$\dot{K} = s \times Y - \delta \times K \tag{6.15}$$

我们将看到，用人均收入和人均资本来刻画稳态比较方便，所以我们下面计算人均资本存量的增长量：

$$\dot{k} = \mathrm{d}\left(\frac{K}{L}\right) \Big/ \mathrm{d}t = \dot{K}/L - \frac{K}{L^2} \times \dot{L} \tag{6.16}$$

将式(6.15)和劳动力增长速度代入式(6.16)得：

$$\dot{k} = s \times y - \delta \times k - \hat{n} \times k = s \times y - (\hat{n} + \delta) \times k \tag{6.17}$$

式(6.17)说明，人均收入的储蓄部分（资本增量）减去由折旧和人口增长所消耗的人均资本后，剩下的为人均资本的净增长。继续求解人均资本的增长率，有：

$$\hat{k} = \dot{k}/k = s \times y/k - (\hat{n} + \delta) = s \times k^{a-1} - (\hat{n} + \delta) \tag{6.18}$$

稳态要求资本存量的增长速度为常数，又由于劳动力增长速度已经设为常数，因此人均资本增长率 $\hat{k} = \hat{K} - \hat{L}$ 也是常数。在式(6.18)中，$s, \delta, \hat{n}, a$ 均为外生给定的常数，故 k 在稳态上必为常数，其增量为零，根据式(6.17)，我们有：

$$s \times y - (\hat{n} + \delta) \times k = 0 \tag{6.19}$$

将 $y = k^a$ 代入式(6.19)得：

$$s \times k^a - (\hat{n} + \delta) \times k = 0 \tag{6.20}$$

由此可以解出稳态下的人均资本和人均收入：

$$k^* = \left(\frac{s}{\hat{n} + \delta}\right)^{\frac{1}{1-a}}, \quad y^* = \left(\frac{s}{\hat{n} + \delta}\right)^{\frac{a}{1-a}} \tag{6.21}$$

因此，K, L, Y 在稳态上保持同等速度增长（速度为人口增长率），若以 K, L, Y 为状态变量，则该系统处在平衡增长路径上。在这个路径上，人均资本存量和人均收入为常数，它们是储蓄率的增函数，是人口增长率和资本折旧率的减函数。这两个结果都是非常容易理解的，较高的储蓄率提高下一期的资本存量，从而提高收入水平，而较高的人口增长率和资本折旧率都降低人均资本存量的增长速度。

我们可以利用图6.7来讲解索罗模型的稳态。图中横轴为人均资本存量,纵轴为人均收入,sy为人均储蓄曲线,而$(\hat{n}+\delta)\times k$为人均资本消耗,根据式(6.19),两者的交点E就是稳态,对应的人均资本存量是k^*,人均收入是y^*。由于人均储蓄曲线是人均资本的凹函数(式(6.14)),且在原点的导数为无穷大,而人均资本消耗是人均资本的线性函数,我们知道,若起始点人均资本位于k^*点左侧,则新增的人均资本量大于人口增长及资本折旧所消耗的人均资本量,则人均资本存量增加,人均收入增加,若起始点人均资本位于k^*点右侧,则人均资本存量和人均收入都减少。因此,E点为一个稳定的稳态。

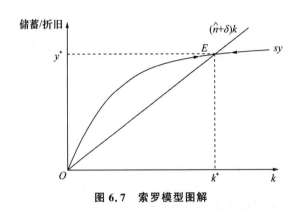

图 6.7　索罗模型图解

索罗模型把经济增长分成两个阶段,即稳态阶段和非稳态阶段。后者一般被称为"转型动态",通俗地说就是"赶超阶段"。在赶超阶段,资本积累可以带来人均收入的增长;在稳态阶段,资本积累只弥补资本折旧和人口增长,人均收入为常数。[1] 这个变化是人均资本边际报酬下降导致的。在转型动态上,人均资本边际报酬随着人均资本存量的增加而下降,最终下降到资本折旧率和人口增长率之和的水平,经济进入稳态。在后面的6.5.4节里,我们会引进技术进步,从而可以实现稳态上人均收入的增长。

6.5.2　收敛问题

索罗模型的一个重要结论是,在没有技术进步的情况下,稳态下人均收入为常数,即对于人口增长率和储蓄率相同的国家而言,其人均收入将收敛到相同的水平上。在文献中,通常把这种人均收入的收敛称为σ-收敛,即国家之间人均收入分布的方差缩小。由于存在这种收敛,一个必然结论是,随着人均收入(资本)的提高,并越来越接近

---

[1]　在现实中,一个国家总是要按顺序经历这两个状态。在索罗模型里,我们可以明确地描述转型动态,但在比较复杂的模型里,我们可能无法刻画转型动态,而只能得到稳态解。此时,我们需要判断模型描述的经济体在现实中是否已经达到稳态;如果没有达到,则稳态解只是未来的一种状态,而不是当前的状态。

稳态水平,一个国家的增长速度将下降。在文献中,这个过程被称为 β-收敛。下面我们具体来看 β-收敛是如何实现的。对于人均资本而言,我们要证明 $\hat{k}$ 随 k 的增加而下降。由式(6.18)我们得到:

$$\frac{\mathrm{d}\hat{k}}{\mathrm{d}k} = s \times (a-1) \times k^{a-2} \tag{6.22}$$

由于 a 小于1,式(6.22)的值为负数,我们因此证明了随着人均资本的增加,其增长速度是下降的。对于人均收入而言,我们考察人均收入的增长率:

$$\hat{y} = a \times \hat{k} = a\left[s \times (y^{\frac{1}{a}})^{a-1} - (\hat{n}+\delta)\right] = a\left[s \times y^{\frac{a-1}{a}} - (\hat{n}+\delta)\right] \tag{6.23}$$

又由于 a 小于1,$\hat{y}$ 显然是 y 的减函数,因此收入的增长速度也随着收入的增加而下降。

由上述推导可以看到,推动 β-收敛的主要因素是 $a<1$,即资本的边际报酬下降。边际报酬下降,意味着人均收入的增长赶不上人均资本的增长(见式(6.23)),因而储蓄的增长也赶不上人均资本的增长(见式(6.18)),从而人均资本的增长速度逐步下降。又由于人均收入的增长依赖人均资本的增长,因此人均收入的增长速度也下降。如果各国的储蓄率和人口增长率一样,则 β-收敛一定意味着 σ-收敛。

收敛的一个重要推论是,在没有技术进步的前提下,资本积累只有在一个国家没有达到稳态时才对经济增长具有促进作用。随着人均收入的增长,资本积累的作用越来越小,当稳态到来时,资本积累的作用仅仅是弥补资本折旧和人口增长带来的损耗。

6.5.3 绝对收敛和条件收敛

索罗模型所蕴含的收敛问题对于理解发展中国家的经济赶超很重要。收敛意味着人均收入起点越低的国家,其增长速度越快,因而赶超是必然的,全世界的收入有望收敛到相同的水平。但是,在讨论收敛问题时,我们必须区分两种收敛,即绝对收敛和条件收敛。所谓绝对收敛,指的是无论国家之间的稳态是否相同,都发生收敛;而条件收敛意味着只有稳态相同的国家之间才发生收敛。索罗模型只能得到条件收敛,得不到绝对收敛。

我们用图6.8来说明绝对收敛和条件收敛之间的差别。图中考察两个国家,分别以1和2标示。两国的人口增长速度相同,但国家2的储蓄率高于国家1的储蓄率,因而其稳态 E_2 下的人均收入也高于国家1的稳态 E_1 下的人均收入。假设国家2目前的位置为 k_2,国家1的位置为 k_1,k_2 大于 k_1,且与 k_2 相对应的收入也大于与 k_1 相对应的收入(图中没有显示收入),但 k_2 与稳态 E_2 的距离比 k_1 与稳态 E_1 的距离远。

按照绝对收敛说,国家1的资本积累速度和人均收入增长速度都应该高于国家2,因为国家1的人均资本和人均收入都低于国家2。但是,索罗模型得不到这样的结论。先看资本积累速度。由式(6.18)可知,它不仅取决于人均资本量,还取决于储蓄率和

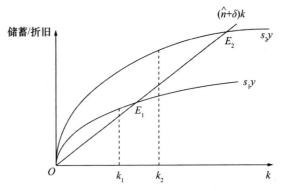

图 6.8　绝对收敛和条件收敛

人口增长率。由于国家 2 的储蓄率高于国家 1 的储蓄率,它的资本积累速度因此不一定低于国家 1 的资本积累速度。同理,根据式(6.23),人均收入增长速度不仅取决于人均收入,还取决于储蓄率,因此国家 2 的人均收入增长速度也不一定低于国家 1 的人均收入增长速度。

　　在索罗模型里,只有当两个国家的稳态一样时,我们才能判定人均资本(收入)较低的国家的增长速度高于人均资本(收入)较高的国家的增长速度。在经验研究中,这意味着只有当各个国家的稳态被控制之后,比较它们之间的增长速度才有意义。一些学者在经验研究中发现了所谓的"俱乐部收敛",即在具有相似状况的国家和地区之间出现收敛,而在"俱乐部"之间没有收敛。譬如在制度环境、政府政策和国民行为相近的经济合作与发展组织(OECD)国家当中存在收敛,而在世界范围内不存在收敛。中国内部也有类似的情况,东、中、西三个地带由于地理和人文环境以及政府政策等条件的不同,分别收敛到不同的稳态上。

6.5.4　技术进步

　　上述基本模型可以求出稳态下人均资本和人均收入的显式解,且两者是由若干外生变量所决定的常数。但这仅仅是一个特例。在本小节中,我们将在索罗模型中加入技术进步因素 A,即引进随时间变化的技术状态变量。我们将看到,此时我们无法求出 k^* 和 y^* 的显式解,但可以得到它们在稳态下的变化率。此时,我们把稳态叫作"平衡增长路径"。

　　我们这里考虑增强劳动力的技术进步[1],生产函数因此变为:

$$Y = K^a (AL)^{1-a} \tag{6.24}$$

进一步假设 A 的增长率为固定的常数 η。则人均收入可以表示为:

$$y = A^{1-a} k^a \qquad (6.25)$$

相应的,式(6.18)变为:

$$\hat{k} = s \times A^{1-a} k^{a-1} - (\hat{n} + \delta) \qquad (6.26)$$

稳态要求 $A^{1-a} k^{a-1}$ 为常数。对其求时间的导数,我们有:

$$(1-a)\dot{A}k^{a-1} + A^{1-a}(a-1)k^{a-2}\dot{k} = 0 \qquad (6.27)$$

整理得到:

$$(1-a)\eta + (a-1)\hat{k} = 0 \qquad (6.28)$$

因而:

$$\hat{k} = \eta \qquad (6.29)$$

再由式(6.25),我们得到:

$$\hat{y} = \eta \qquad (6.30)$$

即我们得到人均收入和人均资本的增长率等于技术进步率这样一个平衡增长路径。这个结论很重要,它意味着一个国家如果要在稳态下仍然保持人均收入的增长,则必须保持技术进步。普遍的观点是,发达国家已经进入稳态增长阶段,其人均收入的增长完全取决于技术进步的速度。比如,研究者通常假设美国的技术进步率为2%,主要原因是美国人均GDP的长期增长速度在2%左右。然而,发展中国家没有达到稳态,还处在转型动态(赶超阶段)之中,因而既可以依赖技术进步,又可以依赖投资来实现经济增长(参见专栏6.2对中国的讨论)。

由式(6.29)、式(6.30)我们很容易得到资本存量 K 和总收入 Y 的增长速度,它们是:

$$\hat{K} = \hat{Y} = \hat{n} + \eta \qquad (6.31)$$

我们不能确定稳态下人均资本和人均收入的绝对量,但是我们可以确定有效劳动力的平均资本和平均收入。有效劳动力的定义是 $L_E = AL$。这样,有效劳动力的平均资本和平均收入分别是 $k_E = K/(AL) = k/A$,$y_E = Y/(AL) = y/A = k_E^a$。那么,结合式(6.26)和式(6.29)两式,我们有:

$$s \times k_E^{a-1} - (\hat{n} + \delta) = \eta \qquad (6.32)$$

由此得到:

$$k_E^* = \left(\frac{s}{\eta + \hat{n} + \delta}\right)^{\frac{1}{1-a}} \qquad (6.33)$$

$$y_E^* = \left(\frac{s}{\eta + \hat{n} + \delta}\right)^{\frac{a}{1-a}} \qquad (6.34)$$

即稳态下的有效劳动力的平均资本和平均收入都是常数,因而以有效劳动力为基础,基本模型部分关于收敛的结论也适用于这个拓展模型。由于 $k = Ak_E$ 和 $y = Ay_E$,人均资本和人均收入水平随着增强劳动力的技术进步而上升。事实上,本模型可以推导出所有六个卡尔多事实。另外,在 A 给定的前提下,基本模型部分关于收敛的结论也再次适用。

专栏 6.2
中国的投资驱动增长模式可以持续吗?

长期以来,中国的经济增长靠投资增长拉动,投资增长对 GDP 增长的贡献率基本上保持在 70% 左右。投资驱动被认为是中国经济失衡的表现之一,转变生产方式往往被认为是放弃投资驱动的增长模式,转而采用技术进步驱动的增长模式。尽管加快技术进步是完全正确的选择,但是是否放弃投资则是一个需要讨论的问题。根据 6.5.4 节的讨论,净投资增长失去意义必须等到一个经济体达到稳态(或平衡增长路径)之后,在达到稳态之前,投资仍然可以推动人均收入的增长。由式(6.25),我们可以得到 $\hat{y} = (1-a)\eta + a\hat{k}$,即在未达到稳态时,人均收入的增长速度是技术进步率和人均资本存量增长率的加权平均。所以,当一个经济体未达到稳态时,增加投资仍然是一个正确的选择。显然,中国的经济增长还没有达到稳态,内陆地区更是还有巨大的潜力,因此增加投资仍然是拉动经济增长的方式之一。当然,我们要避免浪费性的投资和无效的投资;而且,随着投资边际收益的下降,净资本的增长速度也会下降,最终中国会进入基本依赖技术进步的平衡增长路径。

【线上延伸阅读】

Internal Convergence and China's Growth Potentials

6.6 基于索罗模型的经验研究

在发展(增长)经济学文献中,有一类文献致力于解释各个国家之间经济增长表现的差异性。根据第 1 章所列举的历史数据,我们知道过去的一百多年间,各国的经济增长表现大相径庭,解释这些巨大的差异是发展(增长)经济学的一大课题。索罗模型的一大贡献就是为经济学家做跨国(地区)增长研究提供了一个理论框架。

假设 y_{i0} 为国家 i 在样本期间起始年份的人均收入,g_i 为国家 i 样本期间人均收入的年均增长速度。根据绝对收敛理论,y_{i0} 越小的国家,其在起始年份之后各年的增长速度都应该更快,因此 g_i 应该是 y_{i0} 的减函数。根据这个结论,我们可以列出以下增长方程并利用样本对其进行回归分析:

$$g_i = \alpha + \beta y_{i0} + \varepsilon_i \tag{6.35}$$

其中，α 和 β 是待估计的参数，ε_i 是随机扰动项。绝对收敛意味着 β 是一个负数。

绝对收敛没有考虑国家之间稳态的不同；在存在技术进步的情况下，它也没有考虑技术进步的差异。根据条件收敛理论，我们还要控制一些描述各个国家技术进步和稳态的变量。令 X_i 表示由这些变量组成的行向量，我们因此估计以下增长方程：

$$g_i = \alpha + \beta y_{i0} + X_i \gamma + \varepsilon_i \qquad (6.36)$$

其中，γ 是由一组待估计的参数组成的列向量。X_i 的取值可以是样本期间各个国家的平均数，也可以是起始年份的原始数据。条件收敛仍然要求 β 是一个负数。

下面我们利用佩恩世界表提供的 1965—2005 年 112 个国家（地区）的数据来估计式（6.35）和式（6.36）。在估计中，人均收入的单位为 2000 年不变价格美元，人均收入增长率为百分数。对式（6.35）的估计结果得到 β 为 0.00013，其 p 值只有 0.69，即这个系数在统计上是高度不显著的，因此我们可以拒绝绝对收敛。为检验条件收敛，我们在 X_i 里包括了下列变量 1965 年的数据[1]：总人口、投资占 GDP 的百分比、政府支出占 GDP 的百分比、进出口总额占 GDP 的百分比、民主指数（与第 1 章的定义相同）。表 6.1 为回归结果。

表 6.1　条件收敛回归结果（1965—2005）（112 个国家/地区）

变量	回归系数	标准误	t-值
常数项	5.54	0.56	9.90
人均收入	$-5.64\text{E-}04$	0.00	-1.97
总人口	$4.50\text{E-}06$	0.00	2.36
投资	$7.38\text{E-}02$	0.02	3.47
政府支出	$-2.21\text{E-}02$	0.02	-1.03
进出口	$-7.00\text{E-}03$	0.00	-1.74
民主指数	$1.14\text{E-}02$	0.06	0.20

根据表 6.1 的结果，起始年份的人均收入的系数在 5% 的统计水平上显著为负，1965 年的人均收入每增加 1 000 美元，1965—2005 年的平均增长率就下降 0.5 个百分点。这样，我们就证明了条件收敛。至于其他控制变量，总人口的系数为正，即大国（地区）比小国（地区）增长要快；投资的系数也显著为正，即投资越多，增长越快；政府支出的系数为负，但在统计上不显著；越开放的国家（地区），其经济增长速度越慢，而且进出口的系数在 10% 的统计水平上显著；最后，民主指数的系数为正，但统计上非常不显著。

---

[1]　采用起始年份的数据而非 1965—2005 年的平均数据是为了避免内生性问题。我们在 X_i 里包括的变量，如投资率会受到经济增长的影响，但 1965 年的投资率不会受到 1965—2005 年平均增长率的影响。

6.7 内生储蓄:索罗模型的一个变形

索罗模型只有一个稳态,而且是稳定的稳态。这个结论与索罗模型假设储蓄率和人口增长率为外生给定有关。本节对此做一个简单的拓展,假设储蓄率是内生的,由此我们就可以得到多重均衡。

我们以 6.5.1 节的模型为基础,从关于消费的假设开始。以 c 代表人均消费,Ψ 代表生存收入,κ 代表保证生存收入所必需的资本,Φ 代表非生存收入的边际消费倾向。则人均消费可以表示为:

$$c = (\Psi - \delta\kappa) + \Phi \times (y - \Psi) \tag{6.37}$$

人均储蓄就是:

$$S = y - (\Psi - \delta\kappa) - \Phi \times (y - \Psi) = \delta\kappa + (1 - \Phi) \times (y - \Psi) \tag{6.38}$$

储蓄率是:

$$s = \delta\kappa / y + (1 - \Phi) \times (1 - \Psi/y) \tag{6.39}$$

根据我们在 6.5.1 节中的讨论,稳态仍然要求

$$sy = (\hat{n} + \delta)k \tag{6.40}$$

我们用图 6.9 来说明稳态的求解。图 6.9 与图 6.7 的不同在于,sy 曲线在横轴上有一个正的截距 $\left(\Psi - \dfrac{\delta\kappa}{1-\Phi}\right)^{1/\alpha}$。这样,$sy$ 曲线和 $(\hat{n}+\delta)k$ 曲线相交两次,从而我们得到 E_1 和 E_2 两个稳态。从图 6.9 中可以看出,E_1 是一个稳定的稳态,E_2 是一个不稳定的稳态,如果初始人均资本存量大于 k_l,那么系统会收敛到 E_1,如果初始人均资本存量小于 k_l,那么人均收入会收敛到零,经济落入"贫困陷阱"。这个索罗模型的变形的有趣之处在于,没有规模报酬递增也得到了两个稳态,其含义在于,如果一个国家的初始人均资本量较低,则这个国家会落入贫困陷阱;如果一个国家的初始人均资本存

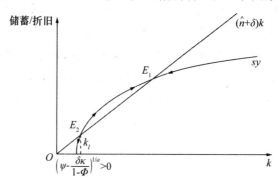

图 6.9 内生储蓄下的索罗模型

量超越了一定的水平,这个国家就会收敛到一个较高的收入水平。其原因是,只有当一个人的收入高于生存收入 Ψ 之后,他才开始维持生存以外的储蓄,这样就会出现资本存量的增长赶不上资本折旧和人口增长的情况。

6.8　小结

本章讨论了四个经典的资本积累模型,读者可以从中把握资本积累理论的脉络,并且掌握增长模型的基本要素。本章的重点是索罗模型及其拓展。索罗模型是新古典增长理论的基础,它的假设是新古典的,核心是总量生产的不变规模报酬和生产要素特别是资本的边际报酬递减。由索罗模型推导出来的条件收敛理论得到多数经验研究的支持。

自 20 世纪 80 年代后期新增长理论兴起以来,对索罗模型的拓展主要从三个方面展开:第一,索罗模型中的储蓄率、资本积累速度和技术进步率都是外生给定的,这样做的好处是可以得到清晰的稳态,但不符合现实。因此,对索罗模型的一个拓展是将这些变量内生化,但这涉及动态一般均衡模型,往往无法得到稳态的解析解。第二,索罗模型是单部门模型,是对经济的整体描述。但是,我们知道,结构变化是经济发展的一个重要特征,而且会影响经济总量的增长。因此,对索罗模型的一个拓展是把它变成一个多部门模型,并探讨部门之间的结构变化如何影响经济总量增长。第三,索罗模型中的收敛结果来自新古典假设,但是现实世界没有发生收敛。这促使经济学家将非新古典假设引入模型,比如以罗默为代表的新增长理论经济学家就引入规模报酬递增从而得到经济增长发散的结论。求解一般化的动态一般均衡模型和多部门模型要求学生掌握高级微观经济学的分析工具,这超出了本书的范畴。第 7 章将引入规模报酬,并在一个简单的动态框架内讨论它对经济增长的含义。

【练习题】

1. 什么是稳态? 什么是稳定的稳态?

2. 在哈罗德–多马模型中,如果式(6.9)所定义的储蓄函数不是凸函数而是凹函数,则稳态将有何不同?

3. 索罗模型中的绝对 β-收敛与绝对 σ-收敛之间存在什么关系? 条件 β-收敛与条件 σ-收敛之间呢? 条件 β-收敛与绝对 σ-收敛之间呢?

4. 利用 6.5.4 节的模型证明,所有六个卡尔多事实都是平衡增长路径的特征。

5. 对比没有技术进步和有技术进步下的索罗模型的结论,思考:

(1) 平衡增长路径与没有增长的稳态之间的差别在哪里?

(2) 为什么技术进步可以维持平衡增长路径上的增长?

（3）在平衡增长路径上，为什么是人均收入的增长速度而不是总收入的增长速度等于技术进步的速度？

6*. 从网上找到佩恩世界表的网站，下载 1980—2020 年的国别数据，重复 6.6 节对绝对收敛和条件收敛的检验。

7*. 文献中有"俱乐部收敛"的说法，即稳态比较相似的国家（地区）之间发生收敛。利用图书馆的电子数据库，整理中国各省份 1980—2020 年的面板数据。

（1）利用 6.6 节的模型看各省份是否存在绝对收敛和条件收敛。

（2）自行把所有省份分成三至四个区域，分析是否存在省际的俱乐部收敛。

8*. 在增长经济学的经验研究中，研究者往往拥有面板数据，因而采用式（6.36）的一个变形来估计增长方程：

$$g_{it} = a + b\ln(y_{it-1}) + X_{it}\gamma + \theta_i + \theta_t + \varepsilon_{it}$$

其中，g_{it} 是 i 国 t 年的经济增长率，$y_{i(t-1)}$ 是滞后一年的人均收入，X_{it} 是一组控制稳态增长率的变量，θ_i，θ_t 分别是国家固定效应和年度固定效应，ε_{it} 是随机扰动项，a，b 和 γ 是待估计的参数。

（1）试推导稳态下经济增长率的表达式（提示：$\ln(1+\varepsilon) \approx \varepsilon$）。

（2）研究者也会估计下面的方程：

$$\ln(y_{it}) = a + b'\ln(y_{it-1}) + X_{it}\gamma + \theta_i + \theta_t + \varepsilon_{it}.$$

试证明，这个方程与上述增长方程是等价的，并推导出 b 与 b' 之间的关系。

规模报酬递增和经济发展

第 7 章

7.1　引言

新古典一般均衡理论的基石是负反馈机制,没有负反馈机制,就不可能出现企业行为和居民行为的收敛,因此也就不可能存在均衡。就企业行为而言,这要求企业的生产技术具有规模报酬递减特征。正如我们在第 1 章里所指出的,发展经济学家早就注意到经济中广泛存在规模报酬递增现象,但由于分析工具的限制,他们无法用形式化的理论刻画规模报酬对经济发展的影响。Dixit and Stiglitz(1977)将垄断竞争模型引入一般均衡分析,使得这种状况发生了改变,并催生了以规模报酬为特征的新贸易理论和新增长理论。现在,发展经济学家可以娴熟地将规模报酬引入他们的理论模型。由于规模报酬导致企业的生产发散行为,我们往往发现,引入规模报酬之后很容易使理论模型得到多重均衡,这对我们理解世界各国经济增长表现的差异很有帮助。

本章首先介绍规模报酬的种类,然后讲述三个模型,即考虑内部经济的"大推进"模型、考虑外部经济的罗默模型和考虑纵向外部性的赫希曼模型。这三个模型从不同侧面反映规模报酬对整体经济增长的贡献。通过介绍这些模型,让读者对垄断竞争市场结构下的一般均衡模型有所了解。在政策层面,规模经济是产业政策的理论基础之一。经历自苏东剧变之后的最新一轮全球化之后,发达国家深刻地感受到以中国为代表的新兴市场国家对它们造成的冲击。产业政策一直是中国政府的主要政策工具之一;在几波反思之后,产业政策也被重新提上发达国家的学术和政策议程。本章因此将专辟一节讨论产业政策问题。

学习目标:

理解规模报酬递增的含义。

理解企业内部规模报酬是如何导致外部性的。

掌握动态模型中局部均衡的求解方法。

理解产业政策的理论基础并能据此分析现实中的产业政策得失。

7.2　内部经济和外部经济

7.2.1　内部经济

内部经济指的是企业内部的规模报酬递增,即当全部生产要素投入各增加一倍时,产出增加超过一倍。企业内部存在规模报酬递增的原因是存在生产要素的不可分性,在多数情况下,这种不可分性来自企业的固定投资。比如,要进行生产活动,就必须建设一个工厂而不能只建半个工厂。固定投资使得企业生产的平均成本随产量的增加而下降,这意味着当所有要素投入翻番时,产量的增加超过一番。

内部经济怎样对整体经济的发展产生正向作用呢?要理解这一问题就必须理解一种特殊的外部性——金融外部性(pecuniary externalities)。一般的外部性指的是某个个体的行为对他人产生了直接影响。比如,邻居放美妙的音乐,作用到我们身上就是正外部性;一家渔民过度捕鱼,以至于其他渔民都打不到鱼了,这是负外部性。但金融外部性对其他个体产生的影响是通过市场起作用的,而不是直接起作用。比如,在上述渔民的例子中,那家渔民打了许多鱼拿到市场上出售,使得价格下降,对其他渔民造成了损失,这种影响就不是一般意义上的外部性,而是金融外部性,即通过市场产生影响的外部性。内部经济所带来的外部性恰恰是通过市场产生的,所以它是金融外部性。

理解金融外部性的一个例子是"大推进"理论。这个理论是 1943 年由保罗·罗森斯坦-罗丹(Paul Rosenstein-Rodan)在其发表的一篇关于东欧工业化的文章中首先提出来的(Rosenstein-Rodan,1943)。假设每个企业内部都存在规模经济,因此每个企业都必然存在一个最小经济规模,低于这个规模企业就无法收回固定投资。如果初始阶段进行生产的企业很少,工人就业就不足,市场需求因此就很低,无法支撑很多企业的生产,极端情况下,没有一个企业可以达到最小经济规模,因而没有一个企业可以存活下去。这里的外部性就是通过市场需求产生影响的,即一个企业的生产通过增加就业导致对其他企业产品需求的增加。"大推进"的含义就是,如果各个行业的所有企业一起生产,需求就会很大,于是所有企业的规模都会超过最小经济规模。

7.2.2 外部经济

在文献中,通常把市场中的规模经济叫作外部经济。产生外部经济的原因有以下几种。

学习 即使所有的企业都不具备上述提到的内部经济,通过互相学习也可以产生一加一大于二的效果。比如,开始时只有很少的几个企业做一个产品,此时犯错误的概率就很大。但当很多企业都来做同一个产品时,错误就越可能被所有企业共知,后来的企业就能避免这个错误,随着规模的扩大,生产就会变得越来越有效率。这样,学习就产生了一个市场中的规模经济。

劳动分工 如果一个人专门做一件事情,就会熟能生巧,效率自然会提高。卖油翁把铜钱盖在葫芦口上,从铜钱口把油灌进去而不打湿铜钱,"无他,但手熟尔"。20 世纪初,福特公司创造了"福特模式",把汽车生产划分成非常细致的工序,将每个工人固定在特定的工序上,以此提高效率。事实上,社会进步的历史也是劳动分工日益加深的历史。史前时期,分工只在男女之间进行,男性负责打猎,女性负责采集野果和烹饪。进入农耕时代之后,生产的复杂性使得男性之间的分工也发展起来,比如多数人是农夫,少数人成为铁匠,专门制造工具,另外一些人成为商人,专门从事贸易。文字发明之后,又有一些人成为教书先生或作家。定居也产生了对政府的需求,因此官员也产生了。人们还要娱乐,因此出现了演员……现代社会里的分工更是精细到了无以复加的地步,所谓"隔行如隔山",就是对此最好的描述。尽管精细的分工也产生了许多问题,但不可否认的是,它大大提高了社会和经济运转的效率,产生了一加一大于二的效果。

市场规模扩大　即使没有劳动分工,没有学习,也没有内部经济,市场本身规模的扩大也会产生市场整体的规模经济。比如,原来只有 10 个企业,现在增加 1 个,变成 11 个企业,市场规模就扩大了;为了生产产品,就要雇用劳动力,而劳动力的消费又为其他企业创造了需求,引致其他企业产量的提高;而且,就业的增加导致对新产品的需求增加,从而吸引新企业的建立。这样,整个经济就进入一种良性循环,市场规模的一次扩大带来市场规模的持续扩大。

上述对劳动分工和市场规模的讨论引出了所谓的"斯密悖论"。这个悖论并不是亚当·斯密自己提出来的,而是乔治·斯蒂格勒(George Stigler)在 20 世纪 50 年代提出来的(Stigler,1951)。斯密认为,劳动分工可以提高效率,劳动分工决定市场规模的大小。简单来说,在一个最简单的原始社会中,没有劳动分工,大家一起去打猎,由于没有劳动分工,也就不需要市场来进行交换活动。有了定居农业之后,分工出现了,因而就产生了生产剩余,交换就成为必不可少的经济活动。分工是交易的基础,当分工越来越细时,市场规模也就越来越大。反过来,市场规模又决定了劳动分工的深度。如果市场本来就很小,没有多少需求,就不可能出现大量分工。比如对锄头的需求,如果人口很少,对农产品的需求就会比较小,那么对锄头的需求就比较小,对锄头的改进就会缺少动力,这种情况下也许就不需要铁匠了。这样劳动分工决定市场规模,而市场规模又反过来决定劳动分工。那么,起决定性作用的到底是哪一个呢? 这就是所谓的"斯密悖论"。对此的一个回答是,劳动分工和市场规模都是经济系统中的内生变量,所以不能说谁决定谁。这正如问是地价决定房价还是房价决定地价一样,不是一个好的问题,因为在一般均衡框架下,所有的价格都是内生的,不存在一个价格决定另一个价格的关系。另外,我们还可以从动态的角度来理解"斯密悖论":如果劳动分工程度在今天增大,比如村子里除了一个造镰刀的铁匠,又来了一个造锄头的铁匠,明天市场规模就会扩大;而明天市场规模的扩大会导致后天劳动分工的进一步深化,比如村子里会来一个教书先生。研究者的任务是探讨这个良性循环是如何启动的,又是如何持续下去的。

7.3　内部经济:大推进理论

罗森斯坦-罗丹在提出大推进理论时,已经明确提出企业规模经济的作用,但是在很长的一段时间里,由于缺乏在一般均衡框架内处理规模经济的数理模型,经济学家无法把他的思想模型化。Dixit and Stiglitz(1977)创立的垄断竞争模型解决了这个技术难题,1989年凯文·墨菲(Kevin Murphy)、安德鲁·施莱弗(Andrei Shleifer)、罗伯特·维什尼(Robert Vishny)三位经济学家合作完成了大推进理论的模型化工作(Murphy et al., 1989)。这里介绍的是经过克鲁格曼改编的简化模型(Krugman, 1995)。

假设经济中有 N 个部门,每个部门生产一种产品,产品之间具有差异,但是生产技术相同,消费者对它们的偏好也相同。假设每个部门存在两种生产技术,一种是传统技术,一种是现代技术,这两种技术都可以用来生产同一种产品。传统技术的生产函数为 $S=L_s$,其中 S 代表产量,L_s 代表劳动力投入。这里假设只用一种生产要素,即劳动力来生产产品,此外这个生产函数是线性的且没有常数项,故显然是规模报酬不变的。现代技术的生产函数为:

$$M = \begin{cases} 0, & \text{if } L_m \leqslant F, \\ k(L_m - F), & \text{if } L_m > F \end{cases}$$

其中,M 为产量,k 是大于1的常数,度量的是劳动力的边际产出,L_m 为劳动力投入,F 为固定投入。在传统技术的生产函数中,劳动力的边际产出是1,这里 $k>1$ 意味着现代技术的边际产出比传统技术要大。由于存在固定投入,现代技术具有规模报酬递增性质。本章习题2要求读者从生产和成本两个角度对此进行证明。图7.1是传统技术和现代技术的图示。图中,传统技术是一条 45° 线,现代技术是一条折线。若 $L_m \leqslant F$,则 $M=0$;$L_m > F$,M 为一条向上倾斜的直线,其斜率大于1。注意,如果斜率不大于1,那么现代技术线不可能与传统技术线相交。

根据罗森斯坦-罗丹的定义,我们把从传统技术到现代技术的转移过程称为工业化过程。假设在起始阶段只有传统技术且存在无数家企业,这意味着新技术产生之前市场是完全竞争的。现代技术只有一家企业拥有,这家企业是这个新技术的垄断者。[①]我们假设,当 $L_m = L_s = \dfrac{L}{N}$ 时,$M>S$,也就是说充分就业时,用现代技术更好,这个假设保证了在一定情况下现代技术是有利可图的。

这里的内生变量是产品价格、工资以及劳动力在各个行业的分配。我们假设传统

---

① 由于存在规模经济,企业的规模越大越好,因此一种产品的市场上只能存在一家企业。

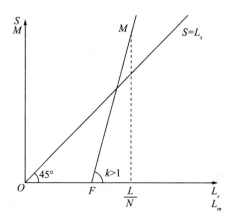

图 7.1　现代技术和传统技术的比较

企业和现代企业的工资不一样,现代企业要付出更高的工资[①],但两者之间的差距是固定的。令 w_s 表示传统企业支付的工资,w 表示现代企业支付的工资。

如果所有 N 个部门都只用传统技术,加之消费者对各种产品的偏好相同,各产品的价格必然相等。由于在一般均衡下只有相对价格才有意义,我们不妨定义所有产品的价格为 1。传统企业的抉择问题于是可以写成:

$$\underset{L_s}{\text{Max}}\, S - w_s L_s, \quad \text{s. t. } S = L_s \tag{7.1}$$

这是一个很简单的优化问题,由一阶条件立即得到 $w_s = 1$,因为传统企业的劳动边际报酬为 1,这个等式很容易理解。这样,现代企业的工资 w 也确定了。但是,这里的 L_s 是不能确定的,因为传统企业的规模报酬不变,它没有最优规模;只要工资为 1,利润就是零,企业对多大的生产规模是无所谓的。

与完全竞争市场中的企业不同,一个垄断者既要决定自身的生产规模,又要决定产品的价格。但是这个模型中的垄断者没有定价能力,因为如果垄断者的定价比传统企业高,它就无法卖出产品,也就无法生存。另外,它也没有动因把价格定在 1 以下(一旦它开始生产,它就会生产一个行业的所有产品,把传统技术完全挤出,因为它的平均成本是下降的),所以垄断者的产品定价一定也为 1。从这个意义上讲,现代企业是拥有有限定价权的垄断者。

由于产品价格和工资都已经确定,垄断者的产品和劳动力需求曲线都是无限弹性的,又由于其生产技术具有递增规模报酬,平均成本下降,垄断者对劳动力的需求也是无限的,唯一的限制是消费者对其产品的需求,即消费者对所有产品的需求都是一样的。为此,我们从总收入 Y 着手,求解垄断者的劳动力需求。由于消费者对不同产品的偏好是相同的,价格也相同,所以消费者对每个部门产品的消费均为 $\dfrac{Y}{N}$,这里 Y 是内

---

　　① 我们可以想象,在现代企业里工作比在传统企业里工作更不自由;或者,现代企业分布在城市,传统企业分布在农村,从传统企业转移到现代企业要付出一定的迁移成本。

生变量,是待求的变量。从这里就可以体会到外部性的作用:一个企业的生产可以增加 Y, Y 增加又刺激需求增加,最后导致所有企业的需求都增加。

由垄断者的生产等式

$$k(L_m - F) = Y/N \qquad (7.2)$$

我们可以得到它雇用的劳动力数量:

$$L_m = Y/Nk + F \qquad (7.3)$$

由于现代企业在 $\dfrac{L}{N}$ 处的产量大于传统企业, L_m 可能小于 $\dfrac{L}{N}$。进一步的,我们可以得到现代企业的利润:

$$\pi = \left(1 - \frac{w}{k}\right) \times \frac{Y}{N} - wF \qquad (7.4)$$

显然,企业获取正利润的一个必要条件是 $k > w$,否则企业根本不会进入市场。在这个假设下,一个企业的利润是市场总需求 Y 的增函数。如果总需求较小,则现代企业不会进入市场。若没有一个部门工业化,则 $Y = L$;此时如果 π 大于零,则现代企业总是进入市场。更有意义的情形是,若没有一个部门工业化,则 π 小于零;若所有部门都工业化,则 π 大于零。

在此基础上,我们假设起始条件下市场上没有工业化部门,然后考虑市场上同时出现 N_2 个工业化部门的可能性。令 $\eta = N_2/N$ 为工业化部门的比例, N_1 为没有工业化部门的数量。一个新的现代企业出现之后会增加总需求,但具体数量不能确定,因为企业利润和总需求是相互依赖的。这里我们假设新企业期望雇用本部门的所有劳动力,这样每个工业化部门的总收入就是 $w\dfrac{L}{N} + \pi$。在没有工业化的部门,利润为零,部门总收入为工资 $\dfrac{L}{N}$。因此,新企业期望的总收入是:

$$Y = N_1 \times \frac{L}{N} + N_2 \times \left(w\frac{L}{N} + \pi\right) = (1 - \eta) \times L + \eta \times (wL + N\pi) \qquad (7.5)$$

在均衡情况下,这个期望的总收入等于实现的总收入。由式(7.4)我们可以得到实现的总收入是:

$$Y = N(\pi + wF) \Big/ \left(1 - \frac{w}{k}\right) \qquad (7.6)$$

将式(7.6)代入式(7.5)整理之后我们得到:

$$\pi = \eta \times \left(1 - \frac{w}{k}\right) \times \pi + \left(1 - \frac{w}{k}\right) \times [1 + \eta(w - 1)] \times \frac{L}{N} - wF \qquad (7.7)$$

由此可以解出利润,把它表达为外生变量的函数:

$$\pi(\eta) = \frac{\left(1 - \dfrac{w}{k}\right) \times [1 + \eta(w - 1)] \times \dfrac{L}{N} - wF}{1 - \eta\left(1 - \dfrac{w}{k}\right)} \qquad (7.8)$$

我们可以很容易地看出,在 $k>w>1$ 的假设下,$\pi(\eta)$ 是 η 的单调增函数,即如果同时实现工业化的部门的比例较高,那么任何一个采用新技术的企业的利润就较高。图 7.2 给出了一个图解。由于 $\pi(\eta)$ 可能小于零,因此它必定与横轴有一个交点 η^*。如果同时实现工业化的部门的比例小于 η^*,那么每个现代企业的利润都小于零,结果就是没有工业化。如果同时实现工业化的部门的比例大于 η^*,那么所有的部门都会工业化,工业化部门的比例会达到 1。这样就存在两个极端的均衡,即要么没有工业化,要么所有部门都工业化。大推进的含义就是,为了让经济跳出没有工业化的陷阱,政府必须扮演协调人的角色,让起始时期进入工业化的部门的比例大于一定值。

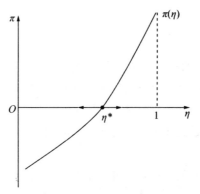

图 7.2　大推进图解

大推进模型比较抽象,看上去和现实不太符合。但事实上,越好的理论越为抽象,因为这意味着它适用的范围更大。所有的理论都是在假设的现实性和理论的优美性之间取得的平衡:当理论非常优美时,往往假设比较抽象,离现实较远;当理论很贴近现实时,往往不够优美,因为现实过于复杂,需要很多假设才足以刻画。

7.4　外部经济:罗默模型

在大推进模型中,企业内部经济的作用在于,由于平均成本随规模下降,现代企业倾向于雇用本部门的全部劳动力,从而增加了劳动力的报酬,导致市场规模的扩大。本节要介绍的模型则从学习入手,探讨外部经济对经济增长的作用。这个模型是罗默模型(Romer, 1986)的一个改写版。与索罗模型不同,这个模型得到的结论不是收敛而是发散。

假设经济中存在一家代表性企业,其生产函数为 $Y=AK^aL^{1-a}$,$0<a<1$,即具有规模报酬不变的技术。但是,与普通的生产函数不同,我们假设 $A=\left(\dfrac{\bar{K}}{L}\right)^\mu$,其中 $\bar{K}$ 表

示社会资本总量，$\bar{L}$ 表示社会劳动力总量，$\mu>0$，$a+\mu\geqslant1$。因此 A 作为效率因子，与社会人均资本存量有关。人均资本存量越高，则效率越高，这体现了外部经济的一个方面，即"学习"。它的意思是经济中的资本积累越多，则生产的技术水平越高，工人在生产中可以不断提高生产效率，即"干中学"。

假设社会劳动力总量 $\bar{L}$ 不变，这个模型的动态完全由资本积累推动。在求解这个模型时，我们对企业的行为进行简化，即假设它的决策是短视的，只关注当期的利润最大化问题。[①] 相应的，资本积累由消费者的储蓄决策完成。这样，我们就可以把问题拆成短期和长期两个方面，先求解短期均衡，后求解长期均衡。

7.4.1 短期情形

首先考虑短期情形下代表性企业如何生产。这里的短期可以看作当期。此时，资本存量给定，企业只决定雇用的劳动力数量。市场中存在三个价格，即产品价格、劳动力价格（工资）和资本回报。在一般均衡模型中只有相对价格才有意义，因此不妨假设产品价格为 1，于是我们只需求解工资和资本回报率。假设企业间是完全竞争的，所以对于企业而言工资和资本回报率是外生给定的，企业只需决定雇用的劳动力数量。利润最大化问题为：

$$\underset{L}{\mathrm{Max}}\,\pi = AK^aL^{1-a} - w \times L \tag{7.9}$$

需要注意的是，效率因子 A 看似与 K 有关，但作为单个企业只需考虑它雇用的劳动力数量，而不需要考虑自己增加劳动力雇用是否会引起效率因子的变化，因为每个企业都没有市场权力，不会影响市场。

问题式(7.9)的一阶条件是：

$$w = (1-a)AK^aL^{-a} \tag{7.10}$$

由此可以解出劳动力需求：

$$L = \left(\frac{(1-a)\times A}{w}\right)^{\frac{1}{a}} \times K \tag{7.11}$$

此结论非常直观，劳动力需求与工资成反比，与资本存量成正比。以上为单个代表性企业的问题，接下来利用市场出清条件求解工资和资本回报率。

由于代表性企业具有不变规模报酬，加总不影响企业最优行为，因此我们可以认为市场中只有一家企业。在市场出清条件下，资本市场和劳动力市场充分就业，则必然有 $K=\bar{K}$，$L=\bar{L}$，因此：

---

① 由于企业进入没有门槛，生产无须付出固定成本，假设企业的短视决策和长期决策是一致的。当存在进入门槛时，企业就要考虑长期是否能够收回进入的固定成本。

$$w = (1-a) \times \left(\frac{\bar{K}}{\bar{L}}\right)^{\mu} \times \left(\frac{\bar{K}}{\bar{L}}\right)^{a} = (1-a) \times \left(\frac{\bar{K}}{\bar{L}}\right)^{\mu+a}$$

$$= (1-a) \times k^{\mu+a} \tag{7.12}$$

其中,$k = \bar{K}/\bar{L}$,表示社会人均资本存量。可以看到,在 $a+\mu \geqslant 1$ 的假设下,工资是人均资本存量的非凹函数,即人均资本存量对工资具有不变规模报酬或规模报酬递增性质。接着,我们进一步解出资本回报率,即资本的边际产出:

$$r = a \times A \times K^{a-1} \times L^{1-a} = a \times A \times K^{a-1} \times \left(\frac{(1-a) \times A}{w}\right)^{\frac{1-a}{a}} \times K^{1-a}$$

$$= a \times k^{\frac{\mu}{a}} \times \left(\frac{1-a}{w}\right)^{\frac{1-a}{a}} \tag{7.13}$$

由于企业具有不变规模报酬,资本和劳动力加起来分掉所有产品,因此资本回报率与工资成反向关系。将工资表达式(7.12)代入,我们得到:

$$r = ak^{a+\mu-1} \tag{7.14}$$

在 $a+\mu \geqslant 1$ 的假设下,资本回报率是人均资本存量的非减函数。通常情形下,资本回报率符合边际报酬递减规律;这里的差别是,干中学效应抵消了边际报酬的递减。

7.4.2 长期情形

在长期,经济通过储蓄获得资本积累。我们假设只有资本利得提供储蓄,且储蓄率 s 为外生给定的。资本利得为 $r \times K$,人均资本利得为 $r \times k$,则人均储蓄量为 $r \times s \times k$。再假设 $\hat{n}$ 为人口增长率,δ 为资本折旧率。

我们沿用索罗模型对稳态的定义,则稳态要求:

$$r \times s = \hat{n} + \delta \tag{7.15}$$

式(7.15)左边是人均资本的增长速度,右边是人均资本的消耗速度。在这里,我们将把注意力放在工资上,因此我们把前面得到的资本回报率表达式(7.13)代入式(7.15),求出长期稳态条件下工资和人均资本的关系:

$$w^* = (1-a) \times \left(\frac{a \times s}{\hat{n} + \delta}\right)^{\frac{a}{1-a}} \times k^{\frac{\mu}{1-a}} \tag{7.16}$$

式(7.16)中有两个内生变量,即长期工资和人均资本存量。要确定这两个变量的取值,我们可以比较短期工资和长期工资。显然,稳态具有短期均衡的所有性质;对于工资而言,长期工资必须等于短期工资。将短期和长期条件下的工资分别取对数得到:

$$\ln w = c_w + (a+\mu) \times \ln k, \quad c_w = \ln(1-a) \tag{7.17}$$

$$\ln w^* = c_w^* + \frac{\mu}{1-a} \times \ln k, \quad c_w^* = \ln(1-a) + \frac{a}{1-a} \times (\ln(a \times s) - \ln(\hat{n} + \delta))$$

$$\tag{7.18}$$

取对数之后,工资表达式变成线性函数,更加清楚。图 7.3 显示了两者的关系。

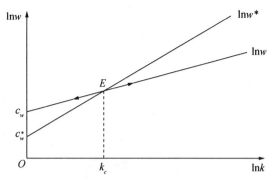

图 7.3　短期工资、长期工资和稳态

由假设 $\mu+a\geqslant 1$ 可以证明 $\frac{\mu}{1-a}\geqslant \mu+a$,因此长期工资对数曲线的斜率要大于短期工资对数曲线。如果 $c_w^*<c_w$,则两者相交于一点,图 7.3 中表示为 E 点,该点即确定了稳态条件下的人均资本存量和工资水平。但是,E 点不是稳定的稳态。由于长期工资 w^* 满足索罗模型的稳态条件:$s\times r(w^*)=\hat{n}+\delta$,又由于 r 和 w 成反向关系,因此如果短期工资高于长期工资($w>w^*$),积累就赶不上消耗,经济发生衰退;反之,如果短期工资低于长期工资,则经济进一步发展。在图 7.3 中,在 E 点右边,长期工资高于短期工资,因此经济持续扩张;在 E 点左边,长期工资低于短期工资,因此经济收缩。所以,E 点不是稳定的稳态。这样系统存在两个均衡,一个是 $k=0$,另一个是经济无限制的增长($k\to\infty$)。

如果 $c_w^*\geqslant c_w$,则长期工资永远高于短期工资,经济持续扩张。事实上,原始的罗默模型相当于假设 $a+\mu=1$,此时长期工资对数曲线与短期工资对数曲线的斜率相同。在图 7.4 中,若长期工资对数曲线在短期工资对数曲线的上方,则经济永远增长;反之,经济永远没有增长;一个经济处于何种情况完全取决于截距项。若其他条件给定,则截距项进一步完全取决于资本储蓄率。资本储蓄率越高,则经济越可能是上方的曲线,即经济无止境增长,否则更有可能是下方的曲线。

值得强调的是,$a+\mu\geqslant 1$ 是非常重要的假设。我们可以从全社会的加总生产函数中更清楚地看出这一点:

$$Y=\left(\frac{\bar{K}}{\bar{L}}\right)^{\mu}\times\bar{K}^a\times\bar{L}^{1-a}=(\bar{K})^{a+\mu}\times(\bar{L})^{1-a-\mu} \tag{7.19}$$

因此,当 $a+\mu\geqslant 1$ 成立时,资本的边际报酬上升或至少保持不变,这样才会产生完全发散的可能。这就揭示了"干中学"的作用,即让资本边际报酬不下降,这样资本积累不会收敛,发散才有可能。

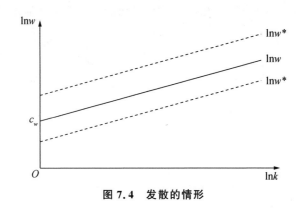

图 7.4 发散的情形

7.5 纵向外部性:赫希曼模型

大推进理论倡导的是一种平衡增长思想,即所有部门必须采取一致行动,工业化才有可能。阿尔伯特·赫希曼(Albert Hirschman)于 20 世纪 50 年代在《经济发展战略》一书中提出了不平衡增长的思想(Hirschman,1958)。他认为,经济增长可以开始于少数几个部门,它们的增长可以带动整个经济的增长。这些少数先发部门具有较强的技术或需求外部性,从而更能带动其他部门的发展。专栏 7.1 讨论了中国曾经实施的重工业优先发展战略,对这个战略的一个辩护观点就是,重工业具有技术外部性,优先发展重工业有利于经济的全面发展。

专栏 7.1
中国的重工业优先发展战略

自 1953 年开始实施第一个五年计划到 20 世纪 80 年代早期,中国实施了长达 30 年的重工业优先发展战略。20 世纪 50 年代,实施重工业优先发展战略具有很强的合理性。一方面,当时的中国还基本上是一个农业国,实施重工业优先发展战略可以使中国快速走上工业化的道路;另一方面,1840 年以来的历史表明,"落后就要挨打",而改变"挨打"局面的首要任务是建立自己的军事工业。通过接受苏联的援助,中国在 50 年代成功实施了 156 个重工业项目,形成了初步的工业基础。进入 60 年代之后,由于和苏联在意识形态上的决裂,中国开始了所谓的"三线建设",即把重工业投资的重点转向西部"三线"地区。但是,除少数项目(如西昌卫星基地)之外,多数"三线"项目后期发展都遇到了严重的困难。20 世纪 70 年代末,中国开始从资本主义国家引进大规模成套设备,史称"洋跃进",宝山钢铁公司就是这一时期建设的典范。

重工业优先发展战略的成就是显著的。1952年,农业占GDP的58%,工业只占20%;到1975年,农业份额下降到38%,而工业份额上升到46%。其间,主要工业品如钢铁、水泥的产量增长10倍以上;中国不仅拥有了核武器,而且成为少数能够发射卫星的国家。计划经济时代的重工业不仅奠定了中国经济发展坚实的物质基础,而且培养了一批又一批的技术人才,中国在改革开放之后的经济腾飞由此得益良多。

但是,重工业优先发展战略带来的问题也是非常明显的。首先,它是以牺牲农业和城市职工福利为代价的(参见第3章3.7节的讨论)。其次,计划经济时代轻重工业比例严重失调,重工业投资长期为轻工业投资的10倍以上,导致消费品的奇缺,而这反过来也限制了重工业本身的健康增长。最后,为了降低企业的生产成本,利率被人为压低,而人民币币值被人为高估,造成资金的浪费和外汇供给的长期紧张。

因此,对重工业优先发展战略的评价要有一分为二的态度。姚洋和郑东雅(2008)以重工业具有金融和技术外部性为前提,研究了重工业优先发展战略下的最优资本补贴率和最优持续时间,发现实际补贴率比最优补贴率略高,但实际持续时间远长于最优持续时间。按照他们的计算,最优持续时间是12年,即重工业优先发展战略应该在1964年结束。过长的持续时间大大降低了全国人民的福利。以1952年为基准,到1989年,代表性居民的效用贴现和比最优条件下要低22%。

资料来源:姚洋和郑东雅(2008)。

在本节要介绍的模型中,中间投入品生产具有规模经济,因而对经济整体产生金融外部性。铁路、公路、重化工业、机械等,都是具有这种性质的中间投入品部门。

具体的,我们假设经济中存在两个部门,即消费品部门和中间投入品部门。消费品部门可以使用传统和现代两种技术。其中,传统技术仅使用劳动力且规模报酬不变,生产函数为 $S=L_S$;现代技术使用资本和中间投入品,生产函数为 $M=K^a I^{1-a}$,其中 I 表示中间投入品。中间投入品部门的生产只使用劳动力,但存在规模报酬递增,生产函数为 $I=L_I^{1+\mu}$,$\mu>0$。社会劳动力总量为 $L=L_S+L_I$。消费品市场上存在无数厂商,是完全竞争的,而中间投入品市场上只有一家垄断厂商。与7.4节类似,我们分别求解短期均衡和长期均衡。

7.5.1 短期情形

在短期,消费品价格、中间投入品价格、工资和资本回报是要求解的四个价格。由于存在规模报酬不变的传统技术企业,消费品市场的价格必定相同,这里令其为1。令工资为 w。若传统技术企业仍然存在,则根据其优化条件,w 必为1;但若传统技术企业消失,则 w 不一定为1。令中间投入品价格为 P_I。与7.4节相同,短期内资本存量 K 固定。

我们首先求解中间投入品厂商的优化问题。为此,我们首先需要求出它的逆需求函数。这可以从消费品部门现代技术企业的优化问题获得。这个问题是:

$$\underset{I}{\text{Max}} K^a \times I^{1-a} - P_I \times I \tag{7.20}$$

它的一阶条件是:

$$P_I = (1-a) \times K^a \times I^{-a} \tag{7.21}$$

这正好是中间投入品厂商面对的逆需求函数。这样,中间投入品厂商的优化问题就是选择劳动力雇佣数量,求解下面的最大化问题:

$$\underset{L_I}{\text{Max}} P_I \times I - w \times L_I = (1-a) \times K^a \times I^{1-a} - w \times L_I$$

$$= (1-a) \times K^a \times L_I^{(1-a) \times (1+\mu)} - w \times L_I \tag{7.22}$$

其一阶条件是:

$$w = (1-a)^2 (1+\mu) K^a L_I^{-\eta}, \quad \eta = (1+\mu)a - \mu \tag{7.23}$$

我们假设 $\eta > 0$,从而保证工资是就业的减函数。从式(7.23)可以求得中间投入品厂商的劳动力雇佣数量:

$$L_I = \left(\frac{(1-a)^2 \times (1+\mu) \times K^a}{w} \right)^{\frac{1}{\eta}} \tag{7.24}$$

显而易见,劳动力需求是工资的减函数,是资本存量的增函数。下一步需要利用劳动力市场出清条件确定工资率。若传统技术企业仍然存在,则 $w=1$;若传统技术企业消失,则唯一雇佣劳动力的是中间投入品部门,因此市场出清条件必然要求 $L_I = L$,利用它可解出短期工资,取对数之后为:

$$\ln w = \ln[(1-a)^2 \times (1+\mu) \times L^{-\eta}] + a \ln K \tag{7.25}$$

由于 L_I 随着 K 的增大而增大,而传统技术企业的规模是不确定的,所以当劳动力供给满足了中间投入品部门后,剩余的劳动力就由传统部门吸收。当 L_I 增大时,L_S 就在减小,当 L_I 增大到 $L_I = L$ 时,则存在恰好使得传统企业消失的 K,记为 K_0。而此时仍有 $w=1$,因此可以通过条件

$$L = [(1-a)^2 \times (1+\mu)]^{\frac{1}{\eta}} \times K_0^{\frac{a}{\eta}} \tag{7.26}$$

解出 K_0。超过 K_0 后,工资的对数由式(7.26)决定,与资本存量的对数成线性关系,如图7.5中的 $\ln w$ 所示。当 $w=1$ 时,$\ln w = 0$,但图中没有这样显示,这是因为我们可以把消费品价格从而也把工资率设定为任何常数而不影响我们的结果。在图7.5中,在 K_0 之前,短期工资对数曲线为水平线,类似于刘易斯模型中的劳动力无限供给状态;在 K_0 之后,工资开始上升,类似于刘易斯模型中超过转折点之后的情况。

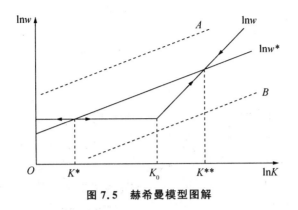

图 7.5　赫希曼模型图解

7.5.2　长期情形

在长期,资本发生积累。我们略去人口增长(加入外生的人口增长也不影响结果),稳态均衡条件因此变为 $r \times s = \delta$,其中 r 为资本回报率,s 为资本储蓄率。资本回报率为:

$$r = a \times K^{a-1} \times I^{1-a} = a \times \left(\frac{I}{K}\right)^{1-a} \tag{7.27}$$

利用式(7.24)L_I 表达式以及中间投入品的生产函数,我们可以得到:

$$I = \left(\frac{(1-a)^2 \times (1+\mu) \times K^a}{w}\right)^{\frac{1+\mu}{\eta}} = ((1-a)^2 \times (1+\mu))^{\frac{1+\mu}{\eta}} \times w^{-\frac{1+\mu}{\eta}} \times K^{\frac{a \times (1+\mu)}{\eta}} \tag{7.28}$$

将式(7.28)回代到式(7.27),可求解出 r:

$$r = G \times w^{-\frac{(1+\mu) \times (1-a)}{\eta}} \times K^{\frac{\mu \times (1-a)}{\eta}}, \quad G = a \times [(1+\mu) \times (1-a)]^{\frac{(1+\mu) \times (1-a)}{\eta}} \tag{7.29}$$

式(7.29)亦表明 r 和 w 之间为负向关系。将式(7.29)代入长期的稳态均衡条件并取对数,可以得到长期工资和资本存量之间的关系:

$$\ln w^* = \frac{\eta}{(1+\mu) \times (1-a)} \times \ln \frac{G \times s}{\delta} + \frac{\mu}{1+\mu} \ln K \tag{7.30}$$

式(7.30)表明,长期工资的对数是资本存量的对数的线性函数,且当 $\mu > 0$,即中间投入品部门存在规模报酬递增时,长期工资对数曲线就不是水平的,但是其斜率小于短期工资对数曲线的斜率。以下分别讨论三种情况。

在第一种情况下,长期工资对数曲线如图 7.5 中的实线所示,与短期工资对数曲线相交两次,因而产生两个稳态。但是,只有 K^{**} 这个稳态是稳定的,而另一个稳态 K^* 不是稳定的。若起始资本存量比 K^* 大,则经济会达到生产水平较高的 K^{**} 点;否则经济会倒退,资本存量会趋近于 0。这样经济存在两个均衡,分别为 $K = 0$ 和 $K = K^{**}$。在第二种情况下,长期工资对数曲线如图 7.5 中的虚线 A 所示,截距高于短期工资对数曲线的截距,由于长期工资对数曲线的斜率小于短期工资对数曲线的斜率,因此两者一定要相交一次,产生一个稳定的稳态。在第三种情况下,长期工资对数曲线如图 7.5 中的虚线 B 所示,一直低于短期工资对数曲线,经济永远不会发展起来。

在生产技术给定的前提下,储蓄率是决定哪种情形发生的因素,储蓄率越高,长期工资对数曲线的截距也越高,从而一个经济就越可能摆脱贫困陷阱。中间投入品部门的规模经济则通过最小有效规模起作用。当储蓄率适度时,如果最终消费品部门的现代技术企业起始规模较小(资本存量较低),它就无法支撑对中间投入品的市场需求,中间投入品的垄断厂商就无法达到最小有效规模,因而就会退出市场。这样,最终消费品部门的现代企业也无法生存,只有传统企业生产。反之,如果最终消费品部门的现代企业起始规模较大,中间投入品厂商就可以跨过最小有效规模的门槛,而中间投入品产量的增加反过来又导致其价格下降,从而有利于最终消费品部门的发展,最终经济收敛到一个较高的水平上。

为了更好地说明这个问题,我们可以将中间投入品和消费品两个部门的生产函数联系在一起考虑,得到拥有现代技术的复合的最终品部门,其生产函数为 $M=K^a \times I^{1-a}=K^a \times L_I^{(1+\mu)\times(1-a)}$,其中资本和中间投入品的产出弹性之和为 $a+(1+\mu)\times(1-a)=1+(1-a)\times\mu$,在 $\mu>0$,即中间投入品具有规模报酬的假设条件下,这个和大于 1,所以复合生产函数也具有规模报酬。如果 $\mu=0$,即中间投入品部门具有不变规模报酬,则长期工资对数曲线将变成一条水平线,经济能否收敛到一个较高的水平上,完全依赖长期工资对数曲线的截距是否高于短期工资对数曲线的截距。

需要说明的是,在模型中加入的传统技术可以理解为农业,与工业生产同质的产品(都是 GDP 的组成部分)。将传统技术的生产函数稍加变化,我们可以探讨农业效率的提高对经济发展的影响。最初假设传统技术为 $S=L_S$,现在我们把它改写为 $S=a \times L_S$,其中 a 可以理解为劳动生产率。此时,图 7.5 中短期工资对数曲线的水平线段变为 $\ln a$。农业劳动生产率提高之后,短期工资对数曲线向上移动,这意味着劳动力变得更加昂贵,K^* 提高,一个国家需要更高的初始资本存量才能摆脱贫困陷阱。从这个意义上讲,本节的模型说明压制农业有一定的道理。在经济发展的早期阶段,几乎所有国家都实行过一段时间的对农业的汲取和压制政策,一方面利用剪刀差从农业汲取资本,另一方面压低工人的工资。本节的模型为这种做法提供了一定的理论依据。

7.6 产业政策

所谓产业政策,就是政府利用一定的财政、金融和法规(审批)手段引导特定产业发展的行为。在这里,"特定产业"是一个关键性的限定词。"产业"意味着政府对基础研究的投入不能算产业政策,因为这些投入不涉及产业,而是更多地用于新知识的创造；"特定"意味着政府的宏观调控不能算产业政策，因为这些政策不针对特定的产业。产业政策是对经济的局部引导。专栏7.1所列举的重工业优先发展战略是一种产业政策，但因为它已经上升到国家战略层面，所以学界一般不把它作为产业政策来对待。在当代中国，光伏、高铁、新能源汽车等是典型的产业政策扶持的领域。专栏7.2讨论了新能源汽车的案例。

专栏7.2
中国新能源汽车的发展

中国从2009年起开始鼓励新能源汽车的生产，为此出台了一系列鼓励性政策，其中补贴政策是最为重要的一项。根据节油率和最大电功率比，每辆车可以获得最高5万元的补贴，纯电动汽车可以获得6万元的补贴，各试点城市也分别推出了补贴政策。2013年，政府开始实施乘用车企业平均燃料消耗量管理，要求到2015年和2020年乘用车产品平均燃料消耗量分别降至6.9升/100公里和5.0升/100公里。2017年，政府增加对车企新能源汽车积分的单独核算，形成"双积分政策"。此外，政府还对新能源汽车实施免征购置附加税、在限行的城市不限行等鼓励政策。同时，政府从一开始就注意到补贴政策的退出机制，从2014年起就开始实施补贴退坡，到2022年年底，取消所有中央政府的补贴。

中国新能源汽车的发展取得了很大的成就。2021年新能源汽车产量达到354.5万辆，超过世界产量的一半，市场渗透率达到13.4%。同年，中国出口31万辆新能源汽车，主要目的地是欧洲，占欧洲新能源汽车市场份额的10%。

中国新能源汽车之所以能够取得这么大的成就，一方面与产业政策有关，另一方面也与开放以及技术进步有关。特斯拉的上海工厂于2020年开始生产电动汽车，对中国的电动汽车市场起到了推动作用。中国在动力电池方面具有领先优势，世界前十位的动力电池厂家中有六家是中国企业，产量超过世界的60%。中国在互联网和人工智能领域也有较大的优势，适应了新能源汽车对互联互通和自动驾驶的要求。

资料来源：第一电动网。

产业政策起始于欧洲资本主义早期的重商主义政策。这一政策强调一国自己生产和出口尽可能多的产品，并限制他国产品的进口。亚当·斯密在《国富论》中对重商主义进行了批判，并坚持认为自由贸易是一国财富积累的正确道路。他的观点受到德国经济学家弗里德里希·李斯特(Friedrich List)和美国第一任财政部长亚历山大·汉密尔顿(Alexander Hamilton)的挑战。在19世纪德国经济崛起的过程中，政府政策扮演了重要角色。日本在明治维新之后学习德国的做法，也取得了很大的成功。第二次世界大战之后，发展经济学的勃兴导致产业政策的普遍兴起，许多发展中国家都把产业政策作为经济赶超的首选经济政策。到20世纪90年代，日本和亚洲"四小龙"的成功引发了关于产业政策的大讨论。2008年国际金融危机之后,中国经济的成功再次引发产业政策的大讨论。在中美竞争的背景下,此轮产业政策的讨论直接影响到美国和欧洲国家的政策制定。美国推出了一系列的产业政策法案,特别是在新能源汽车和芯片领域,美国政府斥巨资引导产业的回流和创新。

可以看到,从产生之日起,产业政策就与国与国之间的竞争分不开。但是,从经济学的角度来看,仅用国与国之间的竞争无法为产业政策进行辩护,因为国与国之间的竞争往往是零和博弈,而经济学追求的是正和博弈,即一项经济政策只有提高全球福利才是正当的政策。那么,从经济学的角度来看,产业政策的理论基础在哪里呢?

肯定产业政策最常见的理由是存在市场失灵,即市场不会自动发展某些产业,所以需要政府的干预。但这个理由过于笼统,很容易受到挑战。比如,如果某个产业无法在市场中自己生长出来,是不是因为这个产业本身就没有在市场中生存的能力?例如,中国从20世纪60年代开始从事芯片的研发,但到20世纪80年代初期放弃了,一个可能的原因是中国当时没有对芯片的大规模需求,而小规模的芯片购买完全可以通过进口解决。产业政策可以忍受短期的财务亏空,但长期必须盈利。

肯定产业政策的第二个理由是政府通过发展优势产业,引领整个经济的发展。日本战后的经济计划是采取这个思路的典型例子。20世纪50年代,日本以出口低附加值产品为主恢复经济,之后便开始有意识地发展石化、钢铁和电子产业。韩国和台湾地区采取了同样的发展路径。中国各级政府的五年规划也遵循了相同的思路,希望通过政府的政策和资金引导发展优势产业并带动整个经济的发展。这个思路的最大问题是,政府如何选择优势产业?如果政府的选择与市场的选择一致,那么为什么要政府来选择?如果政府的选择与市场的选择不一致,那么这样的产业是否具备生存能力?

肯定产业政策的第三个理由是企业的规模报酬递增。本章的大推进模型告诉我们,当企业存在规模报酬递增时,单个企业无法达到最小经济规模,此时政府补贴或协调就是必要的。下一章还将讨论规模经济条件下的贸易陷阱和进口替代政策,也和这个理由相关。从经济学的角度来看,这是对产业政策的最好辩护——规模经济产生企业无法获得的正外部性,因而需要政府的激励或补偿。然而,随着风险资本的兴起,这个辩护理由的力度也在弱化。政府补贴不计回报,而以社会的长期产出增长为目标;风险资本也不计短期回报,而是忍受较为长期的亏损(甚至是最终的失败),等待被投资企业最终实现规模化生产,然后在资本市场上变现,让广大中小投资者接盘,从而内化外部性代表的外部收益。所以,在存在发达的资本市场的前提下,由规模经济导致的产业政策也难以成立。

肯定产业政策的第四个理由是政府的协调能力。企业的内部经济可以产生对政府协调的需求,但这不是唯一的理由。信息不畅可以是另外一个理由。如果有足够长的时间,那么市场总是可以让所有需要获得信息的人获得必要的信息;但在短期,信息流动未必充分。在这种情况下,政府可以利用自身的信息优势,协调企业的行动。现代政府必须具备对经济的宏观调控能力,因而必须了解全国乃至全球的经济动向,从而可能比企业具备更完备的信息。但是,这个理由会遇到哈耶克对计划经济的经典责难——他认为计划者不可能获得经济计划所需要的所有信息(Hayek,1944),而且里奥尼德·赫维克兹(Leonid Hurwicz)证明,市场是信息收集最节省成本的机制(Hurwicz,1969)。政府也许在某些领域拥有信息优势,但就整个经济而言,市场的分散化的信息收集机制更具优势。这样的话,政府的产业政策能否成功就在很大程度上取决于政府能否找到自己的信息优势。

由上述讨论可知,恐怕不存在全面肯定或全面反对产业政策的理由。成功的产业政策需要政府审时度势,找准产业,并采取合适的政策。从这个意义上讲,政府的产业政策与风险资本的投资决策是一致的;差别在于,政府的产业政策远比风险资本投资的影响大。另外,政府的产业政策可能被利益集团利用。一方面,利益集团会寻租,哄骗政府设立对它们有利的产业政策;另一方面,产业政策会造成既得利益集体,它们会阻止产业政策的退出。这些都是一国(地区)在制定产业政策时必须慎重考虑的事情。

7.7 小结

本章介绍了几个基于规模经济的理论模型,它们是对早期发展经济学家思想的模型化,强调企业和市场规模经济的作用。这些模型并没有穷尽规模经济的作用,也不是对现实世界的精确描述。在很大程度上,它们只是经济学家思想的载体,旨在揭示经济运行的某些规律,而不是对经济发展给出完整的解释。

本章的模型都或多或少地是对索罗模型的拓展。我们看到,当加入规模经济之后,索罗模型所揭示的经济收敛就可能不再存在;特别的,取决于经济的起始点,一个经济可能向不同的均衡发展。在这个意义上,考虑规模经济有助于我们理解现实世界中收敛和发散同时存在的现象。另外,由于多重均衡由起始点决定,起始点高的国家收敛于较高的均衡,起始点低的国家收敛于较低的均衡,因此引入规模经济的模型往往带有"大推进"的色彩,即强调经济起飞阶段国家发挥的作用,如大规模增加物质资本或人力资本存量。在现实中,这体现在一些赶超措施上,如对农业剩余的汲取、进口替代和选择关键性产业等。这些措施有得有失,既有重工业优先发展战略这样补贴过度、过长的例子,又有新能源汽车这样补贴比较合适且成绩斐然的例子。政府在实施产业政策时需要慎之又慎。

【练习题】

1. 金融外部性和普通外部性有何不同? 企业内部经济如何通过金融外部性转化为外部经济?
2. 在大推进模型中:

（1）从生产和成本两个角度证明现代技术具有规模经济。

（2）为什么说现代企业是一个具有有限定价权的垄断者？有限定价权对模型求解的意义何在？

（3）如何理解由式(7.5)定义的期望的总收入与由式(7.6)定义的实现的总收入之间的关系？

3. 在外部经济等模型中：

（1）短期工资对数曲线和长期工资对数曲线的意义何在？

（2）为什么它们的交点确定长期均衡？

4. 在外部经济模型中，如果 $a+\mu<1$，会发生什么情况？

5. 在赫希曼模型中：

（1）为什么短期工资因是否存在传统技术而不同，而长期工资与之无关？

（2）* 我们可以把中间投入品部门理解为重工业部门，然后用这个模型解释中国的重工业优先发展战略。中国当时对重工业的补贴形式之一是人为提高重工业产品的价格，在赫希曼模型中，这相当于提高中间投入品价格。假设补贴的形式是把 P_I 变成 δP_I，$\delta>1$，试重解模型，看这个政策能够达到什么效果。

6. 在 7.5 节的模型中，一个推论是，压低农业技术进步速度从而压低农业工资（收入）有利于现代部门的成长，但在拉尼斯-费景汉模型中，农业技术进步有利于经济增长。如何解释这两个不同的结论？

7. 政府的产业政策和风险投资都挑选"胜者"，两者各自有哪些优点和缺点？

8. 在加入世界贸易组织之前，中国对汽车行业实行进口替代保护，汽车关税高达 240%，到加入世界贸易组织之前仍然达到 80%，但国产汽车（不含合资品牌）的产量寥寥无几。在加入世界贸易组织之后，汽车关税下降到 25%，国产汽车产销量飞速增长。请查阅资料，看加入世界贸易组织前后汽车价格以及国产汽车厂家（不含合资厂家）销量的变化，然后：

（1）解释为什么会发生这样的变化。

（2）用 2001 年和 2002 年 A0 级轿车的价格和销量变化计算 A0 级轿车的价格弹性。

（3）说明为什么加入世界贸易组织之前的汽车进口替代政策失败了。

技术进步

第 8 章

8.1　引言

索罗模型给我们的一个启示是,在稳态上,一国的人均收入的增长速度等于该国技术进步的速度;换言之,在长期,技术进步是一国收入增长的决定性因素。这不等于说其他因素不重要,而是说所有的因素归结起来,最终都要体现在技术进步上。在一定意义上,除第 6 章外,前面各章探讨的都是促进经济发展和增长的结构因素,本章则关注技术进步这个重要的总量因素。

8.2 节将介绍技术进步的种类,分别定义和阐述中性技术进步与非中性技术进步;8.3 节讨论技术进步的度量,介绍索罗残差及其应用,并讨论它的局限性;8.4 节阐述诱导性技术变迁理论;最后,8.5 节总结全章。

学习目标:

把握技术进步的种类及其之间的关系。

掌握索罗残差的计算方法,并了解它的优缺点。

理解诱导性技术变迁理论,并能利用它理解现实中的技术变迁。

8.2　技术进步的种类

所谓技术进步,就是指使用相同的投入要素组合生产更多的产品,或者反过来,使用更少的投入要素组合生产同样多的产品。图 8.1 显示了只使用劳动力(L)的情形。当技术因子 A 从 A_0 增大到 A_1 时,生产函数向外扩张。使用同样多的劳动力,如图中

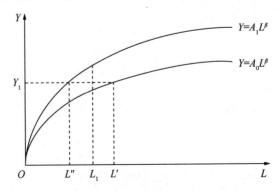

图 8.1　技术进步示意图

的 L_1，$Y = A_1 L^\beta$ 代表的生产函数所能生产的产品数量多于 $Y = A_0 L^\beta$ 代表的生产函数所能生产的产品数量。或者，对于相同的产出 Y_1，$Y = A_0 L^\beta$ 技术下需要 L' 的劳动力来生产，而 $Y = A_1 L^\beta$ 技术下只需要 L'' 的劳动力来生产，也就是节约了投入。

8.2.1 中性技术进步

技术进步可以分为两大类，一是中性技术进步，二是非中性技术进步。我们从下面一个简单的生产函数开始，讨论中性技术进步：

$$Y = AK^\alpha L^\beta, \quad \alpha, \beta > 0 \tag{8.1}$$

式(8.1)的左边代表产出，右边 K 代表资本，L 代表劳动力，A 代表技术因子。所谓中性技术进步，指的是在资本和劳动力的相对价格不变的情况下，不改变资本—劳动投入比例的技术进步。在式(8.1)所代表的生产函数里，这种技术进步就是 A 的增大，为此我们也把它称为全要素生产率。我们结合图 8.2，从成本的角度来理解中性技术进步。图中有两条等产量线 i_0 和 i_1，代表全要素生产率分别为 A_0 和 A_1（$A_0 < A_1$）下一个等量产出（如一单位产出）所需的资本和劳动的组合。从 A_0 到 A_1 是一种中性技术进步。这首先要求 i_1 在 i_0 的内侧，代表了对资本和劳动组合的节约。"对资本和劳动组合的节约"并不意味着新技术 i_1 必然就比旧技术 i_0 节约资本或劳动，而是节约资本和劳动的组合。其次要求给定资本和劳动力的相对价格，那么最优的资本—劳动比例在技术进步前后是不变的。这意味着企业的最优资本和劳动组合是从原点出发的一条射线，如图中的 OB 所示。下面我们看为什么是这样。

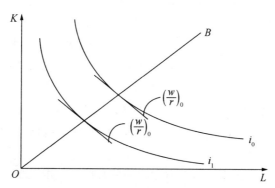

图 8.2　从成本角度理解中性技术进步

令 w 代表工资，r 代表资本回报，则总成本可以表示为：

$$C = wL + rK \tag{8.2}$$

将 K 表示成 L 的函数，得到：

$$K = -\frac{w}{r}L + \frac{C}{r} \tag{8.3}$$

企业的利润最大化问题要求企业在给定产量条件下总成本最小，即

$$\underset{K,L}{\operatorname{Min}} rK + wL, \quad \text{s.t.} \quad AK^{\alpha}L^{\beta} = Y_0 \tag{8.4}$$

其中，Y_0 为任意的产量。式(8.4)的拉格朗日表达式为：

$$\Gamma = rK + wL + \lambda(Y_0 - AK^{\alpha}L^{\beta}) \tag{8.5}$$

其中，λ 是拉格朗日乘子。一阶条件为：

$$\begin{cases} \dfrac{\partial \Gamma}{\partial K} = r - \alpha\lambda AK^{\alpha-1}L^{\beta} = 0 \\[2mm] \dfrac{\partial \Gamma}{\partial L} = w - \beta\lambda AK^{\alpha}L^{\beta-1} = 0 \\[2mm] Y_0 - AK^{\alpha}L^{\beta} = 0 \end{cases} \tag{8.6}$$

在 $\alpha + \beta \leqslant 1$，即规模报酬不变或递减的假设下，式(8.6)中三个等式的解就是成本最小化的解。从式(8.6)中前两式可以得到资本回报和工资的表达式，然后两式相除并整理得到：

$$\frac{\beta K}{\alpha L} = \frac{w}{r} \tag{8.7}$$

式(8.7)的左边为劳动对资本的技术替代率，右边为劳动和资本的经济替代率。如果技术进步只体现于 A 的增大，那么在最优情况下，如果相对价格没有变化，资本与劳动投入比例就不会发生变化。这也就证明了，如果技术进步是中性的，相对价格没有变化，那么最优投入要素的组合位于一条从原点出发的射线上。这一概念是由约翰·R.希克斯(John R. Hicks)率先提出的，因此中性技术进步也被称为希克斯中性技术进步。

什么样的技术进步是中性技术进步呢？比较容易想到的是管理经验的提高。如果给定机器设备和人员素质，本来应该能够达到 Y 的产出，但是由于管理很糟糕，人员之间存在内耗，实际可能达不到 Y。如果采用了一种新的管理形式，内耗减少，产出自然就会增加而不用增加人力。放大来说，制度的改进也会产生类似的效果。比如，中国以前的国有企业由于人浮于事，产出比较低，而民营企业的报酬和一个人的贡献结合比较紧密，大家愿意多干活，产出就比较高。中性技术进步也可以是新的工艺和新的产品。比如，一个制作果脯的企业，开始用桃子做果脯，但是卖不动，现在改用苹果，就可以卖得更多。外部经济中的学习效应也是一个例子，通过观看别人的经验，一个企业可以提高全要素生产率。

在介绍完中性技术进步之后，下面介绍四种有偏的技术进步。

8.2.2 资本偏向的技术进步

资本偏向的技术进步，指的是在给定资本和劳动力相对价格的前提下，资本—劳动投入比例增大的技术进步。根据式(8.7)，由于劳动和资本的经济替代率不变，资本—劳动投入比例增大的唯一途径是 α 相对于 β 增大。α 是资本的产出弹性，β 是劳动的产出弹性;α 相对于 β 增大意味着资本的产出效率相对于劳动提高,而效率的提高会导致企业更愿意使用资本。

图 8.3 表示了资本偏向的技术进步。如果从 i_0 到 i_1 是一种资本偏向的技术进步,后者就应该比前者更平缓,即劳动对资本的技术替代率 $\mathrm{MRS}_{LK} = \dfrac{\beta K}{\alpha L}$ 变小,在相对价格给定为 $\left(\dfrac{w}{r}\right)_0$ 的前提下,资本—劳动投入比例由 $\left(\dfrac{K}{L}\right)_0$ 变成了 $\left(\dfrac{K}{L}\right)_1 > \left(\dfrac{K}{L}\right)_0$。

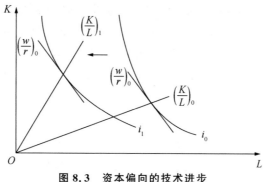

图 8.3 资本偏向的技术进步

8.2.3 劳动偏向的技术进步

与资本偏向的技术进步相对,我们也可以定义劳动偏向的技术进步。此时,劳动力的产出弹性 β 相对于资本的产出弹性 α 增大,如图 8.4 所示,新的等产量线 i_1 变得比旧的等产量线 i_0 更陡峭,在相对价格 $\left(\dfrac{w}{r}\right)_0$ 不变的情况下,资本—劳动投入比例从

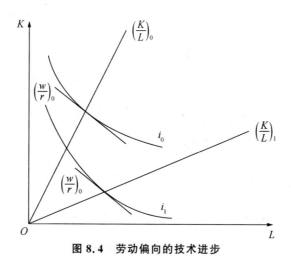

图 8.4 劳动偏向的技术进步

$\left(\dfrac{K}{L}\right)_0$ 下降到 $\left(\dfrac{K}{L}\right)_1$。资本偏向的技术进步和劳动偏向的技术进步都由希克斯定义,因此也叫希克斯有偏技术进步。

8.2.4　增强劳动力的技术进步

增强劳动力(labor-augmenting)的技术进步指的是提高劳动力技能的技术进步,实际上是一种替代劳动的技术进步。在劳动力技能较低的情况下,企业必须雇用较多的劳动力;随着劳动力技能的提高,企业就不需要那么多的劳动力了,情形有点儿类似第2章里提到的"质量—数量"替代。我们可以用下面的生产函数来说明增强劳动力的技术进步:

$$Y = AK^{\alpha}(HL)^{\beta} \tag{8.8}$$

其中,L 可以看作按人头计算的劳动力数量,H 可以看作一个企业或一个国家所有个体平均的劳动效率,或称劳动效率因子,它的增大意味着发生了增强劳动力的技术进步。HL 可以理解为有效劳动力数量,给定产量和资本不变,则 H 增大意味着可以少雇用一些劳动力。如果我们把工资理解为对有效劳动力的报酬,则在图8.2中把横轴上的 L 替换成 HL,增强劳动力的技术进步和中性技术进步就是一样的。但是,对工人来说,他们的工资提高了。用 w 代表有效劳动力的工资,w_L 代表每个工人的工资。则

$$w = \beta AK^{\alpha}(HL)^{\beta-1} \tag{8.9}$$

$$w_L = AH^{\beta}K^{\alpha} \times \beta L^{\beta-1} = H \times w \tag{8.10}$$

即如果有效劳动力的工资是 w,则每个工人的工资是这个工资的 H 倍。

图8.5进一步解释了为什么增强劳动力的技术进步节约劳动力,同时更多使用资本。图中的横轴为劳动力数量 L。初始时等产量线是 i_0,技术进步导致等产量线平行

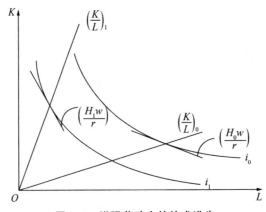

图8.5　增强劳动力的技术进步

向原点移动到 i_1。增强劳动的技术进步相当于工资相对价格的变化。设初始工资相对价格为 $\left(\dfrac{H_0 w}{r}\right)$，当 H_0 增大到 H_1 时，工资相对价格就变成了 $\left(\dfrac{H_1 w}{r}\right)$，即劳动力变得更贵了。这样，资本—劳动投入比例从 $\left(\dfrac{K}{L}\right)_0$ 上升到 $\left(\dfrac{K}{L}\right)_1$。

自 19 世纪中叶科学与技术相结合以来，发达国家的技术进步就进入了增强劳动力的时代，科学大大提高了劳动力的技能。在这种情况下，资本替代劳动力就成为必然。在柏林墙倒塌之后，世界进入新的一波全球化时代，其标志之一是发达国家的产业外移。在这种情况下，留在发达国家本土的企业向产业链的高端转移，由此产生对增强劳动力的技术进步的需求。

这里需要注意的是，由增强劳动力的技术进步所产生的资本对劳动力的替代与单纯的因产出弹性改变而造成的资本对劳动力的替代是不同的。早期的资本主义可能产生后一种情况，那时的发明创造主要是机器的更新，使机器更有效率，但并不增加劳动力本身的素质，更不提高他们的工资。卓别林在《摩登时代》里所描绘的情形正是这样：卓别林在电影里饰演一个在流水线上工作的工人，除了机械性的装配动作什么都不用做，连吃饭都是机器喂，之后机器还为他刷牙。增强劳动力的技术进步则不同，它不仅使工人拥有更多的自主性，还提高他们的工资。

8.2.5 增强资本的技术进步

既然有增强劳动力的技术进步，也就存在增强资本的技术进步。但是，这种技术进步在现代工业里比较少见，而在农业里常出现。以 T 代表土地，L 代表劳动力，Y 代表产出，然后考虑下面的农业生产函数：

$$Y = A T^\alpha L^\beta \tag{8.11}$$

土地的供给是有限的，但是通过技术改进，有效土地面积可以增加。这样的技术改进包括灌溉的普及、良种的推广和化肥的改良等，以 H 代表这些增强土地的技术进步，则我们可以把上面的生产函数改写为：

$$Y = A (HT)^\alpha L^\beta \tag{8.12}$$

H 的提高节约土地，但诱导农户使用更多的劳动力，比如灌溉的推广一般需要更多的劳动力。但是，值得注意的是，增强土地的技术进步与增强劳动力的技术进步有所不同：增强劳动力的技术进步是内嵌式的，即无法与个人分离，而增强土地的技术进步可以与土地分离。也正是出于这个原因，研究者在估计农业生产函数时，往往把化肥等增强土地的投入作为一种独立于土地的投入要素进行考察。

8.3 技术进步的度量

8.3.1 索罗残差和全要素生产率

对技术进步的度量起始于索罗所做的研究,他创造了后来被称为"索罗残差"的度量方法。这个方法不尽如人意,但很简单和直观;同时,后期发展的一些度量方法也是在索罗残差基础上的改进。令生产函数为:

$$Y_t = A_t K_t^\alpha L_t^\beta \tag{8.13}$$

由于技术进步涉及时间,因此各变量都有时间角标 t。当资本以存量净值、劳动以数量来度量时,这里的 A_t 可以理解为中性技术进步、增强资本的技术进步以及增强劳动力的技术进步的结果的加总,在文献中,A_t 通常被称为全要素生产率(total factor productivity,TFP),即无法用要素投入来解释的产出。

对式(8.13)两边取对数,我们得到一个线性函数关系式:

$$\ln Y_t = \ln A_t + \alpha \ln K_t + \beta \ln L_t \tag{8.14}$$

对时间 t 求全微分并整理得:

$$\hat{Y}_t = \hat{A}_t + \alpha \hat{K}_t + \beta \hat{L}_t \tag{8.15}$$

其中,$\hat{Y}_t$、$\hat{K}_t$、$\hat{L}_t$ 都是可以观察到的,α、β 可以通过对生产函数的估计得出。如果假设规模报酬不变,即 $\alpha + \beta = 1$,则利润为零,$Y = wL + rK$,因此 α 和 β 分别代表国民收入中资本报酬和劳动力报酬的分配比例,即 $\alpha = \dfrac{rK}{Y}$,$\beta = \dfrac{wL}{Y}$,其值可以从统计年鉴中查出。这样,技术进步率 $\hat{A}_t$ 就可以从式(8.16)得到:

$$\hat{A}_t = \hat{Y}_t - (\alpha \hat{K}_t + \beta \hat{L}_t) \tag{8.16}$$

其中,$\alpha \hat{K}_t + \beta \hat{L}_t$ 是资本和劳动对产出增长的贡献的加权之和,$\hat{Y}_t - (\alpha \hat{K}_t + \beta \hat{L}_t)$ 是产出增长中剔除资本和劳动增长的贡献之后得到的残差,即索罗残差,也是全要素生产率的增长率。

在规模报酬不变的条件下,我们还可以从另一个角度来理解索罗残差。根据 $Y_t = r_t K_t + w_t L_t$ 这个恒等式,考虑资本回报和工资都有增长的情形,则我们有:

$$\hat{Y}_t = \alpha \hat{K}_t + \beta \hat{L}_t + (\alpha \hat{r}_t + \beta \hat{w}_t) \tag{8.17}$$

因此,索罗残差是资本回报率和工资增长率的加权之和。当资本和劳动力的测量不准确,而资本回报率和工资的数据比较可靠时,我们可以利用这个结论来测度全要素生产率的增长率。

8.3.2 索罗残差的问题

索罗残差在发展经济学和增长经济学中得到广泛应用,但对它的批评也很多。

首先,索罗残差可能包含大量的统计误差。通常情况下,研究者都是用数据对式 (8.14)做回归分析,由此得到的索罗残差显然包含统计误差。但是,一个反驳意见是,如果索罗残差仅仅是统计误差,则它应该是比较随机的,有正有负,然而,我们将在下面看到,从中国的数据来看,索罗残差在多数年份都是正的,因此不太可能完全是统计误差。

其次,如何度量资本和劳动力也是大问题。资本会有折旧,但是折旧有两种含义不同的度量方式,分别称为会计折旧和经济折旧。会计折旧是根据国家规定进行计算的,折旧率的高低对企业的投资有很大的影响,高折旧率人为地增加成本,减少纳税,从而促进投资。要正确估计资本存量,我们必须使用经济折旧率,即由资本固有的损耗所带来的折旧率,而估计经济折旧率是一件非常困难的事情,需要相当复杂的技术手段。在劳动力度量方面,则会遇到一个劳动力质量问题。显然,一个大学毕业生和一个小学毕业生是不能简单相加的。在国别研究中,研究者通常使用小学入学率、初中入学率或大学入学率来反映一个国家的劳动力质量。但是,这些指标只是总体层面上的度量,不一定能精确地代表一个国家劳动力的质量。要得到比较精确的度量,就必须知道教育水平在劳动力中的分布,但这需要大量的抽样调查数据,不是所有国家都能提供的。

再次,索罗残差无法考虑嵌入式技术进步。所谓嵌入式技术进步,指的是附着在劳动力和资本上的技术进步。附着在劳动力上的技术进步主要是指劳动力知识水平和技能的提高,在一定程度上,它可以通过教育水平来度量。但是,要度量附着在资本上的技术进步是极端困难的。比如,从国外引进一套设备,既是资本积累,又是技术进步。例如,20世纪70年代末、80年代初,中国曾搞过一次"洋跃进",从发达国家引进成套设备,造就了宝山钢铁、扬子石化和齐鲁石化这样的大型工业企业,大大提升了中国的工业技术水平。显然,在计算中国经济增长的索罗残差时,这些成套设备只会被统计为资本积累,从而会夸大资本积累对经济增长的贡献,低估技术进步的贡献。

最后,使用索罗残差估计一个国家(地区)的技术进步率会受到宏观经济波动的影响。当经济处于景气周期的上升期时,资本和劳动的使用比较充分,此时计算的索罗残差自然较高;反过来,当经济处于景气周期的下降期时,闲置资本和劳动力较多,索罗残差自然较低。另外,经济处于上升期时,需求旺盛,一些闲置的要素被充分利用,因而也会提高一个国家的全要素生产率。因此,在短期,索罗残差的意义可能不大,它的作用更多的是衡量长期趋势。

对技术进步的度量,涉及对一些国家(地区)发展模式的认识。专栏8.1介绍了关于中国发展模式的相关争论。

专栏 8.1
关于中国全要素生产率的争论

图 8.6 显示了中国 1992—2015 年,使用式(8.16)计算的 TFP 增长率(劳动收入占比设为 0.6,资本收入占比设为 0.4)与 GDP 增长率的对比情况。很明显,TFP 增长率和 GDP 增长率高度相关,并符合中国经济周期的波动规律。因此,在短期索罗残差的意义可能不大,它的作用更多的是衡量长期趋势。

从图 8.6 可以看到,中国的 TFP 增长率从 2007 年之后开始下降,2013—2015 年甚至变成负增长。图 8.6 对 TFP 的计算比较粗糙,但更为细致的计算也显示了同样的趋势。一些人因此认为,中国的经济效率在下降,中国的技术进步率在下降。果真如此吗?我们来看一下中国 TFP 增长率下降的原因。

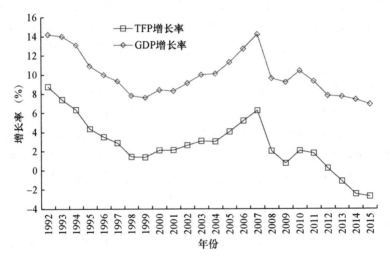

图 8.6 中国 GDP 增长率和 TFP 增长率比较(1992—2015)
资料来源:国家统计局。

一个原因是上面指出的 TFP 与经济增长率之间的高相关关系。2008 年之前,中国经济增长速度非常高,之后经济增长减速,原因是国际市场增速下降,外延式扩张不再是中国经济增长的主要动力。这也说明,TFP 的确是一个残差,不仅包含技术进步的贡献,而且包含市场需求的贡献。第二个原因是资本回报率的下降。2008 年之前,中国的资本回报率不断上升(刘晓光和卢锋,2014),之后开始下降。原因有两个:一是资本存量上升、资本边际回报率下降的作用,二是基建投资以高铁为主,投资模式从生产性投资转变为消费性投资,资本回报率下降。第三个原因是中国经济进入从外延式扩张到内涵式发展的转型期,经济增长越来越依赖内生的技术进步,而后者要消耗大量的资本,且成本不断上升。

由此可见,TFP 增长率下降并不一定意味着中国经济效率的下降,更不意味着中国技术进步率的下降。事实上,自 2012 年以来,创新成为中国经济增长的主导力量,我国的技术进步率肯定是比以前提高了——如上文所述,2008 年以前较高的 TFP 增长率来自国际市场扩张,而不是来自技术进步。

技术是企业的生产要素之一,和资本是一样的。过去,经济学家对资本是否可以加总度量没有统一的意见,争论直到 20 世纪 80 年代才结束。既然主流经济学家已经公认资本可以加总度量,那我们也可以对技术进行加总度量,办法是用资金投入衡量技术投入,从而得到单一维度的度量指标。然后,我们可以把技术直接加入生产函数,直接度量技术对产出的贡献。

8.4 诱导性技术进步(变迁)

决定技术进步的因素有哪些呢? 要穷尽这个问题的答案,我们大概需要十来页的篇幅;但是,经济学家的任务不是穷尽影响某个事物的所有因素,而是寻找最显著的因素。对于技术进步而言,最显著的因素是相对价格,由此引出的一个理论是诱导性技术进步(变迁)。我们从诺斯在《经济史中的结构与变迁》一书中举的例子开始我们对这个理论的讨论(North,1981)。

如图 8.7 所示,我们考察一个原始农业的技术进步。对于原始农业而言,有两种办法增加农业产量:一种是外部拓展,比如开荒;另一种是内部拓展,即发掘现有土地的能力,如灌溉。在农业生产的初期,人们可以开垦离居住地较近的土地,开发新土地的边际成本较低;随着时间的推移,人们不得不开垦远处且地理条件比较复杂的土地,因此开发新土地的边际成本提高。相比较而言,灌溉具有一定的规模经济,一旦修好了水渠,灌溉的边际成本就基本保持不变,一段时间之后才会逐渐上升。这样,开荒的边际成本和灌溉的边际成本就会有一个交点 t^*。在 t^* 之前,开荒的边际成本低于灌溉的边际成本,因此人们选择开荒;过了 t^* 点之后,开荒的边际成本高于灌溉的边际成本,此时人们开始选择灌溉。我们知道,如果要给开荒和灌溉定价,则它们的边际成

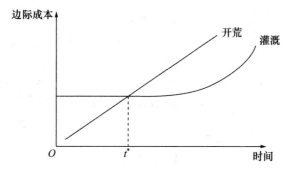

图 8.7　原始农业的拓展路径

本就是它们的价格。因此，在这个例子中，影响农业拓展路径的因素就是开荒和灌溉的相对价格。

诱导性技术变迁理论说的恰恰就是这个道理：技术的选择由要素的相对价格决定；当要素的相对价格变化时，人们倾向于采用更密集地使用变得更为便宜的要素的技术。我们用图 8.8 来说明这个理论。

在图 8.8 中，i_0 和 i_1 表示两种技术，i_1 比 i_0 更密集地使用劳动力，因此它比后者更陡峭，即劳动力对资本的替代率更大。假设初始时刻的生产技术为 i_0，劳动和资本的相对价格为 $P_0 = \left(\dfrac{w}{r}\right)_0$，此时最优的资本和劳动组合在 a 点。在相同价格下，使用 i_1 技术的最优资本和劳动组合在 c 点。两点上的总成本可以用通过两点各自等产量线的切线表示，显然，使用 i_1 技术比使用 i_0 技术节约成本，因此从 i_0 到 i_1 是一个技术进步。技术进步总是要付出成本的。比如，一个企业要采用新的装配线，则它不但要支付购买装配线的费用，而且要培训工人，这就带来很大的成本。因此，更先进的 i_1 技术是否值得使用，要比较由此节约的成本和技术进步所需成本之间的大小。在图 8.8中，计算成本节约量的一个简单办法就是把通过 a 点和 c 点的成本线延至纵轴，两者在纵轴上截距的差 S_0 就是以资本价格度量的成本节约量。如果技术进步所需投入的成本大于 S_0，则技术进步就不会发生。

现在，假设相对价格变为 $P_1 = \left(\dfrac{w}{r}\right)_1 < P_0 = \left(\dfrac{w}{r}\right)_0$，即劳动力相对于资本变得更便宜。此时，使用 i_0 技术和 i_1 技术的最优资本和劳动力组合分别在 b 点与 d 点，两者的成本差变为 $S_1 > S_0$，即采用新技术可以节省更多的成本，这时采用新技术就可能变得有利可图。这主要是因为 i_1 比 i_0 更密集地使用劳动力，当劳动力的相对价格下降（或资本的相对价格上升）时，企业采用更密集地使用劳动力的技术就变得有利可图。下面用一个例子来更直观地说明这个问题。

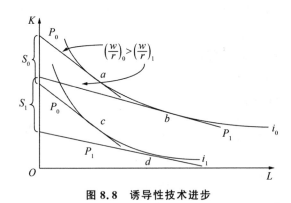

图 8.8　诱导性技术进步

假设初始时刻的生产函数为：

$$Y = K^{0.5} L^{0.5} \tag{8.18}$$

相对价格为 $\frac{w_0}{r_0}=1$。根据成本最小化的一阶条件：

$$\frac{K}{L}=\frac{\alpha}{\beta}\times\left(\frac{w_0}{r_0}\right)=1 \tag{8.19}$$

在规模报酬不变的条件下，总成本等于单位成本乘以总产出，所以我们只需要比较不同情况下的单位成本。由式(8.18)和式(8.19)可知，1 单位产出所需的资本和劳动力都是 1 个单位。令初始时刻的工资为 1，则单位成本为：

$$c_0=r_0K+w_0L=2 \tag{8.20}$$

现在假设资本价格上涨一倍，工资仍假设为 1。则 $\frac{w_1}{r_1}=\frac{1}{2}$，1 单位产出所需资本为 $\frac{\sqrt{2}}{2}$ 个单位、劳动力为 $\sqrt{2}$ 个单位，新的单位成本为 $c_1=2\times\frac{\sqrt{2}}{2}+\sqrt{2}=2\sqrt{2}\approx2.83>c_0$。在图 8.8 中，这相当于从 a 点到 b 点的变化。

现在考虑一个新技术：

$$Y=K^{0.2}L^{0.8} \tag{8.21}$$

这一新技术比旧技术更密集地使用劳动力。在 $\frac{w_0}{r_0}=1$ 下，$\frac{K}{L}=\frac{1}{4}$，1 单位产出所需的资本为 0.33 个单位、劳动力为 1.32 个单位，单位成本为 $c_2=1.65<c_0<c_1$。如果此时放弃旧技术、采用新技术(相当于图 8.8 中从 a 点到 c 点的变化)，则单位成本节约 $S_0=2-1.65=0.35$。在 $\frac{w_1}{r_1}=\frac{1}{2}$ 下，采用新技术时 $\frac{K}{L}=\frac{1}{8}$，1 单位产出所需的资本为 0.19 个单位、劳动力为 1.52 个单位，单位成本为 $c_3=1.90$。如果此时放弃旧技术、采用新技术(相当于图 8.8 中从 b 点到 d 点的变化)，则单位成本节约 $S_1=2.83-1.90=0.93$。显然，在新价格下，采用新技术要节约更多的成本。假设一个厂家的最优产量是 1 万台设备，在老价格下采用新技术能够节约 3 500(个工资单位)，在新价格下则可以节约 9 300(个工资单位)。如果采用新技术的成本刚好在 3 500—9 300，企业在老价格下就不会采用新技术，而在新价格下就会采用。

现实中有许多诱导性技术变迁的例子。在第 2 章中我们提到，历史上随着人口的增长，中国农业所采用的技术越来越多地使用劳动力这种更便宜的生产要素。另一个有意思的现象是水稻北界的北移。以前水稻主要在长江以南的地区种植，双季稻更是在江西、湖南以南的地区种植。计划经济时代，长江以北开始大面积种植水稻，双季稻甚至三季稻也推广到了长江流域。这主要是农业人口压力造成的。计划经济时代是中国人口增长最快的时期，而且农民不能离开土地，因此留在土地上的劳动力空前增长，而土地数量是有限的，从而必须采用多使用劳动力、少使用土地的技术。水稻比小麦的产量高，但使用的劳动力比小麦多，因此在长江以北用水稻代替小麦可以充分利用劳动力资源，节省土地。然而，水稻的蛋白质含量低于小麦，人们摄入的食物的质量下降。改革开放之后，农村劳动力得到解放，而且随着收入水平的提升，人们对食物质量的要求提高，因此水稻北界退回到长江以南，中国的三季稻基本绝迹，一些农民甚至双季稻都不种了。

速水佑次郎(Yujiro Hayami)与他的合作者弗农·拉坦(Vernon Ruttan)对美国和日本农业技术选择的研究提供了一个诱导性技术变迁在国家间的比较的案例(Hayami and Ruttan，1970)。相比较而言，美国是一个土地极其富裕的国家，而日本是一个土地极其缺乏的国家。速水佑次郎和拉坦观察到，尽管两个国家的劳动力成本都很高，但美国采用的农业技术倾向于用机械替代人力，而日本采用的农业技术倾向于用人力替代土地。

8.5　小结

本章首先介绍了技术进步的种类和度量，然后用较大的篇幅讨论了诱导性技术变迁理论。技术进步不仅能提高经济效率，而且会改变收入分配。比如，美国自 20 世纪 80 年代以来的收入分配状况一直恶化，其中一个可能的原因是美国发生了增强劳动力的技术进步，但普通美国人没有获得新技术所需的技能。去工业化进程开始之后，技术进步对中国经济的持续增长变得更加重要；与此同时，我们也需要考虑有偏的技术进步带来的收入分配效应。另外，本章对技术进步度量的讨论也提醒我们注意，根据宏观数据获得的索罗残差有较强的顺周期性，因此不宜用它来说明短期的效率变化。

本章讨论的是封闭条件下一国的技术进步问题。在开放条件下，我们必须考虑国际贸易和比较优势问题。后发优势理论认为，比较优势不仅适用于技术选择，而且适用于出口选择。事实上，林毅夫将比较优势提升到国家发展战略的高度加以研究，提出了比较优势战略的概念。但是，另一派观点认为，当产业中存在规模经济时，国际贸易的结果可能是产生"贸易陷阱"，即一些国家被永久地置于出口低端产品的阶段。另外，纯粹按照比较优势选择技术，也可能无法缩小与技术前沿国家之间的差距。我们将在第 9 章对此进行讨论。

【练习题】

1. 现代经济增长的一个特点是生产中使用的资本相对于劳动力在增加。给出两种可以造成这一结果的技术进步，并说明它们之间的差别。

2. 在加入世界贸易组织之前，中国的农产品国际贸易拥有盈余；而在加入世界贸易组织之后，中国的农产品国际贸易发生大规模赤字，特别是大豆、油料和棉花等土地密集型作物。如何从诱导性技术变迁的角度解释这一现象？

3. 全要素生产率的提高可以通过哪些途径实现？全要素生产率提高等于技术进步吗？如果发现一个国家在一定时期内的索罗残差为正，这个国家就一定发生了中性技术进步吗？

4. 当使用 $Y = AK^\alpha L^\beta$ 分别估计中国和美国的工业生产函数时，一般的发现是美国的资本产出弹性小于中国的资本产出弹性,而劳动力产出弹性有相反的性质。据此能够肯定美国发生了劳动力替代资本的技术进步吗? 如果不是,试给出两个合理的解释。

5. 假设规模报酬不变,推导出由人均 GDP 计算的索罗残差表示的全要素生产率增长率。

6. 搜索文献,找到 2000 年以来尽可能多的年份的中国资本回报率和工资数据,利用式(8.16)计算中国的全要素生产率增长率,并与其他方式计算的全要素生产率增长率进行对比。

7*. 假设一个行业使用资本 K 和劳动力 L 进行生产,生产函数是:
$$y = K^{0.5}(eL)^{0.5}, \quad e > 0$$
其中,e 是劳动效率因子。一个观察者发现,在一定时期内,资本价格没有变化,而资本—劳动投入比例上升了 2%。

(1)试写出该生产函数下的全要素生产率增长率的表达式。

(2)在观察者的观测期内,全要素生产率发生了怎样的变化?

(3)在观察者的观测期内,该行业发生了怎样的技术进步?请用图在 (K, L) 象限里说明相对价格、资本—劳动投入比例及技术的变化情况。

8*. 发达国家在去工业化的过程中,一般都会发生"产业空心化"过程,即低端产业向其他国家特别是发展中国家的转移。在国内,随着工资水平的提高,发达国家本国的生产技术不断朝增强劳动力的方向发展。试用一个最简单的模型说明,这两个趋势是发达国家企业实现最小生产成本的必然选择。(提示:假设只有一个企业,只使用劳动力进行生产,但可以选择两种生产技术,一种比另一种更加增强劳动力,即前者的劳动效率高于后者。证明随着工资的上涨,企业更多地选择第一种技术,而把第二种技术转移到低工资的发展中国家。)

国际贸易和
不平衡发展

第 9 章

9.1 引言

在新古典经济学框架下,国际贸易总是对所有参与者有利。从根本上说,国际贸易是各个国家自愿选择的,因此它的结果不可能比自给自足更差。更具体地,新古典贸易理论证明,在经典假设(规模报酬不变和完备市场)下,即使不存在生产要素的跨境流动,产品贸易也会使得生产要素的价格在各国之间趋同。也就是说,发展中国家可以发生赶超,收入水平通过产品贸易可以收敛到发达国家的水平。另外,新古典贸易理论的另一个重要结论是,一国倾向于出口具有比较优势的产品。把这个结论推广到技术选择领域,我们也可以说,一国倾向于使用符合本国比较优势的技术。但是,正如第 1 章的历史回顾所告诉我们的,世界各国的人均收入水平并没有发生显著的收敛,新古典贸易理论的预测是失败的。究其原因,可能是因为新古典经济学的假设在现实中是不成立的,这样国际贸易不仅可能无助于发展中国家的经济赶超,而且不一定对所有参与者都有利。从技术选择角度来看,发达国家(北方国家)的技术不一定会通过贸易传递给欠发达国家(南方国家),严格遵照比较优势可能让一个国家落入低技术陷阱。

本章首先介绍保护幼稚产业理论。该理论以某些产业的规模报酬递增为起点,认为国际贸易对这些产业的发展具有抑制作用,它们属于幼稚产业,因而需要政府的保护。然后讨论中心—外围假说。该假说将世界分成中心国家和外围国家,认为中心国家的技术进步没有改善外围国家的贸易条件,也没有发生收入的涓流效应,因此世界没有发生趋同。这两个理论都是 20 世纪 50 年代提出来的,直到今天仍然是一些发展中国家的政策基石。最后在李嘉图比较优势框架下给出一个两个国家的技术(产品)分工模型,说明比较优势对于实现技术赶超的条件,并用这个模型进一步讨论中心—外围假说成立的逻辑。

学习目标:

理解并掌握开放经济条件下的多重均衡模型以及保护幼稚产业政策的原理。

理解中心—外围假说以及依附理论的理论基础和它们的各种变种。

掌握李嘉图比较优势模型在当代国际分工中的应用。

理解后发优势和后发劣势的含义。

9.2 多重均衡和对幼稚产业的保护

在第 7 章里，我们已经看到，一旦企业拥有内部经济，则整个经济可以产生多重均衡。保护幼稚产业理论的主要论据就是由企业内部经济所导致的多重均衡，其结论是，为了避免差的均衡、实现好的均衡，政府需要对产业进行保护。本节用一个简单的模型表达这一思想。

我们考察一个两部门经济体，一个是传统部门（可以理解为农业部门），另一个是现代部门（可以理解为工业部门），生产两种不同的产品。传统部门只使用劳动力进行生产，生产函数是 $S=L_s$，其中 L_s 是劳动投入。传统部门产品的价格为 P_s。现代部门使用资本和劳动力进行生产，生产函数是 $M=\bar{K}^{\mu}K^{a}L_m^{1-a}$，$\mu>0,0<a<1$，其中 $\bar{K}$ 表示社会资本存量。$\bar{K}^{\mu}$ 的意义是，随着资本的积累，全要素生产率提高，即整个经济存在规模经济，这与前面讲到的罗默模型的假设是一致的。现代部门产品的价格为 P_m。再假设两种产品都是正常品，因此在封闭经济条件下，传统部门不会消失。

9.2.1 封闭经济的情形

由于劳动力可以在两个部门间任意流动，因此只会存在一个工资水平。由于传统部门的生产只使用劳动力，而且为不变规模报酬，因此传统部门就可以确定工资 w。传统部门的最优化问题为：

$$\underset{L_s}{\text{Max}}\, P_s \times S - w \times L_s \tag{9.1}$$

因此，我们必定有 $w=P_s$。此处 w 是货币意义上的工资。我们也可以用实物形式表达工资，比如除以工业品的价格就是用工业品表达的工资率。令封闭经济条件下这个实物工资为 w_A，即 $w_A=\left(\dfrac{P_s}{P_m}\right)_A$。

对于现代部门而言，短期内资本存量给定，只需确定劳动力数量。由于每个单独的企业都拥有不变规模经济的技术，因此我们可以把它们加总，只考虑一个代表性企业的情况。求解这个代表性企业的最优化问题，我们得到下面的一阶条件：

$$w=(1-a)P_m\bar{K}^{\mu}K^{a}L_m^{-a} \tag{9.2}$$

利用均衡条件下，代表性企业的资本存量就是全社会的资本存量，即 $\bar{K}=K$，我们可以得到最优劳动力数量：

$$L_m=\left[\frac{(1-a)K^{a+\mu}}{w_A}\right]^{\frac{1}{a}} \tag{9.3}$$

进而得到现代部门的产量：

$$M = (1-a)^{\frac{1-a}{a}} w_A^{-\frac{1-a}{a}} K^{1+\frac{\mu}{a}} \qquad (9.4)$$

令 C_m 表示消费者对现代部门产品的需求，C_s 表示消费者对传统部门农产品的需求。假设两者符合下面的函数关系：

$$\frac{C_M}{C_S} = \beta \frac{P_S}{P_M} \qquad (9.5)$$

其中，β 为正的常数。最后市场出清要满足下面的条件：

$$C_s = S = L_s, \quad C_m = M \qquad (9.6)$$

综合式（9.4）—式（9.6）以及传统部门产品的产量表达式，我们得出：

$$w_A = (1-a)^{1-a} \beta^{-a} K^{a+\mu} (L - L_M)^{-a} \qquad (9.7)$$

代入 L_m 表达式就可以解出短期工资。利用隐函数定理我们可以得到 $\mathrm{d}w_A / \mathrm{d}K > 0$，即短期实物工资是资本存量的增函数。它的直观意思是，当资本存量增加时，现代部门的产量增加，其产品相对于传统部门的产品的价格下降，而实物工资恰恰是传统部门产品和现代部门产品的相对价格。

下面考虑长期情形。令 r 为资本回报率，s 为外生给定的储蓄率，δ 为资本折旧率。资本回报率可以由式（9.8）求得：

$$r = a \bar{K}^{\mu} K^{a-1} L_m^{1-a} = a(1-a)^{1-a} K^{\frac{\mu}{a}} w_A^{-(1-a)} \qquad (9.8)$$

与前面的章节的相同，我们假设长期问题要求 $rs = \delta$。将 r 的表达式代入，我们得到长期工资：

$$w_A^* = (sa/\delta)^{\frac{1}{1-a}} (1-a) K^{\frac{\mu}{a(1-a)}} \qquad (9.9)$$

取对数之后，长期工资与资本存量变成线性关系。另外，短期工资与资本存量的关系比较复杂，但两者的对数应该具有正相关关系。由此我们可以得到封闭经济条件下的长期均衡图解，如图 9.1 所示。

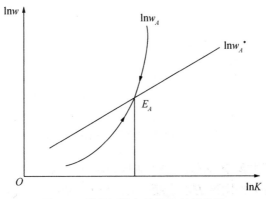

图 9.1　封闭经济条件下的长期均衡

长期工资和短期工资如果相交就只有一个交点，图中记为 E_A。显然，这是一个稳定的稳态。这意味着在封闭经济条件下，一个起点即使很低的国家也可以通过资本积累达到较高的发展水平,而且通过提高储蓄率(长期工资曲线上升),稳态的工资水平也会提高。

9.2.2 开放经济情形

我们考虑一个小国开放的情形,此时产品价格由国际市场决定,国内市场只决定工资和资本回报。长期工资的决定条件与封闭经济条件下是一样的,取决于稳态条件 $rs=\delta$,其表达式仍然是式(9.9)。短期的情况会发生什么变化呢?

此时两个部门中的任意一个部门都可能消失,因为开放经济条件下产品可以进口。如果初始时传统部门存在的话,实物工资就是一个常数,是国际市场上传统部门产品和现代部门产品的相对价格,记为 $\left(\dfrac{P_s}{P_m}\right)_F$。如果传统部门消失,传统部门产品完全依靠进口,此时劳动力完全在现代部门就业,由于劳动力总数给定,因此随着资本存量的增加,工资就会提高。如图9.2所示,短期工资曲线和刘易斯模型下的工业劳动力供给曲线类似,前段是一条水平线,后段是一条向上倾斜的曲线。

这样,短期工资和长期工资就相交于两点,其中 E_F 是一个稳定的稳态,E 是一个不稳定的稳态。如果初始时人均资本存量较低,资本存量就会退化到零;如果人均资本量超过了 K^*,一个国家就会越来越多地生产工业品,最终到 E_F 后就全部生产工业品,完全进口农业品。因此,一个国家如果资本存量较低,参与国际贸易就会落入生产传统部门产品的"贸易陷阱"。

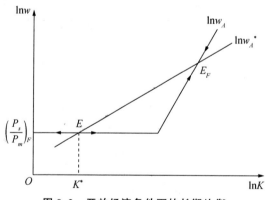

图9.2 开放经济条件下的长期均衡

这里之所以会产生多重均衡,有两个原因:其一,开放经济条件下的短期工资有一段类似于工业劳动力无限供给的水平线,而这条水平线的产生,又是因为产品价格完全由国际市场决定。在封闭经济条件下,当资本存量增加时,传统部门产品相对于现代部门产品的价格就会提高,从而实物工资提高;在开放经济条件下,现代部门的扩张不会影响产品相对价格;从另一个角度来说,这就相当于它不再对国内经济释放正的金融外部性。其二,由于现代部门存在规模经济,长期工资曲线不是水平的,而是向上倾斜的。从长期工资决定式(9.9)来看,这是一目了然的:如果不存在规模经济,则 μ 等于零,长期工资就与资本存量无关。

接下来,我们将封闭经济和开放经济两种情形放在一起,得到图 9.3。我们可以用图 9.3 讨论比较优势与贸易陷阱的关系。这里的比较优势是赫克歇尔-俄林意义上的比较优势,即基于要素禀赋的比较优势。由于要素禀赋的相对丰裕度可以用封闭经济条件下的要素相对价格表示,而要素相对价格最终反映到产品相对价格上,因此一个国家具体生产什么产品就取决于产品的国际相对价格与(封闭经济条件下)国内相对价格之间的比较。

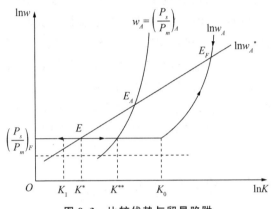

图 9.3　比较优势与贸易陷阱

根据图 9.3,我们可以把一个国家的发展分成四个阶段。以 K^{**} 为分界点,前后各有两个阶段。当 $K < K^{**}$ 时,国内自给自足的传统部门产品(农业品)和现代部门产品(工业品)的相对价格 $\left(\dfrac{P_s}{P_m}\right)_A$ 低于其国际水平 $\left(\dfrac{P_s}{P_m}\right)_F$。这意味着农产品在国际市场上比工业品更具有竞争力,因此这个国家应该出口农产品、进口工业品。具体的,我们又可以区分两个阶段。第一阶段是当 $K < K^*$ 时。此时,这个国家不仅在农业品上具有比较优势,而且会专业化生产农业品,资本存量会减少到零,工业品完全依赖进口。这是图 9.2 所示的贸易陷阱阶段。第二阶段是当 $K^* < K < K^{**}$ 时。此时,这个国家仍然在农产品上具有比较优势,但不是专业化生产农产品,而是同时生产工业品,尽管可能需要进口工业品。与第一阶段的不同之处在于,这时资本开始积累,工业部门逐步扩大。

当 $K > K^{**}$ 时,国内自给自足的农产品和工业品的相对价格 $\left(\dfrac{P_s}{P_m}\right)_A$ 已经高于其国际水平 $\left(\dfrac{P_s}{P_m}\right)_F$,工业部门开始具有比较优势。此时,我们也可以区分两个阶段,即经济发展的第三阶段和第四阶段。在第三阶段,K 处于 K^{**} 和 K_0 之间,此时这个国家同时生产农产品和工业品,但出口工业品,同时可能进口农产品。在第四阶段,K 超过

K_0，此时这个国家不再生产农产品，专业化生产工业品。

总结起来，我们看到，比较优势战略的成功是有条件的。如果一个国家的起点非常低，在参与国际贸易之前没有一定的资本积累，则国际贸易会使其落入贸易陷阱，专业化生产农产品（或其他资源性产品）。但是，当一个国家已经积累一定的资本之后，按照比较优势进行发展就会积累更多的资本，最终实现完全的工业化。中国过去走过的路程印证了这个结论。在计划经济时期，中国实行的是重工业优先发展战略（参见专栏7.1），尽管这个战略存在很多问题，但是它为中国改革开放后参与国际市场竞争打下了坚实的基础。这个阶段相当于图9.3所示的第一阶段。中国没有被锁定在农产品和资源性产品出口上，是因为国家经由重工业发展战略强制性地积累了大量资本。改革开放之后，中国的经济战略发生了根本性的改变，开始实施出口导向的发展战略。20世纪80年代初期，中国的出口以农产品和其他资源性产品为主，这相当于图9.3所示的第二阶段；从80年代后期开始，农产品和其他资源性产品失去了比较优势，中国开始大量出口轻工业产品，特别是服装、鞋帽和玩具，这相当于图9.3所示的第三阶段。进入21世纪之后，中国的出口产品结构又发生了一次大的变化，服装类产品的出口龙头地位被电子和机械产品。尽管产品的附加值有待提高（我们在第10章要详细讨论这个问题），但中国出口产品的技术含量在不断提高是毋庸置疑的事实。

9.2.3　保护幼稚产业和进口替代

既然一个经济体的经济发展要经历四个阶段，而每个发展中经济体都是从低资本存量开始发展的，那么一个重要的问题是，如何使一个经济体在第一阶段避免落入贸易陷阱。保护幼稚产业学说就是在这个背景下产生的。我们知道，第一阶段之所以存在贸易陷阱，是因为现代部门存在规模经济，当资本存量很小时，工业的生产率较低，工业品相对于农业品在国际市场上处于劣势。此时，工业部门就是一个幼稚产业，需要适当的保护。自20世纪50年代以来，国际上通行两种保护政策。

一种是压低农产品价格。许多发展中经济体包括中国都曾经或依然采取这种政策。结合图9.3来看，如果一个经济体初始时处于 K_1 的位置，那么工业就无法发展。在开放经济条件下，压低农产品价格的效果就是使开放经济短期工资曲线的水平线段下移（如下移到图中虚线所在的位置），这样它和长期工资曲线的交点就会后退到 K_1 点左边，经济就被拉入第二阶段，开始起飞。如果农产品是净出口产品，那么压低其价格的具体政策可以是加征出口关税。假设税率是 t，那么生产者实际拿到的价格就是 $P_s(1-t)$，这样经济体内部生产者面对的国际市场相对价格就变成 $(1-t)\dfrac{P_s}{P_m}$，这实际上是提高了工业品的相对价格，使得工业品生产更加有利可图。

另一种是实施进口替代政策，即对工业进口品征收高额关税，提高工业品的经济体内部价格。假设税率为 t，则经济体内部工业品价格变成 $P_m(1+t)$，经济体内部农产品和工业品的相对价格变成 $\dfrac{P_s}{P_m}\dfrac{1}{(1+t)}$，其结果和压低农产品价格是一样的，即提高工业品的经济体内部相对价格。

中国在计划经济时期采取了既压低农产品价格，又实施进口替代的政策。世界上的多数经济体，包括发达经济体在其早期发展阶段都实施过进口替代政策，成功和失败的例子都有。那么，什么因素决定了进口替代政策的成功和失败呢？

其一是经济体的规模。规模较大的经济体拥有更大的内部市场，工业品比较容易在内部市场得到发展。拉丁美洲国家是实施进口替代政策较早的经济体，通常认为，那些较大的经济体（如巴西和墨西哥）比小的经济体（如智利、乌拉圭和委内瑞拉）更成功。中国的进口替代政策相对而言比较成功，也和中国巨大的国内市场有关。东亚的一些小型经济体（如新加坡和中国香港地区）之所以没有实施进口替代政策，也和它们的内部市场狭小有关。

其二是政府的权威。进口替代的目的是保护本国（地区）工业，但是具体到优先发展哪些工业，还需要认真研究。发展中经济体早期都缺少资本，如何把有限的资本用到最需要的产业上去，是不得不考虑的问题。这就需要政府具有足够的权威，协调和指导投资的流向。在这方面，中国和印度是一个很好的对比。中国改革开放前实行的社会主义计划经济，国家控制企业和生产计划，因此很容易掌控投资的流向；印度在同期也实施进口替代政策，但其经济组织是市场经济和计划经济的混合，政府对经济的调度能力远不如中国。到 20 世纪 80 年代，两个国家工业能力之间的差别就显现出来了：中国拥有远比印度完备的工业体系，重工业尤其具有较为雄厚的基础。到今天，中国无论是在军事工业、民用设备制造还是在出口工业方面，都远远超过印度。

其三是进口替代政策的适时退出。在图 9.3 中，当一个经济体的资本存量高于 K^* 时，资本积累就会进入正循环阶段，此时应该取消进口替代政策。值得注意的是，此时现代部门还不具备比较优势，但随着资本的正常积累，它最终会具有比较优势。如果这个时候继续实施进口替代政策，就可能获得适得其反的效果，即落后企业得到保护，最终无法实现其比较优势。观察第二次世界大战以来的历史可以发现，尽管初期几乎所有发展中经济体都实施了进口替代政策，但只有那些适时退出这一政策并转向出口导向发展战略的经济体获得了持续的高速增长。如韩国和中国台湾地区都是在 60 年代初期放弃了进口替代政策，转而依赖出口推动经济发展。然而，在进口替代政策下，那些得益的工业部门会变成既得利益群体，它们会倾力阻止经济体取消进口替代政策。这是多数经济体无法适时退出进口替代政策的主要原因。

失败的进口替代政策会对经济和社会产生巨大的影响。在拉丁美洲，进口替代政策的负面作用非常大，包括持续的国际收支紧张（20 世纪 80 年代导致了严重的主权债务危机）、政府赤字、收入差距拉大以及通货膨胀等。

总之，在经济发展的初期，一定程度的进口替代政策是合理的，有助于一个经济体快速地积累资本；但是，适时退出进口替代政策，代之以出口导向政策具有同等重要的意义。多数发展中经济体面对的困境是，既得利益集团总是以工业没有获得比较优势为理由反对退出,最终导致许多无谓的经济损失。

9.3　中心—外围假说

9.3.1　原理和简要的历史

中心—外围假说是 20 世纪 50 年代时任联合国拉丁美洲和加勒比地区经济委员会主任、阿根廷经济学家劳尔·普雷维什(Raúl Prebisch)提出来的。它的理论和经验基础是普雷维什-辛格原理(Prebisch-Singer thesis)。通过研究长期历史数据,汉斯·辛格(Hans Singer)和普雷维什分别于 1950 年发现,初级产品的贸易条件(初级产品相对于工业品的价格)在长期是逐渐恶化的。普雷维什综合了自己和辛格的研究成果,在很短的时间里(据说是三天三夜)写出了一本书《拉丁美洲的发展及其首要问题》(Prebisch,1950),系统地阐述了中心—外围假说。

根据这个假说,世界被分成"中心"和"外围"两个部分,前者由工业化的发达国家组成,后者则是广大的发展中国家。中心国家主要生产工业品,外围国家主要为中心国家提供原材料和其他初级产品。根据一般经济学原理,发达国家的技术进步将降低其产品(主要是工业品)的相对价格,从而外围国家(发展中国家)的贸易条件应该得到改善。比如,假设中心国家生产钢铁,外围国家生产可可,如果钢铁产业的劳动生产率提高,那么钢铁相对于可可的价格就会下降,因此发展中国家出口可可的贸易条件就会改善。也就是说,中心国家的技术进步应该具有涓流效应,最终使外围国家得益。但是,普雷维什-辛格原理发现,发达国家的技术进步不但没有改善发展中国家的贸易条件,反而使之恶化,并且中心国家和外围国家的劳动力收入差距越来越大。

由于普雷维什的巨大影响力,中心—外围假说很快就成为关于第三世界发展的主导学说,在政策层面上,则体现为进口替代政策在 20 世纪 50 年代和 60 年代的盛行。到了 60 年代末,中心—外围假说被更加激进的依附理论取代。依附理论基本上是一个宏观社会理论,本节正文只讨论中心—外围假说,依附理论则在专栏 9.1 中予以介绍。下面我们通过两个小模型,分别说明中心—外围假说的两个主要结论。

▌**专栏 9.1**
▌**依附理论**

依附理论的直接理论来源是普雷维什的中心—外围假说,但是不同于中心—外围假说的经济学性质,依附理论演变为一种关于世界体系的宏观社会理论。

依附理论起始于 20 世纪 60 年代末,起初是作为现代化理论的对立面而出现的。

现代化理论认为,所有的国家都将经历同样的现代化过程,当今发达国家是后发国家的模板,促进后发国家的发展就是让它们尽快完成现代化的进程,变得和发达国家一样。依附理论不认同这样的观点;相反,它认为,后发国家有自己的发展逻辑和发展结构,不能把发达国家现在的样子当作它们未来发展的方向。其原因在于,一方面,后发国家在国际秩序中属于从属地位,这种从属地位表现在后发国家为发达国家提供原材料、廉价劳动力和产品市场,并接受发达国家过时的技术;另一方面,发达国家通过各种经济、金融、政治和媒体等手段加强后发国家的从属地位,并时刻压制后发国家改变从属地位的企图。在这种情况下,依附理论反对后发国家加入世界分工体系,反对跨国公司对后发国家的投资,倡导后发国家的自主发展。

拉丁美洲国家是依附理论最流行的地区,起始于普雷维什的结构主义学说为依附理论提供了坚实的理论基础。依附理论还与马克思对垄断资本主义的论述有相似的地方,这就不难理解它在美国被左翼社会理论家接受,并演变为一种关于世界体系的宏观社会理论,其中安德列·冈德·弗兰克(Andre Gander Frank)、乔万尼·阿里吉(Giovanni Arrighi)和伊曼纽尔·沃勒斯坦(Immanuel Wallerstein)是代表性人物。但是,与依附理论的西方中心论不同,世界体系理论家认为,世界的中心是移动的,从欧洲进入黑暗时代到工业革命之前,世界的中心在中国和印度,之后才移到欧洲,今后可能又会移回亚洲。

依附理论在中国有一定的影响,特别是在反对中国出口廉价产品的人当中,我们可以看到依附理论的影子。这些人认为,中国利用廉价劳动力为发达国家生产廉价产品,高度依赖发达国家的市场,因此形成了对发达国家的依附关系。显然,这种观点和早期的依附理论有所不同。早期的依附理论认为,后发国家对发达国家的依附之一是沦为发达国家产品的市场;现在则反转过来,中国向发达国家出口产品被认为是一种依附关系。这种变化恰恰说明,发达国家和发展中国家是相互依赖的,在全球化背景下,强调单方面的依附关系是不恰当的。

【线上延伸阅读】
追踪反对帝国主义的历史潮流 —— 从依附理论到拉美新左派思想

【扩展阅读】
阿里吉,乔万尼(2009):《亚当·斯密在北京:21世纪的谱系》,路爱国、黄平、许安结译,北京:社会科学文献出版社。

9.3.2 基于"刘易斯问题"的一个模型

中心—外围假说关于涓流效应的结论,可以从"刘易斯问题"得到答案。刘易斯在

1955 年出版的一部著作中提出以下问题:"为什么一个可可工人的工资只有一个钢铁工人的 1/10?"(Lewis,1955)发展中国家的工人生产可可,发达国家的工人生产钢铁,而发达国家工人的工资是发展中国家工人工资的 10 倍。这个问题有一个很显然的答案,那就是劳动生产率的差距导致工资的差距。刘易斯则给出了另一个很有趣的答案,即产生这种差距的原因是农业劳动生产率的差距,即可可工人和钢铁工人之间的工资差距取决于第三个部门。刘易斯指出,若一个国家内部劳动力是自由流动的,则工资在均衡时必定在各个部门之间相同,其水平应取决于劳动生产率最低的部门,即农业。因此,决定发展中国家和发达国家收入差距的最重要因素不是工业劳动生产率的差距,而是农业劳动生产率的差距。把这个解释稍做延伸,就可以得到发达国家钢铁工人劳动生产率的提高不会对发展中国家产生涓流效应的结论。下面我们可以用一个简单的模型来说明这个结论。

假设有两个国家,国家 1 生产粮食(S)和钢铁(M),国家 2 生产粮食(S)和可可(N)。显然,国家 1 为发达国家,国家 2 为发展中国家。三种产品都是可贸易的。它们的生产函数很简单:

$$\begin{cases} S_1 = h_1 L_{S_1} \\ M = q_1 L_M \\ L_{S_1} + L_M = L_1, \end{cases} \quad \begin{cases} S_2 = h_2 L_{S_2} \\ N = q_2 L_N \\ L_{S_2} + L_N = L_2 \end{cases} \tag{9.10}$$

其中,S_1 为国家 1 的粮食产量,L_{S_1} 为其投入粮食生产的劳动力数量,h_1 为农业部门的劳动生产率,其他变量的定义类似。三种产品的价格分别为 P_S, P_M, P_N,两国劳动力工资分别为 w_1, w_2。这里的变量都是内生的,但我们关心的是相对工资 w_1/w_2 是如何决定的。由于各部门均为线性生产函数,则利润为 0,可得:

$$\begin{cases} w_1/P_S = h_1 \\ w_1/P_M = q_1, \end{cases} \quad \begin{cases} w_2/P_S = h_2 \\ w_2/P_N = q_2 \end{cases} \tag{9.11}$$

将左右两边等式相除,由 S 部门和 M 部门、N 部门分别可得:

$$\text{(a)} \quad \frac{w_1}{w_2} = \frac{h_1}{h_2}, \quad \text{(b)} \quad \frac{w_1}{w_2} = \frac{q_1}{q_2} \times \frac{P_M}{P_N} \tag{9.12}$$

式(9.12)中两个式子建立了相对工资和相对价格之间的关系。若将相对工资和相对价格看作两个单独的未知数,则可求出这两个比值。其中,相对价格 P_M/P_N 即为发达国家对发展中国家的贸易条件。

由图 9.4 可以清楚地看出,两国之间的相对工资完全由两国农业部门的相对劳动生产率决定,M 部门和 N 部门的相对劳动生产率 q_1/q_2 对工资差距没有影响。但是,q_1/q_2 增大会使 P_M/P_N 变小,可可的相对价格提高,即发展中国家的贸易条件改善。不过,贸易条件的改善对两国之间的收入差距没有影响,因为工资受制于农业劳动生产率,而不是两个国家的特定产业,即钢铁和可可的劳动生产率。也就是说,刘易斯问题可以解答为什么发达国家的技术进步没有对发展中国家产生涓流效应,但预测发展中国家的贸易条件会因发达国家的技术进步而得到改善。

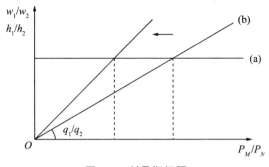

图 9.4　刘易斯问题

9.3.3　水平技术进步和贸易条件

技术进步可以分为垂直技术进步和水平技术进步。前者指的是生产效率的提高，第 8 章涉及的都是这类技术进步；后者指的是产品种类的增加。在现实中，发达国家的技术进步多为水平技术进步。譬如，一个国家原本生产收音机，现在生产电视机；原本生产电子管的电视机，现在生产晶体管的电视机。新产品总能给厂家带来垄断地位，即别人不能生产，只有我能生产，这样新产品的价格就可以定得较高，从而使得发达国家全部产品的平均价格不下降，发展中国家的贸易条件不变甚至恶化。下面我们用一个简单的模型对此进行说明。

考察两个国家 L 和 F，前者是中心国家，后者是外围国家。可供两国生产的产品的生产技术是同质的，且为不变规模报酬，因而它们的单位成本是一样的[①]，以 c 来表示。假设在一个特定的时间段里，产品总数为 N。随着时间的推移，N 可以增大，但只有国家 L 能够研发新产品。而且，国家 L 生产全部产品，国家 F 只生产部分产品。令 $M < N$ 为国家 F 生产的产品种类。不失一般性，令前 M 种产品为两国都生产的产品，后 $N-M$ 种产品为只有国家 L 生产的产品。则 $\mu = M/N$ 为两国都生产的产品种类的比例，$1-\mu$ 为只有国家 L 生产的产品种类的比例。对于两国都生产的 M 种产品，市场是完全竞争的，因此每种产品的价格为 c；对于只有国家 L 生产的另外 $N-M$ 种产品，市场是完全垄断的。假设每种产品的价格弹性为 $\sigma > 1$[②]，则国家 L 生产的垄断产品的价格是（推导过程参见 9.4 节的模型）：

$$P_i = c / \left(1 - \frac{1}{\sigma}\right), \quad i = M+1, M+2, \cdots, N \tag{9.13}$$

显然，这个价格高于竞争市场上的价格。

下一步，我们需要使用两国各自生产的产品的综合价格指数，这样才能比较它们

---

① 当生产技术为不变规模报酬时，产品的单位成本为常数。

② 要使垄断定价存在，价格弹性必须大于 1。

之间的贸易条件。这里采用 Dixit-Stiglitz 价格指数(参见专栏 9.2)。以 ρ 表示任意两种产品之间的价格替代弹性,则两国的 Dixit-Stiglitz 价格指数 P_L 和 P_F 分别是:

$$P_L = c \left[\mu + (1-\mu)\left(1-\frac{1}{\sigma}\right)^{-(1-\rho)} \right]^{\frac{1}{1-\rho}} \tag{9.14}$$

$$P_F = c$$

国家 F 相对于国家 L 的贸易条件因此是:

$$P_F/P_L = \left[\mu + (1-\mu)\left(1-\frac{1}{\sigma}\right)^{-(1-\rho)} \right]^{-\frac{1}{1-\rho}} \tag{9.15}$$

容易证明,P_F/P_L 是 μ 的增函数,即国家 F 生产的产品种类的比例越高,则它相对于国家 L 的贸易条件越好。反之,如果国家 F 生产的产品种类 M 没有变化,但国家 L 生产的产品种类 N 增加,则国家 F 的贸易条件恶化。换言之,如果中心国家的技术进步表现在产品范围的扩大(水平技术进步)上,则外围国家的贸易条件会恶化。外围国家如果想要改善贸易条件,就必须扩大自己国家的生产范围。9.4 节从比较优势的角度探讨一个后发国家如何能够扩大生产范围。

专栏 9.2
Dixit-Stiglitz 价格指数

迪克西特和斯蒂格利茨在 1977 年发表的一篇影响广泛的文章中构造了一个垄断竞争模型(Dixit and Stiglitz, 1977),将这个模型嵌入一般均衡模型,后者就可以处理规模报酬递增的生产技术。他们同时构造了一个多产品的消费价格指数,可以方便研究者研究多产品的消费和生产问题。假设代表性消费者消费度量为 1 的产品连续统,每种产品的消费量以 $q(x)$ 表示,其中 x 为产品的种类指数。则消费者的效用函数可以表示为:

$$U = \left(\int_0^1 q(x)^\varepsilon \mathrm{d}x\right)^{\frac{1}{\varepsilon}}, \quad 0 < \varepsilon < 1$$

代表性消费者的收入为 I,效用最大化后的极值为 U^*,则所有产品的加总价格指数 P 满足 $U^* = I/P$。P 即为 Dixit-Stiglitz 价格指数,它的计算公式为:

$$P = \left(\int_0^1 q(x)^{1-\rho} \mathrm{d}x\right)^{\frac{1}{1-\rho}}$$

其中,$\rho = 1/(1-\varepsilon)$ 是任意两种产品之间的价格替代弹性。

【线上延伸阅读】

The basics of "Dixit-Stiglitz lite"?

【扩展阅读】

Dixit, Avinash and Joseph Stiglitz (1977). "Monopolistic competition and optimum product diversity", *American Economic Review*, 67(3): 297-308.

9.4 比较优势和技术选择

9.4.1 理论模型

比较优势是国际贸易理论的基石。那么,它是否也适用于国际技术的选择和传递呢? 第8章介绍了速水佑次郎和拉坦的研究,他们考察的是一个产业在两个国家之间的比较;如果推广到两个国家之间所有的产业,则诱导性技术变迁是否仍然适用呢? 这就涉及技术选择的比较优势问题。比较优势是就产品而言的,按照比较优势原理,一个国家应该出口更加密集使用较为廉价要素的产品;相对应的,按照诱导性技术变迁理论的预测,一个国家应该采用更加密集使用较为廉价要素的技术。在一定条件下,两者可以统一起来。

比较优势是李嘉图首先提出来的。在李嘉图的原始构建中,比较优势意味着一个国家应该生产相对来说更有效率从而节约成本的产品,因此这种比较优势既叫李嘉图比较优势,也叫相对成本比较优势。但是,经济学中目前通常使用的比较优势概念是赫克歇尔-俄林比较优势,即基于相对要素丰裕度的比较优势。但是,这种比较优势只有在 $2 \times 2 \times 2$(两个国家、两种投入要素和两种产品)模型中才有确切的预测,而在高阶模型中则只能得到指示性的结论(Dixit and Norman, 1980)。主要原因是,企业可以在两个或更多的维度里调整其投入要素的配置,从而多种要素组合可以得到同样的生产结果,而这些要素组合并不一定和一个国家的相对要素丰裕度形成一一对应关系。李嘉图比较优势不要求这种一一对应关系,而只涉及相对成本的比较,因此可以得到确定的预测。如9.3.3节一样,我们考察水平技术进步,这样可以把诱导性技术变迁和李嘉图比较优势统一起来。这是下面我们要介绍的模型所做的工作。

这个模型是克鲁格曼给出的一个模型的简化版本(参见 Krugman, 1995)。我们仍然考察两个国家 L 和 F,前者是技术领导者,后者是技术跟随者。与9.3.3节不同,我们假设产品的生产技术是不同质的,可供两个国家生产的产品可以用它们的技术复杂度 $z \in [\underline{z}, \bar{z}]$ 来表示,z 越大,表示这种产品的技术复杂度越高。也就是说,我们假设所有产品可以在一维空间里进行连续的全排列。这是一个对现实的重大简化。在现实中,产品的技术复杂度是多维的,比如一辆入门级汽车不会大量使用豪华车的配件,但也可能使用一些高科技配件,如全球定位系统和缸内直喷技术,笼统地说入门级汽车比豪华车的技术复杂度低是不合适的。但是,如果我们相信"一分钱一分货"的话,则我们可以推测,售价越高的汽车,其技术含量越高。我们在下面给出对技术复杂度更为精确的度量。

假设每种产品只使用劳动力进行生产,但两个国家拥有不同的生产函数。记

$i(i=L,F)$ 国生产产品 z 的生产函数为 $y_i(z)=a_i(z)L_i(z)$。其中, $a_i(z)$ 是劳动力的边际产出,也是劳动生产率。我们假设 $a_i(z)$ 是 z 的增函数,即技术复杂度越高的产品,其劳动生产率也越高。由于我们这里假设生产只使用劳动力, $a_i(z)$ 可以认为度量的是资本的作用;一种产品的技术含量越高,则使用的资本越多,劳动生产率也就越高。注意,这里的产品指的是产品的数量,而不是产品的价值量。

另外,我们做两个重要的假设:

$$a_L(z)>a_F(z), \ \forall z; \ \frac{a_L(z')}{a_F(z')}\geqslant \frac{a_L(z)}{a_F(z)}, \ \forall z'>z \tag{9.16}$$

也就是说,技术领导者在所有产品上都具有比技术跟随者更高的劳动生产率,且这个优势随着产品技术水平的提高而拉大(见图9.5)。比如,在低端技术产品上,一个越南成衣工人每个小时可以制造4件衬衣,一个美国成衣工人每个小时可以制造6件衬衣,即美国成衣工人的劳动生产率是越南成衣工人的1.5倍;而在高端技术产品上,两者的差距大大增加——许多高科技产品美国能够生产,而越南无法生产。

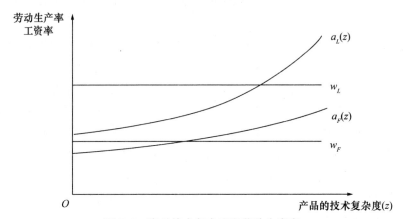

图9.5 产品技术复杂度和劳动生产率

在以上假设下,我们有理由相信——而且我们后面也要证明—— L 国的工资高于 F 国的工资,因为前者的劳动生产率处处高于后者。在图9.5中,两者的工资分别用 w_L 和 w_F 表示。[①] 如果我们相信绝对优势,则 L 国应该生产所有产品,因为它的劳动生产率处处高于 F 国;但是,考虑到两者的工资差距,两个国家将发生劳动分工,分别生产不同的产品。

为简便起见,我们进一步假设在每个国家的内部,每种产品的市场为产量垄断竞争,即企业不断进入,直至利润为零;国际市场则为价格垄断竞争,即每个企业决定价格 $P(z)$,价格更低者占领产品 z 的所有市场,并实施垄断定价。假设国际市场上的代表性消费者对所有产品的偏好相同,对 z 的需求函数是 $C(z)=P(z)^{-\sigma}$,其中 σ 是价格弹性,对所有产品是一样的,且始终大于1,以保证垄断定价的存在。

---

① 确切地讲,模型里的劳动力是有效劳动力,即以质量为单位度量的劳动力,而工资也是有效劳动力的工资。

在以上假设下，我们要求解的变量包括产品定价、两个国家的生产范围以及两个国家的工资。先看产品定价。i 国生产产品 z 的企业的利润为：

$$\pi_i(z) = P_i(z)a_i(z)L_i(z) - w_i L_i(z), \quad i = L, F$$

根据垄断定价原理，我们很容易得到产品 z 的定价：

$$P_i(z) = \frac{1}{1 - 1/\sigma} \frac{w_i}{a_i(z)}, \quad i = L, F \tag{9.17}$$

其中，$w_i/a_i(z)$ 可以称为 i 国生产产品 z 的真实工资，即扣除了劳动报酬之后的工资。在图 9.6 中，我们用 $w_i^*(z)$ 表示这个真实工资。显然，产品 z 是由 L 国的企业生产还是由 F 国的企业生产，取决于 $w_L^*(z)$ 和 $w_F^*(z)$ 的大小；更低的真实工资允许企业定更低的价格，因此真实工资更低的国家的企业生产 z，另一个国家的企业退出。

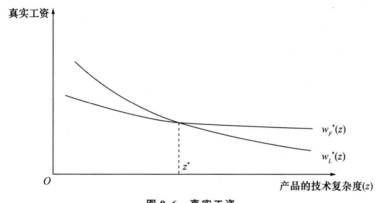

图 9.6 真实工资

根据我们的假设，$w_L^*(z)$ 和 $w_F^*(z)$ 都随着 z 的增大而下降，但 $w_L^*(z)$ 比 $w_F^*(z)$ 下降得更快，因为 L 国对 F 国的劳动生产率优势随着 z 的增大而增加。这样，$w_L^*(z)$ 和 $w_F^*(z)$ 必然相交于一点，图 9.6 中记为 z^*。在 z^* 点左边，F 国的真实工资低于 L 国；在 z^* 点右边，L 国的工资低于 F 国。结果是，F 国生产技术复杂度较低的产品，L 国生产技术复杂度较高的产品。这就显示了李嘉图比较优势的作用。按照绝对优势，L 国的劳动生产率处处高于 F 国，因此应该生产所有产品；但是，L 国的工资高于 F 国的工资，全部产品都由 L 国生产并不经济。下面我们就证明 L 国的工资的确高于 F 国的工资。

在 z^* 点上，我们有：

$$\frac{w_L}{w_F} = \frac{a_L(z^*)}{a_F(z^*)} \tag{9.18}$$

即两国工资之比等于两国在分界产品 z^* 上劳动生产率之比。由于 $a_L(z^*)$ 大于 $a_F(z^*)$，因此一定有 w_L 大于 w_F，即劳动生产率高的国家的工资水平更高。

下一步是确定 z^*。这可以从两个国家的国民收入恒等式得到：

$$N_L w_L = \int_{z^*}^{\overline{z}} P(z)C(z)\,\mathrm{d}z \tag{9.19}$$

$$N_F w_F = \int_{\underline{z}}^{z^*} P(z)C(z)\mathrm{d}z \qquad (9.20)$$

其中，N_L,N_F 分别为 L 国和 F 国的劳动力就业总量。两式的左边分别为两国的总收入，由于垄断竞争使得企业利润为零，因此收入只包括劳动报酬。两式的右边分别为两国企业的销售所得，即创造的价值。由于代表性消费者对所有产品的偏好相同，因此他对每种产品的支出 $P(z)C(z)$ 也相同。这样，式(9.20)除以式(9.19)，并利用式(9.18)，我们得到：

$$\frac{a_F(z^*)}{a_L(z^*)} = \frac{z^* - \underline{z}}{\overline{z} - z^*}\frac{N_L}{N_F} \qquad (9.21)$$

式(9.21)中只有一个未知量 z^*，因此可以求解。回到式(9.18)，我们可以计算两国的工资比，完成对模型的求解。[①]

作为一个例子，我们假设 $a_F(z)=a_F z$，$a_L(z)=a_L z$，其中 a_F 和 a_L 为两个正的常数，且 $a_F < a_L$。则我们很容易得到：

$$z^* = \frac{a_F N_F}{a_F N_F + a_L N_L}\overline{z} + \frac{a_L N_L}{a_F N_F + a_L N_L}\underline{z} \qquad (9.22)$$

在式(9.22)中，$a_i N_i$ 是对 i 国劳动力总体生产能力的度量，令 $M_{FL}=\dfrac{a_F N_F}{a_L N_L}$ 为国家 F 相对于国家 L 的生产能力，则式(9.22)变成：

$$z^* = \frac{M_{FL}}{M_{FL}+1}\overline{z} + \frac{1}{M_{FL}+1}\underline{z} \qquad (9.23)$$

容易看出，z^* 是 M_{FL} 的增函数，即跟随国家相对于领导国家的劳动力总体生产能力越高，则跟随国家生产的产品范围越大。据此我们可以得到两个推论：第一，给定劳动力生产率，劳动力越多的国家生产的产品范围越大；第二，给定劳动力数量，劳动生产率越高的国家生产的产品范围越大。因此，劳动力数量和劳动生产率互为替代关系。由于劳动生产率由资本存量决定，因此我们也可以说，劳动力数量和资本存量互为替代关系。

9.4.2 比较优势与技术追赶

根据亚历山大·格申克龙的理论，后发国家具有收入增长和技术进步的后发优势(Gerschenkron，1962)(参见专栏 9.3)。发展中国家在技术进步方面具有后发优势，是因为发展中国家可以通过学习、引进和模仿，用较低的成本获得发达国家较为先进的技术。林毅夫进一步认为，发展中国家在采纳先进技术时候，要遵循比较优势原理，即采用那些符合自身比较优势的技术(林毅夫，2011，2012)。是否符合比较优势，则要看

---

① 注意，我们无法计算出两国工资的绝对水平。参见本章习题 8。

一个国家的人均资本存量,人均资本存量越高,则越可能采用高复杂度的技术。由于发展中国家的人均资本存量较低,因此在初期它们应该采用技术含量较低的技术,只有这样才能获得最大的收益,从而有利于资本的积累;随着资本存量的增加,发展中国家可以逐步采用技术含量更高的技术。

显然,我们的理论模型是对林毅夫上述比较优势理论的一个证明。但是,纯粹按照比较优势选择技术,是否能够完成技术的赶超呢?在式(9.23)中,假设世界技术前沿 $\bar{z}$ 以一定的速度进步,我们首先关心的是:给定 M_{FL},$z^*/\bar{z}$ 是否会增大?只有当这个比值增大时,国家 F——技术跟随者——生产的产品种类的比例才会提高。由式(9.23)可得:

$$\frac{z^*}{\bar{z}} = \frac{M_{FL}}{M_{FL}+1} + \frac{1}{M_{FL}+1}\frac{\underline{z}}{\bar{z}} \tag{9.24}$$

很显然,在 M_{FL} 不变的情况下,国家 F 生产的产品种类的比例随着世界技术前沿的外移而下降;也就是说,如果两个国家之间的相对生产能力不发生变化,则国家 F 仅按照比较优势选择技术的结果是永远无法赶上国家 L 技术进步的速度。这里的原因是,z^* 是世界技术前沿 $\bar{z}$ 和技术起点 $\underline{z}$ 的加权平均,如果 $\bar{z}$ 增大而 $\underline{z}$ 不变,则 z^* 增大的速度是 $\bar{z}$ 增大的速度乘以其权重,从而必定小于 $\bar{z}$ 增大的速度。

因此,如果国家 F 不做任何事情,而是听任比较优势发挥作用,则它与国家 L 之间的技术差距会随着世界技术前沿的进步而越拉越大。要避免这个"比较优势陷阱",国家 F 可以通过两个途径缩小与国家 L 之间的差距。

其一,国家 F 可以提高劳动力的总体生产能力,并使其提高的速度高于国家 L 总体生产能力提高的速度,即必须保证 M_{FL} 随时间而提高。由于劳动力数量的增加是有限的,提高 M_{FL} 的途径主要是提高劳动生产率。从图 9.6 来看,就是要保证真实工资 w_F^* 相对于国家 L 下降。这正是国际金融危机之前中国发生的事情。真实工资 w_F^* 也是劳动收入占 GDP 的比重,根据图 4.4,它在 2007 年之前急剧下降,而美国这个比重下降的速度并不大,因此中国能够在国际分工中生产越来越多的产品。

其二,国家 F 还可以选择性地提高部分竞争性产品的劳动生产率,从而更有效地扩大本国企业的生产范围。在图 9.6 中,提高 z^* 点左边产品的劳动生产率对于扩大国家 F 的生产范围没有任何帮助,因为国家 L 早已放弃生产这部分产品;提高 z^* 点右边技术复杂度太高的产品的劳动生产率也不会有多少帮助,因为国家 L 在这些产品上的优势很强,不容易被国家 F 超越;最后,提高 z^* 点右边小范围内的产品的劳动生产率是一个比较理性的选择,因为国家 L 在这些产品上的优势不是很大,比较容易超越。杨汝岱和姚洋(2008)把最后一种策略称为"有限赶超"战略,这是后进国家缩小与先进国家之间差距的一个理性的选择。

格申克龙早在 1951 年就提出了"后发优势"(advantage of backwardness)这个概念,后又在 1962 出版的一本影响广泛的文集中对此进行了深入的论述(Gerschenkron,1962)。后发优势的部分观点体现在索罗模型的收敛理论中,即收入和资本存量水平较低的国家比两者较高的国家增长得更快。但格申克龙的后发优势还包括后发国家在技术进步等方面的优势,即后发国家可以通过模仿和借鉴先发国家的技术获得更快的技术进步。但是,后发国家能否做到这一点,取决于它们自身的吸收能力。后发国家的制度建设往往落后,阻碍它们提高吸收能力,后发优势可能变成后发劣势。在这方面,林毅夫和杨小凯等人曾有激烈的争论。

【扩展阅读】

Sachs,Jeffrey、胡永泰、杨小凯(2003):"经济改革和宪政转轨"《经济学(季刊)》,2(4):961—988.

林毅夫(2003):"后发优势与后发劣势——与杨小凯教授商榷",《经济学(季刊)》,2(4):13—16.

9.5 小结

本章介绍了两个不同于新古典贸易理论的学说,即保护幼稚产业学说和中心—外围假说,并在李嘉图比较优势框架下探讨了后发国家与先发国家之间的技术分工及赶超问题。保护幼稚产业学说以工业的规模报酬递增为出发点,最后得到实施进口替代政策保护本国产业的结论;中心—外围假说认为中心国家的技术进步没有改善外围国家的贸易条件,也没有对外围国家的收入产生涓流效应。我们看到,两个学说都有可取之处,特别的,保护幼稚产业学说揭示了贸易陷阱的可能性,而中心—外围假说揭示了发达国家与发展中国家之间收入差距拉大的可能性。但是,我们也看到,两者的政策建议成功的例子少于失败的例子。事实上,到 20 世纪 60 年代中期,普雷维什自己也对进口替代政策提出了批评。

反观那些成功实现赶超的国家,它们在经济起飞初期都实行了不同程度的进口替代政策,但很快就转向出口导向发展模式。尽管它们仍然保护国内市场,但与实行进口替代的国家相比,它们的保护力度要小很多。概括起来,它们实行的是有限度的重商主义政策,即国家将增加出口视为第一要务,不仅对出口给予补贴,而且采取必要的直接干预措施,协调和促进出口。这些政策符合 9.4.2 节提出的有限赶超战略的逻辑。我们在第 10 章要对此进行更为详细的讨论。

【练习题】

1. 在图 9.3 中,为什么短期工资曲线呈现和刘易斯模型相同的形状?为什么我们可以通过比较封闭经济条件下的相对价格和开放经济条件下的相对价格确定一个国家的比较优势?从图 9.3 中,我们如何理解动态比较优势,即一个国家未来可能具有的比较优势?

2. 利用图 9.3 说明,进口替代政策和压抑农业政策如何有助于一国摆脱贸易陷阱。结合中国的现实,说明这个结论与现实不符的地方,并说明原因。

3. 为刘易斯问题提供一个直觉解释,并据此再次解释,为什么一国的贫穷来自农业生产率水平的低下。

4. 水平技术进步和垂直技术进步的差别是什么?它们对中心—外围假说的意义在哪里?

5. 根据 9.4 节的模型,说明在劳动生产率不变的情况下,为什么跟随国家如果按照比较优势选择技术就无法缩小与领导国家之间的技术差距。

6. 在佩恩世界表或世界银行 WDI 数据库中查找 1992 年、2008 年、2015 年和 2020 年美国与中国的相关数据,用 9.4 节的模型计算这两个国家之间产品分工的趋势。假设世界产品(技术)前沿没有变化,且不考虑劳动力质量的差异。提示:以人均收入代替工资。

7*. 关于经济发展有一个"三明治"理论,说的是一些中等收入国家被更高收入国家和更低收入国家夹在中间,生产范围越来越小,从而落入中等收入陷阱。试将 9.4 节的模型拓展为三个国家的模型,证明"三明治"理论。

8*. 9.4 节的模型无法确定两个国家工资的绝对水平。为什么?如果要确定两个国家工资的绝对水平,还需要什么条件?会出现什么矛盾的地方?如何解决这些矛盾?提示:从式(9.18)—式(9.20)找头绪。

出口导向
发展模式
第 10 章

10.1 引言

回顾第二次世界大战之后的历史,那些成功对发达经济体实现追赶或人均收入持续增长的经济体无不采用了出口导向发展模式,无论是战后迅速复兴的联邦德国和日本,还是后起之秀"亚洲四小龙",都得益于这一发展模式。自 20 世纪 80 年代初期以来,中国内地也放弃了进口替代政策,转而采用出口导向发展模式,并因此取得了举世瞩目的成就。特别是 2001 年 11 月加入世界贸易组织以后,中国的出口增速大幅提高,2008 年出口总量达到了 2001 年的 5 倍。

基于一些经济体特别是东亚经济体的成功经验,出口对经济增长的贡献被归纳为"出口导向增长假说"。但是,围绕着这一假说的争论一直没有停息。事实上,出口导向发展战略只在东亚地区获得显著成就,在其他地方却没有成功。此外,一些经济体尤其是大型经济体的出口导向政策在一定程度上造成了国际贸易的不平衡,特别是在 2008 年金融危机发生之后,发达经济体的需求增长减速,发展中经济体继续利用发达经济体的市场是否仍然可行,也越来越受到各方的质疑。自危机爆发以来,中国开始退出依赖出口的增长路径,转向以国内消费为推动力的增长模式。

本章将比较全面地讨论围绕出口导向发展模式的争论。10.2 节首先阐述出口促进经济增长的途径,特别强调出口在增加经济体内储蓄和提升技术水平方面的作用。接下来,10.3 节讨论出口导向增长假说成立的条件,特别的,我们将总结韩国和中国台湾地区的成功经验以及墨西哥的失败经验,以期获得一些指示性的结论。之后,10.4节转向 1997 年亚洲金融危机以来东亚制造业的重组。理解这个重组对于我们正确认识世界格局的变化具有重要意义;另外,它还间接地回答了"加总谬误"(the fallacy of composition)问题。10.5 节讨论中国内地以出口加工业为主的出口增长是否让自身落入技术的"贸易陷阱"。10.6 节介绍巴拉萨-萨缪尔森效应,这一效应是制约出口增长的一个负反馈机制,因而对出口导向发展模式具有重要意义。10.7 节讨论汇率制度和出口导向发展模式之间的关系。采纳出口导向发展模式并获得成功的经济体在经济发展的早期都采用了固定汇率制度,中国也不例外。该小节从理论上阐述了固定汇率有助于出口导向发展战略的条件。最后,10.8 节总结全章。

学习目标:

理解出口促进经济增长的原因,特别是出口如何增加国内储蓄。

理解出口促进经济增长的条件,并能将其应用到对不同国家的分析上。

理解中国世界工厂的成因和转型。

10.2 出口对经济发展的贡献

10.2.1 理论讨论

出口一般从以下几个方面对经济增长做出贡献：打破国内市场狭小的限制，利用比较优势，增加就业，增加国内储蓄，以及促进技术进步。本节阐述前四个方面的贡献，最后一个方面留待 10.5 节讨论。

首先我们来看国内市场的限制。在发展的早期阶段，发展中国家面临国内市场狭小的限制。一方面，国内收入极低，居民的消费能力有限；另一方面，企业的生产却多具有规模经济，市场越大，盈利越多。在这种情况下，出口成为一个自然的选择。即使是中国这样的一个大国，国内市场容量在经济起飞初期也是有限的。有人说，如果中国每个人买一双耐克鞋，耐克就不用在别的地方卖鞋了。但是，并不是每个中国人都买得起耐克鞋。许多反对出口导向增长假说的人都忘记了出口的基本动机是打破国内市场狭小的限制，仅此一项就可能足以说明出口对发展中国家经济增长的贡献了。

其次，从比较优势的角度来看，出口有利于发展中国家最好地利用本国资源。即使不考虑国内市场容量的限制，出口具有比较优势的产品也可以让发展中国家获得最大的收益。这是因为，一方面，具有比较优势的产品在本国生产比在别的国家生产更节省人力和物力资源，所以可以带来更高的回报；另一方面，不生产或少生产在本国不具比较优势的产品，也可以节约劳动力、资本或其他投入。专栏 10.1 给出了一个农业的例子。加入世界贸易组织之后，中国农业的外贸赤字连年扩大，主要原因是大豆、食用油和棉花三种产品的大量进口。但是，这三种产品都是土地密集型的，而且耗水量很大，而土地和水都是中国稀缺的要素，因此大量进口这三种产品对中国是有利的。

现实中，由于发展中国家的比较优势往往在劳动密集型产品上，其附加值相对较低，许多人就认为发展中国家吃亏了，依附理论支持者更是认为发展中国家成了发达国家的附庸。但是，情感不能代替经济逻辑，否则我们会犯更大的错误。比如，高附加值产品蕴含大量的科学研究成果和技术突破，不是一个后发国家想做就能做成的，如果一个发展中国家非要放弃劳动密集型产品的出口，转而与发达国家在高附加值领域进行正面竞争，那么其结果基本上可以肯定是发展中国家败下阵来。当然，正如我们在第 9 章的理论模型中所看到的，如果不致力于提高本国的劳动生产率，而是坐等发达国家的技术透过比较优势传递过来，那么一个发展中国家将无法缩小与发达国家之间的技术差距。我们将在 10.5 节回过头来详细考察这个问题。

农业结构调整对土地和水资源的节约

2001年加入世界贸易组织以来,中国的农业结构发生了巨大的变化,主要表现是农产品贸易赤字逐年扩大,而造成赤字的主要原因是大豆、食用油和棉花三种作物的大量进口。2003年之前,中国的农产品贸易仍有盈余,到2010年,农产品贸易赤字达到近240亿美元,而大豆、食用油和棉花三种作物的贸易赤字却达到408亿美元,也就是说,其他农产品贸易实际上实现了168亿美元的盈余。大豆、食用油和棉花是土地密集型产品,而且耗水量大,对于中国这样耕地和水资源紧张的国家来说,放弃它们的生产符合比较优势原理。另外,中国扩大其他作物,特别是水稻、蔬菜、花卉这样大量使用劳动力的产品的出口,也契合了中国劳动力资源丰富的比较优势。

那么,通过扩大土地密集型产品的进口,中国节约了多少土地和水资源呢?根据单位产量所需的土地和水资源数据,陈桂军教授对20种主要进口农产品进行了计算,并得到下面的结论。2002—2008年,这20种农产品的净进口为中国每年节约了210万公顷的土地,相当于1.1个吉林省的面积或2008年全国耕地总量的17.2%;同一时期,这20种农产品的净进口还节约了1326亿立方米的水资源,每年的节水量相当于3.37个满库容的三峡水库或2008年全国农业用水量的36.2%。大豆的进口是节约的主要来源,它的贡献占土地节约量的76%和水资源节约量的50%。中国是水资源极其缺乏的国家之一,而农业是最大的水资源用户,其用水占中国全部水资源消耗的60%以上,通过贸易实现农业节水可以大大缓解中国的水资源压力。另外,城市的扩张需要大量的土地,农产品贸易通过节约土地为中国的工业化和城市化进程做出了贡献。

资料来源:陈桂军,"农产品贸易与土地和水资源节约",留美经济学会中国年会,2011年6月,北京。

再次,对于一个人口大国而言,出口对国内经济的一大贡献是提供就业。在讨论规模报酬时,我们曾经提到斯密悖论:市场规模限制分工,而分工又是市场规模扩大的前提。如果这个悖论在一定时期存在的话,那么拓展国外市场是打破它的有效手段。出口增加了,国内的就业就会增加,劳动力可以从农业源源不断地分离出来从事其他行业的生产,也就是说,劳动分工深度增大了。在中国的情形中,由于近一半的出口是低附加值的加工出口,许多人因此怀疑出口对中国经济增长的贡献。但是,加工出口部门创造了成千上万的工作岗位,仅从这一点来看,出口的贡献就不可抹杀。

最后,出口是一种储蓄行为,因为出口增加意味着本国当期的消费小于本国当期的产出。出口所带来的储蓄既可以用来购买国外的消费品,又可以用来购买国外的资本品,后者有利于本国资本的积累。

这里涉及20世纪70年代提出的双缺口模型(钱纳里和塞尔昆,1988)。这个模型从支出法国内生产总值恒等式出发：

$$Y = C + I + (X - M) \tag{10.1}$$

其中，Y 为国内生产总值，C 为国内消费，I 为国内投资，X 为出口，M 为进口，即一国的国内生产总值（GDP）等于国内消费、国内投资和净出口之和。另外，从国民储蓄的定义来看国内生产总值可以表示为 $Y = C + S$，其中 S 为国内储蓄。在平衡情况下，支出法 GDP 和收入法 GDP 应该相等，因此我们有：

$$S - I = X - M \tag{10.2}$$

其中，$S - I$ 为一国的净储蓄，即国内没有花完的储蓄，其值等于净出口 $X - M$。式（10.2）的含义是国内平衡余额应该等于国际平衡余额。通常情况下，这是一个恒等式。双缺口模型认为，发展中国家的净储蓄和净出口都是负数，$I - S$ 为"储蓄缺口"，$M - X$ 为"外汇缺口"。为了加速发展，发展中国家必须增加投资，但是由于国内储蓄不足，因此需要依赖进口。然而，进口需要外汇，长此以往，外汇储备会被耗尽，国内投资扩张就要停止。填补双缺口的一个办法是接受外援或向外国借款。自第二次世界大战结束以来，国际机构和发达国家政府向发展中国家发放了大量的外援，但收效甚微。另外，筹借外债是有限度的，一个国家必须从某个阶段开始消除双缺口，从而有能力归还外国借款。20 世纪 80 年代，拉丁美洲国家就因无法偿还外债而形成主权债务危机，这些国家的经济增长因此停滞了近二十年。

填补双缺口更有效的方式是增加出口，从而缩小外汇缺口。从本国居民的角度来看，出口就是把一部分国民收入以外汇形式储存起来，因此是一种储蓄行为。这一点可以从式（10.2）清楚地看出来：给定进口和投资，出口越多，国内储蓄就越多。而储蓄可以转化为投资，从而促进经济增长。

反过来，如果净储蓄和净出口都是正的，则会出现"双盈余"，如中国自 2000 年之后的情况。[①]双缺口无法长期维持，那么双盈余是否就更好呢？双盈余意味着一个国家在一个时段上（如一年）创造了正的净储蓄，即国内储蓄没有被国内投资完全消耗掉，因而这个国家的净储蓄存量将增加，但由于与这个净储蓄相对应的实物已经被国外消耗掉了，因此它的增加就只反映在一国持有的外汇资产的增加上，在中国，主要是国家外汇储备的增加。当一个国家的外汇储备较少时，盈余对于应对国际收支风险是有益的；但是，外汇储备是有成本的，特别是当外汇资产的回报率低于本国资本的回报率时（如中国的情况）。

10.2.2　经验证据

自 20 世纪 90 年代初期以来，世界上出现了许多对贸易与经济增长关系的研究，

---

① 这里的双盈余和中国通常所说的"双盈余"是不一样的，后者指的是经常账户和资本账户都处于盈余状态。

其中世界银行 1993 年发布的发展报告《东亚奇迹:经济增长与公共决策》明确地认为,东亚经济成功的原因之一是这一地区的经济体采用了出口导向发展模式(世界银行,1995)。尽管一些研究也表明,出口导向并没有使采用这一模式的所有经济体都获得像东亚一样的成功,但是多数研究证明,出口对经济增长具有正面作用。

图 10.1 显示的是 2001 年(中国加入世界贸易组织的年份)世界 122 个国家(地区)出口与 GDP 增长率之间的关系。从中可以看出,两者具有较为明显的正相关关系。回归结果表明,如果出口占 GDP 的比重上升 10 个百分点,则 GDP 增长率将提高0.77 个百分点,这一结果在 1% 的显著性水平上具有统计显著性。2001 年,埃及的出口只占其 GDP 总量的 4.2%,其 GDP 增长率为 −0.8%;同年中国的出口占 GDP 总量的 23%,GDP 增长率为 7.2%。根据图 10.1 的结果,仅出口一项,埃及的 GDP 增长率就应比中国的低 1.45 个百分点,占两国经济增长率差距的 17.9%。这是一个较显著的贡献率。

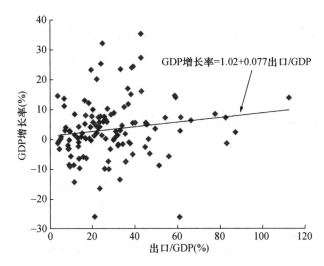

图 10.1　2001 年世界 122 个国家(地区)出口与 GDP 增长率
资料来源:世界银行《2003 年世界发展报告》。

更具体的,在计算出口对经济增长的贡献时,我们需要考察出口在两个方面的贡献,即净出口和前后向联系。在支出法国民经济核算中,GDP 由三消费、投资和净出口部分构成。因此,净出口对 GDP 的贡献是一个纯核算概念,它一般占 GDP 的比重较小。就中国的情况而言,即使是在最高峰的 2007 年,净出口占 GDP 的比重也只有7.8%,通常年份则低得多。前后向联系指的是出口通过产业链带动的其他产业的增长。比如,当一个厂家出口汽车时,它会带动不直接参与出口但向它提供零部件的配套企业的增长,也会带动出口服务部门的增长。具体到研究方法,可以分为回归分析法和投入—产出法。下面就中国的情况,分别以一个研究为例考察这两种方法得到的结论。

回归分析法一般把经济增长率作为因变量,把出口作为解释变量,通过回归方程研究出口对经济增长的作用。林毅夫和李永军(2003)是较早与较全面的一个研究,他们利用联立回归方程组考察了1981—2000年出口和外贸(出口和进口之和)对中国经济增长率的贡献率。他们发现,平均而言,出口对GDP增长率的贡献率为18.7%,外贸的贡献率为18.8%。刘遵义等(2007)则是投入—产出法研究的代表作。投入—产出表是展示一个国家(地区)生产过程中各个行业投入和产出关系的表格,以这个表格为基础,研究者可以研究出口本身对经济增长的贡献以及通过前后向联系对经济增长的贡献。中国一般每五年更新一次投入—产出表。刘遵义等人的研究使用了2002年的一个更新表格,与国家统计局公布的表格不同,前者区分了加工出口和一般出口。根据他们的计算,中国对美国出口1 000美元可以直接增加国内增加值177美元,通过前后向联系间接增加国内增加值191美元,两者之和为368美元。换言之,出口对中国GDP的边际贡献率是0.368。[①] 利用这个结果我们可以得到,2002—2010年出口对GDP水平量的贡献率平均为11.4%。同期中国的出口增长率为23.1%,因而出口增长引致的经济增长率为2.62个百分点,占同期GDP平均增长率的27.3%,贡献非常大。2012年之后,中国的出口增速放缓,一些年份甚至出现负增长,出口对GDP增长的贡献大大下降,中国基本上告别了出口导向的发展模式。

10.3 出口导向增长假说成立的条件

在图10.1中,我们看到,平均而言,出口越多的国家(地区)经济增长速度越快。但是,稍微仔细观察一下这幅图,我们还会发现两个重要的现象。其一,出口占GDP比重非常高(如超过60%)的国家(地区),其经济增长速度大都是正的。其二,在出口占GDP比重低于60%的国家(地区)当中,经济增长为负的国家(地区)和经济增长为正的国家(地区)几乎一样多。如何解释如此之大的差异性,可能比单看平均趋势更为重要。那么,是什么因素决定了出口导向发展模式在一些国家(地区)的成功,又是什么因素决定了它在另一些国家(地区)的失败呢?本节将对比韩国和中国台湾地区的成功经验以及墨西哥的不成功经验,以期得到这个问题的一些答案。

对于韩国和中国台湾地区的成功经验,我们主要参考了丹尼·罗德里克(Dani Rodrik)的一个研究(Rodrik,1994)。韩国和中国台湾地区都是从20世纪60年代初期开始实施出口导向发展模式的。在此之前,中国台湾地区的出口占GDP的比重只有10%左右,韩国的出口更是少之又少;但到了70年代,中国台湾地区的出口占到GDP的40%以上,进入80年代之后更是上升到50%,同期韩国的比重也在30%以上。1960—1989年,韩国的人均GDP由883美元(1985年不变价格,下同)增长到6 206美

---

① 这是一个比较低的值,比如出口对美国GDP的边际贡献率为0.865。中国较低的贡献率反映了中国出口较低的附加值含量。

元,中国台湾地区的人均 GDP 则由 1 359 美元增长到 8 207 美元。为什么韩国和中国台湾地区的出口导向政策能够取得如此巨大的成功呢？罗德里克虽然不认可出口对韩国和中国台湾地区经济高速增长的贡献[①],但是他所列举的几个贡献因素对我们理解出口导向发展模式的成功条件有很大的帮助。

第一个因素是在经济起飞初期,韩国和中国台湾地区具有比其他收入水平相当的国家(地区)更高的社会发展水平。以人力资本为例,罗德里克将 1960 年各个国家(地区)的小学入学率、初中入学率及识字率分别回归到人均收入和它的平方项上,然后利用这些回归结果比较了韩国和中国台湾地区的预测值与实际值,结果见表 10.1。很明显,两地的实际人力资本水平远高于用世界平均水平所做的预测值。

表 10.1　韩国和中国台湾地区的教育水平(1960)

国家(地区)	小学入学率		初中入学率		识字率	
	预测值	实际值	预测值	实际值	预测值	实际值
韩国	0.57	0.94	0.10	0.27	0.31	0.71
中国台湾地区	0.62	0.96	0.12	0.28	0.36	0.54

资料来源:Rodrik (1994),Table 4。

第二个因素是韩国和中国台湾地区具有比其他国家(地区)平均得多的收入分配和土地分配。1960 年,两地的收入分配基尼系数都没有超过 0.35,中国台湾地区的土地分配基尼系数为 0.46,而韩国只有 0.39,均属于世界最低行列。我们在第 17 章的讨论将表明,一个起始阶段更平等的社会有利于经济发展;韩国和中国台湾地区平等的收入分配和土地分配对两地的经济发展起到了促进作用。

罗德里克把近 50 个国家(地区)1960—1985 年的人均 GDP 平均增长率回归到 1960 年的人均 GDP、小学入学率、土地分配基尼系数和收入分配基尼系数上,发现小学入学率和土地分配基尼系数对经济增长具有很强的解释力。利用他的回归结果,初始条件可以分别解释韩国和中国台湾地区经济增长表现的 88%、87%。

我们可以把罗德里克的两个初始条件理解为韩国和中国台湾地区出口导向发展模式成功的初始条件。根据我们在第 9 章的理论讨论,一个国家(地区)要避免贸易陷阱,就必须具备一定量的资本积累。在对现实的讨论中,我们应该广义地理解"资本",不仅要包括物质资本,而且要包括人力资本等,因为它们都有利于促进一国(地区)的经济增长。较高的社会发展水平使得韩国和中国台湾地区更容易摆脱贸易陷阱。此外,更平等的收入分配和土地分配消除了强势利益集团对一些倾斜的产业政策的反对,使得两地更容易利用出口达到促进经济增长的目的。

除罗德里克所举的两个因素之外,20 世纪 50 年代的高速资本积累和进口替代政策也构成两地,特别是中国台湾地区出口导向发展模式成功的关键性因素之一。根据

[①]　罗德里克认为,投资增长才是韩国和中国台湾地区经济高速增长的真正动力。但是,他没有说明韩国和中国台湾地区投资所需资金的来源。一种可能性是出口增加了储蓄,从而促进两地的投资。

专栏 3.2,中国台湾地区在完成土改之后通过价格剪刀差迅速积累了大量的资本。另外,直至 20 世纪 80 年代,中国台湾地区一直对特定产业实施进口替代政策。比如,根据瞿宛文(1995)的研究,由于石化业具有较长的产业链条,前后向产业关联性大,台湾当局从 50 年代末开始对石化业实施进口替代保护,一方面稳定原料价格,另一方面提高石化产品价格,到 80 年代,石化业成为中国台湾地区一大产业支柱。但是,中国台湾地区的进口替代政策和出口导向政策是相辅相成的,而没有用前者替代后者,在很大程度上,进口替代政策是为出口导向产业服务的。比如,对石化业保护的目的之一是提高下游产业的生产能力,其表现之一是,到了 80 年代初期,中国台湾地区的石化产品价格已经低于美国的水平。

除了初始条件,罗德里克也认为,恰当的产业政策与政府的协调是韩国和中国台湾地区成功的关键性因素。韩国和中国台湾地区从 20 世纪 50 年代末期就开始实施对出口的倾斜政策,如双轨制汇率制度(参见专栏 10.2 对此的解释)。两地都对重要工业实施补贴政策。在韩国,这主要表现在对大型企业(如现代)的支持上;中国台湾地区的指导思想是,经济的发展分成不同的阶段,每个阶段需要不同的主导产业,它们具有很高的前后向产业关联度,管理部门的作用是对这些产业进行扶持。相比于中国台湾地区,韩国政府对经济的干预更深,以至于有学者总结韩国经验时认为,韩国政府所做的,不是像新古典经济学说所坚持的那样,对生产要素和产品赋予"正确的"价格,而是有意"让价格出错",以获得政府所希望得到的结果(Amsden, 1992)。

总体而言,韩国和中国台湾地区对出口的支持可以概括为有限度的重商主义,即政府利用特定的手段促进出口并保护本国(地区)产业的经济政策。重商主义在欧洲具有悠久的历史,可以追溯到 15 世纪荷兰的崛起;在汉密尔顿的推动下,美国在建国初期也采用了重商主义政策。在过去,世界秩序还没有完全建立,军事和权力竞争是主导国与国之间关系的主线,重商主义因此不会引起国家之间的大量摩擦。第二次世界大战之后,世界被分成资本主义阵营和社会主义阵营,而两个阵营内部都建立起了自己的秩序。然而,为了赢得更广泛的支持,美国对资本主义阵营里的后来者采取了容忍态度,韩国和中国台湾地区因此得以比较顺利地采用重商主义政策。冷战结束之后,世界格局发生了巨大的变化,苏联解体,美国的主导地位也逐步被削弱,在这种情况下,实行重商主义就会引起其他国家的反对。专栏 10.2 对此有进一步的讨论。

相比之下,墨西哥是一个采用出口导向发展模式不成功的例子。从 20 世纪 50 年代到 70 年代,墨西哥实施的是进口替代政策,经济增长和社会发展都取得了较大的成就,1950—1980 年的年均 GDP 增长率达到 6.4%,制造业占国民经济的比重由 15% 提高到 25%(Lorde, 2011)。但是,墨西哥政府的支出大量依赖对外借款,而且整个经济过度依赖石油出口提供外汇收入。进入 80 年代之后,国际石油价格大跌,而且美国大幅度提高利率,致使墨西哥和其他拉丁美洲国家一样出现国际收支危机。1985 年之后,墨西哥开始采用出口导向发展模式,并最终于 1994 年和美国、加拿大签署了《北美自由贸易协议》(NAFTA)。但是,自那时起到 2006 年,墨西哥 GDP 的年均增长率只有 3%,同时,墨西哥的人均收入和美国的差距不是缩小而是扩大了(Blecker, 2006)。

为什么墨西哥没有从出口导向发展模式中获益呢?

首先,墨西哥的出口过度依赖美国市场,而出口部门和其他国内部门脱节,从而尽管对美出口增长得非常快(1994—2000年增长了近两倍),但出口的收益并没有传递到其他部门。其次,为了抑制通货膨胀,墨西哥政府维持了较高的比索对美元汇率,从而使得其出口在与其他国家(地区)特别是与中国的竞争中处于不利地位。2001年之后,墨西哥对美出口的增长速度大大放缓,这与两国不同的汇率制度关系很大。最后,和中国一样,墨西哥的出口产品生产大量使用进口中间投入品;但是,和中国不一样的地方是,墨西哥没有发生"干中学"过程,因此进口中间投入品只对国内生产产生挤出效应,而没有带动国内技术水平和生产能力的提升。

综上,我们可以得到以下结论:要使出口导向发展模式取得成功,除了需要具备一定的工业和人力资本基础,还需要政府扮演计划者和协调人的角色。这里有两点很重要:其一是保证出口成为国民经济不可分割的一部分,使之真正成为经济增长的发动机;其二是充分意识到国际竞争的严酷性,避免本币高估,在这方面一定程度的重商主义是必要的。韩国和中国台湾地区在这两点上都做得非常好,而墨西哥做得比较差。中国大陆基本上是在韩国和中国台湾地区之后,比较好地把握住了这两点,因此也取得了出口导向发展的成功,具体内容见专栏10.2。

专栏 10.2
中国的出口导向发展模式

中国从20世纪80年代初期开始放弃进口替代政策,代之以出口导向政策。四十多年来,中国的出口取得了巨大的成就。中国的出口历程可以分为三个阶段:第一阶段为2001年加入世界贸易组织之前。在这个阶段,出口年均增长速度达到17%以上。第二阶段为2001—2008年。在这个阶段,出口年均增长速度达到29%,这使得出口总量在2001—2008年增长了4倍。第三阶段为2009年至今。受国际需求回调的影响,中国的出口增速趋缓,中国开始告别出口导向发展模式。是什么因素导致了中国出口导向发展模式的成功呢?

首先,尽管改革开放前30年的进口替代政策代价高昂,但中国因此建立了较为完备的工业基础,而且培养了大批技术人才和产业工人,使得中国比较容易地跨越了贸易陷阱的限制。其次,尽管加工贸易长期占出口的一半左右,但这并没有妨碍出口融入国民经济,相反,出口对其他部门具有较高的关联效应;同时,通过"干中学"过程,中国的技术水平也得到提升,本章10.5节将对此进行详细的讨论。最后,中国政府把出口作为国家发展战略纳入政府的工作日程,并在对外开放过程中坚持"以我为主"的原则,在一定程度上政府的外贸政策具有重商主义色彩。但是,中国没有限制外资进入本国市场,因此成为世界上第二大外资流入国。

中国"以我为主"的对外开放主要体现在以下几个方面:第一,从20世纪80年代初期到 1994 年,中国实行"汇率双轨制",即官方汇率和市场汇率并行的制度。官方汇率适用于得到国家批准的进口和非鼓励性的出口,市场汇率适用于得到国家鼓励的出口和非鼓励性的进口。在整个双轨制时期,市场汇率都高于官方汇率,即在市场汇率下外汇可以兑换更多的人民币,因此双轨制是一种奖励出口、限制进口的政策。在外汇紧张的情况下,这一政策有利于降低关键性产品(如先进设备和技术)的进口成本。第二,1994 年汇率并轨之后,中国实行了 11 年的对美元的固定汇率制度,而且汇率定在极其有竞争力的水平上,长期为 8.25 元兑 1 美元。2005 年之后,人民币进入升值通道,到 2011 年 10 月,名义升值已经达到 30%。2015 年 8 月,人民币汇率形成机制实现改革,人民币进入双向浮动区间。第三,政府还对出口实施多种其他鼓励政策。早期主要是利用经济特区,鼓励出口加工业,后期主要是利用出口退税作为杠杆,撬动更多的出口。第四,在引进外资时,中国强调外资对国内合作伙伴的技术转移,同时也给予外资在华注册的专利技术以国民待遇,享受和国内企业一样的高科技补贴,促进了国外技术向中国企业的转移。

　　总之,中国出口导向发展战略的成功既得益于较为优越的初始条件,又得益于政府的鼓励政策,包括温和的重商主义政策。但是,在新常态下,中国是否还应坚持这些政策,是一个值得认真讨论和思考的问题。

10.4　"世界工厂"

10.4.1　"世界工厂"的形成和演变

　　自 20 世纪 90 年代初期以来,亚洲制造业围绕着中国内地和美国进行了重组。这次重组有两条主线,一条在中国内地和亚洲较发达经济体(主要指日本、韩国、新加坡及中国香港和台湾地区)之间展开,另一条在中国内地和亚洲发展中经济体(特别是东盟)之间展开。沿着第一条主线,中国内地承接亚洲较发达经济体的产业转移,替代它们对美国出口,同时从它们那里进口中间品。另外,中国内地从亚洲发展中经济体进口原材料和其他中间品。沿着这条主线,中国内地逐渐成为"世界工厂"。第二条主线的展开时间晚于第一条主线,主要发生在 21 世纪之后,形态是亚洲发展中经济体从中国内地承接产业转移,中国内地向它们出口消费品和生产中间品,后者生产低端消费品并向欧美出口。与此同时,中国内地的产业结构升级,向中高端产品转移。中国内地的"世界工厂"地位没有被动摇,只是把低端产品生产让给了其他发展中经济体。图 10.2 描述了这两条主线上的主要货物流(参见李昕等,2017)。

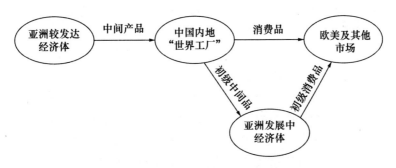

图 10.2　中国内地"世界工厂"与亚洲的联系

之所以能够成为"世界工厂",中国内地得益于几个有利条件:其一,周边先进经济体处在转型升级的关口,20世纪80年代、90年代基本上完成了工业化进程,低端产业亟待转移,而中国内地与这些经济体在文化和地理位置方面接近,因而成为承接其转移产业的理想之选。其二,中国内地处在人口双转型的窗口期,劳动力资源不仅丰富,而且具备一定的教育和技能水平。其三,2001年加入世界贸易组织,极大地扩大了中国产品的出口范围,使得劳动力优势能够在全世界发挥作用。其四,1997年的亚洲金融危机对亚洲产业的重组起到了推动作用。这次危机导致周边经济体的货币大幅贬值,而人民币没有贬值,这使得周边经济体向中国内地出口产品变得极其有利可图,而中国内地进口周边经济体的中间产品和原材料则可以大幅节约成本,两股力量叠加,推动了消费品生产向中国内地的转移。

作为第一条主线的例子,图10.3显示了中国内地对美国和欧盟消费品出口的增长,以及中国内地从韩国和中国台湾地区中间品进口的增长。很明显,两者呈镜面对称关系,即中国内地向欧美出口消费品越多,则从韩国和中国台湾地区进口的中间品就越多。尽管这两种增长早在20世纪90年代初期就已经开始,但是中国加入世界贸易组织之后明显地加速了。到2021年,中国内地从韩国和中国台湾地区进口的中间

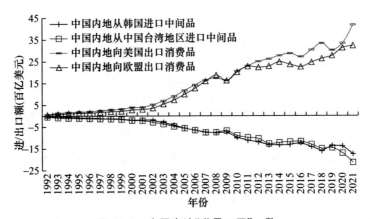

图 10.3　中国内地"世界工厂"一瞥

资料来源:联合国 COMTRADE 数据库。

品分别达到 1 761 亿美元、2 148 亿美元,而对美国和欧盟出口的消费品分别达到 4 173 亿美元、3 224 亿美元。

  沿着第二条主线,中国内地的产业发生了升级和转移。2004 年之后,中国内地的工资增长速度加速;到 2020 年,中国内地的工资水平已经成为亚洲发展中国家中最高的。在这种情况下,中国内地的低端出口产品纷纷向周边发展中经济体转移。中国内地仍然从亚洲发达经济体进口中间品,但也开始向周边发展中经济体出口低端产品所需的中间品。图 10.4 显示了东盟与中国内地中间品以及与世界消费品贸易的情况。从中可以看到,21 世纪之后,东盟开始进口中国内地的中间品,且保持较高的增长速度;与此同时,东盟向世界消费品的出口也增长较快(2009 年和 2015 年有较大幅度的下降)。东盟在消费品出口方面的进步并没有对中国内地的消费品出口产生很大的替代效应(见图 10.3),而中国内地的"世界工厂"角色却在悄然发生变化:中国内地不再是单纯地出口消费品,而是开始向低端制造业经济体出口中间品。

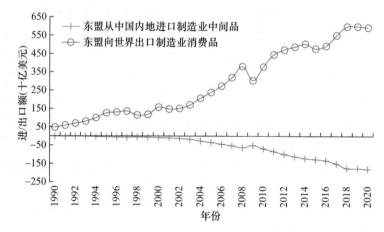

图 10.4　东盟与中国内地及世界的贸易往来
资料来源:联合国 COMTRADE 数据库。

10.4.2　加总谬误

  加总谬误的逻辑是这样的:在任何时段内,全世界的出口总量应该等于进口总量,一个经济体出口增加,必然意味着某个经济体进口增加。因此,如果出口推动出口经济体的经济增长,那么它一定打击另外一个经济体的经济增长,这样出口导向发展战略不可能同时适用于所有经济体。从静态的角度来看,加总谬误必然成立。但是,即使是在这种情况下,我们也必须看到,全球贸易是不平衡的,一个经济体出口导向发展战略取得成功,并不损害所有经济体的利益,而是会带动部分经济体的出口。比如,中国对发达经济体特别是对美国的出口增加了,但同时也增加了对亚洲地区的进口,成为亚洲地区贸易的"发动机"。表 10.2 对比了中国、日本和美国 1990—2003 年对东盟国家出口增长的需求贡献。在整个时期,美国的贡献率略高于中国,日本的贡献率很低。如果把整个时期分成三个阶段来看,则可以看到中国的贡献率越来越高:1990—1995 年为 8.27%,1996—2000 年上升到 15.92%,2001—2003 年更是达到 32.85%,而与此同时美国的贡献率由上一阶段的 33.17% 下降到 5.01%,日本的贡献率更是降至 0.44%。中国对美国和日本发生了替代,成为东亚地区出口的主要需求来源。

表 10.2　中国、日本和美国对东盟国家出口增长的需求贡献(1990—2003)　　　单位:%

年份	中国	美国	日本
1990—2003	16.15	19.15	4.60
1990—1995	8.27	14.48	7.36
1996—2000	15.92	33.17	4.22
2001—2003	32.85	5.01	0.44

资料来源:李坤望和宋立刚(2006)。

从动态的角度来看,加总谬误就可能不成立了。国际贸易存在加速机制,一个经济体出口的增加,可以带动全球贸易的增加。此时的净进口经济体,今后可能变成净出口经济体。1994 年之前,中国的国际贸易存在微弱的赤字;1994 年之后,开始出现持续的盈余,但只是到了 2004 年之后,中国的贸易盈余才大幅提高。在大部分时间里,中国对美国以外的世界总体的贸易是赤字的;中国的贸易不平衡主要是在中美之间(参见专栏 10.3),中国的出口对美国以外的世界总体的出口具有带动作用。

但是,如果采取出口导向发展战略的国家同时采取较为严重的重商主义政策,如限制进口、大量补贴出口等,加总谬误所预言的情形就极有可能发生。因此,采取出口导向发展战略的经济体,特别是大型经济体,在扩大出口的同时要开放内部市场,只有这样才能获得双赢的结果。

专栏 10.3
中国出口对美国就业的冲击

国际金融危机之后,美国经济学界的一个热门话题是:中国对美国的出口是否对美国的就业造成了冲击? 一些经验研究表明,中国对美国的出口的确减少了美国的就业,降低了美国工人的收入。但是,这些研究并没有很好地回答中国对美国出口增加和美国制造业就业率下降之间的因果关系。一种可能的情况是,美国企业已经决定关闭本土企业,并转移到中国继续生产,然后把产品重新卖回美国。中国对美国贸易盈余的 60% 是美国在华投资企业创造的,这已经说明一些问题。美国企业之所以不愿意继续在美国本土生产,是因为美国发生了劳动技能偏向型的技术进步,继续留在本土运营的企业对工人的技能要求越来越高,低技能的工作就只能转移到海外去。

【线上延伸阅读】

The China Shock Learning from Labor Market Adjustment to Large Changes in Trade Skill Biased Structural Change

【扩展阅读】

Autor，David，David Dorn and Gordon Hanson（2016）．"The China Shock：Learning from Labor Market Adjustment to Large Changes in Trade，"NBER Working Paper，No. 21906.

10.5　出口与技术进步：以中国为例

出口是利用一国比较优势的过程，但是根据第 9 章的幼稚产业模型，这在经济发展的早期可能会让一个国家落入贸易陷阱，阻碍它的技术进步。在较长的时间里，中国出口的一半来自加工贸易，2000 年之后加工贸易出口有所下降，但至今仍然占到近40％。加工贸易的特点是附加值低，技术含量有限；而且，它大量使用从国外进口的中间品，对国内制造业可能形成挤出效应，特别是压制国内制造业技术水平的提升。因此，出口是否会限制国内的技术进步，在中国是一个突出的问题。

然而，中国的实践表明，在长期，出口并没有压制中国的技术进步。图 10.5 显示

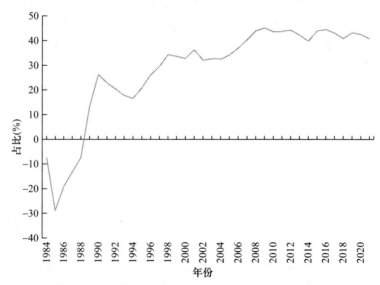

图 10.5　中国加工贸易附加值占比(1984—2020)

资料来源：商务部。

了 1984—2020 年中国的加工贸易附加值占加工贸易出口总额的比重。1989 年之前，中国的加工贸易附加值是负数；但之后快速增长，到 2010 年之后占比稳定在 40%—50%。图 10.6 则显示了 1995—2021 年中国出口产品的构成。从中可以看到，初级产品和服装的占比自 20 世纪 90 年代中期以来一直在下降，2008 年之后分别稳定在 10%以下；与此同时，机械和电子产品的占比上升，最终分别稳定在 50%和 30%的位置，成为中国出口的主导产品。这说明中国的出口结构一直在提升，中国没有落入贸易陷阱。

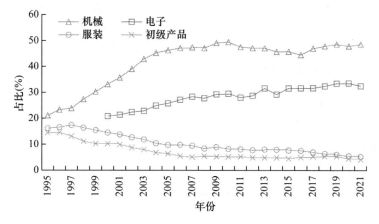

图 10.6 中国出口产品构成(1995—2021)

资料来源：商务部。

从产品的国内技术含量来看，中国走过了一条 U 形曲线。加工贸易的特点是利用国外的原材料和零部件生产消费品，因此可能对国内的零部件供应产生替代效应。研究发现(参见专栏 10.4)，在加工贸易的早期，这种替代效应的确存在，加工贸易出口的确降低了中国产品的国内技术含量；但是，随着加工贸易的深入，替代效应得到抑制，中国产品的国内技术含量提升。中国能够做到这一点，可能和以下几个原因有关。

其一是"干中学"效应。通过对进口零部件的学习，中国企业逐步掌握了关键性零部件的生产技术，从而产生"出口替代"效果——通过进口而不是通过封锁进口来学习更高技术产品的生产。其二是加工贸易出口为中国提供充足的外汇储蓄，提高中国的资本积累速度。加工贸易出口的原材料和市场都在国外，因此只要一个加工贸易厂家能够盈利，它就天然地提供净出口，后者可以替代国内储蓄。中国的成功可以说是"两条腿走路"的结果：一条腿是加工贸易出口提供的储蓄，另一条腿是不断增加的投资，后者依赖前者。其三是中国已经具备一定的技术和生产能力，能够较快地吸收国外的先进技术。中国在计划经济时代虽然犯了许多错误，但成就是巨大的，其中最显著的成就是建立了相当完备的工业基础。如果没有这些工业基础，那么中国能否在增加出口的同时提升技术和生产能力，可能是一个问题。

专栏 10.4
加工贸易出口与中国产品的国内技术含量

　　加工贸易出口使用国外的零部件,因此可能替代国内的零部件供应,从而降低产品的国内技术含量。姚洋和张晔(2008)考察了出口加工业对中国产品国内技术含量的影响。他们利用投入—产出表和国际贸易数据构造了中国产品的国内技术含量指数,然后研究了全国和江苏 1997 年和 2002 年,以及广东 1992 年、1997 年和 2002 年的情况。他们发现,全国和江苏的产品国内技术含量在 1997—2002 年的确下降了,但是广东在 1992—2002 年发生了一个 V 形反转,1992—1997 年下降,1997—2002 年上升。他们认为,广东的 V 形反转是"干中学"的结果。

【线上延伸阅读】
　　中国出口品国内技术含量升级的动态研究——来自全国及江苏省、广东省的证据

【扩展阅读】
　　姚洋、张晔(2008):"中国出口品国内技术含量升级的动态研究——来自全国及江苏省、广东省的证据",《中国社会科学》,第 2 期:67—82 页。

10.6　巴拉萨-萨缪尔森效应

10.6.1　巴拉萨-萨缪尔森效应

　　出口导向发展模式面临的一个挑战是,当出口增加时,本国货币可能相对于主要贸易伙伴国货币升值,从而降低本国产品的国际竞争力。对于经济快速增长的发展中国家来说,经济增长可能主要是来自可贸易品部门劳动生产率的提高;如果不存在一个负反馈机制的话,可贸易品部门劳动生产率的提高就可以支撑出口产品的长期竞争力。然而,经济中存在负反馈机制,在这里就是巴拉萨-萨缪尔森效应。这个效应说的是,如果一个国家可贸易品部门的劳动生产率相对于其不可贸易品部门的劳动生产率(暂将其简称为"相对")的提高快于另外一个国家,则该国货币相对于另外一个国家的货币发生真实升值。匈牙利经济学家贝拉·巴拉萨(Bela Balassa)在 1964 年首先提出了这个效应(Balassa,1964),随后保罗·萨缪尔森(Paul Samuelson)也独立发现了这个效应。

　　下面,我们以中国和美国为例,先定义实际汇率:

$$e^* = e \times P_c/P_a \qquad (10.3)$$

其中,e 是人民币对美元间接标价法的名义汇率,即 1 元人民币可以购买的美元数量;P_c 是中国的价格指数;P_a 是美国的价格指数;e^* 是实际汇率。从式(10.3)中可以看出,直接标价法的实际汇率表示的是 1 元人民币在美国的购买力(e/P_a)和在中国的购买力($1/P_c$)的比值。人民币相对于美元名义升值,或中国的物价水平上升,或美国的物价水平下降,都意味着 1 元人民币在美国的购买力相对于其在中国的购买力上升。从另外一个角度来看,实际汇率也是中美两国物价水平的比值。

令 A_i^k 为一国可贸易品部门或不可贸易品部门的劳动生产率。其中,i 代表的是国家(c 代表中国,a 代表美国),k 代表部门(T 代表可贸易品部门,N 代表不可贸易品部门)。则巴拉萨-萨缪尔森效应说的是,如果 $\left(\dfrac{A_c^T}{A_c^N}\right) \Big/ \left(\dfrac{A_a^T}{A_a^N}\right)$,或中国对美国的相对—相对劳动生产率提高,则 e^* 上升。

由于一个国家的人均收入和可贸易品部门的劳动力生产率高度相关,巴拉萨-萨缪尔森效应的一个推论是,如果一个国家相对于另外一个国家发生人均收入的赶超,则该国货币相对于另外一个国家的货币发生真实升值。[①]

巴拉萨-萨缪尔森效应对发展经济学的意义在于,如果这个效应成立,一个国家就不可能长期依赖出口导向发展战略获得经济增长。当一个国家相对于其他国家出口部门的增长快于非出口部门的增长时,则该国要么发生本币名义升值,要么国内物价水平相对于其他国家上升,前者降低出口的收益,后者提高出口的生产成本,因此都会打击该国的出口。实际上,巴拉萨-萨缪尔森效应就像边际报酬递减一样,它使得经济系统不会出现发散的情况。

10.6.2　巴拉萨-萨缪尔森效应的形成机制

巴拉萨-萨缪尔森效应通过两个机制起作用:一个是在浮动汇率制度下,通过货币市场调节产生名义升值;另一个是通过提高国内的工资率提高国内的物价水平。前者容易理解,当一个国家的出口增加时,外汇流入增加,本币供给相对减少,因而导致本币币值上升。后者需要更深入的讨论,下面我们仍然以中国和美国为例,用一个简单的模型来说明其中的机制。

假设两个国家都由可贸易品部门(T)和不可贸易品部门(N)构成,可贸易品部门产品的价格由国际市场决定,不可贸易品部门的价格由国内市场决定。假设劳动力是唯一的投入要素,两个国家两个部门的生产函数采用如下形式:

$$Y_i^k = A_i^k L_i^k, \quad i = c, a; k = T, N \tag{10.4}$$

其中,A_i^k 是劳动生产率。假设劳动力可以在本国两个部门之间自由流动,则两个部门

---

① 萨缪尔森(Samuelson,1994)把这个关系称为 Penn 效应,因为在佩恩世界表中,如果用现价汇率计算,则收入越高的国家,其人均真实收入越被系统性地高估。

的工资相等,而且等于各自的劳动边际产出。以 P^T 表示可贸易品的国际价格,P_i^N 表示 i 国不可贸易品的价格,则两个部门的工资(劳动边际产出)相等意味着:

$$P_i^N/P^T = A_i^T/A_i^N, \quad i=c,a \tag{10.5}$$

在文献中,P_i^N/P^T 被称为"内部实际汇率"。将中国的等式除以美国的等式并挪项,得到:

$$\frac{P_c^N/P^T}{P_a^N/P^T} = \left(\frac{A_c^T}{A_c^N}\right) \bigg/ \left(\frac{A_a^T}{A_a^N}\right) \tag{10.6}$$

也就是说,两个国家不可贸易品的相对价格比值,即两国之间的实际汇率[①],与两国的可贸易品部门和不可贸易品部门之间的相对—相对劳动生产率成正比,这正是巴拉萨-萨缪尔森效应的结论。这里的经济逻辑是这样的:当中国可贸易品部门的劳动生产率相对于美国可贸易品部门的劳动生产率提高时,由于两国面对同样的价格,式(10.5)表明,中国相对于美国的工资率随着中国相对于美国劳动生产率的提高而同比例地提高。在不可贸易品部门,工资取决于两个自由参数,即价格和劳动生产率。由于中国不可贸易品部门的劳动生产率相对于美国不可贸易品部门的劳动生产率提高的幅度不如可贸易品部门的大,因此中国的不可贸易品价格必然相对于美国的不可贸易品价格上升。

10.7　汇率制度与出口导向发展模式

10.7.1　固定汇率在巴拉萨-萨缪尔森效应下的失效

观察第二次世界大战后全球的经济增长,我们发现,那些实现了赶超的国家(地区)都在其早期阶段实行了对美元的固定汇率制度。在布雷顿森林体系下,美元和黄金挂钩,其他货币允许自行调节,但是像联邦德国和日本这样的国家并没有让其货币浮动,而是和美元保持了固定汇率。1971 年布雷顿森林体系解体之后,联邦德国和日本开始不情愿地升值,但基本上是有控制的和阶段性的,而不是持续性的,直到 1985 年广场协议之后两国货币才开始全面浮动。1997 年亚洲金融危机之前,亚洲新兴经济体也有类似的经历。那么,固定汇率是否对经济增长有促进作用呢?

在巴拉萨-萨缪尔森效应起作用的情况下,中国相对于美国的工资率就会随着中国相对于美国可贸易品部门劳动生产率的提高而同比例地提高,这样中国从劳动生产率提高中获得的竞争力就会完全被工资率的相应提高抵消。我们可以用 9.4 节的模型来说明这一点。在那个模型中,两个国家的企业在每种产品上进行垄断竞争,定价

---

① 内部实际汇率和一国的实际汇率之间存在特定的关系,这个关系取决于可贸易品和不可贸易品在一国消费中的结构。

更低的国家生产该产品,而每个企业的定价是:

$$P_i(z) = \frac{1}{1-1/\sigma} \frac{w_i}{a_i(z)}, \quad i = c,a \tag{10.7}$$

其中,σ 是产品的需求价格弹性,$a_i(z)$ 是 i 国生产产品 z 的劳动生产率。假设在 z^* 这个产品上中国企业和美国企业的定价刚好一样,则中国生产 $z < z^*$ 的产品。现在,假设 $a_c(z)$ 相对于 $a_a(z)$ 提高。如果中国的工资率不变,则 $P_c(z^*)$ 变得比 $P_a(z^*)$ 小,中国的生产范围就会超过 z^*。但是,在巴拉萨-萨缪尔森效应的作用下,中国的工资率会提高,而且 w_c/w_a 的变化率恰好和 $a_c(z^*)/a_a(z^*)$ 的变化率一样,这样 $P_c(z^*)$ 仍然等于 $P_a(z^*)$,中国的生产范围不变。

但是,上述论断无法解释为什么第二次世界大战后的赶超国家(地区)要实行固定汇率:如果巴拉萨-萨缪尔森效应成立,则固定汇率只能固定名义汇率,实际汇率仍然会升值。一个可能的解释是,在快速赶超时期,存在一些结构性因素,使得巴拉萨-萨缪尔森效应失效。对于一个发展中经济体而言,最重要的结构性因素是资源,特别是人力资源被阻滞在某些部门,没有得到充分利用,而经济增长的一大源泉是这些资源的充分利用。对于中国而言,巨大的农村剩余劳动力就是有待充分利用的资源。在10.7.2 节里,我们将根据这一点来构造一个简单的模型,说明在存在劳动力剩余的情况下,固定汇率如何降低巴拉萨-萨缪尔森效应的作用。

10.7.2 劳动剩余条件下固定汇率对巴拉萨-萨缪尔森效应的抑制

考察一个存在剩余劳动力的两部门经济体,一个部门生产可贸易品(T),另一个部门生产不可贸易品(S),它们的生产函数是:

$$y_i = A_i L_i, \quad i = T,S \tag{10.8}$$

其中,y_i 是部门 i 的产出,A_i 和 L_i 分别是它的劳动生产率和雇佣人数。不可贸易品部门是完全竞争的,其产品价格由本国市场决定;可贸易品部门则存在一定的技术门槛,只有一定数量的企业才可以进入,其产品价格由国际市场决定。令可贸易品的国际价格为 1,不可贸易品的名义价格为 P。以 e 表示间接标价的本国货币的汇率,则可贸易品的国内名义价格为 $1/e$。劳动力可以在两个部门间自由流动,因而两个部门工资相等。这样令 $p = eP$ 为不可贸易品的相对价格(或内部实际汇率),则我们立即可以得到:

$$p = A_T/A_S \tag{10.9}$$

这实际上是式(10.5)的变形,反映的正是巴拉萨-萨缪尔森效应。

但是,可贸易品部门的企业具有一定的工资议价能力,而在存在劳动力剩余的情况下,工人的议价能力较低,因此市场上的工资取决于可贸易品部门企业对工资的定价。假设初始状态下不可贸易品的名义价格为 P^0,市场名义工资为 W^0。由不可贸易品部门的劳动力一阶条件可知 $W^0 = P^0 A_S$。现在,考虑可贸易品部门劳动生产率提高带来的影响。为节省符号,仍然以 A_T 表示提高之后实现的劳动生产率。假设在可贸易品部门中,δ 比例的企业不调整名义工资,仍然付给工人 W_0,$1-\delta$ 比例的企业调整名义工资,付给工人 $W^1 = A_T/e$(劳动力一阶条件)。不可贸易品部门支付的工资等于可贸易品部门的平均工资,且这个工资满足劳动力一阶条件,所以我们有:

$$\delta(P^0 A_S) + (1-\delta)(A_T/e) = PA_S \tag{10.10}$$

整理得到:

$$p = \delta(eP^0) + (1-\delta)(A_T/A_S) \tag{10.11}$$

与式(10.9)不同,现在内部实际汇率等于 eP^0 和 A_T/A_S 的加权平均,令 e^0 为初始状态下的名义汇率,p^0 为初始状态下的内部实际汇率,则前者也可以写成 $p^0(e/e^0)$,即初始内部实际汇率和名义升值率的乘积。这样式(10.11)表达的意思是:当可贸易品部门的劳动生产率提高时,实际升值由两部分组成,一部分是可贸易品部门相对于不可贸易品部门劳动生产率提高带来的直接升值,另一部分是名义升值。权重 δ 反映的是名义工资黏性,它的值越大,意味着实际升值越依赖于名义升值。

利用式(10.11),我们可以比较浮动汇率和固定汇率的差别。在浮动汇率下,名义汇率没有约束;可贸易品部门的劳动生产率提高带来出口的增长,一国就会发生名义升值。在固定汇率下,名义升值的通道被关闭,实际升值完全依赖可贸易品部门相对于不可贸易品部门劳动生产率的提高。这样,固定汇率下的实际升值就小于浮动汇率下的实际升值,而且两者的差距随着 δ 的上升而拉大。当劳动剩余现象比较严重时,工人的谈判地位就越低,因而可贸易品部门中能够抵制工资增长的企业的比例 δ 就越大。所以,固定汇率对于处于经济发展早期的国家更有效。

茅锐等人(Mao et al.,2019)利用 1980—2007 年的跨国数据对上述结论进行了研究。他们以农村人口占全部人口的比重表示劳动剩余的程度,发现这一比重越大,固定汇率对巴拉萨-萨缪尔森效应的抑制作用就越明显。他们的研究还发现,当可贸易品部门相对于不可贸易品部门劳动生产率提高时,固定汇率抑制实际工资的增长。在上述模型中,实际工资 $w = pA_S$,p 的大小受到抑制,则实际工资受到抑制。茅锐等人的研究证实了这一点。另外,他们还发现,固定汇率提高制造业部门的就业比重,并最终提高人均 GDP 的增长速度。

中国从 1994 年起实行固定汇率制度。茅锐等人用他们的经验研究结果模拟了 1994—2007 年固定汇率对中国的影响,发现固定汇率的确迟滞了中国实际汇率的升值,提高了工业就业比重,并使人均 GDP 累计提高 13.1%,但同时也让实际工资增长累计下降 9.5%—12.7%。由于劳动收入占 GDP 的比重就是工资与劳动生产率的比值 w/A,在巴拉萨-萨缪尔森效应弱化的情况下,工资率的提高跟不上劳动生产率的提高,劳动收入占 GDP 的比重就会下降。因此,固定汇率可以部分解释中国从 20 世纪 90 年代早期到 2007 年劳动收入占比的下降。茅锐等人的计算表明,劳动收入占比在这段时间内下降 13.7 个百分点,固定汇率贡献了 3.26 个百分点。

10.8　小结

　　本章花费较大的篇幅探讨了出口对经济增长的贡献、出口导向增长假说、中国内地"世界工厂"的形成和演变、加总谬误、出口与技术进步之间的关系、巴拉萨-萨缪尔森效应以及汇率制度的作用。出口导向发展战略并没有在所有国家都带来超常的经济增长,因此本章注重用历史经验来反观理论,探讨理论成立的条件。本章对汇率制度的讨论注重经济基本面的作用,而不是抽象地讨论汇率制度的作用。在经济发展的早期,特别是工业化的高潮期,固定汇率可以抑制巴拉萨-萨缪尔森效应,从而加速工业化进程,提高人均 GDP 增长速度。但是,一旦工业化完成,固定汇率的增长作用就没有了存在的基础。此时,一国更应该把汇率作为一个常态价格变量,发挥它在国内经济与国际冲击之间的缓冲作用,以利于保障本国货币政策的独立性。2012 年之后,中国进入了这种时期,因而汇率制度也应该做出相应的调整。

　　在很大程度上,本章的讨论还是不全面的。柏林墙倒塌之后,世界进入新一轮的全球化过程,其主要特点是中国、印度和巴西等新兴经济体的全面加入。由于这些国家的劳动力资源非常丰富,经济体量又很大,它们的加入对世界体系造成巨大的冲击,后果之一就是全球失衡,特别是一些发达国家持续和高额的经常项目赤字。2008 年以来的金融危机表明,这种局面是不可持续的。在第 11 章讨论外资之后,我们在第 12章将回过头来,探讨全球失衡形成的原因以及治理途径。

【练习题】

　　1. 为什么出口促进国内储蓄? 在双缺口模型中,储蓄缺口和外汇缺口之间是什么关系?

　　2. 出口增长对经济增长的贡献和出口对经济总量的贡献之间有何差别? 又有何联系?

　　3. 比较韩国、中国台湾地区和墨西哥的经验,出口导向发展战略成功的关键性因素有哪些?

　　4. 环顾采取出口导向发展战略的经济体,小型经济体的出口/GDP 一直较高,而大型经济体会出现一个拐点,即出口/GDP 先上升,到拐点之后下降。请为这两个现象给出一个统一的解释。

　　5. 哪些因素促成中国成为世界工厂? 中国是如何实现了出口结构的升级?

　　6. 加总谬误认为,一个国家(地区)的出口会挤占其他国家(地区)的出口。一个国家(地区)的出口还可能从哪些方面对其他国家(地区)的出口产生负面影响?

　　7. 试从本国货币的实际购买力和外国货币的实际购买力两方面解释一国货币的

实际升值。

8. 利用佩恩世界表的最新版本，证明 Penn 效应的确存在。除了巴拉萨-萨缪尔森效应，还有哪些原因可能导致 Penn 效应？

9*. 在式(10.9)的模型中，假设初始状态下巴拉萨-萨缪尔森效应是完全成立的，即 $p^0 = A_T^0 / A_S^0$；其他假设不变，仍然考察可贸易品部门的劳动生产率提高带来的影响。试证明：

（1）新的均衡下可贸易品部门的利润为正；

（2）固定汇率下的人均利润大于浮动汇率下的人均收入。

利用外资
第 11 章

11.1 引言

钱纳里的双缺口模型让我们认识到,出口可以弥补国内储蓄和外汇的双缺口,而另一种弥补这两个缺口的方式是引进外国直接投资(以下简称"外资")。与对外借款不同,外国直接投资不需要偿还,因而可以免去发展中国家的一大负担。同时,外国直接投资者在国内开办的工厂可以扩大就业,因而可以起到提高国内收入水平的作用。最后,外资企业一般拥有比本土企业更先进的管理和生产技术,通过外溢效应可能提高本土企业的技术水平。由于这些优势,外国直接投资可以成为促进一国经济增长的一个因素。

外资在中国的经济增长过程中扮演了重要的角色。长期以来,中国一直是发展中国家中最大的外资流入国,多数年份是世界上仅次于美国的外资流入国,有时也是世界上最大的外资流入国。但是,围绕着外资的争论从来没有停止过,特别是自 2004 年中国开始积累大量经常项目盈余之后,争论更加激烈。外资对缓解双缺口的作用不再重要,但对中国技术进步的贡献变得更加显著。另外,中国的对外投资一直在增加,并最终于 2016 年超过外资流入,中国因此成为长期资本净输出国。在这一背景下,外资在中国经济增长过程中扮演的角色也发生了根本性的变化。

接下来的 11.2 节将首先结合中国的情况讨论外资对经济增长的贡献途径。然后,11.3 节和 11.4 节将专门探讨外资的技术转移和外溢问题,其中 11.3 节讨论影响外资技术转移和外溢的因素,11.4 节通过一些经验研究成果,讨论外资企业对本土企业的外溢和挤出效应。最后,11.5 节总结全章。

学习目标:

掌握外资促进一国经济增长的途径。
理解外资可能导致一国贫困化增长的原因。
理解中国外资政策的变化。

11.2 外资对经济增长的贡献

11.2.1 提供资本

在发展中经济体经济发展的早期阶段,投资是驱动经济增长的主要力量,但是每个经济体都要遭遇资本匮乏的瓶颈。缓解这个瓶颈可以采取以下方式：第一，通过对农业的汲取积累资本。我们在前面的章节已经看到，中国在 20 世纪 50 年代采用过这种方式，但是由于实施的时间过长，民众对此付出了高昂的代价。第二，接受外援。非洲撒哈拉以南的许多经济体长期依靠外援增加经济体内部投资，效果极差，其中一个原因是一些经济体形成了"外援依赖症"，即一方面外援没有得到很好的利用，另一方面经济体内部的投资又受到挤压，最终结果是更加依赖外援。第三，对外借款。拉丁美洲经济体在 20 世纪 70 年代大量对外举债，试图以此加快自身的工业化进程。自 1973 年石油危机之后，世界石油价格大幅上涨，产油国的外贸盈余剧增，造成所谓的流动性过剩，世界资本市场的利率大幅下降，拉丁美洲经济体因此大规模举债。但是，自 1979 年保罗·沃尔克（Paul Volcker）就任美国联邦储备银行主席之后，由于他的一系列反通胀的紧缩政策，世界资本市场的利率大幅提高，拉丁美洲经济体陷入严重的债务危机，并最终导致了近二十年的停滞和高通胀。因此，对外借款一般不再被认为是发展中经济体解决资本瓶颈的好办法。第四，增加出口。在第 10 章里，我们已经指出，出口是增加国内储蓄和投资的一个重要途径。但是，出口所得的外汇并不必然转化为国内储蓄和投资，墨西哥就是一个失败的例子，出口所得的外汇基本上被消费品的进口消耗掉了。在这方面，东亚地区做得最成功，出口带动了这个地区的投资，并最终实现了收入水平的赶超。第五，利用外资。直接投资不同于对外借款，它不需要发展中经济体支付利息，因此在一定意义上，它是一种"免费的"资本。中国是发展中经济体中利用外资比较成功的国家，主要表现在以下两个方面：

首先，在相当长的一段时间里，外资对中国的资本积累做出了较大的贡献。图 11.1、图 11.2 分别显示了 1985—2021 年中国每年实际利用外资数量和 1985—2020 年外国直接投资占中国资本形成的比重。从图 11.1 可以看出，外资进入中国经历了三个阶段：第一阶段是 1992 年之前，外资数量非常小；第二阶段是 1992—2000 年，由于 1997 年亚洲金融危机的影响，外资数量经历了波动；第三阶段是 2001 年之后，除个别年份（如 2009 年）之外，外资数量稳步上升。尽管一些跨国经验分析表明，由于存在对国内投资的替代作用，外资通过增加资本对一国经济增长的贡献可能比较有限（Borensztein et al.，1998），但中国的实践表明，外资推动了中国的资本积累过程。图 11.2 显示，外国直接投资对中国资本形成的贡献在 1996 年之前上升得很快，由 1985 年的不足 4% 上升到 1996 年的 12%。也就是说，外国直接投资对中国经济起飞时期的资本积累起到了较大的作用。这一时期，海外华人的贡献至关重要，他们的投资占到中国所有外资的一半以上。1997 年之后，外国直接投资对中国资本形成的贡献逐年下降，2012 年之后降低到 1% 以下。这一方面是因为中国的国民储蓄增长得很快，另一方面是因为中国的经济体量越来越大，外资数量虽然仍在增加，但相对于国内的投资总量，其重要性下降。

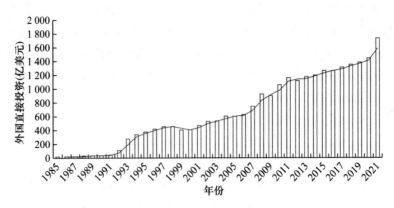

图 11.1　中国实际利用外资数量(1985—2021)

资料来源:国家统计局。

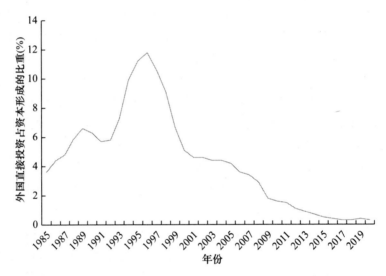

图 11.2　外国直接投资占中国资本形成的比重(1985—2020)

资料来源:国家统计局。

其次,外资和中国经济融合得非常紧密。除了少数领域(如军事工业和采掘业),外资几乎分布于中国的所有工业和服务业部门,而且它们在中国采购的比例很大,对本土企业起到了带动作用。这与其他一些国家有很大的不同。比如,墨西哥吸引的美国投资基本上都从事对美出口,与墨西哥的本土经济没有多少联系。另外,在"市场换技术"的指导思想下,中国对一些关键领域的外资企业的本土化率和技术转让都有一定的要求,从而促进了外资企业与本土经济的联系。下面讨论外资的技术外溢效应时,我们还会回到这个问题。

自国际金融危机之后,中国的经济进入转型期,对外投资大幅增加,并成为长期资本净输出国。外资在中国经济发展中的作用已经不再是提供资本。中国与其他国家之间发生的长期资本的双向流动,主要来自中国企业与外国企业在市场、技术以及生产能力等方面存在的互补关系。这也是发达国家之间的常态。从这个意义上讲,中国正在向一个成熟经济体迈进。

11.2.2　增加出口和就业

在国际金融危机发生之前,外资出口占中国总出口的一半以上。外资在出口方面有两个优势:一个是市场优势。许多本土企业没有发达国家的营销网络,在很长的一段时间里需要通过香港的转口贸易进行出口,而外资企业拥有世界各国丰富的营销网络,出口比较容易。另一个是技术优势。外资企业特别是跨国公司拥有雄厚的人才和技术储备,了解国际市场行情,因此在技术和产品研发方面领先本土企业。计算表明,2001—2008 年出口增长对中国 GDP 增长的贡献为 30%,而外资贡献了中国出口的一半,因此仅出口一项,外资对中国经济增长的贡献就达 15%。

出口导向的外资企业到中国设厂,主要是要利用中国丰富的劳动力资源,也正因为这样,外资对中国就业的贡献不可低估。根据对 2004 年经济普查数据的研究,外资进入的多是劳动力比较密集的行业,因而比内资更能吸纳就业。富士康是最明显的例子,2023 年它在内地雇用的劳动力约 76.7 万人。如果富士康将分布在各地的工厂集中到一个地方,则其提供的岗位足以支撑一个大城市就业。

11.2.3　技术转移和外溢

技术转移指的是外资企业对本土企业直接的技术转让,而技术外溢指的是外资企业通过各种途径(包括技术转移)提高了本土企业的技术效率。一般而言,外资企业特别是跨国公司的技术水平高于发展中国家本土企业的技术水平,因此,一个自然的问题是,外资企业是否通过技术转移和技术外溢提高了本土企业的技术水平。中国引进外资的初衷有两个:一个是增加资本,另一个是提高本土企业的技术水平。外资可能通过以下途径提高本土企业的技术水平:

第一是通过技术转让、联合开发等形式实现直接的技术转移。总体而言,这种技术转移在中国比较少见。更多的情况是,跨国公司意识到中国市场的重要性,把一部分研发转移到中国的独资或合资子公司,并继续掌握知识产权。但是,在一些行业,特别是汽车行业,由于坚持"市场换技术"的指导思想,中国比较成功地诱导外资母公司向合资企业转移技术。

第二是通过人才流动把外资企业的技术和管理方法带到本土企业。在过去,由于外资企业的待遇远高于本土企业,人才的流动是单向的,即从本土企业流向外资企业,因此这种技术外溢效应可能不是很强。现在,双向流动越来越频繁,本土企业从中受益也越来越多。

第三是通过前后向联系和示范效应带动本土企业的技术进步和管理方法的改进。外资企业需要本土企业提供配套产品,也向本土企业销售产品,两者都可能对本土企业的技术水平提出更高的要求。

第四是通过增加行业内部的竞争促使本土企业提升自身的技术水平。但是,外资在这方面的作用存在较大的争议:一方面,竞争给本土企业带来压力,因而可能促进本土企业加大研发投入;另一方面,如果本土企业相比于外资企业的技术过于落后,则竞争的结果是本土企业被挤出市场。因此,竞争是否带来本土企业的技术进步取决于本土企业已有的技术能力。

11.3　影响外资技术转移和外溢的因素

既然中国不再是一个资本短缺的国家,外资能否提高本土企业的技术水平就成为一个重要的问题。那么,影响外资技术转移和外溢的因素有哪些呢?

11.3.1　本土市场导向和出口导向的差别

如果外资企业在中国设厂是为了谋求中国的市场,它的规划周期就会比较长远,也就愿意把技术从母公司转移到子公司,进一步可能从子公司转移到合作伙伴。再者,关注本土市场要求外资企业把产品本地化,以适应所在国消费者的消费习惯。比如,奥迪、宝马这样的豪华车在中国市场纷纷推出加长版,其意就是迎合中国消费者讲究气派的消费习惯。这就需要跨国公司在所在国设立研发基地,把部分技术转移到合资企业。另外,关注中国市场的跨国公司也更可能采购本土企业的零部件,一个极端的例子是沃尔玛和家乐福这样的零售企业,它们的绝大多数产品都是从中国企业采购的。相对而言,一个以出口为导向的外资企业可能就不会那么关注技术转移。它们在中国设厂的目的是利用中国廉价的土地和劳动力,因此它们也就不太在乎技术水平的提升。另外,由于许多外资出口企业主要从事加工贸易,因此它们与本土企业的前后向联系也较少。但是,我们也应该看到,这些企业的技术和中国的比较优势比较契合,属于所谓的"适宜技术"的范畴。

11.3.2　当地市场容量

较大的本土市场的意义在于,跨国公司可以比较容易地分摊其研发成本,从而降低本地开发的技术的平均成本。就中国而言,通信和汽车行业表现得比较突出。这两个行业的业务在中国增长得非常快,中国早已是手机用户最多的国家,而汽车销量也在 2009 年超过美国,成为世界第一大汽车消费国。在苹果公司推出智能手机之前,各大手机企业(如诺基亚和摩托罗拉)纷纷在中国设立研发中心,研发适合中国消费者的手机产品。智能手机出现之后,中国的本土企业异军突起,除苹果手机之外,国产手机基本上占领了国内智能手机的全部市场。在汽车行业,中国早在 20 世纪 80 年代初期就引进了大众和克莱斯勒,但两个公司对合资企业的技术转让一直较慢。加入世界贸易组织之后,中国汽车市场经历了井喷式增长,2002—2004 年每年的销量增长达到 30%—40%,国外汽车企业开始大规模进入,宝马和奔驰也开始在中国设厂,并引进了最先进的车型。随着中国汽车市场趋于理性,消费者对质量和个性化产品的要求提高,各大合资企业开始推出针对中国消费者开发的产品,而北汽、上汽和广汽等企业也通过消化合资企业的技术,开始推出自己的产品。外资企业的技术外溢在汽车行业表现得非常明显,这既得益于市场规模的扩大,又得益于中国"以市场换技术"的政策(参见专栏 11.1)。

专栏 11.1
中国汽车行业"以市场换技术"的政策

20 世纪 80 年代初,中国开始在汽车行业引进外资,当时就确定了"以市场换技术"的指导思想,即给予外资企业进入中国市场的权利,同时要求它们转让技术。具体措施包括:① 外资企业在中国设厂必须与国内企业合资;② 外资在合资企业中的股份不能超过 49%;③ 合资企业必须在一定时间内达到一定程度的国产化率;④ 在一定时间内,外资母公司必须向合资企业转让技术。但是,在中国加入世界贸易组织之前,这一政策的效果并不明显,三大合资企业(一汽大众、上汽大众和东风雪铁龙)长期只靠一两个车型打市场,合资企业拥有自主知识产权的车型就更少(只有上汽大众的桑塔纳 2000 一个车型)。只有等到中国的汽车年销量达到 1000 万辆之后,合资企业才开始大规模推出拥有自主知识产权的车型。所以,"以市场换技术"只有在市场足够大时才会发挥作用。

在更高的层面,"以市场换技术"涉及产业政策的实施问题。一方面,"以市场换技术"的成功说明产业政策是可以起到积极作用的。标准经济学理论告诉我们,"无为而治"是政府在市场中应该扮演的角色;中国在汽车行业的成功却表明,产业政策可以加速一个国家的技术进步。另一方面,"以市场换技术"历经二十多年才开始发挥作用,说明产业政策能否成功取决于市场条件是否成熟。换言之,成功的产业政策必须考虑市场环境和企业能力。

资料来源:Zhou et al. (2016)。

【线上延伸阅读】

Chinese Indigenous Innovation in the Car Sector : Being Integrated or Being the Integrator

11.3.3　当地人力资源和技术存量

高技术的引进需要当地拥有与之相匹配的人力资源和技术水平,否则引进技术也是无用的。在文献中,这被称为外资技术外溢的"门槛效应"。许多研究表明,这个门槛效应在中国是存在的(如刘厚俊和刘正良,2006;刘澜飚和王博,2010)。国外的研究也表明,吸收能力(人才储备、技术水平等)对于本土企业获得外资的技术外溢效应是一个重要因素。比如,有研究表明,在英国本土企业中存在一个最低吸收能力,低于这个能力,企业就无法从外资那里获得技术外溢效应;而且,企业的吸收能力越强,它从外资那里获得的技术外溢效应就越多(Girma,2005)。另外,在研究外资对经济增长的影响时,多数研究表明(如 Zhang,2001),外资的作用要视接收国的具体情况而定,其中一个重要因素是接收国的教育水平。

11.3.4　跨国公司的总体目标

这一点与前面几点尤其第一点是联系在一起的,如果跨国公司的目标是长期的,它就更愿意把母公司的技术转移至接收国。另外,跨国公司的全球生产和市场布局也是决定其技术转移的重要因素。比如,日本豪华车品牌英菲尼迪于 2011 年 11 月宣布把总部由日本迁至中国香港地区,意在加大对中国和东南亚市场的开发。由于中国香港地区不具备汽车研发和生产能力,英菲尼迪最终把部分研发和生产落户到中国内地。这个例子表明,一个国家(地区)的经济地理位置是关键因素。英菲尼迪选择中国香港地区作为新的总部所在地,是因为中国香港地区在中国内地具有广阔的经济腹地,同时又和东南亚联系紧密,而且是世界金融中心之一。

11.4　外资企业与本土企业的关系

自改革开放到 2008 年,为了鼓励外商投资,中国政府在税收、土地和劳动管理等多方面给予了外资企业优惠政策。2004 年之后,国内资本变得日益充足,外资企业的"国民待遇"问题被提上学术和政策讨论的议程,并最终导致全国人大在 2007 年通过立法,取消对外资企业的税收优惠政策(参见专栏 11.2)。学术界的关注重点转移到外资企业对本土企业的挤出效应和外溢效应上。11.2 和 11.3 两节已经涉及这方面的一些理论问题,本节对一些细节问题做进一步的讨论,并给出一些经验研究的结论。

根据前面的讨论,外资企业对本土企业的外溢效应主要来自直接的技术转让、人员流动、前后向联系、示范作用和市场竞争。外资企业对本土企业的挤出效应则主要来自两个方面:一是直接的产品竞争,二是技术领域的研发替代。在产品竞争方面,外资企业具有两方面的优势,一是产品优于本土企业,二是资本雄厚,因而可以通过暂时性的掠夺性定价等竞争手段压制本土企业发展。在技术领域,由于外资企业的技术力量雄厚,本土企业能够进行的研发项目它们都可以做,而且可以做得更好,因而可能极大地抑制本土企业的研发活动。因此,外资企业能否带动本土企业的技术进步,取决于外溢效应和挤出效应哪个占主导地位。

从理论上讲,在相同的行业里,外资企业的挤出效应会大于外溢效应。这是因为,独占市场或减少竞争对手的数量是任何企业的目标,外资企业特别是跨国公司因而会利用它们强大的资金和技术优势,尽可能地挤压国内竞争对手,而本土企业出于资金、技术或体制原因无法抵御这样的竞争。在这种情况下,外资企业对本土企业技术进步的正面作用更可能是来自它们对其他行业产生的前后向联系和示范效应。国内外的经验研究证明了这个推论。

专栏 11.2
外资企业的国民待遇问题

2008 年之前,在华外资企业享受许多优惠政策,特别是在企业所得税方面。下面是外资企业享受的一些主要的税收优惠政策:

• 经济特区的外资企业和国家级经济技术开发区的外资制造业企业享受企业所得税减半征收(15%);

• 外资企业自盈利之年起享受"两免三减半"政策,即前两年免除所得税,随后三年减半征收;

• 从事出口或生产高科技产品的外资企业享受所得税减半征收,从事能源、交通等基础设施行业的外资企业享受"五免五减"政策,即前五年免征所得税,后五年减半征收;

• 外资企业的利润再投资享受 40% 的所得税返还。

2008 年起,外资企业的税收优惠政策被取消,企业所得税税率统一由 33% 降至 25%,所有税收优惠政策也同时统一,不再区分外资企业和内资企业。"两税合一"改革之后,外资流入中国的速度并没有下降,相反,正如图 11.1 所显示的,外资数量在 2008 年出现了较大的增长。但是,国际金融危机之后,国有企业的地位得到加强,致使外资企业像国内民营企业一样,日益感觉受到"歧视",因而出现中国投资环境恶化的说法。另外,中国对待外资企业的设立仍然采取前置审批的政策,并通过《外商投资产业指导目录》对外资的投向实施管理。《中华人民共和国外商投资法》自 2020 年 1 月 1

日起施行后,这一状况得到改变,内外资企业设立和行业准入标准一律统一,而且外资企业的股权和技术转移限制被取消。

在国际上,Borensztein et al.(1998)这篇文献被广泛引用。其作者研究了几十个国家 1970—1989 年的数据,发现外资对一国经济增长的贡献主要是通过技术外溢发生的。但是,当学者们使用企业层面的数据进行研究时,情况变得更加复杂,多数研究没有发现外资企业对同行业的本土企业具有正的外溢效应。就对中国的研究而言,姚洋(1998)是一篇较早研究这一问题的文献。这篇文章使用 1995 年全国工业普查提供的 37 769 个企业的数据,研究了不同所有制企业对行业和地区的技术外溢效应。企业按照所有制分为国有企业、集体企业、内地民营企业、港澳台企业、外资企业和其他类型企业六类。文章首先研究了各类企业对本行业的技术外溢效应,发现外资企业的资本占一个行业总资本的比重越大,该行业的技术效率越低,这说明外资企业对同行业的本土企业具有技术抑制作用。文章还研究了各类企业对本省的技术外溢效应,发现外资企业在这方面具有显著的正面作用。这种正面作用可能是通过前后向联系和示范效应发生的。在 Javorcik(2004)这篇被广泛引用的文章中,其作者对立陶宛的研究证实了后向联系在外资企业外溢效应中的作用。同时,她进一步发现,只有合资企业具有外溢效应,外商独资企业没有,这可能是合资企业比独资企业更熟悉国内配套厂家的缘故。

11.5　小结

本章探讨了外资对发展中国家经济增长的作用,其中用较大的篇幅讨论了外资企业对本土企业的技术外溢问题。本章所列举的理论和经验研究表明,外资企业对本行业的内资企业具有挤出效应,但对其他行业的上下游企业具有正的外溢效应。因此,外资企业对本土企业的技术升级是否具有正面作用,要看挤出效应和外溢效应的相对大小,国家之间因此可能有很大的差别。

但是,如果我们把外资看作国内经济的组成部分,上述问题就不那么重要了。外资企业的进入,相当于国内市场上出现了一些技术水平更高的企业,它们肯定对其他一些企业具有负面影响,同时也对另外一些企业具有正面影响,但是对于经济整体而言,其影响肯定是正面的,因为外资企业导致经济整体技术水平的提高。中国对外资企业实行国民待遇,因此把外资企业看作国内经济的有机组成部分不仅是一个方向,而且已经成为现实。

【练习题】

1. 请用双缺口模型解释外资对发展中国家经济增长的贡献。

2. 在早期的文献中,有一种理论认为,如果外资企业将利润全部汇回母国,则外资会导致发展中国家的"贫困化增长",即经济总量增加了,但国内工资水平没有提高。请给出一个解释。

3. 外资企业对本土企业的技术外溢效应体现在哪些方面? 其决定因素有哪些?

4. 结合专栏 11.1 的延伸阅读材料,解释中国汽车行业"以市场换技术"的政策为什么能够成功。

全球失衡对经济
发展的挑战
第 12 章

12.1　引言

在前面三章里我们讨论了对外贸易和外国直接投资与经济增长的关系,但是我们的讨论基本上集中在一个国家的范畴内,没有详细考虑对外贸易和外国直接投资对多国经济增长的影响。我们注意到在任何时点上,只要存在贸易,就都会有盈余国和赤字国,所有国家的净出口为零的状态几乎不可能出现。但是,问题在于一些国家可能出现持续的盈余,而另一些国家可能出现持续的赤字,这就是所谓的"全球失衡"。对外直接投资可能加重全球失衡。多数对外直接投资来自发达国家,它们把生产转移到发展中国家,从而使发达国家出现所谓的"产业空心化",大量消费品不得不依赖进口,进而加剧贸易的不平衡。由于贸易赤字意味着对外欠债,因此长期赤字会使赤字国违反长期预算约束,最终变成一个难以为继的过程;另外,盈余国大量的外贸盈余对国内的物价水平产生持续的上升推力,从而增加出口导向增长模式的成本。在这一背景下,发展中国家依赖出口获得增长这条路是否具有可持续性?一些发达国家的巨额赤字是否最终会导致危机和衰退?

在接下来的 12.2 节里,我们将首先介绍全球失衡的概念;接着,在 12.3 节我们将讨论全球失衡,特别是它的可持续性对发展中国家出口导向发展战略的挑战。我们将看到,只有当一个国家的经济增长速度超过国际资本市场利率(资本回报率)时,其经常项目赤字才是可持续的。但是,对于成熟的发达国家而言,要长期保持经济增长速度高于资本回报率是非常困难的,因而人们普遍认为,全球失衡是不可持续的。发展中国家的出口导向发展战略也因此受到挑战。那么,全球失衡是否具有合理的成分呢?我们将在 12.4 节探讨全球失衡的原因,从全球不平衡增长、人口转型、比较优势等长期因素以及经济增长前景、政府支出和汇率等短期因素着手,给出一个比较全面的解答。在接下来的 12.5 节里,我们讨论过去 20 年里中国经济的失衡和再平衡。最后,12.6 节总结全章。

学习目标:

理解经常账户和资本账户以及两者之间的关系。

理解经常账户赤字的不可持续性和经常账户盈余对本国物价的压力。

掌握全球失衡的机制并能够对现存的全球失衡给出解释。

熟悉中国经济自 2001 年以来的失衡和再平衡过程。

12.2 全球失衡

12.2.1 经常账户

全球失衡指的是各国在经常账户上的持续不平衡。那么,什么是一个国家的经常账户呢?简单地说,经常账户就是一个国家全体国民、企业和政府的净储蓄(赤字)。用一个家庭来做比喻,经常账户就是这个家庭一年下来在银行里存款的净增加量(或净减少量)。具体来讲,经常账户的定义如下:

$$经常账户 = 国内生产总值 - 国内总消耗 + 海外净收益 \tag{12.1}$$

其中,国内总消耗包括国内消费和投资,海外净收益是一国海外收益(包括直接投资和金融投资的收益以及输出劳工的收入)汇回国内的部分减去外国企业或个人在本国收益的汇出部分。过去,中国的海外收益规模很小,近年来增长很快,仅外汇储备收益一项就达 400 多亿美元。和一个家庭一样,经常账户发生盈余意味着一个国家对外放贷,经常账户发生赤字则意味着一个国家对外借款。

另外,国内生产总值等于国内消费和国民储蓄之和,因此经常账户也可以表示为:

$$经常账户 = 国民储蓄 - 国内投资 + 海外净收益 \tag{12.2}$$

按照支出法计算,国内生产总值亦等于国内消费、国内投资和净出口(出口-进口)之和,因而我们有:

$$国民储蓄 - 国内投资 = 出口 - 进口 \tag{12.3}$$

式(12.3)左边是内部剩余,右边是外部剩余。由此经常账户的另一个表达式是:

$$经常账户 = 净出口 + 海外净收益 \tag{12.4}$$

从式(12.2)来看,经常账户是一国储蓄没有在国内利用的部分加上该国从外国挣得的净收入;从式(12.4)来看,经常账户是一国的净出口加上该国从外国挣得的净收入。从国民经济核算的角度出发,这是容易理解的,正如式(12.3)所示,一国的净出口必然等于该国的储蓄减去国内投资。我们在第 10 章指出,出口创造储蓄,而进口可以看作对储蓄的一种消耗,其余额是对外输出的储蓄,国民经济核算恒等式要求,这个余额必然等于储蓄未被国内投资消耗掉的部分。

和经常账户相对的是资本账户。所谓资本账户,指的是流入一国的资本(短期资本、外国直接投资和对外借款)减去流出的资本(短期资本、对外投资和对外放贷),即一国的资本净流入。经常账户是对实物流的统计,资本账户是对资金流的统计。在没有官方外汇储备,且私人不持有外币现金的情况下,国际收支平衡要求经常账户和资本账户满足下面的一一对应关系:

$$经常账户 \equiv - 资本账户 \tag{12.5}$$

如果一个国家拥有净储蓄,则必然意味着该国对外净输出产品(或在其他国家创造了产品),其他国家的国内产出小于其消费总量,因而就必须向该国借款,表现在该国的资本账户上,则必然是资本净流出。反过来,如果一个国家有资本净流入,则意味着该国对国外有净借款,其国内消耗大于其国民总产出,该国需要从外国进口货物或服务,经常账户余额为负。[①] 前者是中国的情况,后者是美国的情况。中国存在所谓"双盈余"现象,但这是官方外汇储备增长造成的假象,具体情况参见专栏12.1。

专栏 12.1
中国的"双盈余"现象

在较长一段时间里,中国存在"双盈余"现象。所谓"双盈余",就是指经常账户和资本账户都出现盈余。这似乎不合常规,与式(12.5)相左。但是,"双盈余"是中国中央银行持有官方外汇储备的结果。在美国,官方外汇储备很少,而且由财政部用财政收入购买,目的完全是预防暂时性的流动性缺口。中国和其他一些国家(如日本)是由中央银行持有官方外汇储备的。与由财政部持有不同,中央银行可以通过发行本币购买居民和企业手中的外币,即购买外币是"无成本的"。在理论上,中央银行持有的官方外汇储备可以无限多,而如果由财政部来持有,则一国的官方外汇储备要受到财政收入的约束。

另外,中国容许个人在境内银行持有外币存款,出于流动性的原因,银行会持有部分外币现金。这样,中央银行持有的官方外汇储备与经常账户、资本账户以及私人持有的外币(现金或存款)之间的关系是

官方外汇储备＝经常账户＋资本账户－境内私人持有外币

在美国,中央银行的官方外汇储备为零(财政部的外汇储备可以看作资本账户的一部分),而私人不能在银行持有外币存款,因此经常账户和资本账户满足式(12.5)。在中国,由于官方外汇储备是正的,因此经常账户和资本账户都可以是正的,这就是"双盈余"的来源。"双盈余"并没有违反一国如果有经常账户盈余就必然输出资本的规律。中国早已是一个资本输出国,只不过输出者主要不是个人和企业,而是中央银行。中国的官方外汇储备一度接近4万亿美元,但在很长一段时间里,中国国内的资本回报率显著地高于其他国家,在这种情况下大规模输出资本是否是一个明智之举,是一个值得认真思考的问题。

---

① 这里排除了"货币空转"的现象。所谓"货币空转",就是货币没有进入实体经济,而是纯粹用来买卖金融产品。在现实中,"货币空转"可能经常发生。

12.2.2　全球失衡及其特征

全球失衡指的是一些国家持续地拥有大量经常账户盈余,另一些国家持续地拥有大量经常账户赤字;换言之,全球失衡意味着一些国家持续地对外大量放贷,另一些国家持续地对外大量举债。全球失衡有什么特征呢?

首先,全球失衡是一个长期现象。图 12.1、图 12.2 分别显示了英国和美国 1880—2010 年经常账户余额占各自 GDP 的比重。可以看到,第二次世界大战以前,除

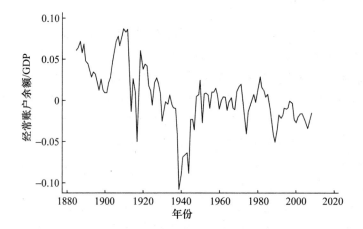

图 12.1　英国经常账户余额占 GDP 比重(1880—2010)

资料来源:1945 年以前的数据来自 Jones and Obstfeld (1997),1946—1950 年的数据来自 Taylor(2002),1950 年以后的数据来自国际货币基金组织 IFS 数据库。

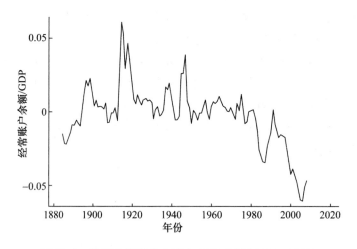

图 12.2　美国经常账户余额占 GDP 比重(1880—2010)

资料来源:1945 年以前的数据来自 Jones and Obstfeld (1997),1946—1950 年的数据来自 Taylor(2002),1950 年以后的数据来自国际货币基金组织 IFS 数据库。

第一次世界大战期间以外,英国的经常账户基本上都处于盈余状态。实际上,1830—1880年,英国的经常账户也基本上处于盈余状态。也就是说,英国的经常账户盈余持续了一个世纪。第二次世界大战以后,英国出现剧烈的反复,1980年之后就一直为赤字国。在19世纪的大部分时间里,英国是世界上经济实力最强大的国家,这一时期也是英国的快速成长期,19世纪末到第一次世界大战之前,英国达到其经济增长的顶峰。这在很大程度上解释了英国长期的经常账户盈余。美国的情况更为复杂一些,历史上其经常账户的盈余和赤字交替出现,但是1980年之前,盈余的年份多于赤字的年份,而且盈余的幅度远大于赤字的幅度。20世纪是美国兴起并主导世界的世纪,在经济领域,美国完全替代了英国,这部分解释了美国1980年之前的盈余。

其次,全球失衡在过去的几十年里呈现一种集中和分散并存的趋势。集中表现在赤字主要集中到少数国家特别是美国身上,分散表现在盈余分散在一些制造业出口大国和石油输出国身上,这在进入21世纪之后更加明显。例如,在赤字方,1990年前五位的赤字国占全球赤字总额的62%,其中排第一位的美国占28%;到2020年,这两个数字分别变为75%和58%。而在盈余方,1990年前五位的盈余国占全球盈余总额的68%,其中排第一位的德国占39%;到2020年,这两个数字分别变为59%和19%。[①]

自2004年起,中国也加入较大经常账户盈余的行列。图12.3显示了中国1978—2020年经常账户余额和净出口占GDP的比重。1990年之前,中国外贸和经常账户基本上处于逆差状态,缺口靠对外借款弥补;1990年之后,除1993年出现赤字之外,所有年份中国都有盈余;2004年之后盈余更是快速增长,至2007年达到顶峰,当年净出口占GDP的7.53%,经常账户盈余占GDP的9.94%。国际金融危机之后,尽管中国净出口时有增长,但经常账户盈余占GDP的比重基本上呈下降趋势,而且2012年之后开始持续地小于净出口的占比,这说明中国海外净收入下降。

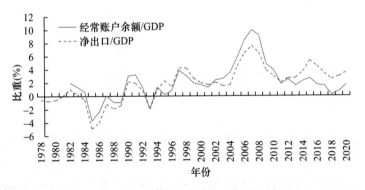

图12.3 中国经常账户余额和净出口占GDP的比重(1978—2020)
资料来源:Wind。

最后,分析赤字国和盈余国的分布可以发现,以美国为代表的较大的赤字国都是

---

① 数据来自世界银行WDI数据库。

金融比较发达的国家,而盈余国基本上是制造业出口大国和石油输出国。图 12.4 给出了国际金融危机前的 2006 年几个国家经常账户余额的对比情况。同处赤字方的美国和英国都是金融大国,澳大利亚和印度则继承了英国的金融传统,金融体系也较为发达。在具有较多盈余的国家当中,中国、德国和日本是制造业出口大国,而俄罗斯是石油输出大国。

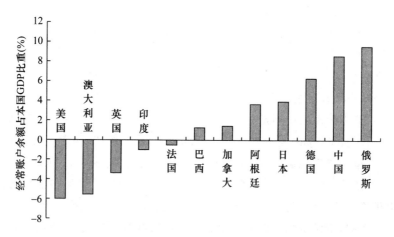

图 12.4　几个代表性国家 2006 年的经常账户余额
资料来源:徐建炜和姚洋(2010)。

上述三个特征显示,全球失衡重复出现,因此具有一定的必然性,而且我们也可以从中看出失衡原因的一些端倪。但是,1980 年以来的失衡和以往不同的是,过去中心国家如英国和美国是盈余国,而在此轮失衡中,中心国家除德国、日本以及北欧国家之外,多数都处于赤字方,它们的可持续性问题对处于外围的发展中国家的出口导向发展战略构成巨大的挑战。

12.3　全球失衡的可持续性问题

当德国和日本在战后开始复兴时,作为资本主义阵营领导者的美国处于盈余国地位,因此德国和日本的复兴在初期没有变成美国的问题。但是,20 世纪 60 年代后期,美国的国际收支状况日益恶化,最终尼克松总统不得不在 1971 年放弃美元和黄金之间的固定价格关系,导致布雷顿森林体系的瓦解。之后,美国进入痛苦的调整期,盈余国地位丧失,自 1980 年之后一直是赤字国。但是,美国的强势地位没有动摇,我们因此看到美国和英、法两国联手,于 1985 年通过“广场协议”,逼迫日元和德国马克升值。“亚洲四小龙”则是另外一个故事,其经济体量比较小,没有对美国形成冲击,因此也被美国所容忍。随着柏林墙的倒塌,过去的资本主义和社会主义两大阵营走向融合,而且其他发展中国家也纷纷加入全球化进程,全球失衡的赤字过度集中在以美国为首的少数国家当中,它的可持续性成为一个重大的问题。在很大程度上,2008—2009年的国际金融危机是这种全球失衡不可持续的一个结果。这次危机不像以往一样源自国际收支失衡,具有讽刺意味的是,它源自美国获得了过多的外国流入的资金,或者用更专业的术语来说,源自美国乃至全球的流动性过剩。这些过多的流动性来自像中国、日本、德国这样的制造业出口大国和像沙特阿拉伯、俄罗斯这样的石油输出大国,大量资金的存在导致国际市场上利率的下降,在美国则导致次贷泛滥,并最终演变为一场危机。所谓"次贷",就是银行发放给在正常情况下得不到房屋按揭的人的贷款,从根本上讲,这属于超前消费。那么,从理论上讲,一个国家是否可以长期对外借款而不引起严重后果呢?下面我们用一个简单的模型来探讨这个问题。

考虑一个代表性消费者无穷期的消费决策问题。以 c_t 代表他在 t 年的消费金额,当年产生的效用为 $\ln c_t$。他每年的收入为 w_t,外生给定。以 r_t 代表 t 年的市场利率,则 t 年的贴现因子是 $\beta_t = 1/(1+r_t)$。①消费者可以跨期借贷,他只要满足下面的预算约束就可以了:

$$\sum_{t=T}^{\infty} \beta_t^{t-T} c_t = \sum_{t=T}^{\infty} \beta_t^{t-T} w_t \tag{12.6}$$

其中,T 为任意的起始年份。代表性消费者选择 T 年及以后各年的消费,最大化其效用贴现和,即求解下面的最大化问题:

$$\underset{c_t}{\text{Max}} \sum_{t=T}^{\infty} \beta_t^{t-T} \ln c_t$$

$$\text{s. t.} \quad \sum_{t=T}^{\infty} \beta_t^{t-T} c_t = \sum_{t=T}^{\infty} \beta_t^{t-T} w_t \tag{12.7}$$

求解这个问题,我们很容易得到 $c_t = c_{t+1}$ 的结论。这就是所谓的"消费平滑",即如果消费者可以跨期借贷,那么消费的最佳方案是每年达到相同的消费水平。以 c 代表这个水平。现在,考虑一个人均收入增长率和利率为常数的稳态,并以 η 表示人均收入增长率,r 表示利率。这个稳态和 6.5.4 节介绍的包含技术进步的索罗模型的稳态是一致的。此时,贴现因子不变,令其为 β。则代表性消费者一生的总消费贴现是 $c/(1-\beta)$,它应该等于一生的总收入贴现,即

$$\frac{1}{1-\beta} c = \sum_{t=T}^{\infty} \beta^{t-T} w_t \tag{12.8}$$

显然,如果每年的收入相等,则消费者每年的预算约束都是紧的,此时一个国家的经常账户既不存在盈余,又不存在赤字。由于收入增长速度是常数,式(12.8)变成:

$$\frac{1}{1-\beta} c = w_T \sum_{t=T}^{\infty} [\beta(1+\eta)]^{t-T} \tag{12.9}$$

若 $\beta(1+\eta) < 1$,则消费者的总收入贴现是一个有限的量,即 $w_T/[1-\beta(1+\eta)]$。

---

① 这里我们假设消费和资产的贴现因子是相同的,现实中不一定如此。

此时：

$$c = \frac{1-\beta}{1-\beta(1+\eta)} w_T > w_T \qquad (12.10)$$

因此,在 T 之后的一段时间里,消费者的消费量大于其收入;出于这个原因,后面必然存在一些年份,消费者的消费量小于其收入。也就是说,如果预期未来有稳定的经济增长,则一个国家可以在当前对外借款,待以后用经济增长产生的收益来偿还。注意,在这里,赤字只能是阶段性的,不可能永远存在下去。

如果 $\beta(1+\eta) \geqslant 1$,则消费者的总收入贴现是发散的,因而预算约束消失,一个国家可以无限度地对外借款。由于 $\beta = 1/(1+r)$,这要求一个国家的经济增长率总是高于市场利率。这背后的直觉是,当经济增长率高于市场(借贷)利率时,消费者今天多消费的部分所要承担的利息,在未来会被经济增长带来的额外收益超额弥补。

在稳态上,经济增长率可能高于市场利率吗？利率反映的是资本的边际回报,在包含技术进步的索罗模型中,在稳态上利率为：

$$r = \alpha(k_E^*)^{-(1-\alpha)} = \alpha(\eta+\delta+\hat{n})/s \qquad (12.11)$$

移项得：

$$rs - \alpha\eta = \alpha(\delta+\hat{n}) \qquad (12.12)$$

从理论上讲,如果一个国家的国民储蓄率 s 大于资本产出弹性 α,则人均收入增长率 η 可以超过市场利率 r。但是,在现实中,发达国家的资本产出弹性在 0.3 左右,发展中国家的更高,而发达国家的国民储蓄率 s 几乎都在 30% 以下,因此我们几乎可以肯定,在现实中很难出现人均收入增长率超过市场利率的情况。[①]

上述讨论告诉我们,全球失衡只有在较短的时间内是可持续的,在长期,赤字国必然要面对跨期预算约束的限制。如果一个国家无止境地向其他国家借款,最终都会导致国际收支危机,就像希腊在金融危机之后发生的那样。美国之所以没有发生国际收支危机,和美元的强势地位有关。世界上 60% 的贸易和资产都是以美元计价的,盈余国获得大量的美元,限制了它们购买美国以外其他国家资产的能力,只能把绝大多数美元投回美国市场。但是,这不等于美国人就不担心了,快速增长的政府债务和居高不下的经常账户赤字让几乎每一个美国人都为美国的未来担心。南欧国家的国际收支危机进一步给发达国家雪上加霜,加重了这些国家的领导人和民众对全球失衡的担忧。由于发达国家是国际贸易的最终消费国,它们的一举一动会影响到发展中国家,特别是像中国这样高度依赖出口的发展中国家的经济表现。尽管出口导向发展模式本身是对的,但是面对发达国家的痛苦调整,采用出口导向发展模式的国家应该谨慎行事。

---

① 中国的人均收入增长率超过实际利率。但是,这可能是利率被管制造成的。一个例证是,民间借贷的利率普遍超过 10%,温州曾经更是达到 20%。另外,由于资本的国际流动加剧,利率不完全由国内市场决定,一个国家的经济增长率也可能在短时间内超过实际利率。再者,由于中央银行的过度干预,利率也可能被压低,甚至变成负数,如日本在执行所谓的"安倍经济学"时期,经济增长率可能超过实际利率。但这些都是短期现象,皮凯蒂对欧洲历史数据的研究表明,实际利率在长期超过经济实际增长率(皮凯蒂,2014)。

12.4　对全球失衡的解释

对全球失衡的解释可以从长期和短期两方面的因素着手。从长期来看,全球不平衡增长、人口转型和比较优势构成重要决定因素;从短期来看,经济增长前景、政府支出和汇率构成重要决定因素。下面我们先较为详细地讨论三个长期因素,然后粗略地讨论一下短期因素。

12.4.1　全球不平衡增长

关于经济增长和经常账户失衡的标准理论认为,如果一个国家预期本国未来占世界经济的比重上升,则该国应该倾向于在当期对外借款(Engel and Rogers,2006),这背后的原因很直观:既然未来本国会变得相对更加富有,届时本国的还贷能力就会增强,因此今天提前消费是合理的。美国在 20 世纪 90 年代的经济增长速度超过其他发达国家,在当时预期未来美国占世界经济的比重上升是合理的,这可以解释为什么美国在 90 年代经常账户赤字持续扩大。艾伦·迪尔多夫(Alan Deardorff)用一个简单的跨期贸易模型对此进行了解释(见图 12.5)(Deardorff,2010)。

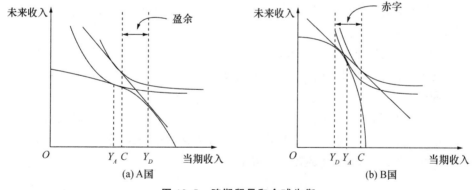

图 12.5　跨期贸易和全球失衡

在图 12.5 中,(a)图表示的是盈余国(A 国)的情形,(b)图表示的是赤字国(B 国)的情形。两幅图均显示了当期收入和未来收入之间的生产可能性边界,A 国和 B 国之间的差别在于前者在生产当期收入方面具有比较优势,而后者在生产未来收入方面具有比较优势。这样,在没有贸易的情况下,A 国的利率(未来收入和当期收入在生产可能性边界上的比值)低于 B 国的利率。当贸易发生时,两国面对同样的利率,A 国向 B 国输出资本(A 国的资本账户余额为负),同时也向 B 国出口当期收入,因而成为盈余国。A 国的当期产出是 Y_D,当期消费是 C,两者的差就是该国的经常账户盈余。相对应的,B 的当期产出小于当期消费,两者的差就是它的经常账户赤字。

但是,上述分析不适用于中国和美国 2000 年之后的比较。由于中国仍然处于赶超阶段,因此相较于美国,中国未来的生产能力比现在的要高得多。在图 12.5 中,中国应该是 B 国,而美国应该是 A 国。但在现实中,为什么中国拥有经常账户盈余而美国拥有赤字? 这个问题是迪尔多夫提出的,我们不妨把它称为"迪尔多夫之谜"。迪尔多夫自己给出的解释是,中国和美国都存在一些政策性扭曲,导致中国更加偏好当期的生产,而美国更加偏好当期的消费;中国的扭曲是通过对外汇市场的干预对当期出口进行补贴,而美国的扭曲是通过货币政策和财政政策鼓励当期的消费。

然而,观察工业革命之后的历史可以发现,多数经济体在其高速增长时期都曾长期拥有经常账户盈余,早期以英国为代表,第一次世界大战之后转移到美国,第二次世界大战之后德国和日本加入,20 世纪 70 年代之后美国退出,但"亚洲四小龙"加入,进入 21 世纪之后中国成为代表性国家。由于这些经济体的高速增长都持续了相当长的时间,我们有理由相信,人们可以从当期的高速增长推断出未来的高速增长;换言之,这些经济体都应该在未来生产上具有比较优势。一个佐证是,战后赶超经济体的资本回报率(利率)都高于发达经济体的资本回报率(如中国的情况)。但是,它们没有像图 12.5 中的 B 国一样变成赤字方。那么,我们应该怎样解释"迪尔多夫之谜"呢?

生命周期理论可以为我们提供一个比较可信的解释。根据这一理论,一国的国民储蓄率是该国经济增长率的增函数(Modigliani and Brumberg, 1954;Modigliani and Cao, 2004)。由于经常账户盈余等于国民储蓄与国内投资之间的差距,因此如果国内投资的增长赶不上储蓄的增长,一个增长较快的国家就可能产生经常账户盈余。下面我们用一个简单的迭代(over-lapping generation,OLG)模型来说明一国的国民储蓄率是如何随着经济增长率的提高而提高的。

假设每个人存活两期且没有人口增长,人口总量设为 1。以 c_t^Y 和 c_{t+1}^O 分别代表个人在年轻与老年时期通过市场交易获得的消费水平,个人一生的效用函数为:

$$u(c_t^Y, c_{t+1}^O) = \ln c_t^Y + \rho \ln c_{t+1}^O \tag{12.13}$$

其中,ρ 代表消费的跨期贴现率。年轻人工作,老年人不工作。假设年轻人的劳动力投入是固定的,定为 1,这样我们就可以考虑一个代表性的年轻人,令他的工资为 w_t。年轻人决定当期消费和储蓄,他的预算约束是:

$$c_t^Y + s_t^Y = w_t \tag{12.14}$$

其中,s_t^Y 为储蓄。老年人消费年轻时的储蓄,所以:

$$c_{t+1}^O = (1 + r_t) \times s_t^Y \tag{12.15}$$

其中,r_t 为第 t 期的利率。这样,一个人一生的规划问题是:

$$\max_{c_t^Y, c_t^O} \ln c_t^Y + \rho \ln c_{t+1}^O \tag{12.16}$$

$$\text{s. t.} \quad \begin{aligned} c_t^Y + s_t^Y &= w_t \\ c_{t+1}^O &= (1 + r_{t+1}) \times s_t^Y \end{aligned}$$

求解该问题,很容易得到:

$$c_t^Y = \frac{1}{1+\rho} w_t, \quad s_t^Y = \frac{\rho}{1+\rho} w_t \qquad (12.17)$$

在生产方面,假设生产使用劳动力和资本两种投入要素,生产函数为不变规模报酬的柯布-道格拉斯形式。根据前面的假设,劳动力投入为1。资本投入来自上一期年轻人的储蓄,且在一期之内完全折旧。这样,第 t 期的总产出就是:

$$y_t = w_t + r_t s_{t-1}^Y \qquad (12.18)$$

总消费是:

$$c_t = c_t^Y + c_t^O$$

所以国民储蓄是:

$$s_t = (w_t - c_t^Y) + r_t s_{t-1}^Y - (1+r_t) s_{t-1}^Y = s_t^Y - s_{t-1}^Y \qquad (12.19)$$

于是,第 t 期的国民储蓄率是:

$$\frac{s_t}{y_t} = \frac{s_t^Y - s_{t-1}^Y}{y_t} = \frac{\rho}{1+\rho} \alpha \left(1 - \frac{y_{t-1}}{y_t} \right) = \frac{\rho}{1+\rho} \alpha \left(1 - \frac{1}{G_t} \right) \qquad (12.20)$$

其中,常数 α 是工资占 GDP 的比重,G_t 是第 t 年的经济毛增长率,即 y_t / y_{t-1}。显然,国民储蓄率是经济增长率的增函数。

在上述模型中,因为即期效用假设为对数形式,国民储蓄率和利率无关。在现实中,利率影响储蓄。姚洋和邹静娴(2016)采用更一般的效用函数,得到国民储蓄率是当期利率减函数的结果。同时,他们也证明,在转型路径上,一国在封闭经济条件下的均衡利率是该国经济增长率的减函数。在开放经济条件下,资本从利率较低的国家流向利率较高的国家。这样经济增长较快的国家就成为资本净流出国,或者反过来,这样的国家就成为经常账户盈余国。如同以往研究一样,姚洋和邹静娴(2016)使用跨国面板数据的计量研究发现,这一结论适用于发展中国家,不适用于发达国家。他们的进一步研究发现,改变发达国家结果的主要原因是金融发达程度和贸易伙伴的差异。

12.4.2 人口转型

我们在第 2 章讨论了人口红利对经济增长的影响。把这个讨论应用到国际领域,我们同样可以看到,一个劳动力供给充裕的国家,更可能成为国际收支的盈余方。充裕的劳动力供给从两个方面增加一个国家的净储蓄:一方面,充裕的劳动力供给提高居民储蓄率。让我们从对两个家庭的比较着手讨论这个问题。假设一个家庭只有夫妻两个人,而另一个家庭除了夫妻还有两个孩子。在前一个家庭里,夫妻双方都工作,日常开销较低,因此可以把许多现期收入储蓄起来。当然,这些储蓄会更多地花在旅游和购物上,但是只要是今天没有立即消费掉的收入,就变成了国民储蓄的一部分。在后一个家庭里,两个孩子的即时开销非常大,即使夫妻两个人都工作,这个家庭也不会有很多储蓄。扩大到国家层面,我们就容易理解,一个劳动人口比较高的国家容易有更多的净储蓄。另一方面，充裕的劳动力供给压低工资，提高资本回报率，而资本所有者的边际消费倾向较低，从而降低整个国家的消费倾向。这里面有一些较为细致的问题，而且涉及对中国经常账户盈余的解释，因此下面我们进行一个深入的讨论。

我们首先注意到，如果企业对劳动力需求的替代弹性为1，且技术不发生变化，则工资的降低不会导致劳动收入占比的下降和资本回报占比的上升。柯布-道格拉斯生产函数意味着替代弹性为1，所以我们可以用这个生产函数来说明这一问题。假设一个企业只使用资本和劳动力进行生产，生产函数是 $y = AK^{\alpha}L^{1-\alpha}$，其中变量定义和以往章节相似。劳动收入（工资总额或劳动边际产出乘以劳动力数量）为 $(1-\alpha)Y$，而资本回报（资本边际产出乘以资本总量）为 αY。显然，劳动收入和资本回报占国民收入的比重只与技术参数 α 有关，而与工资水平无关，所以如果技术不发生变化，则劳动收入占比和资本回报占比也不会发生变化。但是，从动态的角度来看，技术参数 α 会改变。如果存在技术进步或持续的正的外部冲击（如外贸的扩张），A 就会提高，在资本和劳动力数量不变的情况下，产出也会提高，从而导致资本积累速度的提高。在这种情况下，全社会的资本供给增加，资本变得相对便宜，根据诱导性技术变迁理论的预测，企业会采用更加密集地使用资本的技术，即 α 更大的技术。这样，资本回报占国民收入的比重就会上升。这正是中国 2010 年前发生的事情（参见专栏 12.2）。

专栏 12.2
人口双转型和中国经常账户盈余

在 2010 年前的 20 年里，中国的人口发生了"双转型"，即劳动人口比的大幅上升和劳动力由农村向城市的转移。前者意味着中国劳动力数量的增长，后者意味着中国劳动力结构的变化，两者的叠加意味着中国参与全球分工的劳动力数量大幅增长，这是中国在国际金融危机之前经常账户盈余超常增长的基本原因，其逻辑如下。

中国于 2001 年加入世界贸易组织，从此中国全面融入国际分工体系。2000—2010 年，中国的劳动人口比进入一个新的跃升阶段，由 1.67 急剧上升到 2.67；另外，大量劳动力从农村流入城市。根据原农业部统计，1997 年只有 4 000 万名农村移民，到 2010 年达到 1.6 亿人。人口双转型压制了工资的增长，而贸易的扩张为企业带来更多的回报，资本供给日益充裕，投资增加，整个经济发生资本深化，即企业转向更加密集地使用资本的技术，从而导致资本回报和税收占比的上升以及劳动收入占比的下降。但是，资本所有者的消费倾向低于一般劳动者的消费倾向，因此劳动收入占比的下降必然导致整个国家消费倾向的下降，国民储蓄率提高。然而，受资本边际回报递减规律的影响，投资率的提高无法跟上国民储蓄率的提高，其结果是产生经常账户盈余。

但是，人口双转型是否可以解释中国的全部经常账户盈余，是一个尚待研究的课题。不可否认的是,中国尚不完善的金融体系和政府行为的扭曲可能是扩大中国经常账户盈余的重要原因。

既然较高的劳动人口比增加一个国家的净储蓄,那么世界各国不同的人口转型阶段就可能导致全球失衡,那些劳动人口比较高的国家更可能成为盈余方,而劳动人口比较低的国家更可能成为赤字方。在此轮全球失衡中,一个显著的特点是几个大型发展中国家,特别是中国、印度和墨西哥加入国际分工体系,使得全球劳动力供给剧增。这产生两个后果:一个是全球物价水平被压抑,所谓的"大缓和"(the great moderation)可能得益于发展中大国的廉价劳动力[①];另一个是发展中国家储蓄增长,一些国家出现净储蓄。因此,此轮全球失衡在一定程度上是发展中国家劳动力供给冲击造成的。

12.4.3 比较优势

通常情况下,比较优势只是针对货物产品而言的,不包括服务产品,因为多数服务产品是不可贸易的。但是,随着资本管制的解除,金融日益全球化,金融服务变成了可贸易品。纽约、伦敦等世界金融中心为全世界提供两种跨界服务:为资本持有者寻找投资机会,以及为生产者寻找资本。当外国的个人、企业或政府购买金融中心提供的金融产品(如股票、企业债券、政府债券等)时,他们实际上是在购买金融中心提供的服务,而金融中心所在国实际上是在出口金融服务。这样理解金融业,我们就可以把它纳入比较优势框架进行分析。在这里,用李嘉图的成本比较优势比用赫克歇尔-俄林的要素比较优势更妥当。以 A_i^k 代表 i 国 k 行业(制造业或金融业)的真实劳动生产率(劳动生产率除以工资),则 i 国相对于 j 国的制造业(M)对金融业(F)的比较优势可以定义为:

$$C_{ij}^{MF} = \left(\frac{A_i^M}{A_i^F}\right) \bigg/ \left(\frac{A_j^M}{A_j^F}\right) \tag{12.21}$$

C_{ij}^{MF} 增大,则 i 国相对于 j 国在制造业上的优势增加,i 国应该更多地从事制造业,而 j 国应该更多地从事金融业。这解释了为什么美国和英国的金融业占国民收入的比重较大,而德国和日本的制造业占国民收入的比重较大。

那么,制造业-金融业比较优势与全球失衡之间有什么关系呢? 首先,具有金融比较优势的国家会专注于金融业的发展,而金融业的一个作用是帮助消费者进行跨期消费平滑,如果存在技术进步,则这意味着具有金融比较优势的国家在生产未来收入方面具有比较优势,按照迪尔多夫的理论,该国就应该成为赤字国(Mao and Yao,2012b)。其次,金融业的特点是资金运作,当一个国家到纽约或伦敦购买金融服务时,

---

① 从 20 世纪 80 年代中期到 2008—2009 年金融危机之前,发达国家的经济波动程度显著降低,宏观经济学家把这个现象称为"大缓和"。一般认为,实现"大缓和"的原因是政府和央行政策的改进。

这个国家就要向美国或英国输出资本。但是,在资本使用方面,金融服务具有本地市场偏好,即金融投资更多地发生在本国。这样,流入美国和英国的资金中的一部分就会留在这两个国家,从而使它们成为资本净输入国,根据国际收支平衡等式,它们就必然成为经常账户赤字国。从这个意义上讲,美国的巨额经常账户赤字根植于它的产业结构。美国的制造业总量长期居世界第一,但是相比于金融业,其制造业仍然处于弱势地位。反过来,就金融业本身而言,日本和德国都不弱,东京和法兰克福也是世界金融中心;但是,相比于两个国家的制造业,其金融业还是处于弱势地位。而相比于美国、德国和日本,中国的制造业和金融业都处于弱势地位,然而相比较而言,中国的制造业强于金融业,所以中国和日本、德国一样处于经常账户的盈余方。

图 12.6 显示了国际金融危机之前美国、英国、德国、日本和中国的股票市场规模,衡量指标是股票市场交易总额与 GDP 之比;图 12.7 则显示了这些国家制造业占 GDP 的比重。可以看到,美国和英国的股票市场规模在 2000 年 IT(互联网)泡沫破火之前

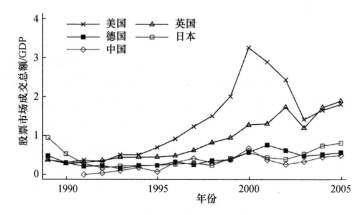

图 12.6 几个国家的股票市场规模

资料来源:2000 年之前的数据来自 Beck et al.（2000）,2000 年之后的数据来自作者收集的网络公开数据。

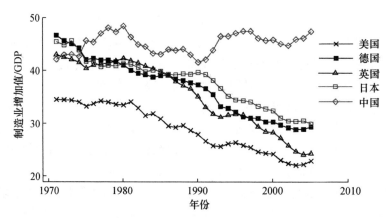

图 12.7 几个国家的制造业占 GDP 的比重

资料来源:世界银行 WDI 数据库。

大规模扩大,2000 年之后有所缩小,但仍然很大。其他国家的股票市场规模也在扩大,但都远小于美、英两国。反过来,美、英两国制造业占 GDP 的比重持续下降,日、德两国虽然也在下降,但速度低于美英两国,而中国的制造业占 GDP 的比重基本没有变化。这些对比验证了制造业-金融业比较优势对经常账户盈余/赤字的解释。

图 12.8 进一步比较了德国和意大利 1992—2008 年的情形。左图显示的是两个国家的金融业劳动生产率(每小时增加值)和德国对意大利的贸易盈余。从中可以看到,在多数年份,德国的金融业劳动力生产率高于意大利的金融业劳动生产率,且差距在逐年拉大,因而按照绝对优势德国应该成为赤字国,意大利应该成为盈余国。然而,实际情况是,德国对意大利拥有贸易盈余,而且逐年增大。因此,只考虑金融发展(如 Mendoza et al.,2009)不能解释德国和意大利之间的差距。右图试图从制造业-金融业比较优势的角度解释两国经常账户的差距。图中显示了两条线,一条是德国与意大利经常账户余额占 GDP 比重的差距,另一条是按照式(12.21)定义的德国对意大利的制造业-金融业比较优势指数的对数值之差。两条线的走势惊人的一致,说明制造业-金融业比较优势可以比金融发展更好地解释德国和意大利经常账户的差距。

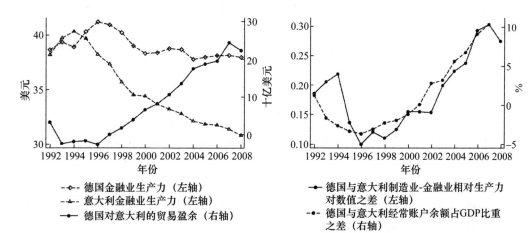

图 12.8　德国和意大利的制造业-金融业比较优势
资料来源:Mao and Yao(2012b)。

学术界和大众媒体上流行的看法是,美国的赤字源于美国人的低储蓄和高消费,而中国的盈余源于中国人的节俭和高储蓄。但这是表象,而不是原因。美国人之所以储蓄少,在很大程度上是因为发达的金融体系让他们可以轻松地靠借贷消费,而中国人储蓄多,在一定程度上是因为尚不完善的金融体系不允许他们超前消费。而且,正如专栏 6.1 所指出的,中国国民储蓄尚不完善主要是企业储蓄和政府储蓄的增加造成的。企业储蓄增加可能恰恰是尚不完善的金融体系造成的;特别的,它与中国以银行为主的金融结构有关,第 13 章将对此做更为详细的讨论。

12.4.4 短期因素

在短期,经济增长波动、政府支出和汇率是影响一个国家经常账户状况的主要因素。在 12.3 节的讨论中我们看到,如果一个国家的经济增长速度足够高——高于资本的借贷成本,则这个国家可以拥有持续的经常账户赤字。当一个国家出现短暂的高增长时,私人部门就会调高对未来经济增长的预期,从而出现赤字。这在一定程度上可以解释美国自 20 世纪 90 年代以来经常账户赤字的快速扩大。相反,自 2008 年国际金融危机发生之后,美国私人部门的预期被调低,私人储蓄增加,美国的赤字占 GDP 的比重随之下降。

在短期,政府支出对一国经常账户的影响很大。在这里,我们必须区分内债和外债。内债是政府向本国居民的借款,政府支出多了,居民支出就会相应减少,因此内债不会影响一个国家的国际收支;外债是政府向外国政府或私人的借款,是资本净流入的一部分,因此会增加一个国家的经常账户赤字。显然,美国的经常账户赤字与其大量的外债有关,而希腊的国际收支窘境更是政府无节制地对外举债的结果。

最后,汇率会影响进出口和国际资本流动,因此也会影响一个国家的经常账户状况。本币低估会造成两个后果,一是净出口增加,二是中央银行不得不持有大量外汇储备。前者直接增加一个国家的经常账户盈余,后者可能间接地做到这一点。以中国为例,中央银行持有大量外汇储备迫使其扩大基础货币的投放,为了防止通货膨胀,中央银行不得不靠提高准备金率和发行中央银行票据的方式回收货币,这相当于一种永久性储蓄——不能转化为投资的储蓄,因而会增加中国的经常账户盈余。

总结起来,长期因素是决定全球失衡的根本性因素,而短期因素会加剧全球失衡。事实上,政府赤字在很大程度上也是一个长期因素;对于西方国家而言,政府赤字是福利国家和有限的税收增长之间的矛盾造成的。要改变全球失衡,各国都必须更关注长期因素,而不是仅仅依赖对短期参数的调整。

12.5 中国经济的失衡和再平衡

自 20 世纪 90 年代初期以来,中国经济经历了从失衡到再平衡的过程。这里的失衡既包括国际失衡,又包括国内失衡,两者具有紧密的联系。从国际角度来看,中国是经常账户盈余大国,向世界其他国家输出储蓄;从国内角度来看,2010 年之前中国的国民储蓄率持续提高,投资增长在经济增长中扮演重要角色,劳动收入占比持续下降,收入分配状况恶化。但是,2010 年之后,中国的各项指标开始好转,中国经济进入一个再平衡时期。国民储蓄率由最高峰的 52% 下降到 2015 年之后的 44%,资本形成占比也相应下降到 42%,净出口占比下降到 2%,而劳动收入占比也从最低的 47% 回升到 51%(参见图 4.4)。这些变化的关键因素是国民储蓄率和劳动收入占比的变化。前面一些章节已经对这些变化给出部分解释,本节做一个总结并补充一些新的解释。

首先,中国经济的失衡和再平衡与中国的人口双转型高度相关。2010 年之前,中国人口红利上升,农村劳动力大规模向城市转移,从而抑制了工资的增长,劳动收入占比下降,收入向资本拥有者手中集中。由于资本拥有者的储蓄倾向比一般人高,因而全国的储蓄率提高。2010 年之后,中国人口红利下降,劳动力开始回流内陆地区,工人工资大幅增长,自然扭转了劳动收入占比下降和收入集中的趋势。其次,就全国而言,中国的工业化进程到 2010 年达到顶峰,之后开始去工业化过程。工业的资本密集度高于农业和服务业,劳动收入占比相应较低。在工业化过程中,劳动力向工业部门流动,因而降低全社会的劳动收入占比;去工业化发生之后,劳动力从工业部门和农业部门流向劳动收入占比最高的服务业部门,从而提高全社会的劳动收入占比。普通劳动者的消费倾向较高,他们的收入份额增加,会提高全社会的消费水平,从而降低国民储蓄率。最后,国际金融危机促进了中国经济的再平衡。国际金融危机发生之前,中国的经济增长高度依赖出口增长;危机发生之后,全球需求增速明显回落,中国的出口增速明显下降,出口增长对国民经济增长的贡献大幅降低,国内需求成为推动中国经济增长的源泉。2010 年之前,由于人口双转型和工业化的叠加作用,出口增长导致收入向资本拥有者手中集中,从而也推高国民储蓄率。2010 年之后,随着人口双转型和工业化的逆转,出口所导致的扭曲作用大幅下降。

中国发生的失衡和再平衡并不是孤例,其他采用出口导向发展模式的国家(地区)也发生过同样的现象。比如,日本在 20 世纪 50 年代、60 年代采用了出口导向发展模式,到 70 年代初期,由于布雷顿森林体系的瓦解和第一次石油危机的双重作用,日本不得不放弃这一模式,转而采用国内需求主导的发展模式;也正是在这一时期,日本的国民储蓄率发生从提高到下降的逆转。中国与日本的不同之处主要在于中国的经济体量远大于日本,因而在中国出口和盈余的最高峰时期(2001—2010),中国对世界的冲击也远大于日本当时对世界的冲击。

12.6 小结

本章讨论了全球失衡的概念、形成机制及其对出口导向发展战略的影响,同时也讨论总结了中国经济的失衡和再平衡现象,并分析了原因。本轮全球化的一大特征是几个大型发展中国家如中国和印度充分加入国际贸易和分工体系。由于巨大的人口,这些国家的结构变化将持续较长的时间,它们的出口竞争力不会在短期内下降。对于全世界来说,这将产生两个后果:其一,全球失衡将长期存在,特别是当发达国家不能做出恰当的调整(更多的技术创新或降低福利)时,情况将更糟。其二,其他小型发展中国家的发展将可能受到抑制,产业转移可能要先吸收大型发展中国家内部结构变化所释放的能量,经济增长的列车可能长期停靠在几个先发的大型发展中国家。

从纯经济学的角度来看,这种不平衡发展符合经济逻辑;但是,从世界政治的角度来看,长期的全球失衡是不可持续的,面临痛苦调整的发达国家和被压抑的发展中国家都会对此提出挑战。在世界事务中,经济从来不可能与政治相分离。在这一背景下,先发的大型发展中国家必须在高速发展和平衡世界增长之间进行恰当的权衡。

【练习题】

1. 如果式(12.5)被打破,一个国家会发生什么事情?试说明其中的机制。

2. 试解释为什么中国的双盈余现象是官方外汇储备造成的。

3. 如何理解金融业的比较优势?请用迪尔多夫的模型解释为什么金融业的比较优势会导致一国产生经常账户赤字。

4. 假设一个国家的总生产函数是柯布-道格拉斯形式。试证明:

(1) 如果生产函数的参数不发生变化,则劳动收入占比不会随工资的变化而变化;

(2) 当发生资本偏向的技术进步时,劳动收入占比下降。

5. 2010 年之前,中国的工资增长速度没有赶上劳动生产率增长速度。以 Y 代表 GDP 总量,A 代表劳动生产率,w 代表平均工资。

(1) 试证明:当工资增长速度低于劳动生产率增长速度时,劳动收入占比下降,企业(资本)收入占比上升。

(2) 假设社会中只有两类人,劳动者和资本拥有者,前者的收入全部来自劳动,后者的收入全部来自企业(资本),且后者的平均消费倾向低于前者的平均消费倾向。试证明:当工资增长速度低于劳动生产率增长速度时,国民储蓄率上升。

6*. 考虑由两个国家组成的开放经济系统。两个国家封闭经济条件下各自的资本过度供给函数是:

$$ES_i = f(r_i, g_i), \quad i = 1, 2$$

其中,r_i, g_i 分别是 i 国(封闭经济条件下)的利率和经济增长率,$f(\cdot, \cdot)$ 是利率和经济增长率的增函数。试证明:在开放经济条件下,经济增长率较高的国家出现经常账户盈余,而另外一个国家出现等量的经常账户赤字。(提示:在开放经济条件下,只有一个利率,且 $ES_i = -ES_j$)

金融和经济发展

第 13 章

13.1　引言

并不是所有的经济学家都承认金融对经济增长有作用；一部分人倾向于认为，金融是经济增长的结果或副产品，是因实体经济提出需求而发展起来的。[①]　在计划经济时代，中国有生产性部门与非生产性部门之分，而金融部门属于非生产性部门。金融对于计划经济来说，确实没有多大作用，当时的中国人民银行就相当于一个全中国的会计机构。在标准的宏观经济学模型中，金融也是不存在的，更没有像银行这样的金融中介，只有个体消费者和个体企业，他们之间的相互作用直接导致均衡的发生。但是，2008—2009年的国际金融危机再次证明，这样的宏观经济学模型没有对经济运行做出准确的描述。在资本流动越来越自由的情况下，一个运转良好的金融体系对实体经济的健康发展可能起到至关重要的作用。

本章将首先阐述金融对经济增长的作用，接着讨论金融压抑和金融深化理论。在多数发展中国家，金融业都不是很发达，其中一个原因是金融压抑，即对金融业实施一些人为的限制，特别是对利率的限制。我们将讨论金融压抑理论并分析它的经济后果。金融深化理论则是作为金融压抑理论的对立面提出来的，其核心是利率的提高。接下来，我们将区分直接金融（以股票市场为代表）和间接金融（以银行业为代表），指出它们对经济增长的不同影响，并讨论决定金融发展和金融结构的因素，特别是一个国家的发展阶段和法治的作用。最后，我们将用一个简单的模型来理解中国在金融压抑和薄弱的法治环境下的高速经济增长。

学习目标：

理解金融促进经济增长的途径。

掌握金融压抑和金融深化的概念并能够将之应用到对现实世界的解释。

理解发展阶段与金融结构之间的关系。

理解法治与金融之间的关系。

13.2　金融对经济增长的作用

金融与发展领域的代表人物罗斯·莱文（Ross Levine）认为，金融至少从以下五个

[①]　罗伯特·卢卡斯（Robert Lucas）就认为，金融对经济增长的作用被高估了。参见 Lucas（1988）。

方面对经济增长起到积极作用:在事前收集投资信息并分配资本,对投资进行监管并参与公司治理,为风险的交易和管理提供便利,动员储蓄,简化产品和服务的交易流程。其中,与经济发展有关的,可以归纳为三个方面,即动员储蓄并将其转化为有效投资、收集并处理信息以及风险管理。除此之外,我们还应该加上让普通人分享经济增长的成果。正如我们将在第 17 章要看到的,经济不平等可以导致经济增长的停滞,而不发达的金融体系可能加重经济不平等。下面我们就上述四个方面进行较为详细的讨论。

13.2.1　动员储蓄并转化为有效投资

金融最原始(也是最重要的)的功能,是在储蓄者与生产者之间建立一座桥梁。简单地说,金融就是有闲钱的人与需要用钱的人之间的中介机构。比如,银行将储户的钱收来后再贷出去,储户挣得利息,银行挣得企业付给它的利息与它付给储户的利息之间的差价。股票市场则更加直接,人们可以直接购买股票而不需要通过银行等金融中介,买了一个企业的股票,资金就直接流入那个企业。从这个角度来说,金融大大降低了交易成本,使资金流通变得更容易,从而促进经济增长。另外,一个运转良好的金融体系可以把一些"沉睡的"资本变成生产性资本。赫尔南多·德·索托(Hernando de Soto)在《资本的秘密》一书里报告了他组织的一项跨国调查的结果(德·索托,2017)。一般观点认为,发展中国家居民拥有极少的财富,因此不可能通过金融市场获得收入的增长。德·索托的调查发现,发展中国家居民并不缺少资产,他们拥有住房、土地等,但是这些资产没有变成真正的资本,因为它们不能变现(fungible)。他认为,这主要是缺乏产权保护的缘故,如果房子的产权明晰,居民就可以把房子拿去银行抵押,获得生产性贷款。但是,另一个同样重要的原因是,发展中国家的金融体系不发达,个人通过抵押获得贷款非常困难。

值得注意的是,能够动员储蓄不等于能够实现投资。在第 12 章我们看到,一个相对不发达的金融体系会导致资本的外流,从而引致经常账户盈余,即储蓄大于投资的局面。从金融业内部来看,一个不合理的结构也会影响储蓄转化为有效投资。比如,如果一个国家的银行业以大银行为主导,中小企业就可能得不到足够的贷款,储蓄就可能出现剩余。银行的贷款服务具有规模经济,因为每笔贷款的平均审查成本随着贷款数额的增加而下降。银行在确定贷款组合时,要在降低成本和分散风险之间取得平衡。对于大银行而言,由于它们的资金充足,分散风险不是一个大问题,因而它们会主要关注降低成本,其结果是减少对资金需求小的中小企业的贷款。专栏 13.2 较为详细地讨论金融体系与结构失衡之间的关系,有兴趣的读者可以参考。

13.2.2　收集并处理信息

把钱借给别人去投资,其中一个很大的问题是道德风险。现代企业制度以有限责任为特征,即生产者的损失以企业资产为限——你把 100 万元借给一个净资产只有 50 万元的企业,企业倒闭了,哪怕企业主有一座价值 1 000 万元的住宅,你也最多只能收回 50 万元。有限责任给了企业一份"保险",让企业更愿意去冒险。但是,在给企业激励的同时,有限责任也产生了道德风险问题——既然钱是别人的,企业可能会过少地考虑风险。金融体系的一个重要作用是监管企业合理使用别人的钱。银行替代储户收集信息,然后处理这些信息并监管企业。银行监管比个人监管更有优势:一是更为有力,因为个人没有精力去进行大量调查工作;二是个人监管也存在道德风险问题,因为当一个人监管借贷企业时,也就等于在替别的放贷者监管那个企业。银行则不同,企业在银行的贷款数额大,一个企业的成败得失会几乎全部反映到银行的经营上,银行有动机内化企业可能造成的成本。股票市场的监督更直接,在透明的股票市场中,企业的所有信息都必须公开,个人投资者可以"用脚投票"来实现对企业的监督。

13.2.3　风险管理

如果没有金融体系,则投资者要么在多个项目上分散投资,要么把所有资金集中在一个或少数几个项目上。前者需要收集很多信息,成本很高;后者则增加了投资的风险。银行将许多储户的钱聚集在一起,然后投资到许多项目上,从而大大降低每个储户所承担的风险。股票市场则可以让投资者很容易地收集信息,从而更容易分散投资风险。由于每个个体投资者面对的风险下降了,市场上的投资总量就会增加。但是,值得注意的是,风险的分散不导致风险总量的降低,而且过度的风险分散可能导致严重的道德风险问题,2008—2009 年的国际金融危机就是一个前车之鉴。

13.2.4　分享经济增长的成果

金融体系收集并处理信息、风险管理的作用是通过空间上的信息与风险转移和分摊实现的,它还有另一项作用,即帮助个体实现收入在时间上的转移。这有两方面的含义:一是个体可以把当前剩余的资金投入金融市场,由于经济增长,金融市场可以提供正的资金回报,这样个体得以分享经济增长的成果。这对于已经退出或预期退出劳动市场的人(如退休者或接近退休年龄的人)来说尤其重要,一个运转良好的金融市场允许他们利用金融资产获得现期收入。二是对于那些具有企业家才能但缺少资金的人而言，一个发达的金融市场可以为他们提供现期资金，从而使他们把自己的才能转化为未来的收入。对于普通人来说，信贷可以为他们在现期提高人力资本提供资助，进而帮助他们把才能转化为未来的收入。无论哪个方面，它们都既直接促进一个国家的经济增长，又通过改善收入分配间接改善一个国家的经济增长能力。

13.3　金融压抑和金融深化

13.3.1　金融压抑

金融压抑（financial repression）是许多发展中国家都经历过的过程。20 世纪 50 年代，在发展经济学的影响下，进口替代成为多数发展中国家的标准政策。但是，实施进口替代必须面对一对矛盾：一方面，进口替代需要大量的投资，如果资本太贵，则进口替代政策就会因成本过高而无法执行；另一方面，发展中国家早期资本是最稀缺的要素，市场成本很高。在这种状况下，金融压抑就成为一个自然的选择。它具有下面几个特征。

首先是存款和贷款利率的管制，以保证银行的盈利并压低企业的资金成本。中国从计划经济时代开始管制利率，直到今天仍未完全放开，存款利率受到管制，贷款利率允许在一定范围内围绕官方基准利率上下浮动。一方面，由于存款利率较低，在通货膨胀率较高的年份，储户的实际回报为负；另一方面，官方贷款利率仅相当于非正规金融市场上的 1/3，能够得到银行贷款的企业因此获得大额的补贴。但是，官方存款利率和贷款利率之间的差额比较稳定，从而可以保证银行的盈利空间。

其次是引导资金投向重点产业。在计划经济体制下，资金是国家直接分配的；在市场经济体制下，银行基本上是国有或半国有的，哪怕不是国有的，国家也可以实施控制。国家可以指令银行将资金贷给特定的行业和企业，以实施特定的发展战略。

最后是资金配给。在任何经济体内，管制利率必然导致过剩的资金需求。在计划经济体制下，这反映在雅诺什·科尔奈（János Kornai）所说的"投资饥渴症"上——由于资金成本低，再加上软预算约束问题（即使亏损，国家也总是会来施救），所有国有企业都想追加投资。在这种情况下，国家只能对有限的资金实施配给。但是，只要存在配给，就会出现寻租现象，那些和政府关系更近的企业更容易得到资金，经济中难免出现扭曲。

那么，金融压抑是不是对经济增长一点作用都没有呢？显然不是，否则 20 世纪 50 年代的经济学家就等于是一批不学无术之人了。我们可以用图 13.1 来说明金融压抑可能会对经济增长带来的正面作用。

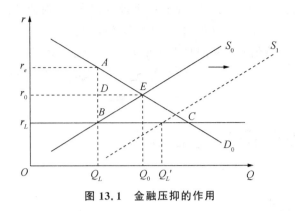

图 13.1 金融压抑的作用

图 13.1 中横轴代表资金,纵轴代表利率。S_0,D_0 分别是初始时刻的资金供给和需求曲线。供给曲线是储户的资金边际成本曲线,需求曲线是企业的资金边际回报曲线。利率越高,资金供给量越高,需求量越低。市场出清的利率和资金分别是 r_0,Q_0。此时,S_0 上方与 r_0E 线下方围成的面积是储户的收益,D_0 下方与 r_0E 线上方围成的面积是企业的生产者剩余,总剩余刚好被分配完。金融压抑是指国家确定一个比较低的利率 r_L,这时市场上的供给在 B 点,需求在 C 点,根据"短边决定"规则,最终市场上的资金量由供给决定,为 Q_L,比市场出清的资金量 Q_0 低。企业的生产者剩余是纵轴、D_0 线、AB 和 Br_L 围成的梯形,因为 D_0 线上代表企业愿意支付的价格,r_L 代表它实际支付的价格,两者的差求积分就得到生产者剩余。同理,纵轴、r_LB 和 S_0 之间围成的面积是储户的收益。三角形 ABE 的面积代表的是无谓损失。与没有限价相比,企业少得了 ADE 部分,多得了 Br_Lr_0D 部分,如果供给曲线不是太平缓,也就是说如果供给曲线的弹性不是很大,三角形 ADE 的面积就要小于矩形 Br_Lr_0D 的面积,企业得到的剩余就更多了。这说明金融压抑可以导致企业剩余增加。进一步的,企业的投资增加,经济扩张,全社会的收入增加,最终导致储蓄增长,供给曲线右移。如果这个效果足够大,比如使得供给曲线移至 S_1 的位置,则新的均衡点为 Q_1,资金供给量就超过了市场出清的资金供给量 Q_0,金融压抑就不会导致社会可用资金量的下降。

13.3.2 金融深化

在实践中,金融压抑成功的例子并不多,这导致爱德华·肖(Edward Shaw)和罗纳德·麦金农(Ronald McKinnon)在 20 世纪 70 年代初提出金融深化(financial deepening)理论。他们观察到,金融压抑并没有像理论预测的那样增加一个国家的资金供给,实施金融压抑的国家反而资金供应总是趋于紧张。他们认为,利率不仅是一个价格,而且可以起到挑选机制的作用。金融压抑的一个很重要的缺点是导致道德风险,许多本来不能盈利的企业由于资金价格很低也去借贷,结果不能还贷。如果利率是

10%,那么预期收益达不到 10%的企业是不会去借款的,因为借了款后无法偿还;如果利率降低到 5%,那么预期收益在 5%到 10%之间的这部分企业就会开始借款。所以,当利率很低时,利率的挑选机制就不起作用;如果利率很高,那么只有那些回报很高的好企业才会留下来。因此,金融深化主要的观点是提高利率,同时取消资金配给。按照通常的理解,利率提高了,对资金的需求就会下降,由于需求下降,均衡的供给量也会下降。但是金融深化理论认为,利率提高之后,市场上的资金量反倒会提高。我们以图 13.2 来说明其中的道理。

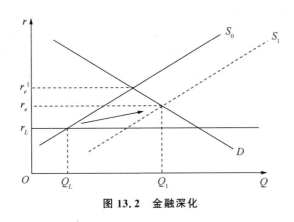

图 13.2　金融深化

考虑利率市场化的情形。开始时,利率可能很高,如图 13.2 中 r_e^1 所示。此时,只有好企业能够获得贷款,它们的投资效率高,避免了金融压抑情况下的亏损,全社会的收入增加,资金供给曲线外移,利率下降到 r_e,均衡时的资金量为 Q_1,超过利率被压制时的资金量 Q_L。

金融深化和金融压抑得出完全不同的结果,是因为两者的理论前提不一样:金融压抑的理论前提是资金成本下降之后企业的盈利会增加,而金融深化的理论前提是只有好企业才会起到扩大收入的作用。前者忽视了低资金成本下的道德风险问题,后者则可能忽视了高资金成本下的逆向选择问题——当利率太高时,只有那些高风险、高回报的企业才会申请贷款。下面要介绍的斯蒂格利茨的温和的金融约束理论则试图同时克服这两个问题。

13.3.3　温和的金融约束

斯蒂格利茨等人提出的温和的"金融约束"(financial restraint)的理论前提是,资金回报率和风险程度之间呈正相关关系,那些预期回报高的行业一定也是高风险行业(Helmann，Murdock and Stiglitz，1997)。比如,20 世纪 90 年代日本和美国厂商在等离子电视技术领域展开竞争,两国都投入了大量的资金,但最后日本在竞争中失败了,投入全部作废,而美国占领了市场,获得了高额的利润。在这种情况下,如果利率非常高,那么留在市场中的企业一定是那些高风险的企业,即在风险维度上存在一个逆向选择过程,这对银行来说可能是不利的。所以斯蒂格利茨等人提出,适当的金融压抑可能是好的,但利率也不能压得太低,否则会出现道德风险问题,所以他们用了"金融约束"这个词。

金融约束如何对经济增长产生正面作用呢?我们用图13.3对此做出解释。金融压抑将利率压至r_d,企业支付的利率就是r_d。温和的金融约束的意思是,储户仍得到利率r_d,但是企业要支付一个更高的利率r_1,$r_d < r_l < r_0$。由短边规则可知,开始时市场上的资金供给是Q_d^1,企业获得的剩余在图中是纵轴、需求曲线D、AF和Fr_1围成的梯形。同理,纵轴、r_dB和供给曲线S_0围成的面积是储户的收益。中间的r_1FBr_d是银行的剩余,这相当于把原来企业的剩余分一部分给银行。银行获得剩余之后,就会改善服务,比如增加网点、提供多样的服务和多样的产品,这样储蓄就会增加,供给曲线向右移至S_1的位置,资金供给量最终变为Q_d^2。另外,企业获得剩余之后投资增加,收入因此增加,最后也会导致供给曲线的右移。

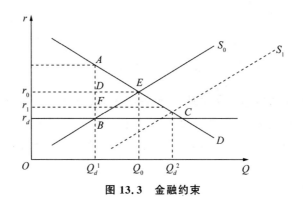

图 13.3　金融约束

13.3.4　金融压抑和金融约束成功的条件

金融压抑和金融约束要取得成功,需要满足两个条件,一个是储蓄的利率弹性较小,另一个是企业具有效率。我们用图13.4和图13.5来说明这两个条件。

图13.4意在说明储蓄利率弹性的作用。显然,供给曲线越陡意味着无谓损失越小,如果供给曲线完全没有弹性(即为一条垂直线),则无谓损失为零。当资金供给(储蓄)曲线比较有弹性时,如图13.4中S_1所示,无谓损失就要大得多。这样企业和银行获得的剩余减少,社会整体的资金供给增加有限,如只从S_1移动到S_1'的位置,供给增加后的资金量I_1'还是没有自由市场下的资金量I_0大。

在现实中,储蓄利率弹性到底有多大呢?一般的经验和统计研究告诉我们,这个弹性的确比较小,普通居民对利率不是那么敏感,很多人存钱并不是为了获取利息,而是为了未来消费。

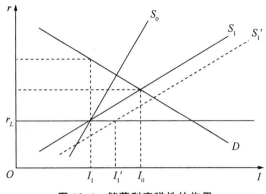

图 13.4　储蓄利率弹性的作用

相比之下,企业和银行的效率可能更重要一些。如果企业和银行没有效率,那么结果可能是资金的供给曲线 S 没有移动,而且在投资饥渴症的作用下,需求曲线向右移动,最终导致资金缺口越来越大,无谓损失也越来越大。资金缺口越大,企业就更想争取资金,从而形成一个恶性循环。这正是中国计划经济时期发生的情况。

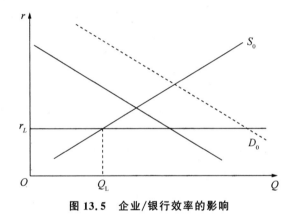

图 13.5　企业/银行效率的影响

专栏 13.1
过度金融化

健康的金融发展对经济发展有正面作用,但是过度金融化可能会适得其反。国际金融危机发生之后,人们对过度金融化的警觉度进一步提高。过度金融化不仅导致资金在金融行业空转,鼓励单纯的投机行为,而且打击实体经济的活力。这一方面体现在资金向金融行业的集中,另一方面体现在人才从实体经济流向金融行业。学界对过度金融化没有一个统一的定义。就金融发展对经济发展的作用而论,一些经验研究发现存在门槛效应,即金融发展(一般以私人借贷与 GDP 的比值来衡量)在一定的门槛以下对经济发展有正面作用,超过这个门槛则有负面作用。

【线上延伸阅读】
Does too much finance harm economic growth?

13.4 金融结构及其与发展阶段的关系

13.4.1 直接融资和间接融资

金融体系的融资方式可以分为直接融资和间接融资。直接融资是指投资者和资金需求方能够面对面交易的融资方式,而间接融资是指投资者和资金需求方通过银行和信托投资机构进行交易的融资方式。直接融资又可以分为两种形式:公募和私募。公募是指企业通过发行股票筹集资金的方式,私募是指资金需求方直接向少数投资者申请资金的方式。发展中国家一般以间接融资(银行)为主,发达国家的融资方式趋向于直接融资和间接融资并重,但一些国家(如美国和英国)的直接融资比例高于间接融资,而另一些国家(如德国和日本)则相反。直接融资和间接融资对经济发展有何不同的意义呢?

在宏观层面上,间接融资更容易实现国家的战略目标,而直接融资更灵活。在间接融资中,银行等中介机构扮演着重要的角色,它们不仅集中资金,而且为投资者筛选项目。如果国家介入银行的运作,国家就可以利用银行的资金,投资一些战略性项目。国家当然也可以利用股市,直接发行项目股票或债券,但是必须承担发行失败的风险和发行成本。相比之下,银行存款是现成的,因而免去了发行成本和风险。另外,政府面对的是少数银行,容易实施控制。但是,这也是间接融资的问题所在:政府在实施一定的战略时,必然要在经济中设立租金,从而导致寻租行为。直接融资可以避免这样的问题,因为投资者总是可以用脚投票,否决不盈利的项目。

从风险匹配的角度来看,间接融资趋向于规避风险,而直接融资可以达到项目与投资者之间较好的风险匹配。在间接融资体系中,银行等中介机构的风险偏好决定了整个金融体系的风险偏好,因为它们决定着资金的使用。居民把钱存入银行,最重要的目的是保值而不是盈利,这要求银行把规避风险作为第一要务。在这种情况下,银行会倾向于把资金贷给风险程度较低的企业,从而使得那些风险程度较高但同时也具有创新性的企业无法获得资金。相比较而言,直接融资可以在项目与投资者之间实现较好的风险匹配。投资者对风险的喜好因人而异,偏好高风险的人会倾向于投资高风险、高回报的项目;同时,他们的知识也可能集中在某些领域,因此更可能在这些领域进行专门的投资。比如,私募基金一般都专注于投资某个行业,因而容易识别这个行业中的风险,并进行有针对性的投资。

间接融资和直接融资在风险匹配上的差别可能导致一个国家经常账户出现盈余或赤字。在间接融资体系中,银行可能只专注于少数风险较低的企业,但是由于资本边际回报递减规律的作用,这些企业对资金的需求量有一个限度,最终经济中会出现资金过剩的现象,即经常账户盈余。在直接融资体系中,由于风险得到较好的配置,经济中各种项目的资金需求都得到满足,因而不容易出现资金过剩的现象;如果允许跨国资本流动,则还可能出现经常账户赤字。中国是以间接融资为主的国家,这可能是中国经常账户发生盈余的一个原因(参见专栏13.2)。

专栏 13.2
中国的金融体系与经常账户盈余

经常账户盈余的本质是国内储蓄超过国内投资,在很大程度上是一个金融问题,金融体系的质量可能成为决定一个国家经常账户状态的重要因素。就中国的情况而言,中国金融体系的下述特征可能导致经常账户过多的盈余:第一,中国的金融体系以银行系统为主导,资本市场在资金配置过程中处于从属地位,资本市场融资与银行融资之间的比例维持在3∶7的水平。第二,从资本市场来看,沪、深股市以及私募的容量有限。尽管近年来股市扩容的速度加快,上市公司数量大幅增加,但股市能够提供的融资量不大。

这些特征从以下几个方面增加中国的经常账户盈余:第一,不完善的金融体系推高居民储蓄。居民的消费性贷款规模有限,因此居民的消费预算主要取决于当年以及过去储蓄的收入,对于教育、住房、大额耐用消费品的支出,居民必须通过储蓄进行积累。第二,不完善的金融体系推高企业储蓄。在中国现阶段的国民经济体系中最具活力的是民营企业,但多数是中小企业,它们在信贷方面得不到银行的支持。民营企业在整体经济中所占的比重超过60%,但是它们获得的信贷只占整个银行信贷总额的20%—30%。在这种情况下,多数企业必须依靠自有资金进行内源融资,这是企业储蓄率上升的重要原因。第三,银行体系偏好给政府贷款加剧了产业结构的失衡。由于政府拥有大量的土地作为抵押,银行总是愿意把资金贷给政府。政府把大部分贷款用于基础设施建设和工业园区开发,这一方面加重了中国经济增长的投资依赖,另一方面又刺激了更密集使用基础设施和园区资源的高资本密集度企业的发展,从而会降低劳动收入占比。第四,金融体系对中小企业的歧视抑制了居民收入的增加。中小企业为中国提供了75%的城镇就业机会,对增加就业和提高中低劳动者收入起到了关键性作用,却无法得到金融体系的充分支持。第五,金融体系不发达使得居民难以获得资产性收入、分享经济增长的成果。这样虽然国民生产总值能够迅速增加,但是不能有效创造居民财富,居民的消费自然也不会很快提升。

2012—2017年,中国的影子银行业务迅猛发展,一些新金融工具(如互联网金融)

如雨后春笋般成长起来。影子银行业务是指非银行金融机构开展的类银行业务,如小额贷款、信托、委托贷款和理财投资等,它打破了中央银行体系对信贷的垄断,实现了利率市场化,在很大程度上提高了中国金融体系的活力。然而,影子银行的快速崛起也带来了许多问题,一些互联网公司超规经营带来很大的金融风险。2018年中央政府实施去杠杆政策,遏制了金融风险,中国金融市场进入一个新的发展时期。

【线上延伸阅读】

Financial structure, corporate savings and current account imbalances

总之,直接融资更适合风险程度较高的项目,而间接融资更适合风险程度较低的项目。通常情况下,银行只对企业发放流动资金,而不支持企业的扩张性投资;企业的扩张需要股票市场和私募市场的支持。值得注意的是,在经济发展的早期阶段,直接融资更可能以非正规金融的形式出现,比如亲戚朋友之间的借贷就是一种直接融资方式。在这种情形下,政府对非正规金融的态度可能导致不同的经济表现。银行倾向于降低风险,如果没有非正规金融的补充,一些风险较高但具有创新能力的企业就无法存活下来。

那么,什么因素决定一个国家是以直接融资还是以间接融资为主呢?首先是信息成本。直接融资要求投资者和资金需求者达到一对一的匹配,信息成本非常高;间接融资通过银行进行,由于银行可以帮助储户收集并处理信息,因此信息成本就会降低。其次是经济的复杂程度。当经济不那么复杂时,企业的数量有限,银行可以较为容易地掌握它们的信息,于是优势也就比较明显。当经济变得复杂时,企业的数量增加,而且经济活动的种类也增加,企业之间的差异越来越大,银行要掌握的信息就越来越多,此时面对面的资金交易可能更加有效。另外,市场变得复杂之后,不仅风险的总体程度提高,而且风险的种类增加,银行承担这些风险越来越力不从心。相比之下,直接融资可以进行一对一的风险匹配,因此效率要高于间接融资。最后是对法治的需求。在直接融资条件下,较高的信息成本可能妨碍投资者掌握资金需求者的真实信息,因此较容易出现道德风险问题,中国股市中出现的各种问题就是一个例子。在这种情况下,法治就变得非常重要,违规者一定要受到惩罚,这样才能提升投资者的信心。相比之下,间接融资对法治的要求就比较低,毕竟监督少数银行比监督众多企业要容易一些。

13.4.2 发展阶段与金融结构

以上述分析为基础,我们可以建立发展阶段与金融结构之间的关系。在发展的早期阶段,下述原因决定了一个国家采用间接融资比采用直接融资更有利。从工业基础的角度来看,发展早期尚没有多少企业,工业基础薄弱,国家需要进行较大规模的投入,此时以银行为主体的间接融资方式比直接融资方式更有效。从信息成本的角度来看,发展早期的项目比较简单,同质性强,银行不需要收集太多信息,所以银行有优势。从法治的角度来看,发展中国家早期的法治往往不健全,直接融资因此没有优势。

在发展的后期阶段,生产日益复杂化,信息多样化程度提高。银行收集这些复杂的信息变得越来越困难,使用分散的直接融资方式就比银行要有优势。而且,发展后期法治越来越健全,弥补了直接融资容易出现道德风险问题的不足。因此,发达国家直接融资所占的比重一般都比发展中国家的高。即使是那些早期以银行为主导的国家,如德国和日本,其直接融资所占的比重也日益上升。

13.4.3　再论法治与金融的关系

在13.4.2节的讨论中,我们强调了法治对直接融资的重要性,本小节把这个话题往前推进一步,讨论不同的法律体系对金融结构的影响。当今世界的法律体系大体上可以分成两大类,即普通法系和大陆法系。普通法起源于英国。光荣革命之前,英国存在两种法庭:一种是国王的星法庭,判决与皇家和皇权相关的案件;另一种是普通法法庭,解决商业纠纷等国王不管的问题,是民间资产阶级自己的法庭。星法庭有国王的成文法作为依据,但普通法法庭没有成文法作为依据,因为国王不关心和自己无关的民间事务。这样普通法法庭就需要依靠过去的判例来判断当前的案件,因此普通法也叫判例法。光荣革命之后,议会得到了很大的权力,而议会是由有产者组成的,因此普通法法庭的地位越来越高,而国王的星法庭随着国王的权力越来越少而变得没有地位并最终消失。大陆法系是欧洲大陆采用的法律体系,与普通法系最大的不同在于,它的基础是成文法。古代中国虽然也有成文法,但比较粗糙,县官在断案时,在很大程度上要参照以往的判例。清朝末期,特别是甲午战争之后,中国加快了从日本的制度引进,其中包括法律制度,而日本的法律制度是从德国引进的,这样中国的法律体系就逐渐走向了大陆法系。

在普通法系中,法官承担着“造法”的功能,与大陆法系相比,它的一个优点是具有很强的灵活性。法律是全国全体人民的契约,但契约永远不可能完备,因为人的智力是有限的。人的有限理性决定人们无法对未来将发生的所有可能情况一一描述,同时给每个事件一个发生概率,并运用这些信息进行恰当的计算,因此人们无法造出一部完美的法律。在这种情况下,法官总是要面对以前没有出现过的案件。大陆法法官此时可能感到无能为力,而普通法法官可以根据自己的判断给案件一个判决,因而造出新的法律。

根据以上差别,La Porta et al.（1998）认为,普通法系国家更容易采取直接融资方式。这是因为,这些国家的法律对证券市场发生的事情更敏感,突出特点是对中小投资者的保护力度更大,因而有利于证券市场等直接融资方式的发展。安德鲁·施莱弗（Andrei Shleifer）等人将投票权、决策权、信息开放度等指标作为因变量,发现普通法系国家比其他法系国家更多地保护投资者,因此它们的直接融资（证券市场）大于大陆法系国家。由于法律起源可以追溯到很久之前,而证券市场的发展是较晚近的事件,因此其中必定没有反向因果关系问题,即一定是法律起源决定了证券市场的发育,而不是反过来。

但是,其他一些研究表明,其他因素可能对金融结构起到同样重要的作用。比如,那些直接融资发展不太好的国家,都是在第一和第二次世界大战中经历了毁灭性打击的国家。这些国家左翼势力非常强大,譬如第二次世界大战结束之后法国的共产党员人数众多,意大利也有类似情况。在这种情形下,证券市场作为资本家牟取暴利的象征,就可能被社会忽视甚至仇视,从而得不到发展。另外,目前普通法系与大陆法系之间的差别变得越来越小,英国、美国越来越多地采用成文法的形式造法,而大陆法法官也不是不造法,譬如中国最高人民法院每年都出台很多"司法解释",总结判例并推广,实际上是在肯定基层法官的造法行为。因此,普通法系与大陆法系之间的差别是否可以解释目前证券市场在各个国家的差异,是一个值得进一步探讨的问题。

13.5 金融压抑、法治和经济发展:中国的案例

经过四十余年的改革,中国的金融体系仍然存在金融压抑、利率被压低、信贷配给严重不足的情况。另外,中国的法律在保护产权方面的作用还有待进一步提高。但是,中国的经济增长非常好。这就引出了一个"中国之谜":既然存在金融压抑,而且法治环境还需完善,中国的经济增长为何还能如此之快?

一个解释是,中国的部分经济增长是浪费性的。当法治环境不完善时,人们需要为保护自己的产权而采取许多防备性措施,小区保安、防盗门、可视对讲设备等例子俯拾皆是,而这些都计入了 GDP 的增长。此外,还有一些衍生服务,如法庭上的案件久拖不决也会产生新的 GDP,因为企业和个人要为此奔走,使用交通设施和各种服务。随着经济体量的增加,这些防备性措施和衍生服务的量可能越来越大,因此对经济增长产生贡献。另一个解释是,企业和个人通过非正式制度绕过了法治薄弱所产生的限制。比如,企业无法从银行获得贷款,但可以向亲戚朋友借贷,也可以到非正规金融市场上去借贷;再如,企业之间从事交易不签订合同,而是靠彼此信任做保障。

上述解释无疑有一定的道理,但并不能完全令人满意。浪费性增长的度是有限的,不可能完全解释中国的超常增长;非正式制度安排只在南方地区比较发达,北方地区就要弱得多。本节在卢峰和姚洋(2004)的基础上给出一个新的解释。这个解释的逻辑是,经济中存在信贷配给,私人企业的贷款需求不能得到全部满足,而国有企业可以得到超额的信贷配给。但是私人企业的效率高于国有企业,国有企业因此有动机把部分银行信贷转移给私人企业,从中赚取差价。如果法治非常完善,国有企业的所作所为就是违法行为;在法治不那么完善的情况下,国有企业不会因转移信贷而被起诉,这样私人企业获得必要的资金,全国的经济产出提高。我们把资金从国有企业向私人

企业的转移称为银行体系的"漏损效应"。在现实中,漏损效应可能以下面几种形式出现:第一是国有企业和私人企业开办合资企业,从而较为合理地把部分资金转移到私人企业。第二是国有企业经理或其亲戚开办关联私人企业,并通过关联交易向其提供资金(如推迟应收账款的回收)。第三是国有企业为关联私人企业提供信用担保。在中国,信用担保通常要求担保方在放贷银行存一笔保证金,因此当国有企业为私人企业提供担保时,相当于把部分资金转移给私人企业。这些交易要么是在灰色地带完成的,要么其背后存在一些灰色交易,因此不完全合乎法律文本,但在现行法治框架下,也不能轻易就被认定是违法的。

下面我们给出一个博弈模型,论证在金融压抑和法治薄弱的情况下,漏损效应起到了促进经济增长的作用。模型中存在三个参与者,即银行、国有企业和私人企业。博弈主要在银行和国有企业之间进行,银行决定是否贷款给国有企业,而国有企业决定是否借款且是否投资于私人企业。图13.6显示了银行、国有企业和私人企业三者之间的关系,括号中的符号代表法治加强之后的影响。银行既可以给国有企业发放贷款,又可以给私人企业发放贷款;但是,国有企业得到的贷款很充足,而私人企业得到的贷款小于它的投资额,该部门因此还需要从其他资金来源以及国有企业那里获得资金。当法治加强之后,银行对两个部门的直接贷款量都会增加,因为贷款的风险降低;出于同样的原因,其他资金来源也会增加对私人企业的贷款。但是,法治加强之后,发生在灰色地带的漏损效应降低,国有企业对私人企业的资金转移减少。这样会带来两个效果:一个是国有企业从银行获得的贷款量不一定增加,另一个是国有企业和私人企业的投资也不一定增加,从而经济产出不一定增加。下面我们来看这个博弈模型。

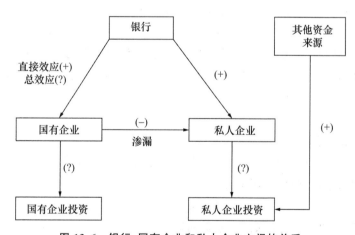

图13.6 银行、国有企业和私人企业之间的关系

假定国有企业从银行贷1单位资金,利率固定为r,资金有两种用途,即自用或投资于私人企业。若自用,则不会有风险,回报为固定值π_0,利润为$\pi_1 = \pi_0 - (1+r)$。假设$\pi_1 > 0$,则国有企业只要自用就必定能够存活。国有企业还可以决定是否还贷:若还贷,则利润为π_1;若不还贷,则要面对$R > (1+r)$的惩罚,利润为$\pi_0 - R < \pi_1$。因此

国有企业若自用贷款资金,则必定会还贷。这个假设只是为排除一些不重要的情况,因为此模型的重点不在自用这种可能性上。在这里,R 可以解释为法治程度。若投资于私人企业,就会产生风险,有 q 的概率成功、$1-q$ 的概率失败。若成功,则所获收益为 π_0+m,$m>0$;若失败,则收益为 0。我们假设:

$$q \times (\pi_0+m) > \pi_0 \tag{13.1}$$

即国有企业投资于私人企业的期望收益必须高于自用的收益。这个条件实际上是说,如果资金从国有部门转移到私人部门,那么全社会的期望产出提高。

显然,只要投资成功,国有企业就一定还贷;不成功,则无法还贷。因此,投资的期望净收益为:

$$q \times [(\pi_0+m)-(1+r)]-(1-q) \times R \tag{13.2}$$

所以,国有企业投资于私人企业的条件为:投资于私人企业所获得的期望净收益大于自用的净收益,即

$$q \times [(\pi_0+m)-(1+r)]-(1-q) \times R > \pi_0-(1+r) \tag{13.3}$$

整理得到:

$$(1-q) \times R < q \times (\pi_0+m)-\pi_0+(1-q) \times (1+r) \tag{13.4}$$

我们接下来再考虑银行。首先,若式(13.4)不成立,则国有企业把资金留作自用且必定还贷,因而银行肯定会放贷。令该式右边为 b,则银行无条件放贷的条件是:

$$R \geqslant b/(1-q) \tag{13.5}$$

这个不等式的意义很容易理解,即只有当法治程度足够高时,银行才会无条件放贷。若式(13.3)成立,即当 $R<b/(1-q)$ 时,则国有企业会投资于私人企业,银行需要考虑自身期望收益而决定是否放贷。银行的期望总收益为:

$$q \times (1+r)+(1-q) \times \mu \times R, \quad 0<\mu \leqslant 1 \tag{13.6}$$

其中,μ 为法律惩罚可变现的比例(比如,法律把企业的抵押物判给银行,但银行拍卖抵押物得到的收入一般会低于抵押物的原有价值)。在这种情况下,银行放贷当且仅当

$$q \times (1+r)+(1-q) \times \mu \times R > 1 \tag{13.7}$$

将式(13.7)变形得到:

$$(1-q) \times R > [1-q \times (1+r)]/\mu \tag{13.8}$$

令右边为 a,则式(13.8)可以简写为:

$$R > a/(1-q) \tag{13.9}$$

至此,我们可以利用图 13.7 做进一步的讨论。

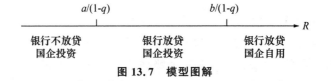

图 13.7 模型图解

如图 13.7 所示,当法治程度满足 $R \geqslant b/(1-q)$ 时,银行必定放贷,国有企业把资金留作自用;当 $a/(1-q) < R < b/(1-q)$ 时,银行仍然放贷,国有企业投资于私人企业;当 $R \leqslant a/(1-q)$ 时,银行不放贷,国有企业投资(但这仅仅是国有企业的策略,它此时并没有资金进行投资)。最好的是中间状态,此时银行放贷,国有企业投资于私人企业,社会产出高于国有企业将资金留作自用时的产出,从而促进经济增长。显然,要使{银行放贷,国有企业投资于私人企业}成为一个均衡结果,我们必须证明 $b > a$,即

$$q \times (\pi_0 + m) - \pi_0 + (1-q) \times (1+r) > [1 - q \times (1+r)]/\mu \quad (13.10)$$

先考虑 $\mu = 1$ 的情形。此时,社会产出最大化条件式(13.1)以及条件 $(1-q) \times (1+r) > 1 - q \times (1+r)$ 保证式(13.10)一定成立。再考虑 $\mu < 1$ 的情形,若 μ 过小,则中间区间就可能消失。因此,我们的结论是,只要 μ 不至于太小,$b > a$ 就成立。我们可以把 μ 解释为金融体系的完备性,金融体系越发达,变现越容易。

上述模型表明,当经济中存在金融压抑时,适度的法治能够保证经济达到最优水平。若法治环境特别完善,则国有企业将资金留作自用而不会投资于私人企业,最终经济反而表现得较差。此处,较不完善的法治环境提供了一个银行和国有企业之间的风险分担机制。在图 13.7 的右侧区间里,银行无论如何都会放贷,但所有的风险都由国有企业独自承担,因此它不愿投资于私人企业;在中间区间里,银行和国有企业恰到好处地分担风险;在法治环境过于薄弱的左侧区间里,银行因承担了过多的风险而根本不愿放贷。因此,法治环境也并非越薄弱越好。卢峰和姚洋(2004)利用中国省级面板数据证实了这个模型的结论。因此,这个模型可以部分解释金融压抑、法治环境薄弱和高经济增长并存的"中国之谜"。

13.6   小结

在本轮全球化过程中,金融自由化是重要的角色,资金在世界范围内的大规模流动既可以成为经济增长的动力,又可能成为巨大的破坏力量,如 2008—2009 年的国际金融危机所展示的那样。此次国际金融危机告诉我们,不加约束的金融市场极易造成整个经济的动荡。但是,这不等于说金融不重要,正如专栏 13.2 所告诉我们的,不发达的金融体系是造成中国经常账户盈余的一个重要原因。就中国的情形而言,金融体系的改革和完善仍然任重道远。

本章 13.5 节的模型表明,中国比较薄弱的法治环境在一定程度上是金融市场的扭曲逼迫而成的。信贷配给使得资金与生产力之间发生错配,在逐利倾向的诱导下,市场主体会通过一些灰色地带把资金从生产力较低的部门转移到生产力较高的部门,而正是因为这些灰色地带的存在,法治环境变得薄弱了。经济制度和法律制度组成相互关联的网络,但是就其决定市场主体的激励结构而言,经济制度是更基础的制度,只有首先完善经济制度,我们才可能比较轻松地完善法律制度。

【练习题】

1. 为什么中国计划经济时代的金融压抑没有取得预期效果？

2. 政府产业政策在很大程度上具有风险投资的性质——找准一个产业对其实施补贴，如果成功，则收益巨大；如果失败，则投资全部损失。从这个共性出发，说明风险投资和产业政策的优劣。

3. 金融压抑如何压低了中国劳动收入占国民收入的比重？

4. 为什么过度金融化可能不利于经济发展？

5. 资本市场的一个作用是让风险投资者获得合理的收益。孙正义 1999 年投资阿里巴巴 2 000 万美元，阿里巴巴于 2014 年上市，孙正义的投资回报率最高峰时达到 2 900 倍。这个回报率在何种意义上是合理的？

6. 引入影子银行可以看作中国的金融深化过程。试回答下面的问题：

（1）如果影子银行不能提高储户（投资者）的储蓄意愿，则引入影子银行的结果是什么？

（2）影子银行可能从哪些方面提高储户（投资者）的储蓄意愿？ 如果影子银行能够提高储户（投资者）的储蓄意愿，则引入影子银行的结果与上面的情形有何不同？

自然资源与环境

第 14 章

14.1 引言

贯穿人类物质进步的一条主线是人类从自然界捕获的能量增加。现有宇宙物理理论预测,整个宇宙的能量将最终散失,宇宙将走向"热寂",即达到绝对零度。只有不断捕获和组织能量,人类才可能在物质方面有所进步。从这个意义上讲,人类的进步是与宇宙衰老过程的一场竞赛。在现代工业出现之前,人类主要通过对动植物的利用捕获能量;在现代工业出现之后,人类开始广泛地利用化石燃料和矿物质对能量进行重组与利用,人类捕获能量的能力得到了突飞猛进的增长。但是,地球上的化石燃料和矿物质的储量是有限的,因而一个自然的问题是:人类的进步是否会因化石燃料和矿物质的枯竭而停止?具体到当今世界,世人经常问的一个问题是:发展中国家能否重复发达国家特别是美国的以提高能源消耗为特征的发展道路?中国当前的人均能源消耗只有美国的 1/4,而人口是美国的 4 倍多,世界的能源供应能否支撑中国达到美国的能耗水平?

由此出发,一个自然的想法是,拥有更多的自然资源将有利于一个国家的经济增长。然而,就像第 1 章讲到的"荷兰病"那样,实际情况却并非总是如此。事实上,经济学家早就观察到,自然资源越丰富的国家,其经济增长表现往往越差。这种现象在一个国家内部也经常可以看到,如中国经济最发达的地区是缺乏自然资源的东部沿海地区,而资源较为丰富的西部地区却发展缓慢。经济学家为这种现象取了一个非常悲观的名字——"资源的诅咒"。

即使不发生资源的枯竭,也不存在"资源的诅咒",人类对资源的使用是否就可以没有节制呢?自 20 世纪 90 年代初以来,气候变化日益成为国际社会关注的焦点之一。人类对化石燃料的使用必然增加二氧化碳和其他气体的排放,从而导致温室效应,提高地球表面温度,由此带来的地球环境的变化可能威胁到人类的生存。退一步讲,即使气候变化的后果没有一些人所想象的那样严重,化石燃料的使用和矿物质的提炼也必然对环境造成污染,危害人体健康。经济增长是否一定要以牺牲环境为代价呢?有人认为,环境污染与经济增长之间的关系是倒 U 形的,即早期污染随经济增长而上升,后期污染随经济增长而下降。这就是所谓的"环境库兹涅茨曲线"。但是,人们也有充分的理由相信,发展中国家无须重复发达国家的发展路径,通过引进发达国家的先进清洁生产技术,发展中国家的经济增长不需要以环境为代价。

本章将围绕以上几个主题展开讨论。在接下来的 14.2 节里,我们将讨论资源的供给问题。经济学家的一个基本思想是,供给和需求都是相对于技术、价格与收入等因素而言的。我们的讨论将以此为出发点。14.3 节转而讨论荷兰病的理论机制,通过一个简单的三部门模型说明资源的突发增长是如何打击制造业、提高国内价格的。另外,我们还将讨论"资源的诅咒"形成的原因。14.4 节讨论环境污染和治理问题。我们首先讨论如何看待环境污染的问题,然后通过一个简单的模型介绍环境库兹涅茨曲线,并在这个模型的基础上讨论发展中国家实现跨越的可能性。14.5 节简要地介绍围绕气候变化问题的争论,继而讨论可持续发展的概念以及围绕可持续发展的争论。最后,14.6 节总结全章。

学习目标:

理解技术和价格对资源丰度的决定作用。

理解并掌握荷兰病的理论机制。

理解环境库兹涅茨曲线的形成原理。

理解贴现率在气候变化议题中的作用。

14.2 资源供给

直到目前,世界的经济增长主要还是依赖化石能源和地球上的矿石资源。多数矿石资源产品,特别是铁、铜、铝等可以重复利用,但能源消耗是一次性的,而能源的储量是有限的,因而一个直接的推论是,世界经济不可能无限制地增长。2012 年之前,中国经济高速增长带来了对世界能源的超强需求,国际上因此开始出现中国经济增长是否可以持续的担心(见专栏 14.1)。但是,对于经济学家而言,供给和需求永远是相对的,取决于技术、价格和消费者的偏好,而这些因素又是可变的。把这些因素考虑进去,担心地球上资源枯竭就可能是没有必要的。

> **专栏 14.1**
> **世界能源市场上的"中国因素"**
>
> 2001—2012 年,世界的能源价格大幅上涨,如石油价格由每桶 30 美元左右上涨到 80—100 美元的高位,铁矿石价格由每吨 27 美元上涨到 128 美元。其中"中国因素"的作用不可忽视。2001—2011 年的 11 年间,世界石油产量增加 3.41 亿吨,其中 71.2% 被中国的消费增长吸收。其他大宗商品也有类似的情况。这个趋势与中国经济体量的迅速增长有关。同一时期,中国经济增长每年对世界经济增长的贡献在 20%—30%,与此同时,中国每年石油消费的增长量平均为世界石油产量的增长量的 28%,两者基本持平。2012 年之后,随着中国经济增长速度的下降,中国因素弱化,世界能源价格更多地受世界经济波动的左右。随着俄罗斯与西方国家关系的趋紧和恶化,地缘政治因素上升为影响世界能源价格的一个重要因素。
>
> 中国的能源利用效率一直在提高。改革开放以来,中国以每年 5.6% 的能源消耗

增长率支撑了每年 9.8% 的经济增长率,即能源利用效率每年提高 4.2%。其中既得益于生产过程中能源利用效率的提高,又得益于产业结构的变化,特别是能耗较低的第三产业在国民经济中比例的提高。但是,中国的能源利用效率仍然只有日本的 1/6。这一方面意味着中国的能源利用效率还很低,另一方面也意味着中国节能的潜力非常大:只要中国达到日本的能源利用效率,则在不增加能源消耗的前提下中国的经济总量也可以提高到 6 倍于目前的水平。从这个角度来看,担心中国的高速经济增长将耗尽世界的所有资源是完全没有必要的。

资料来源:2010 年《BP 世界能源统计年鉴》《中国钢铁工业年鉴》《中国矿业年鉴》。

14.2.1 技术进步

对于能源的供给和需求而言,勘探技术、开采技术和使用技术至关重要。地球上的石油储量是有限的,科学家在 20 世纪 70 年代末预测,其理论值在 1 万亿吨。但是,探明的储量经历了一个由少到多的过程。比如,2001 年全球石油探明剩余储量只有 1 438 亿吨,到 2011 年增长到 2 000 亿吨,到 2021 年又增长到 2 116 亿吨。[①] 这主要得益于石油探测技术的改进。另外,石油开采技术的进步也提高得很快。比如,海洋储存着全球 70% 以上的油气资源,深海储量在 1 000 亿吨以上,但在相当长的时间内人类无法开采,原因是无法生产出可靠的深海钻井平台。中国是目前世界上少数几个掌握深海油气钻井技术的国家之一,首座自主设计、建造的第六代深水半潜式钻井平台"海洋石油 981"于 2012 年 5 月 9 日正式在南海海域开钻。它的最大作业水深 3 000 米,钻井深度可达 10 000 米。

随着人类宇航技术的提高,人类将在外太空探索和获取能源。根据美国宇航局科学家的发现,土星及其卫星上遍布液态甲烷和乙烷湖泊,其储量是地球全部油气储量的几十倍。一旦技术成熟且地球上的油气资源接近枯竭,人类到土星开采能源绝不是神话。

与勘探技术、开采技术并行,人类使用能源的技术也在不断改进。以汽车为例,20 世纪 70 年代第一次石油危机之后,发达国家的汽车油耗总体下降了一半以上。自 1978 年起,美国政府对汽车厂家实施"企业平均油耗标准"(Corporate Average Fuel Economy, CAFE)。美国是发达国家中油耗下降最慢的,2011 年美国的汽车平均油耗为 9.4 升/百公里,而欧洲只有 5.2 升/百公里。但即使这样,1978—2011 年美国的乘用车油耗也下降了 40%,轻型卡车油耗下降了 28.6%。2014 年,美国汽车综合油耗进一步下降到 7.64 升/百公里。根据美国政府和汽车厂家达成的 2012—2025 年的降耗

---

① 数据来自石油输出国组织统计年报。

目标,到 2025 年,美国汽车综合油耗将下降到 4.3 升/百公里。[①] 中国汽车综合油耗也快速下降,2020 年乘用车平均油耗已经降低到 5.0 升/百公里(见专栏 7.2)。

总体而言,发展中国家提升能源利用效率的空间比发达国家大,因为发展中国家的单位产出能源利用效率只达到发达国家的 1/6 到 1/4。但是,发展中国家要达到发展国家的能源利用效率,还有漫长的路要走。这一方面有使用技术本身的提升问题,另一方面也有产业结构的变化问题。我们在第 4 章讨论结构变迁时已经知道,在发展中国家的工业化进程当中,制造业比例要经历一个驼峰过程。制造业的能耗比农业和服务业的都高,因而如果使用技术不发生变化,则发展中国家在工业化期间必然要经历一个能耗上升的过程。而且,在制造业内部,早期发展的行业(如冶炼、化工等)一般都是高能耗行业,后期才逐步转向密集使用人力资本而较少使用能源的行业(如电子),这会加剧一定时期内发展中国家能耗的上升。

14.2.2　价格

价格是调节任何商品供需关系的核心变量。技术进步可以缓和能源价格的上涨,但是可能不足以抵消需求增长所带来的冲击。第二次世界大战之后,能源领域的技术进步足以吸收发达国家特别是德国和日本的经济增长。进入 21 世纪之后,这一格局被中国经济的快速增长打破。2001—2011 年,中国的经济总量按现价计算增长了 4 倍,同时消耗了同期世界石油产量增长量的 70% 以上(专栏 14.1)。与此同时,其他新兴经济体的经济增长速度也达到了一个新的高度。在这种情况下,石油价格上涨成为必然结果。

能源价格上涨降低石油输入国居民的福利,但它也不完全是一件坏事,从控制能源消耗、提高可再生能源竞争力的角度来看,能源价格上涨是好事。可再生能源包括太阳能、风能、水能、潮汐能和生物能等,氢能在一定程度上也是一种可再生能源,因为氢可以从水中分离出来,而氢燃烧之后又变成水。经过 20 年的努力,中国在降低可再生能源生产成本方面取得了长足进步。比如,我国太阳能发电的成本在过去 20 年间下降了超九成,到 2020 年已经降低到与火电持平的水平(王怀斌等,2021)。当然,太阳能发电在上网、调峰和储能等方面仍然存在很大的挑战,但随着太阳能产能的扩大,这些问题都将在发展的过程中得到解决。

总之,世界资源的供给量取决于技术和价格,在这个意义上,地球上的资源永远不会枯竭。事实上,按照 2021 年的开采量计算,世界石油的探明储量可以维持 47.8 年的开采,只比 10 年前低 2 年左右。[②] 以这个速度下降,世界石油还可以维持近 240 年的开采,到那时,恐怕人类早已使用核聚变作为主要能源技术了。石油输出国组织第

---

① 　数据来自维基百科。
② 　数据来自英国石油官网。

一任主席曾说:"石器时代结束,不是因为地球上耗尽了所有的石头。"可以预见,未来化石能源时代结束,一定也不会是因为人类耗尽了地球上所有的化石能源,而是因为人类可以用更低的成本从其他来源获取能源。

14.3 荷兰病和"资源的诅咒"

严格地讲,荷兰病指的是一个国家随着资源的开发而发生制造业萎缩、国内物价上涨以及本币升值的现象。"资源的诅咒"的含义则要宽泛得多,也模糊得多;它既可以指一个国家的人均收入没有因资源开发而提高的现象,又可以指一个资源丰富的国家比一个资源贫瘠的国家增长更慢的现象。发生荷兰病的国家不一定会发生"资源的诅咒",因为资源财富的增加仍然可以增加一国的平均收入;发生"资源的诅咒"的国家也未必一定发生荷兰病,因为"资源的诅咒"可能是非经济因素引起的。但是,在现实中,因资源开发而停滞不前或增长缓慢的国家基本上都没有发生制造业的快速增长,荷兰病可能是导致"资源的诅咒"的重要原因。

荷兰病的机制有二:其一,资源的开发导致劳动力和资本向资源部门流动,从而使制造业的增长迟滞;同时,资源开发带来财富的增加,从而提高本国不可贸易品的价格,即本币发生实际升值。其二,资源的大量出口导致国际收支的改善,本币发生名义升值,从而带动本币实际升值。下面我们首先用一个简单的小国开放模型说明荷兰病,把对"资源的诅咒"的讨论放在后面。

14.3.1 理论模型

考虑一个由三个部门组成的开放小国经济,它们是石油部门、制造业部门和服务业部门。石油部门和制造业部门的产品可贸易,价格由世界市场决定,而服务业部门的产品不可贸易,价格由国内市场决定。石油部门使用资源(T)和劳动力(L_A)进行生产,生产函数为:

$$A = T^a \times L_A^{1-a} \tag{14.1}$$

其中,A 为产量,$1-a$ 为劳动力产出弹性,$0 < a < 1$。制造业和服务业只使用劳动力进行生产,它们的生产函数分别是:

$$制造业部门:M = L_M^{1-b} \tag{14.2}$$

$$服务业部门:S = L_S^{1-c} \tag{14.3}$$

其中,$1-b$ 和 $1-c$ 分别是两部门的劳动力产出弹性,两者都在(0,1)区间上。劳动力可以在三个部门之间自由流动,而石油部门使用的自然资源不能流动,石油部门因此可以被称为特定要素部门。令全社会劳动力总数为 L，显然劳动力市场出清要求：

$$L_A + L_M + L_S = L \tag{14.4}$$

价格方面，石油和制造业产品价格 P_A，P_M 由世界市场决定，服务业产品价格 P_S 以及工资 w 由国内市场决定。不妨取制造业产品为单位产品，即令 $P_M = 1$。此时，石油和服务业产品的价格都是相对于制造业产品价格而言的相对价格。由于存在需要由国内市场决定的价格，因此我们需要考虑消费。石油产品不进入消费，我们只需考虑制造业产品和服务业产品的消费。令 C_M 和 C_S 分别代表国内代表性消费者对工业品和服务的消费量，则在柯布–道格拉斯效用函数的假设下，它们满足下面的等式：

$$\frac{C_M}{C_S} = \beta \frac{P_S}{P_M}, \quad \beta > 0 \tag{14.5}$$

代表性消费者的预算约束是：

$$P_M C_M + P_S C_S = I \tag{14.6}$$

其中，I 为社会总收入（财富），$I = rT + wL + \pi_M + \pi_S$，其中 r 为资源的租金率，rT 是石油部门的总租金，π_M，π_S 为其他两个部门的利润（石油部门无利润）。将式(14.5)代入式(14.6)可得：

$$C_S = \frac{I}{(1 + \beta) \times P_S} \tag{14.7}$$

我们的目的是考察资源总量（T）的增加如何影响制造业的产出和国内物价的变化。资源总量的变化不仅会导致劳动力在三个部门之间的重新分配，而且会引起工资和利润的变化，从而导致社会总收入的变化。这里我们假设资源总量（T）的增加瞬时完成（即不考虑一般均衡效应），从而导致财富（I）的瞬时提高。

利用一阶条件，我们可以得到劳动力的分配：

$$L_A = T\left[(1-a)\left(\frac{P_A}{w}\right)\right]^{\frac{1}{a}}$$

$$L_M = \left[(1-b)\left(\frac{1}{w}\right)\right]^{\frac{1}{b}} \tag{14.8}$$

$$L_S = \left[(1-c)\left(\frac{P_S}{w}\right)\right]^{\frac{1}{c}}$$

式中使用了 $P_M = 1$ 的假设。将三个等式代入劳动力市场出清条件式(14.4)，我们就可以确定 P_S 与 w 之间的一个关系式（注意，P_A 和 P_M 由世界市场决定）：

$$T\left[(1-a)\left(\frac{P_A}{w}\right)\right]^{\frac{1}{a}} + \left[(1-b)\left(\frac{1}{w}\right)\right]^{\frac{1}{b}} + \left[(1-c)\left(\frac{P_S}{w}\right)\right]^{\frac{1}{c}} = L \tag{14.9}$$

显然，P_S 是 w 的递增函数。再由服务业产品的市场出清条件 $C_s = S$ 和式(14.7)可以得到：

$$P_S = \left(\frac{I}{1 + \beta}\right)^c \left(\frac{w}{1-c}\right)^{1-c} \tag{14.10}$$

由此确定了 P_S 与 w 之间的另一个关系式，P_S 是 w 的递增凹函数。这个关系式与劳动力市场出清关系式共同决定了 P_S 和 w 的值。图 14.1 给出了荷兰病模型的图解。图中的两条实线给出了劳动力市场出清和服务业产品市场出清条件下 P_S 与 w 之间的关系,其交点 E 即确定了均衡时的 P_S 和 w 的值 P_S^* 和 w^*。

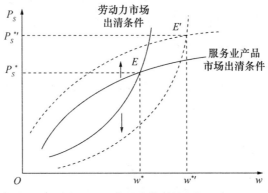

图 14.1　荷兰病模型的图解

　　现在,考虑资源总量 T 增加的情形。此时,劳动力市场出清曲线外移(同样的服务业产品价格下工资上升),而服务业产品市场出清曲线上移(同样的工资下服务业产品价格上升)。前者是因资源总量增加而导致对劳动力的需求增加,后者是因资源总量增加而导致收入上升,从而对服务业产品的需求增加。在图 14.1 中,新的劳动力市场出清曲线和服务业产品市场出清曲线用虚线表示。此时,新的均衡点为 E',导致均衡的服务业产品价格和工资上升到 $P_S^{*'}$ 和 $w^{*'}$。直观上讲,资源总量增加,对劳动力的需求增加,于是抬高工资;同时收入增加,导致对服务业产品的需求增加,产品价格上升。由于其他两个部门产品的价格由国际市场决定,服务业产品价格上升意味着国内总体物价水平相对于其他国家上升,即发生了本币的实际升值。

　　下面看劳动力的分配如何变化。首先考虑制造业部门就业与石油部门就业之间的关系。为方便起见,取比值如下:

$$\frac{L_M}{L_A} = \frac{1}{T} \times \frac{(1-b)^{\frac{1}{b}} \times P_M^{\frac{1}{b}}}{(1-a)^{\frac{1}{a}} P_A^a} \times w^{\frac{1}{a}-\frac{1}{b}} \tag{14.11}$$

　　当 T 增加时,由世界市场决定的 P_M, P_A 不变,若 w 不变,那么制造业部门的就业相对于石油部门的就业就是下降的。但是 T 增加导致 w 上升,要判断 L_M 与 L_A 的关系关键取决于 $\frac{1}{a}-\frac{1}{b}$ 的符号。由于 $1-a$ 代表劳动力在石油部门的产出弹性,$1-b$ 代表劳动力在制造业部门的产出弹性,因此,如果制造业部门相对于石油部门来说更加劳动密集,即 $1-b>1-a$,则我们有 $a>b$。一般而言,石油部门主要依赖石油而非劳动力进行生产,而制造业部门可能更多地依赖劳动力进行生产,因而石油部门劳动力的产出弹性小于制造业部门的产出弹性,从而我们可以确定 $\frac{1}{a}<\frac{1}{b}$。这样,随着 T

的增加，$\dfrac{L_M}{L_A}$ 就会下降。

再看制造业部门就业与服务业部门就业之间的关系。同样取比值如下：

$$\frac{L_M}{L_S} = \frac{(1-b)^{\frac{1}{b}} \times P_M^{\frac{1}{b}}}{(1-c)^{\frac{1}{c}} P_S^{\frac{1}{c}}} \times w^{\frac{1}{c}-\frac{1}{b}} \tag{14.12}$$

T 增加，P_S，w 就会上升。这样，上述比值的变化仍然取决于劳动力产出弹性。如果 $1-b \geqslant 1-c$，即制造业是三个行业中最为劳动密集的行业，或与服务业一样密集，就可以得出随着 T 增加，$\dfrac{L_M}{L_S}$ 是下降的。但是，如果服务业比制造业更加密集地使用劳动力，则 $\dfrac{L_M}{L_S}$ 的大小就取决于服务业产品价格 P_S 和工资 w 上涨的相对速度。总之，如果制造业的劳动密集度不低于服务业的劳动密集度，则资源总量的增加会导致制造业的绝对萎缩。

14.3.2　本币名义升值

石油出口带来外汇收入，因此发生荷兰病的国家通常会发生本币的名义升值。我们的模型暗含的一个假设是本国和外国使用同样的货币，或本币和外币之间的名义汇率为 1。此时，服务业产品的价格 P_S 是相对于制造业产品价格的相对价格，它的上升代表本币的实际升值。石油出口增加相当于可贸易品生产率相对于不可贸易品生产率上升，因此这里服务业产品价格的上升可以看作巴拉萨–萨缪尔森效应的一个变形。在一个开放小国经济里，实际汇率反映在国内物价上，就是不可贸易品价格与可贸易品价格的比值（或称内部实际汇率），该比值上升意味着一国货币发生实际升值。而该比值之所以上升，既可以是本币名义升值造成的，也可以是服务业产品名义价格上升造成的。

为了说明这一点，令 e 表示本币兑外币的直接标价法汇率（1 单位外币可以购买的本币数量），令 p_s 表示以本国货币度量的服务业产品的名义价格，则以外币计价的服务业产品的价格 P_S 可以表示为 $P_S = \dfrac{p_s}{e}$。显然，e 下降或 p_s 上升都可以造成 P_S 上升。我们的模型已经证明，资源总量增加会提高服务业产品的相对价格；我们的上述推导表明，这既可以源自本币的名义升值，又可以源自服务业产品名义价格的上升，或两者兼而有之。

14.3.3 避免荷兰病的途径

荷兰病的例子很多。比如,苏联在解体之前是一个制造业大国,制造业增加值占国民生产总值的比重达到 50%。苏联解体之后,俄罗斯开始融入世界体系,参与世界分工。此时比较优势发挥作用,俄罗斯的出口向能源集中,能源出口占到俄罗斯全部出口的 60% 以上;另外,制造业增加值占国民生产总值的比重下降到 35%—40%,而通货膨胀率却经常在 10% 以上。另一个例子是巴西。20 世纪 80 年代初,巴西发生主权债务危机,巴西经济在之后的 20 年间停滞不前;2000 年之后,得益于石油和矿石(特别是铁矿石)的出口,巴西经济开始复苏。但是,随之而来的是巴西货币的急剧升值,国内物价上涨(一份麦当劳快餐需要花费近 20 美元),而制造业增长缓慢。在中国,资源开发也往往引发局部的荷兰病,如内蒙古的鄂尔多斯市和陕北地区。两个地区都拥有丰富的煤炭资源,而且可以露天开采,陕北地区还有较为丰富的石油资源。煤炭和石油的开采让这两个地区的财富总量迅速增加,但是财富分布极其不均,主要集中在少数开采者和政府手中,其后果是房地产业暴涨,投机性购房激增,同时其他服务业价格也快速上涨。在这种情况下,普通百姓未必能够从资源开发中受益。

如何使国家通过资源开发实现可持续增长并让普通百姓受益呢?这就要求把资源开发带来的财富转变为对未来生产力的投资。未来生产力不外乎体现在两个方面,一个是物质资本的积累,另一个是人力资本的积累。前者包括基础设施和机器设备这样的制造业赖以生存的"硬件",后者则是一国持续增长的最终源泉。在历史上,加拿大、澳大利亚等资源大国在这方面做得比较好,两国均把很大一部分资源收入比较平均地投入未来生产力特别是人力资本的积累中。鄂尔多斯和陕北等地的资源开发没有让普通百姓受益,主要也是因为没有把资源收益转化为制造业生产能力,也没有用于提高当地普通百姓的教育水平。

我们可以把本节的模型稍做修改,说明资源收益转化为制造业生产能力是如何治愈荷兰病的。假设政府把资源收益的一定比例用于提高制造业工人的人力资本 θ。为简便起见,假设总收入 I 中 α 的比例用于提高 θ,且 $\theta = \alpha I$。则制造业部门的生产函数变为:

$$M = [(\alpha I) L_M]^{1-b} \tag{14.13}$$

制造业部门和石油部门的就业比例变为:

$$\frac{L_M}{L_A} = \frac{(\alpha I)^{\frac{1-b}{b}}}{T} \times \frac{(1-b)^{\frac{1}{b}} \times P_M^{\frac{1}{b}}}{(1-a)^{\frac{1}{a}} P_A^a} \times w^{\frac{1}{a} - \frac{1}{b}} \tag{14.14}$$

资源总量 T 增加,总收入 I 也增加,因而即使制造业部门比石油部门更加密集地使用劳动力,制造业部门就业也不一定相对于石油部门就业下降。同理我们也可以证明,制造业部门就业也不一定相对于服务业部门就业下降。究其原因,是因为制造业利用部分石油收益实现了增强劳动力的技术进步,而每个劳动力的工资由其他两个部门决定,从而劳动力在制造业部门变得相对便宜了。

14.3.4 "资源的诅咒"

因资源开发而导致经济增长停滞或倒退的现象比较少见,除非对资源的争夺导致战争。但是,资源丰富国家的长期经济增长不像资源贫乏国家的例子那样俯拾皆是。比如,中国东部沿海地区的人均矿物和土地资源都很少,但却是经济最发达的地区。在短期,资源开发是否可以提高一个国家的经济增长速度,资源的贸易条件是一个很重要的决定因素。比如,2001 年之后,国际大宗商品的价格急剧上涨,资源出口国(如俄罗斯、巴西、澳大利亚及传统的石油输出国)的经济表现就大大改善。在对"资源的诅咒"的经验研究当中,对不同时期的研究往往会得出不同的结论,正是因为资源价格在不同时期有较大的波动(参见图 1.12)。

形成"资源的诅咒"的原因很多,既有纯经济的原因,又有政治经济学方面的原因。从纯经济学的角度来看,"资源的诅咒"可能出于两个原因发生:其一,它可能是荷兰病的后果之一。资源出口导致国内物价上涨,如果其涨幅超过工资的涨幅,则工人的实际收入下降,当这种情况很严重时,全部人均实际收入可能下降。其二,资源的开发成本相对较低,会吸引大量的资金和人力,但是资源的总量是有限的,因而长期而言资源部门必定遇上资本和劳动边际报酬递减规律的限制;相反,在那些资源比较贫乏的国家,人们更可能把目光转向对人力资本的投资,而人力资本的增长是没有极限的,因而经济增长具有可持续性。

从政治经济学的角度来看,丰富的资源可能从两个方面成为阻碍一国经济快速增长的障碍:其一,资源开发容易滋生腐败。自然资源不能移动,其开发也往往需要政府的授权,因此容易成为政府设租的工具。跨国数据表明,越依赖资源出口的国家,其腐败程度越高。其二,丰富的自然资源容易成为寡头政治的温床。自然资源的开发具有垄断性和巨大的规模经济,因而容易形成大型企业,如果这些企业的所有者参与政治,国家政治就容易被这些寡头垄断。利用它们所掌握的权力,这些寡头会反过来利用各种手段设立壁垒,阻碍他人与其分享经济增长的成果(参见专栏 14.2 对拉丁美洲的讨论),从而迟滞长期增长。由此可见,"资源的诅咒"涉及在资源所有权之上构建的政治结构,因此比荷兰病更难治理。

　　19世纪末,拉丁美洲的人均GDP位居世界前列,比如阿根廷的人均GDP排在世界第三位。但是,进入20世纪之后,拉丁美洲被欧洲和北美洲远远地甩在了后面。1850—1913年,拉丁美洲多数国家的经济增长率接近北美洲的水平,如智利和墨西哥的年均增长率达到2%,和美国的一样,阿根廷的年均增长率也达到1.6%;但是,1913—1989年,美国的年均增长率为1.8%,加拿大为2.1%,而拉丁美洲国家中只有巴西超过这两个北美国家的增长率。在探讨美洲新大陆经济表现"分岔"时,以往的文献(如North,1981)往往强调宗主国的制度和文化对南美洲、北美洲的影响。斯坦利·恩格曼(Stanley Engerman)和肯尼斯·索科洛夫(Kenneth Sokoloff)另辟蹊径,从资源禀赋的角度重新解读新大陆的分岔,为"资源的诅咒"提供了一个很好的案例。

【扩展阅读】

Engerman, Stanley and Kenneth Sokoloff (1994). "Factor Endowments: Institutions, and Differential Paths of Growth among New World Economies: A View from Economic Historians of the United States," NBER Historical Paper, No. 66.

14.4　环境污染和气候变化

14.4.1　如何看待环境污染

　　对于生活在当下中国的人来说,环境污染是再熟悉不过的了。20世纪90年代之前,多数城市的天空还是以蓝天白云为主,但从90年代到2012年,天空经常是灰暗的。过去十多年间,随着环境治理力度的加大和经济结构的转型,多数城市又开始出现蓝天白云的景象。我们不禁要问:我们一定要走一段弯路吗? 环境污染是经济增长必须付出的代价吗? 不幸的是,对这个问题的回答几乎是肯定的。

　　这首先是因为人类的物质进步是一个收集和重组能量的过程。我们前面说过,宇宙物理理论告诉我们,能量趋于散失,宇宙趋于均质化,人类的进步就是与这个趋势的斗争。但是,人类在收集和重组能量的过程中不得不面对两个障碍:一个障碍是能量守恒定律,这个定律决定了人类不可能无中生有地创造能量,也不可能以较少的能量创造较多的能量。人类能够做的,是把能量集中起来使用,增加局部"区域"(如生物体和机械等)的能量强度。另一个障碍是能量集中和释放的过程不可能是完美的,跑冒滴漏在所难免。这一方面是因为完美的技术本身可能就不存在,另一方面是因为采用完美技术的代价太高,在许多情况下需要我们付出更多的能量。环境污染和温室气体排放就是跑冒滴漏的主要形式(从这个意义讲,环境保护具有提高全社会能源储备的功能)。污染物往往是生产过程中未加利用的物质,或者是生产过程的副产品。企业不利用这些物质不是因为它们没有用,而是因为利用它们的代价对企业来说太高,或者现有技术无法让企业捕获这些物质。由于这些限制,环境污染是经济增长无法避免的,人类能够做的仅仅是减少或减缓污染的程度。

认识到以上两个障碍对于我们理解环境污染和温室气体排放具有重要意义。比如,媒体上宣称电动汽车实现了零排放,但这显然是错误的。电动汽车只是在行驶过程中实现了零排放,但是电池需要充电,而电力的生产目前不可能做到零排放。电动汽车和普通汽油汽车的区别仅仅在于,前者消耗的能量是集中生产的,因而更可能实现更高的能源利用效率和更低的气体排放。

现代工业出现之前,人类主要是通过动植物收集和重组能量,因而物质生产的污染物主要是以生物形态存在,它们可以在短期内被自然力降解。利用污染物的这一性质,人类往往把它们当作肥料重新加入能量重组的循环。现代工业出现之后,合成物质越来越多,污染物越来越不可能在短时期内被自然力降解,它们的大量存在成为威胁人类健康和生存的重要因素。但是,既然污染是不可避免的,人类就不得不在物质进步和环境保护之间做出权衡。这是下面要讲的环境库兹涅茨曲线的出发点。

14.4.2　环境库兹涅茨曲线

对于经济学家来说,人类在物质进步和环境保护之间做出权衡就意味着两者均进入社会的福利函数。在本小节里,我们以此为出发点,通过一个简单的模型说明环境库兹涅茨曲线是如何产生的。

假设一个国家的总收入为外生给定的,以 Y 表示。收入可以用于两个用途,一个是提供消费品,另一个是投资污染治理技术。进一步假设社会福利函数为 $W(C, Q)$,其中 C 为社会消费总量,Q 为污染总量。理所当然,我们假设 $W'_C > 0$,即消费越多,社会福利越高;$W'_Q < 0$,即污染越多,社会福利越低。进一步地,我们假设 $W''_C < 0$ 且 $W''_Q < 0$。从直觉上看,前者说明消费的边际效用递减,后者说明污染越多,污染的边际负效用越大。另外,$W''_{CQ} = W''_{QC} < 0$,即在给定消费水平的前提下,随着污染量的增加,消费的边际效用下降,或在给定污染水平的前提下,收入越高,人们越觉得污染是讨厌的东西,即污染的边际负效用越大。

污染由生产过程产生,但可以通过污染治理技术的应用得到降低。具体地,令 $Q(Y)$ 为生产过程产生的污染总量,A 代表社会投资于污染治理(减排)方面的费用,$B(A)$ 为应用污染治理技术减少的污染量,则最终污染量为:

$$Q = Q(Y) - B(A) \tag{14.15}$$

假设 $Q'_Y>0,B'(A)>0,B''(A)<0$。社会面对资源约束：

$$A+C=Y \qquad (14.16)$$

社会计划者的规划问题是：

$$\max_{C,A} W(C,Q)$$
$$Q=Q(Y)-B(A) \qquad (14.17)$$
$$A+C=Y$$

将两个约束条件代入目标函数，我们就可以得到下面的无约束最大化问题：

$$\max_A W(Y-A,Q(Y)-B(A)) \qquad (14.18)$$

对 A 求一阶导数，得到下面的一阶条件：

$$W'_C=-W'_Q \times B'(A) \qquad (14.19)$$

容易检验，二阶条件成立。式(14.19)左边的含义是，多投资一单位的 A 所损失的收入能够带来的效用，因此可以理解为治污投资的边际成本，且由于 $\partial W'_C/\partial A = -W''_C-W''_{CQ} \times B'(A)>0$，此边际成本随着 A 的提高而提高。式(14.19)右边的含义是，多投资一单位的 A 带来的治污收益，因此可以理解为治污投资的边际收益，容易证明它是 A 的减函数。这样我们可以用图 14.2 来解释均衡解。图中的两条实线为起始状态下治污投资的边际收益和边际成本，两者的交点 A^* 为最优治污投资水平。

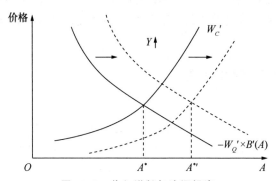

图 14.2　收入增长与治污投资

现在，我们考虑收入提高时治污投资的变化。这取决于图 14.2 中的两条曲线如何移动。给定 A，把边际成本对收入求导，可得：

$$\frac{\partial W'_C}{\partial Y}=W''_C+W''_{CQ} \times Q'(Y)<0 \qquad (14.20)$$

即随着收入的提高，治污投资的边际成本下降，边际成本曲线 W'_C 将右移。同理可得：

$$\frac{\partial[-W'_Q \times B'(A)]}{\partial Y}=[-W''_Q \times Q'(Y)-W''_{CQ}]B'(A)>0 \qquad (14.21)$$

即随着收入的提高，治污投资的边际收益上升，边际收益曲线 $-W'_Q \times B'(A)$ 将上移。移动之后的边际成本曲线和边际收益曲线由两条虚线表示，它们的交点确定了新的最优治污投资水平 $A^{*'}$。很显然它高于原先的水平，即随着收入的提高，社会愿意投资于治污方面的费用增加。

在此基础上,我们再考虑随着收入的提高,污染量的变化:

$$\frac{\mathrm{d}Q}{\mathrm{d}Y} = Q'(Y) - B'(A) \times \frac{\mathrm{d}A}{\mathrm{d}Y} \tag{14.22}$$

观察式(14.22)各部分的符号可以发现,$Q'(Y)>0$,$B'(A)>0$,且由之前的讨论可知$\frac{\mathrm{d}A}{\mathrm{d}Y}>0$,因此式(14.22)的整体符号不能确定。正因为如此,才有可能出现污染量与收入之间先增再减的倒 U 形曲线。下列几种情况可以促成倒 U 形曲线。

(1) $\frac{\mathrm{d}A}{\mathrm{d}Y}$ 随着收入的提高而由小变大,而其他变量不发生变化,且 $\frac{\mathrm{d}Q}{\mathrm{d}Y}$ 的初始符号为正。这意味着当收入提高时,政府愿意把收入中的更多份额用于治理污染。

(2) $Q'(Y)$ 随着收入的提高而下降。$Q'(Y)$ 是生产过程中排污的边际量。$Q'(Y)$ 随着收入的提高而下降,意味着当收入提高时,生产技术本身变得更为清洁。譬如,随着收入的提高,居民不再用煤而改烧天然气。

(3) $B'(A)$ 随着收入的提高而上升。这意味着,随着收入的提高,社会采用更为有效的治污措施,即污染治理技术本身发生了效率上的提高。

第(2)和第(3)种情况是技术进步促成的,而第(1)种情况是技术进步和偏好共同作用的结果。偏好的作用在于,随着收入的提高,污染对收入边际效用的降低作用更明显,因而社会愿意把更多的资源投入污染治理。三种情况都和收入增长有关:在更高的收入水平下,人们更关心环境的副作用,同时也有更多的资源投入污染治理。

发达国家的历史表明,环境库兹涅茨曲线的确存在。比如,泰晤士河就曾被重度污染,鱼类完全消失,但现在河水重新变清,鱼类又回来了。其他河流(如纽约的哈德逊河)也发生过同样的情形。林伯强和蒋竺均(2009)对中国的研究发现,中国的主要污染物排放正在经历转折期。但是,发展中国家是否一定要经历环境库兹涅茨曲线呢?首先,有一些污染几乎是无法逆转的。比如,对地下水的污染需要完全依赖自然的力量,没有几十、上百年的时间是不可能消除的。其次,治理污染的费用高昂,"先污染、后治理"的路线可能在经济上就不合算。上述模型告诉我们,发展中国家也许不需要重复发达国家所走过的路。这主要是因为,发达国家已经发展出较为成熟的生产和治污技术($Q'(Y)$下降,$B'(A)$上升),发展中国家可以向发达国家购买这些技术,从而把倒 U 形曲线变成向下倾斜的直线。

14.5 气候变化和可持续发展

14.5.1 气候变化

人类的生产活动不仅会造成对环境的污染和破坏,而且可能改变地球的大气环境,从而影响到人类的长期生存状况。自 1992 年 6 月 4 日里约热内卢联合国环境与发展大会以来,气候变化成为一个引人注目的全球议题。根据大会签署的《联合国气候变化框架公约》(United Nations Framework Convention on Climate Change, UNF-CCC)给出的定义,气候变化指的是"经过相当一段时间的观察,在自然气候变化之外由人类活动直接或间接地改变全球大气组成所导致的气候改变"。它由三个方面构成:全球气候变暖、酸雨和臭氧层破坏,其中气候变暖最为重要。人类活动特别是工业生产导致地球大气中二氧化碳等气体的增加,从而使地球形成温室效应,地表温度上升。全球变暖已经是无可争议的事实。根据科学家的估计,地球地表温度在过去一个世纪里上升了 0.8 ℃,在 20 世纪的最后 30 年里,每 10 年上升 0.2 ℃(Hansen et al. , 2006)。根据联合国政府间气候变化专门委员会(Intergovernmental Panel on Climate Change, IPCC)于 2007 年发表的报告,到 21 世纪末,即使是按最保守的温室气体排放增长速度进行估计,地球表面的平均温度也将升高 1.1 ℃—2.9 ℃;如果按最坏的情形测算,则升温幅度将达到 2.4 ℃—6.4 ℃。

尽管科学界对人类活动在全球变暖过程中扮演的角色仍然存在分歧,但是面对未来的巨大的不确定性,节能减排仍然是人类当前的首选。事实上,由于全球变暖造成的破坏(如热浪、干旱、粮食减产、沙漠化等),人类从现在开始就要承受巨大的经济损失。根据著名的《斯特恩报告》[①]的估计,全球变暖将使每年至少损失 5% 的全球 GDP,如果考虑一些极端灾难,则这个损失可以达到 20% 的全球 GNP。但是,气候变化更严重的后果是人类后代的生存问题。如果到 21 世纪末地表平均温度真的升高 2 ℃ 以上,那么地球上的很多地方将变得不适合人类居住。可以预见,国家之间、族群之间为了争夺资源特别是水资源而发生的冲突和战争将急剧增加,全球将出现大量的"生态难民"。因此,气候变化的核心问题是人类的可持续发展问题。

专栏 14.3
中国的双碳目标

2020 年 9 月 22 日,国家主席习近平在第七十五届联合国大会上宣布,中国力争于 2030 年前完成"碳达峰",努力争取 2060 年前实现"碳中和"。碳达峰是指二氧化碳排放量达到历史最高值,经历平台期后持续下降的过程,是二氧化碳排放量由增转降的历史拐点。碳中和则指通过植树造林、节能减排等形式,抵消自身产生的二氧化碳排放量,实现二氧化碳"净零排放"。碳达峰和碳中和是我国向世界做出的庄严承诺,作为全球最大的温室气体排放国,我国的碳达峰和碳中和对于全球减排事业关系重大。

我国实现碳达峰已经具备了坚实的基础。首先,进入 21 世纪之后,我国的能源效率一直在提高,GDP 能源强度一直在下降。近年来,GDP 增长和能源消耗增长之间已

---

① 《斯特恩报告》系指由伦敦经济学院经济学家尼古拉斯·斯特恩(Nicholas Stern)教授领衔撰写的有关气候变化的报告。这份报告由英国政府授命,于 2006 年 10 月 30 日发表,之后引起世界范围内的广泛讨论。

经呈现出脱钩关系。其次,在能源构成中,我国对化石能源的依赖度稳步下降,这对于减排的贡献最大。再次,我国的经济结构变化也对减排有积极作用。在我国的国民经济当中,农业占比持续下降,2010 年之后工业占比也下降,而服务业占比持续上升;在工业中,重化工业和其他高耗能行业的比重下降。这些都会导致排放的下降。最后,我国的城市化进入平稳发展阶段,人们的消费习惯在向低碳方向转移。相关研究表明,我国在 2030 年之前实现碳达峰是完全可能的。

我国的经济增长起步比发达国家晚了一百多年,但对碳中和的承诺只比欧洲和美国晚十年(欧盟和美国均承诺到 2050 年实现碳中和),这反映了我国对全球减排事业的积极态度和庄严担当。随着能源转型走向深入以及我国产业结构的进一步高端化,相信我国可以在 2060 年实现碳中和目标。

【线上延伸阅读】
中国碳达峰路径的 Meta 回归分析
多情景视角下的中国碳达峰路径模拟:基于 RICE-LEAP 模型

14.5.2　可持续发展的概念

按照联合国的标准定义,可持续发展是指满足当前需要但又不削弱子孙后代能力的发展。换言之,发展必须保证其本身的连绵不断,不会因今天对资源的挥霍而影响子孙的生存。但是,从纯理性的角度来看,当代人为什么要为子孙后代着想呢?

伦理学论证的方式之一是采用契约论的进路,考察无知之幕下抽象的个体会签订一个什么样的社会契约的问题。但是,这个进路只适用于同时代的个体,而不适用于生活在不同时代的个体:他们不可能生活在一起,如何签订契约呢?然而,当代人的选择显然会影响未来人的生活,当代人有什么权利决定未来人的生活状态呢?这就是所谓的"代际公平"问题。正如所有的关于公平和正义的伦理争论一样,每个理论家都可以从自己预设的公理出发得到逻辑自洽的伦理原则,但是这些公理之间可能存在不可调和的冲突,因而我们也不可能得到统一的伦理原则。最终,我们还是要回到人类自古以来积累的伦理原则为可持续发展辩护。其中之一是把人类或族群当作一个有机的整体看待,这样就很容易理解,照顾子孙后代的发展能力是人类或族群得以延续的唯一出路。另一个辩护是基于自然主义做出的:人类不过是出于偶然的机会才成为地球上唯一的智慧生物,因此应当担当起地球看护者的责任,而不是挥霍和毁坏它。这种想法充分地体现在我国道家思想中,其他宗教也具有些类似的思想。

但是,即使我们接受可持续发展的理念,我们也必须面对一个艰难的选择:照顾子孙后代的发展,在很大程度上需要我们延缓当前福利的改进,在这种情形下,我们应该把多大的精力放在改进人类当前的福利上呢?又应该把多大的精力放在照顾人类未来的发展上呢？很显然,消除贫困仍是人类当前面临的最紧迫的全球性问题,照顾可持续发展是否会迟滞全球的减贫进程？在日常生活中,这种冲突比比皆是。比如,城里人到不发达的山区旅游,发现那里山清水秀、民风淳朴,希望那里能够保持原貌。但是,对于当地人来说,改善生活状况是第一位的事情,而这样做就会改变民风和环境。我们应该如何在今天与未来之间进行取舍呢？对于经济学家来说,解答这个问题的核心是确定一个合适的经济贴现率。

14.5.3　贴现率问题

了解一点动态规划知识的读者都知道,贴现率越大,未来在今天的规划中就越不重要。贴现率可以分为时间贴现率和经济贴现率两种,前者是由人们对未来效用的贴现产生的,后者是由人们对未来财富(或成本)的贴现产生的,我们将看到,它包括对未来效用的贴现。气候变化所产生的损失可能需要等许多年后才能完全显现出来,我们今天要决定付出多少成本来预防这些损失,首先需要知道这些损失在今天的价值,此时经济贴现率的大小就变得至关重要。如果国际社会和各国政府在规划未来的过程中使用一个较高的经济贴现率,未来的成本在今天的价值就比较低,今天各国在保护环境、节能减排方面的投入就会比较低。如果经济贴现率为 1%,则 231 年之后的成本在今天会降为 10%;如果经济贴现率为 2%,则这个时间缩短到 114 年。

使用一个正的经济贴现率的理由有两个:第一,我们总是更关心眼前的消费,未来的消费在今天的考量中要打折扣。由此推而广之,生活在越是遥远的未来的人,在当代人的计算中得到的权重就越小。第二,人类的生活水平在提高,未来人类的消费水平比当代人类的将更高,为了保持代际生活水平的平衡,对未来人类的消费进行贴现是必要的。根据第一个理由得到的贴现率就是时间贴现率,它完全来自人们对未来的折扣;根据第二个理由得到的贴现率则来自经济增长,它取决于消费增长的速度和人们对消费增长的偏好。

下面我们就通过一个简单的模型来呈现经济贴现率与时间贴现率以及消费增长率之间的关系。考虑一个永生的个体的最大化问题,其一生的财富是一定的,目标是效用贴现的最大化。则他的问题可以表示为:

$$\underset{c_t}{\text{Max}} \sum_{t=0}^{\infty} U(c_t) \left(\frac{1}{1+\rho} \right)^t$$

$$\text{s.t.} \quad \sum_{t=0}^{\infty} c_t \left(\frac{1}{1+\delta} \right)^t \leqslant K \tag{14.23}$$

其中,c_t 为每年的消费量,$U(c_t)$ 为当期效用;K 为一生(贴现到第 0 期)的财富总量,是一个常数。这里的 K 相当于地球上的资源总量,每期的消费相当于每代人对资源的消耗。另外,ρ 为时间贴现率,用来对未来效用进行贴现;δ 为经济贴现率,δ 越大,我们对未来支出赋予的权重就越小,或者未来的减排成本在今天看似就越小。我们暂且

假设 ρ 是给定的,然后看 δ 是如何确定的。这个问题的拉格朗日方程为:

$$L = \sum_{t=0}^{\infty} U(c_t) \left(\frac{1}{1+\rho}\right)^t + \lambda \left[K - \sum_{t=0}^{\infty} c_t \left(\frac{1}{1+\delta}\right)^t\right] \qquad (14.24)$$

其中,λ 是拉格朗日乘子。考虑 t 期和 $t+1$ 期的一阶条件:

$$U'(c_t) \left(\frac{1}{1+\rho}\right)^t = \lambda \left(\frac{1}{1+\delta}\right)^t \qquad (14.25)$$

$$U'(c_{t+1}) \left(\frac{1}{1+\rho}\right)^{t+1} = \lambda \left(\frac{1}{1+\delta}\right)^{t+1} \qquad (14.26)$$

式(14.26)除以式(14.25)得到:

$$\frac{U'(c_{t+1})}{U'(c_t)} = \frac{1+\rho}{1+\delta} \qquad (14.27)$$

通常情况下,我们在给定 ρ 和 δ 的情况下确定消费增长路径(如我们在 12.3 节里所做的)。现在,我们求解这个问题的逆问题,即给定消费增长路径,解出 δ 与 ρ 的关系。为此,将式(14.27)左边的分子在 c_t 处做一阶展开得到:

$$\frac{U'(c_{t+1})}{U'(c_t)} \approx \frac{U'(c_t) + U''(c_t)\Delta c_t}{U'(c_t)}$$

$$= 1 + \frac{U''(c_t)\Delta c_t}{U'(c_t)} \qquad (14.28)$$

而式(14.27)右边也可以做如下近似:

$$\frac{1+\rho}{1+\delta} = 1 + \frac{\rho-\delta}{1+\delta} \approx 1 + \rho - \delta \qquad (14.29)$$

令 $g = \dfrac{\Delta c_t}{c_t}$,代表消费增长率;再令 $\eta = -\dfrac{U''(c_t)\, c_t}{U'(c_t)}$,代表相对风险厌恶系数,衡量的是人们对消费增长的偏好。则结合式(14.28)和式(14.29)我们有:

$$\delta = \rho + g\eta \qquad (14.30)$$

较大的 η 在这里意味着在今天消费和未来消费的取舍上,人们更关注今天的消费,因此 $g\eta$ 代表的是经过消费偏好修正之后的消费增长率。综合起来,式(14.30)的含义是,经济贴现率 δ 是时间贴现率 ρ 加上经过消费偏好修正的消费增长率。注意,我们对 δ 的计算结果是对最优消费规划问题的逆问题的解,即假定了最优消费路径之后得到的结果。从式(14.27)和式(14.30)可以看出,消费增长率是否为正与 δ 是否大于 ρ 是等价的。

在实际计算中,消费增长率 g 可以用收入的增长速度代替,多数人也对 η 的取值没有异议,一般认为 2 比较合适。引起争议的是 ρ 的取值。《斯特恩报告》把 ρ 设为 0,即不允许对未来人类的消费进行任何时间贴现。一些经济学家从代际伦理的角度对此予以支持,他们的理由是,当代人没有任何权利对未来人的福利打折。但是,零时间贴现率也遭到许多其他经济学家的批评,他们反对的理由有三个:第一,未来具有不确定性,我们不知道人类未来是否会遭受毁灭性打击,因此"及时行乐"是合理的。第二,随着技术的进步,未来的技术水平肯定比今天的高,因此把处理全球变暖的事务向后推是合理的。据此,加里·贝克尔就认为,社会贴现率应该等于技术进步率,即 2%。第三,零时间贴现率与市场上流行的贴现率不符,市场总是对未来采用正的贴现率。

阿罗(2009)则认为,争论时间贴现率没有多大意义,而是要对减排进行成本—收益分析。《斯特恩报告》的核心思想之一是,如果不做任何事情,那么到 2200 年地球大气中的温室气体浓度将超过 550 ppm,全球 GNP 的经济损失将因此达到 20%。但是,只要今后每年投入全球 GNP 的 1% 用于减排,我们就可以避免极端气候变化的危害。斯特恩本人在 2008 年把减排成本调整为全球 GNP 的 2%。假设在避免危害情形下全球经济的年增长率为 1.13%,则极端气候变化引起的损失相当于使全球经济的年增长率下降到 1.12%;换言之,投入全球 GNP 的 2% 用于减排,全球经济年增长率就可以从 1.12% 提高到 1.13%。简单的计算表明,到 2200 年,即使时间贴现率达到 3.87%,减排的收益也大于其成本。但是,即使是那些极端反对《斯特恩报告》的人也从来没有要求如此之高的时间贴现率。

14.6 小结

本章在较短的篇幅里探讨了资源与经济增长之间的关系,以及环境保护和气候变化问题。通过本章的讨论,我们认识到,谈论资源的绝对供给量是没有多大意义的,资源的可得性总是取决于资源的勘探技术、开采技术和使用技术以及资源的价格水平。另外,拥有大量的资源并不总是一个国家(地区)的福音,恰恰相反,我们经常观察到的是,更多的资源特别是资源的集中开发会带来荷兰病和"资源的诅咒"。我们也认识到,人类的物质进步是一个收集和重组能量的过程,从而不可避免地要污染环境、增加温室气体排放,但是改进使用技术,减缓温室气体排放增长的速度,人类可以避免极端气候变化的危害。初步的测算表明,即使是从纯粹成本—收益的角度来看,且采用较高的时间贴现率,这样做也是合算的。

【练习题】

1. 世界能源市场上的一个发展是美国对页岩气的大量开采。在网上查找美国和中国页岩气储量与开采的资料,然后讨论页岩气开采对世界能源前景的影响。

2. 中国从 21 世纪初开始实施太阳能产业政策,至今中国的太阳能产业已经占据世界的半壁江山。

(1) 在网上搜索 2010 年以来中国和世界太阳能装机容量及太阳能价格的数据,并进行比较;

(2) 在网上搜集一些对中国太阳能产业政策的评估,并做出自己的判断。

3. 一个国家形成荷兰病的机制之一是发生本币名义升值。在一个国家内部,一个地区尽管使用和其他地区相同的货币,但也可以形成荷兰病。此时,对应于一个国家本币升值的机制是什么?

4. 在网上搜索一个中国正在或曾经发生荷兰病的城市(地区),并讨论其形成机制。

5. 结合 14.4.2 节的内容,提出并论证发展中国家避免环境库兹涅茨曲线的两个措施。

6. 验证 14.5.3 节里阿罗的计算。

7. 在 14.5.3 节里,消费增长率是否为正与 δ 是否大于 ρ 是等价的。如何从经济含义上理解这种等价性?(提示:解释为什么消费增长率为正时,经济贴现率一定要大于时间贴现率,且为什么经济贴现率大于时间贴现率时,消费增长率一定为正。)

8. 假设 2020—2200 年世界经济的平均增长率为 1.15%,但 2200 年因气候变化而造成的损失将达到当年世界经济总量的 20%。假设消费偏好系数 $\eta=2$。

(1) 假设时间贴现率为 2.0%,试计算经济贴现率。

(2) 用计算所得的经济贴现率将 2200 年的损失贴现到 2020 年,计算其占 2020 年世界经济总量的比重。为什么这个比例远低于 20%? 由此你能得出什么结论?

中等收入陷阱

第 15 章

15.1 引言

在前面章节的模型中,一个经常出现的结果是贫困陷阱,即一个国家因无法达到一定的物质资本或人力资本存量而无法摆脱贫困的状态。但是,经济发展是一个持续的过程,既然穷国可以落入贫困陷阱,那么中等收入国家是否也会停滞不前落入中等收入陷阱呢?本章就讨论这个问题。按照世界银行的标准,中国早在 21 世纪初就已经成为一个中等收入国家,2009 年之后更是成为中高收入国家。随着中国经济进入调整时期,经济增长速度下降,国内外对中国能否顺利跨越中等收入阶段,成为高收入国家产生了一些疑问。的确,1960 年以来,能够成功从中等收入行列跨至高收入行列的经济体数量非常少。正如第 1 章所述,经济赶超不是第二次世界大战之后世界的常态,而是一个小概率事件。本章将对比成功经济体和失败经济体之间的差别,以期发现一些跨越中等收入陷阱成功和失败的规律。我们考察的对象是前面章节及后续几章探讨的决定经济发展的一些主要因素,如人力资本、储蓄、投资、工业化、贸易、制度等。我们将看到,正如列夫·托尔斯泰的名言"幸福的家庭都是相似的,不幸的家庭各有各的不幸",成功的经济体必须做对几乎所有的事情,而失败的经济体各有各的失败原因。最后,我们把中国和成功经济体进行比较,说明中国具备跨越中等收入陷阱的条件。

学习目标:

掌握中等收入陷阱的经典事实。
掌握成功跨越中等收入陷阱的经济体的共同特征。
理解为什么多数国家(地区)未能跨越中等收入陷阱。

15.2 中等收入陷阱的定义

中等收入陷阱是几位学者在 2007 年为世界银行所撰写的一份关于东亚经济振兴的报告(Gill and Kharas,2007)中首先提出来的。自此,这一概念得到国内外的广泛关注。但是,学术界对于如何定义中等收入进而是否存在中等收入陷阱,并没有统一的意见(参见专栏 15.1)。就定义而言,学术界对于使用绝对收入还是相对收入存在一些争论。世界银行按照人均现价美元国民收入把世界上所有国家分成四个收入组,即贫穷、中低收入、中高收入、高收入，并定期根据通胀情况进行修订。[①] 但是，就研究中等收入陷阱问题来说，这个分类有两个问题：一是它使用绝对收入，没有考虑发达国家收入提高所带来的影响。发达国家的收入水平，给世界各国人民提供了一个参照系；发达国家收入水平的提高，往往伴随新的消费品的出现，因而会改变人们对收入水平的认知。譬如，20 世纪 50 年代，发达国家开始进入电气化时代，此时发展中国家的居民能够骑上自行车就已经是中产阶级了；而今天，当发达国家的居民开始崇尚健康饮食的时候，发展中国家的居民恐怕需要拥有汽车才称得上是中产阶级。二是世界银行的分类给高收入国家设定的门槛偏低，目前只要一个国家的人均国民收入超过 12 695 现价美元（2021—2022 年标准），这个国家就是高收入国家。按照这个标准，多数拉丁美洲国家都早已是高收入国家了，但学术界的一致意见认为，拉丁美洲国家是落入中等收入陷阱的典型。因此，在研究中等收入陷阱时，使用相对收入可能是更好的办法。

图 15.1 在相对收入的基础上呈现了世界各国（地区）1960—2010 年的经济增长情况。[②] 图中横轴是 1960 年各国（地区）相对于美国实际人均 GDP 的对数，纵轴是 2010 年的相应数字。根据相对于美国的人均 GDP，各国（地区）被分成三个收入组。低收入

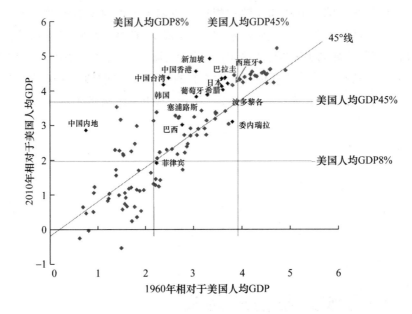

图 15.1　世界各国（地区）经济增长（1960—2010）

资料来源：佩恩世界表 8.0。

注：横轴和纵轴都是［本国（地区）人均实际 GDP/美国人均实际 GDP］×100 的对数值。实际人均 GDP 为 2005 年 PPP 美元。成功跨越中等收入陷阱的经济体有 11 个，它们是韩国、新加坡、塞浦路斯、葡萄牙、希腊、日本、塞舌尔、西班牙和波多黎各以及中国台湾地区和中国香港地区。

——————————

① 根据世界银行 2021 年公布的分类，按人均国民收入计算，小于或等于 1 045 美元属于低收入国家，1 046—4 095 美元属于中低收入国家，4 096—12 695 美元属于中高收入国家，大于 12 695 美元属于高收入国家。参见 https://blogs.worldbank.org/opendata/new-country-classifications-income-level-2021—2022。

② 许多国家（地区）没有 1960 年的数据，因而图 15.1 中国家（地区）的数量小于所有国家（地区）的实际数量。

组,即人均 GDP 低于美国人均 GDP 的 8%;中等收入组,即人均 GDP 为美国人均 GDP 的 8%—45%;高收入组,即人均 GDP 高于美国人均 GDP 的 45%。这个分类的好处是,高收入组基本上由西欧、北美和大洋洲的传统高收入国家(地区)构成,而 2010 年的低收入组基本上由撒哈拉以南的非洲国家(地区)构成,都比较符合我们日常的直觉。

可以看到,多数国家(地区)分布于 45° 线上下,说明多数国家(地区)1960—2010 年基本保持了与美国相似的增长速度。与表 1.1 所示一致,高收入国家(地区)的分布非常稳定,那些在 1960 年已经进入高收入组的国家(地区),除了委内瑞拉,到 2010 年仍然在高收入组。但是,低收入组和中等收入组的变动很大。在 1960 年的低收入组中,有 10 个国家(地区)到 2010 年升入中等收入组(其中包括中国内地),其他国家(地区)仍然在低收入组。相比之下,1960 年的中等收入组的分化更为激烈,到 2010 年大多数国家(地区)仍然在这一组中原地踏步,而 9 个国家(地区)更是跌入低收入组(其中包括菲律宾),但是也有 11 个国家(地区)升入高收入组。

一个否定中等收入陷阱的说法是,经济增长是一个连续的过程,每个阶段都有成功的国家(地区)和失败的国家(地区)。图 15.1 不支持这种说法。在图中,我们可以明显地观察到贫困陷阱——大多数穷国(地区)在半个世纪内并没有实质性地缩小与发达国家(地区)之间的差距;同时,我们也发现,在同样长的时间里,大多数中等收入国家(地区)未能跨越中等收入门槛,成为发达国家(地区)。简单计算表明,对于一个 1960 年刚跨过中等收入门槛的国家(地区),如果它的年均增长速度高于美国 3.5 个百分点,则到 2010 年它就可以成为一个高收入国家(地区)。这当然不是一个容易实现的目标——由于美国的年均增长速度为 2.1%,这要求那个国家(地区)的年均增长速度达到 5.6%。但是,更为重要的发现是,在 1960 年的低收入组和中等收入组中,超过半数的国家(地区)没有赶上美国的增长速度(那些处于 45° 线以下的国家或地区)。事实上,一些国家(地区)——主要是拉丁美洲国家——在 1960 年已经非常接近高收入门槛了,但在后面的 50 年里无论如何也无法跨越那个门槛。中等收入陷阱因此可以定义为,一个中等收入国家(地区)在较长的时间内——如 50 年——无法跨越高收入门槛的状态。

15.3 "幸福家庭"的共同特征

什么条件决定了一个经济体能否跨越中等收入陷阱呢?本节将通过研究图 15.1 中的 11 个成功国家(地区)——托尔斯泰所说的"幸福家庭"——的共性来揭示这些条件。从中可以看到,这 11 个国家(地区)主要分布在东亚和南欧。但是,除"亚洲四小龙"外,其他几个成功国家(地区)在 1960 年就已经接近高收入门槛,可以说,"亚洲四小龙"是真正的"奇迹"。当然,并不是所有接近高收入门槛的国家(地区)都能最终跨过那道门槛,南欧国家(地区)仍然值得研究。下面,我们就把 1960 年的中等收入国家(地区)分成两组进行比较:一组是 11 个成功的国家(地区),我们叫它"成功经济体";另一组是其他国家(地区),我们叫它"失败经济体"。

图 15.2 首先比较了两组经济体进入中等收入组之后的经济增长情况。横轴是进入中等收入组年数①,纵轴是组内人均 GDP(2005 年 PPP 美元)。可以看到,两组经济体从进入中等收入组之后就开始分化,30 年后,成功经济体的人均收入已经是失败经济体的 3.8 倍。30 年当中,失败经济体的平均增长速度只有 2.6%,而成功经济体则达到 7.4%。

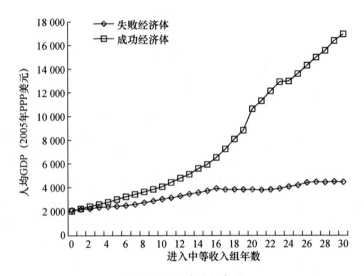

图 15.2　经济增长表现

资料来源:佩恩世界表 8.0。

储蓄和投资是决定经济增长的基本要素。图 15.3 对比了两组经济体的国民储蓄率和投资率。在刚跨过中等收入门槛时,成功经济体并不比失败经济体拥有更高的国民储蓄率,但之后其国民储蓄率把失败经济体远远地甩在后面。失败经济体的国民储蓄率一直在 15% 左右徘徊,而成功经济体在成为中等收入国家(地区)之后的 22 年里国民储蓄率一直在上升,并最终达到 35% 的最高点,之后才开始回落。投资方面,成功经济体的起始投资率就达到 25%,最高峰更是超过 40%;相比之下,失败经济体只从15% 上升到 20%。两组经济体都长期拥有经常项目赤字,但成功经济体的赤字更大。这里当然有一个可持续的问题(南欧经济体在 2008 年国际金融危机之后遇到的情况说明了这一点),但也显示了投资在中等收入阶段赶超的重要性。

---

① 　中等收入门槛一律为美国人均收入的 8%。各经济体进入中等收入组的年份不同,以"进入中等收入组年数"为横轴,可以增加各经济体在中等收入阶段的可比性。

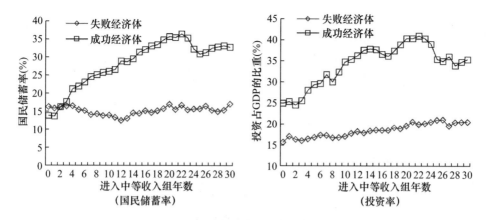

图 15.3　储蓄和投资

资料来源:佩恩世界表 8.0。

接下来,图 15.4 对比了两组经济体在抚养比、教育水平和预期寿命方面的差异。这些指标反映一个国家(地区)人力资本的存量,后者与物质资本发挥着同样重要的作用。

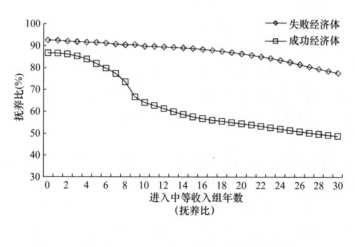

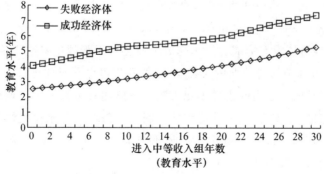

图 15.4　人力资本

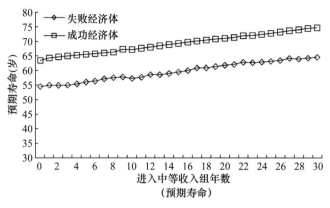

图 15.4　人力资本(续)

资料来源:佩恩世界表 8.0。

　　与储蓄不同,成功经济体在进入中等收入阶段之初就在人力资本的三项指标上全面超越失败经济体。在抚养比方面,成功经济体的抚养比急剧下降,这很可能是高经济增长速度的成果之一,同时又为未来的经济增长打下了基础。相比之下,失败经济体的抚养比下降得很慢,这既是它们低增长速度的结果,又是制约它们实现较高增长速度的障碍。在教育和预期寿命方面,两组经济体的差距随着时间的推移基本上没有改变。成功经济体的平均教育水平从一开始就比失败经济体高 1.5 年;另外,成功经济体的预期寿命也一直保持比失败经济体高 10 岁左右的水平。从因果关系的角度来看,如果 X 先于 Y 出现,且两个变量之间有相关关系,X 是 Y 的原因的可能性就很大。因此,这组结果表明,人力资本极有可能是决定一个国家(地区)能否跨越中等收入陷阱的一个重要因素。

　　在前面的章节中,我们发现结构变化是经济发展的重要特征和推动力,图 15.5 告诉我们,成功经济体和失败经济体在结构变化方面也呈现显著的差异。首先,两组经济体农业增加值占 GDP 的比重都下降,但成功经济体下降的速度更快。其次,两组经济体在工业份额方面的差异较大。成功经济体符合驼峰形规律,工业增加值占 GDP 的比重先上升到 40%,然后开始下降;而失败经济体不符合驼峰形规律,工业增加值占 GDP 的比重始终在 30%—35%徘徊。显然,成功经济体在中等收入阶段完成了工业化进程,而失败经济体没有完成。能否完成工业化对于跨越中等收入陷阱可能是一个重要决定因素,15.4 节讨论巴西的失败例子时,我们可以再对此进行仔细考察。最后,成功经济体在很长的一段时间内并不比失败经济体拥有更大的服务业份额,只有等到跨过中等收入门槛 22 年之后,成功经济体的服务业份额才开始呈线性地增长,且系统性地高于失败经济体。这说明相对于工业,服务业属于从属地位;只有当一个国家(地区)完成工业化之后,服务业才会有较大的发展。

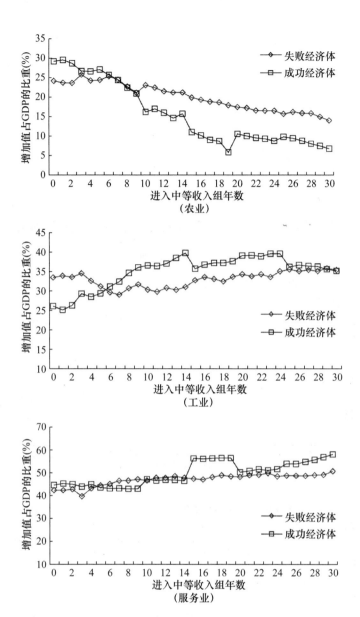

图 15.5　结构变化

资料来源:佩恩世界表 8.0。

第 9 章和第 10 章讨论了贸易对经济发展的作用。出口导向发展模式只有在满足一定的条件时才会促进经济增长,而缺乏资本积累和技术进步可能会让一个国家(地区)落入"贸易陷阱"之中。图 15.6 很好地诠释了这些结论。从第一幅图中我们可以看到,失败经济体比成功经济体更依赖贸易。尽管两组经济体的贸易依存度都在上升,但失败经济体的贸易依存度始终远高于成功经济体。这说明贸易本身并不足以促进经济增长。接下来的两幅图表明,做什么贸易比贸易总量更重要。相比之下,失败经济体的出口比较优势在于初级产品,而成功经济体的出口比较优势在于制造业产品。

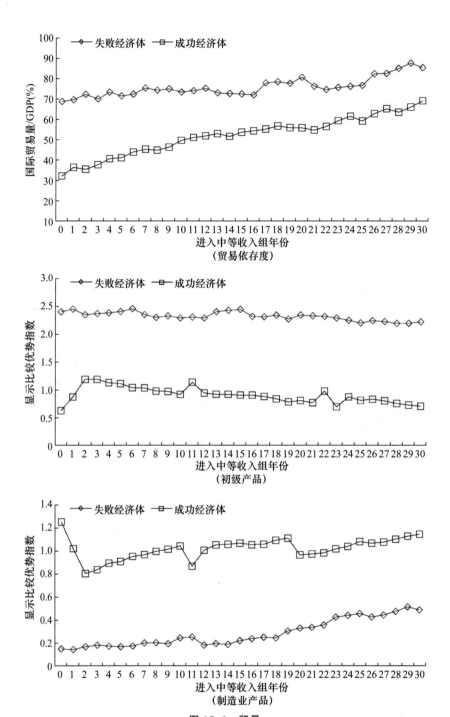

图 15.6　贸易

资料来源:佩恩世界表 8.0。

注:一种产品的显示比较优势指数＝该产品出口占本国全部出口的比重/该产品出口占世界全部出口的比重。

在初级产品上,失败经济体的显示比较优势指数稳定在 2 以上,说明它们在初级产品上具有显著的比较优势;而成功经济体的显示比较优势指数稳步下降(跨过中等收入门槛之初的几年除外),多数年份低于 1,说明它们在初级产品上没有比较优势。反过来,在制造业产品上,成功经济体的显示比较优势指数总体上呈上升态势,且在进入中等收入阶段 12 年之后基本上超过 1;另外,尽管失败经济体的显示比较优势指数也在上升,但最终没有超过 0.55。这再次证明了工业化的重要性,同时也暗示,失败经济体可能被同时锁定在"贸易陷阱"和"资源的诅咒"之中。

前面的章节基本上在讨论决定经济发展的内部因素,在接下来的几章里,我们将讨论影响经济发展的外部因素,如不平等和制度。下面的对比说明,平等的经济分配和稳定的政治环境是成功经济体区别于失败经济体的重要特征,但民主可能是经济发展的结果而不是原因。

表 15.1 对比了一些典型的成功经济体与失败经济体的收入和土地分配基尼系数。很明显,韩国和中国台湾地区的收入分配基尼系数从未高于 40%,属于很平等的范围,而阿根廷、巴西、马来西亚和菲律宾这几个失败经济体拥有很高的收入分配基尼系数,巴西更是长期高于 53%,属于非常不平等的范围。韩国和中国台湾地区在 20 世纪 50 年代都完成了土地改革,因此土地分配非常平均;相比之下,失败经济体的土地分

表 15.1　一些经济体的收入和土地分配基尼系数　　　　　　　　　　　单位:%

| | 收入分配基尼系数 | | | | | |
经济体	20 世纪 50 年代	20 世纪 60 年代	20 世纪 70 年代	20 世纪 80 年代	20 世纪 90 年代	21 世纪初
韩国	34.0	32.0	33.0	38.6	34.7	36.9
中国台湾地区		32.2	29.4	28.0	30.1	34.5
阿根廷					51.8	
巴西		53.0	57.6	57.8	59.6	61.2
马来西亚			50.0	48.0	49.9	49.9
菲律宾	46.1	49.7	49.4	46.1	47.9	49.4

| | 土地分配基尼系数 | | | |
经济体	20 世纪 60 年代	20 世纪 70 年代	20 世纪 80 年代	20 世纪 90 年代
韩国	34.0	37.0	35.0	34.0
中国台湾地区	39.0			
阿根廷	85.6			81.4
巴西	84.0	84.0	85.0	85.0
马来西亚	64.0			
菲律宾	56.0	51.0	51.0	55.0

资料来源:佩恩世界表 8.0。

配非常不均,阿根廷和巴西的土地分配基尼系数长期在 80% 以上。第 17 章的分析将表明,更平等的收入和财富分配可以促进经济增长,表 15.1 的数据为这个论断提供了一个证据。

接下来,图 15.7 表明,政治稳定可能是经济发展的前提条件之一。图中纵轴是动乱指数,数值越大说明社会越动荡。可以看到,成功经济体在进入中等收入阶段第 9 至第 25 年有一些动荡,但剧烈程度较低;而失败经济体始终处在动荡之中,剧烈程度也远甚于成功经济体。稳定的政治环境给予企业稳定的预期,便于它们做出长远规划;不稳定的政治环境除了打击企业的预期,还可能意味着政治力量对经济事务的强力干涉,成为经济发展的障碍。政治动乱往往是经济利益诉求的一种极端表现,处于弱势经济地位的群体无法通过正常渠道增进他们的利益,就会诉诸街头抗议甚至暴力。在这种情况下,处于强势经济地位的群体——他们往往掌握经济资源——就可能选择减少生产或把资产转移到国(地区)外,从而降低本国(地区)的经济增长速度。从这个意义上讲,动乱对经济发展的影响最终还是来自经济和政治的不平等。

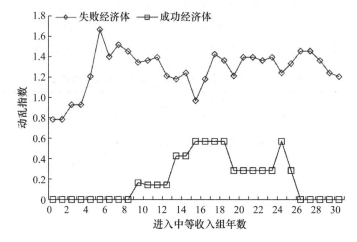

图 15.7 动乱

资料来源:政体(Polity IV)数据库。

除政治稳定之外,完善的法治以及清廉和高效的官僚系统也有利于经济发展。但是,政治制度可能并不是决定经济增长的原因。图 15.8 对比了成功经济体和失败经济体的民主化程度。图中纵轴是民主指数,取值在−10 和 10 之间,数值越大意味着一个政体更民主。一个有意思的发现是,在跨过中等收入门槛之后的 22 年里,成功经济体并不比失败经济体更加民主,而且和失败经济体一样,它们的民主指数也是负数,说明它们不是民主体制。但是,从第 23 年开始,成功经济体的民主指数急剧上升,直到达到 6 之后,上升速度才降下来;失败经济体的民主指数也变成了正数,但数值一直很低。因为成功经济体在第 23 年前已经完成工业化,因而民主化不可能是它们成功的原因;相反,民主化更可能是工业化带来的后果之一。[①]

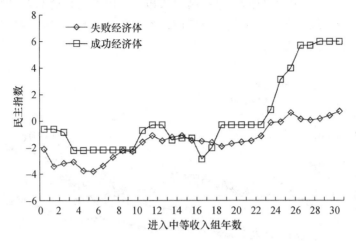

图 15.8 民主化

资料来源:Polity IV 数据库。

15.4 "不幸家庭"的不幸之处

15.3 节为读者呈现了"幸福家庭"的共同特征,本节讨论"不幸家庭"各自的"不幸"。前面讲过,要想成为"幸福家庭",就必须做对几乎所有的事情,而只要做错一件事情,一个国家就可能成为"不幸家庭"。因此,要给出"不幸家庭"的所有"不幸"是不可能的,也是没有必要的。本节将以巴西、委内瑞拉和菲律宾为例,说明早熟的去工业化、"资源的诅咒"以及扭曲的政治结构是如何导致经济长期停滞或低增长的。尽管存在其他原因,但这几个原因是导致一个国家(地区)长期无增长的最重要因素。

在分析三国失败的原因之前,我们先看一下图 15.9 显示的三国 1950—2019 年的经济增长情况。在这 70 年间,巴西的人均 GDP 年均增长 3.1%,高于美国的增长速度,但不足以实现中等收入的跨越。[②] 巴西低速增长的主要原因是 20 世纪 80 年代的停滞以及 1997 年亚洲金融危机和 2008 年国际金融危机导致的两次衰退。委内瑞拉的经济表现最差,主要是因为 1980—2004 年的长期负增长和 2013 年之后的急剧下滑。菲律宾的经济增长基本上是线性的(亚洲金融危机之后一段时间除外),但速度很低,1950—2019 年人均 GDP 年均增速只有 2.4%(1960—2010 年略低于美国同期的速度)。得益于中国的兴起,三国在 2004—2012 年都有显著的增长,但自 2012 年起,随

---

① 关于民主与经济发展的关系,第 19 章还将做较为深入的讨论。

② 1950 年,巴西人均 GDP 是美国的 13%,到 2019 年要超过美国的 45%,期间需要超过美国增长速度 1.8 个百分点。同期美国人均 GDP 的年均增长速度为 1.8%,因此巴西的增长速度必须超过 3.6%。

着中国经济增长减速,巴西和委内瑞拉陷入衰退,菲律宾的情况要好得多,没有因为中国的减速而陷入衰退,原因可能是,巴西高度依赖对中国的大宗商品(特别是石油和铁矿石)出口,而委内瑞拉受美国制裁以及国内政治动荡的影响,菲律宾则是对中国的出口主要是制造业中间产品。

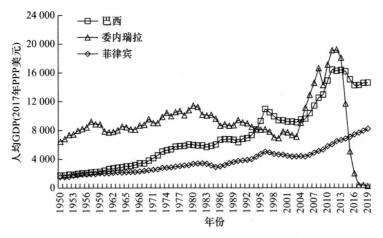

图 15.9　巴西、委内瑞拉和菲律宾的经济增长(1950—2019)
资料来源:佩恩世界表 10.0。

15.4.1　巴西:早熟的去工业化

　　1980 年之前,和多数拉丁美洲国家一样,巴西采取进口替代政策发展其工业,奠定了一定的工业基础。从图 15.10 中可以看到,巴西的工业化早在 20 世纪 60 年代初期就已经达到较高的高度,工业增加值占 GDP 的比重一度达到 40%。经过短暂的下降之后,工业增加值占比开始稳步上升,到 1984 年达到 45.7% 的高峰。这一时期的工业就业占比也较高,达到 25% 左右。然而,80 年代后半期,巴西的工业增加值占比急剧下降,到 90 年代末期降至 25%;经过一段时间的稳定之后,2010 年之后再次下降,到 2020 年已经降至 17%。工业就业占比从 80 年代初期就开始下降,21 世纪头 10 年略有回升,但 2010 年之后再次下降。但总体而言,工业增加值占比下降的速度快于工业就业占比下降的速度,这意味着工业劳动生产率自 1980 年以来总体上是下降的。特别是 2010 年之后,工业增加值占比小于工业就业占比,说明工业劳动生产率已经低于全国平均水平。这在发展中国家是比较少见的现象。对比图 15.9 和图 15.10,一个容易得到的结论是,巴西在 20 世纪 80 年代和 90 年代的停滞主要与去工业化有关;自此,巴西全面转向一个资源出口国,经济增长高度依赖世界资源价格,因而经济产生急剧的波动。

图 15.10　巴西工业增加值占 GDP 比重和工业就业占全部就业比重
资料来源：世界银行 WDI 数据库。

去工业化是每个正常工业化的国家都要发生的事情，但是巴西的去工业化是早熟的去工业化。Rodrik(2016)发现，早熟的去工业化主要发生在拉丁美洲国家，巴西属于其中的典型。从图 15.5 来看，成功经济体的工业增加值占比在跨过中等收入门槛后第 13 年停止上升，但随后可以在高位上维持 10 年左右，到第 24 年才开始实质性地去工业化，此时，它们的人均 GDP 按 2005 年可比价格计算已经超过 14 000 美元，巴西达到这个收入水平则要等到 21 世纪第一个 10 年末期，而这个时间距巴西开始去工业化已经过去 25 年。

为什么早熟的去工业化会降低一个国家的经济增长速度呢？首先，工业化把劳动力从生产率较低的农业中解放出来，其本身就提高一个国家的收入水平，早熟的去工业化自然就降低经济增长速度。其次，工业比农业和服务业创造更多的储蓄，早熟的去工业化过早地终止这个进程，因此迟滞一个国家资本积累的过程。最后，去工业化开始之后，服务业开始吸收大量的劳动力。但是，服务业有不同的种类，有些附加值高，而另一些附加值低，一个国家能否在去工业化之后保持较高的增长速度，要看它能否在高附加值服务业上有较大的发展。然而，高附加值服务业——如金融、保险、房地产、咨询、设计等——必须有实体经济的支撑，而早熟的去工业化抑制了实体经济的发展，从而迫使劳动力只能进入低附加值服务业。跨国研究表明，工业化的深入程度对一个国家的服务业劳动生产率具有较大的影响(Su and Yao，2017)。

那么，为什么巴西在 20 世纪 80 年代发生急剧的去工业化呢？可以肯定的是，这个变化与"资源的诅咒"无关，因为 80 年代中期的石油价格比较平稳，不可能让一个大国的经济结构发生如此剧烈的改变。真正的原因在于，巴西的工业化过分依赖国际资金的支持，当拉丁美洲主权债务危机发生之后，资金断流，工业化进程被打断。1973 年第一次石油危机之后，石油价格大涨，导致石油美元泛滥，全球流动性过剩。在低利率的诱惑下，巴西和其他拉丁美洲国家大量举债，以支持国内的工业化进程。1979 年保罗·沃克尔(Paul Volcker)就任美联储主席之后,实施紧缩政策,大幅提高利率,这不仅加重了拉丁美洲国家的债务负担,而且致使资金大量回流美国,拉丁美洲国家的经济一泻千里。接下来的问题是,为什么巴西在危机结束之后未能继续工业化进程?不加甄别地实施所谓的"华盛顿共识"可能是一个原因[1];另外一个原因是,进入90年代之后,新一轮全球化开始,国际分工日益明确。中国和印度加入全球化进程,替代了拉丁美洲国家在80年代以前的位置,像巴西这样的资源大国自然转向资源出口,从而形成较为典型的"荷兰病"。

15.4.2　委内瑞拉:笼罩在"资源的诅咒"下的国家

与巴西不同,委内瑞拉是一个长期以石油输出为主的国家。20世纪之前,委内瑞拉与其他拉丁美洲国家没有什么不同;但是,进入20世纪之后,随着汽车在欧美国家的普及,石油成为委内瑞拉的重要经济支柱。第二次世界大战之前,委内瑞拉已经成为世界第二大石油输出国;第二次世界大战之后,得益于美国旺盛的需求,委内瑞拉成为世界第一大石油输出国。1973年石油危机之后,石油价格大涨,委内瑞拉的财富急剧增加。尽管石油部门只雇用2%的劳动力,但提供了该国90%以上的外汇收入。1962—2005年,委内瑞拉的石油出口占GDP的比重基本上在20%—30%的区间波动,平均为23%。[2] 为了提高石油收入,从20世纪30年代初开始,委内瑞拉政府就把汇率确定为3.35玻利瓦尔兑1美元,直到60年代初期。这在当时是明显的高估。之后,因为财政危机,政府将货币贬值到4.3玻利瓦尔兑1美元,并一直维持了20年。

1980年之前,一切都很美好。正如图15.9所示,委内瑞拉人均GDP保持一定增长,但比GDP增长更快的是工资的增长。1950—1980年,委内瑞拉人均GDP增长了78%,但工资增长了近两倍(Briceño-León,2005)。在好日子的眷顾下,委内瑞拉的民主制度非常稳定,成为拉丁美洲国家中的"另类"。委内瑞拉在这一时期的民主,基本上是靠石油维持的。

然而,接踵而至的主权债务危机改变了一切。长期对石油的依赖让委内瑞拉失去了国内工业,大部分消费品依赖进口。第一次石油危机之后,尽管石油美元收入大增,但是委内瑞拉仍然大举对外举债。然而,不像其他拉丁美洲国家把资金用于工业建设,委内瑞拉把大部分外债都用于消费。该国的进口量从1973年的260万美元飙升到1981年的1230万美元(委内瑞拉当时的人口约1300万)。这样的消费模式在主权债务危机之后再也无法为继。第二次石油危机(1978年开始)之后,委内瑞拉国内开始

---

[1]　"华盛顿共识"是时任世界银行官员的约翰·威廉姆斯(John Williams)于1989年提出来的,旨在总结华盛顿的三大机构——美国政府、世界银行和国际货币基金组织——对主权债务危机之后拉丁美洲经济结构调整(structural adjustment)的一致意见,内容包括三大类(加强财政和货币纪律、经济自由化以及保护产权)共十点建议。参见Williams(2004)。

[2]　根据联合国COMTRADE数据库和世界银行WDI数据库计算得到。

持续的通货膨胀,经济萎缩,工资大幅缩水,政府不得不取消固定汇率,政治也进入动荡期,1989 年 2 月爆发群众暴动,1992 年连续发生两次流产的军事政变。1998 年乌戈·拉斐尔·查韦斯·弗里亚斯(Hugo Rafeal Chávez Frías)在选举中获胜①,赶上了石油价格大涨,但他所做的基本上还是和 1980 年以前相同的事情,即用石油美元购买民众的支持。查韦斯于 2013 年去世之后,他的继任者尼古拉斯·马杜罗·莫罗斯(Nicolás Maduro Moros)并没有他那么幸运。随着中国经济增长速度的放缓,石油价格腰斩,委内瑞拉的经济变得比第二次石油危机之后还差,通货膨胀率已经达到天文数字,2013—2017 年委内瑞拉货币玻利瓦尔贬值 99.5%,这直接导致了图 15.9 中该国以美元计价的人均 GDP 的急剧下跌。民众财富被恶性通货膨胀几乎耗尽,政治和社会因此再次进入极不稳定的时期。

委内瑞拉是典型的落入中等收入陷阱的国家。图 15.1 显示,1960 年该国几乎已经成为高收入国家,但 2010 年倒退到中等收入国家的中游水平。委内瑞拉的失败,是"资源的诅咒"教科书式的案例。1980 年以前,巨额的石油财富足以让几乎每个人都获得政府的补贴,其后果是,在经济上没有人愿意投资国内工业,在政治上,民主完全以分配和收买为基础。这样的经济和政治结构只能在"风调雨顺"时得以维持,一旦石油价格下降,它们就会分崩离析。

15.4.3　菲律宾:依附主义政治的样板

和中国相比,菲律宾在 1960—2010 年的经济表现可以用"悲剧"来形容。图 15.1 显示,1960 年菲律宾的人均 GDP 几乎是中国的 5 倍。而 2010 年中国的人均 GDP 是菲律宾的 2.5 倍。② 在此期间,两个国家的财富反转了 12.5 倍! 1960 年菲律宾已经成为一个中等收入国家,而 2010 年它却跌落到中等收入门槛以下。

前面说过,委内瑞拉是"资源的诅咒"教科书式的案例;相比之下,菲律宾就是依附主义政治教科书式的案例。"依附主义"(clientelism,或 patron-client politics)是这样一种政治形态:庇护人(patron)(通常是社会中更有权势的人物)为代理人(client)(通常是庇护人的下级)提供保护和特权,代理人则贯彻庇护人的意图,提供他所需要的结果。依附主义政治广泛存在于几乎所有社会中,并被弗朗西斯·福山(Francis Fukuyama)认为是政治衰败的主要原因(福山,2015)。依附主义政治在菲律宾表现得尤为突出。

1946 年之前,菲律宾曾是西班牙和美国的殖民地。和拉丁美洲一样,西班牙殖民

---

① 查韦斯是 1992 年第一次军事政变的参与者,当时他还是一位默默无闻的上校,因为发表电视讲话,宣告政变失败而广为人知。从 1999 年到 2013 年去世,他是委内瑞拉的总统。

② 根据不同的可比价格体系,中国与菲律宾的收入差距会有所不同。比如,按照图 15.9 显示的 2010 年菲律宾的人均 GDP,中国的人均 GDP 不到菲律宾的 2.5 倍。如果按当前汇率下的美元收入,2020 年中国的人均 GDP 是 10 504 美元,菲律宾的人均 GDP 是 3 300 美元,中国是菲律宾的 3.18 倍。

者在菲律宾建立了种植园经济,从而培育了该国第一批大地主阶层。1898 年美西战争之后,美国获得菲律宾的宗主国地位。在地方自治方针的指导下,美国开始推广地方选举;1935 年菲律宾实现自治,但总统的权力被限制,从而形成地方强、中央弱的政治局面。1946 年菲律宾获得独立之后,这种政治结构一直得以维持。其中一个严重的后果是,地方精英坐大,中央政府的权威有限,有学者因此建议把菲律宾的政治结构称为"小型苏丹结构"(Petty Sultanism)(Sidel,2008)。每个省、每个城市长期被少数几个家庭把持,为争夺权力它们往往不惜诉诸武力;一旦当权,它们就可以垄断地方政治和经济,从中捞取私人好处。在国家层面上,中央政府官员甚至包括总统也是出身豪门[①],但没有获得控制国家所必需的权威(Quimpo,2009)。他们必须依赖地方精英的支持才可能执政,在很多情况下不得不使用金钱收买的手段。反过来,总统也通过庇护-代理关系为自己的人提供好处。国家政治不是建立在制度化政治关系的基础上,而是建立在家族关系和个人效忠的基础上。议会议员不是忠实于他们所属的党派,而是当选的总统;许多议员会临时从一个党跳到当选总统所在的党,以便分享该党提供的好处(Teehankee,2013)。在这种情况下,腐败成为一种制度性痼疾[②],整个政治体系的目标是如何瓜分权力,而不是推动经济增长和社会进步,经济表现差因而不足为奇。

菲律宾的土地改革是一个很好的例子。[③] 美国殖民当局在 1902 年颁布法律,限制种植园的规模,但收效甚微。殖民当局进而在 1933 年颁布《水稻租佃法》,将土地租金限定在 50%。但是,该法的执行权授予了地方当局,而后者基本上被地主阶级控制,因而该法基本上停留在纸面上。真正的土改要等到 1955 年《土地改革法》颁布时。该法明确规定,政府将收购地主手中超过 144 公顷的土地,并售卖给无地农民。马科斯统治时期(1965—1986 年),土改有所进展,但大规模的土改要再次等到 1988 年"综合农业改革计划"(Comprehensive Agrarian Reform Program,CARP)开始实施时。根据该计划,菲律宾将在 10 年内将 1 003 万公顷(相当于菲律宾全部土地的 1/3,后出于技术原因降为 816.9 万公顷)的土地售卖给占全部农户 56% 的无地农民。遵从世界银行的建议,此轮土改采取的是市场化方式。佃农或农场工人必须和地主就土地价格进行一对一的谈判,并支付相当于土地价格 25% 的首付,余款可以在 30 年内还清,年利率为 6%。由此,无地农民被置于一个十分不利的境地,购买土地成为他们的沉重负担;

---

① 自费迪南德·马科斯(Ferdinand Marcos)于 1986 年倒台之后,除两位之外,所有菲律宾总统都有很深厚的家族背景或地方势力。阿基诺夫人(1986—1992 年在任)是菲律宾早期政治家阿基诺的夫人,阿基诺三世(2010—2016 年在任)是他的儿子;阿罗约(2001—2010 年在任)的家族更是显赫,其父亲做过总统(1961—1965 年在任);2016 年上任的杜特尔特虽然出身一般,但他从 1988 年就开始担任棉兰老岛最大城市达沃市的市长,在这个位置上断断续续干了 22 年,2016 年就任总统之后,他的女儿继续做市长,而他的儿子成为副市长,2022 年他卸任总统之后,女儿成为副总统,而总统换成了马科斯的儿子。

② 最近的两任被腐败问题缠身的总统是埃斯特拉达和阿罗约。埃斯特拉达是平民出身的演员,菲律宾第 13 任总统(1998—2001 年在任)。当选之初被民众寄予厚望,但任职 2 年之后就因腐败遭弹劾,被关进监狱。他的继任者阿罗约总统给予他大赦,出狱之后他仍然活跃在政坛,并于 2013 年当选马尼拉市市长。阿罗约并不比埃斯特拉达更清廉,任期中间几乎被弹劾,只因当时菲律宾较好的经济增长以及她个人强大的政治网络才让她幸免(Quimpo,2009)。

③ 本段对菲律宾土地改革的描述参考了 Elvinia(2011)。

土改之后,菲律宾农村的贫困率并没有显著下降也说明了这一点。由于地主阶级及其政治庇护人的干扰,CARP 的进展缓慢,不得不在 1998 年和 2008 年两度延期。[①] 即使不算美国殖民当局的土改努力,菲律宾的土改也持续了 80 年,可以算现代社会改造的一个奇观。究其原因,菲律宾农村由大地主主导的社会结构以及附着其上的依附主义政治难辞其咎。

许成钢(Xu,2011)把中国的体制称为"地方分权主义的威权主义",菲律宾的政治结构则是"地方分权的依附主义"。依附主义的实质是政府被少数利益集团俘获,成为有偏的政府,把更多的资源分配给在政治上最有权势的集团,从而造成资源的浪费(参见 19.6 节对中性政府的讨论)。菲律宾的政治在这个较差的结果上再倒退一步:整个国家被地方精英分割和控制,中央政府即使想做一些对全国有意义的事情也无法做成。为此,有学者把菲律宾政府称为"反发展政府"(Bello et al.,2005)。

15.5 小结

本章给出了中等收入陷阱的定义,并通过 1960—2010 年的国别数据,说明了中等收入陷阱(以及贫困陷阱)是确确实实存在的。接下来,本章分析了成功跨越中等收入陷阱的 11 个经济体的共性,并通过巴西、委内瑞拉和菲律宾的例子分析了失败经济体的失败原因。总体而言,本章的分析是对本书其他章节理论的应用,但也提供了一些新的理论线索,特别是持续和深入的工业化对于保持中等收入国家经济增长的重要性。

中国在 21 世纪初成为中等收入国家,按可比价格计算,2020 年的人均 GDP 达到美国的 27.3%。要保证到 2049 年——中华人民共和国成立 100 周年之际——超过美国的 45%,达到目前欧美发达国家的水平,则 2021—2049 年的年均增长速度必须超过美国 1.7 个百分点。如果美国维持其实际长期增长速度 2.1%,只要中国实际人均GDP 的年均增长速度达到 3.8% 就可以实现成为高收入国家的目标。从现在到 2049年,中国能否实现超过年均 3.8% 的增长速度?专栏 15.1 及其延伸阅读给出了答案。

专栏 15.1
关于中国能否跨越中等收入陷阱的讨论

2010 年之后,中国的经济增长速度大幅下降,经济进入转型时期。在这个时刻,国内外都非常关注中国能否跨越中等收入陷阱。可惜,国内的多数讨论是非专业的。在

---

① 干扰者中包括阿基诺夫人本人。她的家族农场 Hacienda Luisita 在第一批土改范围内,但她通过把农场变成和佃农的合股公司而绕开了收购(参见 Elvinia,2011)。

国外,关于中等收入陷阱的研究存在许多争议(Im and Rosenblatt,2013),多数人认为中国以及亚洲其他国家的高增长是不可持续的。比如,Pritchett and Summers(2014)利用跨国面板数据进行回归发现,所有高增长的国家经过 10 年左右的高增长之后,都会回归世界的平均增长速度,即 3%—4%。但是,即使中国的增长速度回归到这个区间,也足以保证中国在 2049 年达到目前发达国家的收入水平。除收入分配外,中国做到了"幸福家庭"做到的所有事情。中国的收入差距较大可能与中国的体量有关,也与改革开放之后实行的沿海优先发展战略有关,而且自 2010 年之后,中国的收入分配变得更加平均了。另外,中国是一个巨型国家,内部收敛可以维持更长时间的较高增长速度(参见专栏 6.2 的延伸阅读)。因此,我们有理由相信中国能够像第二次世界大战后的成功经济体那样,在半个世纪里实现成为高收入强国的梦想。感兴趣的读者可以阅读《中国 2049:走向世界经济强国》(姚洋等,2020)一书。

【线上延伸阅读】

Middle-Income Traps：A Conceptual and Empirical Survey Asiaphoria Meets Regression to the Mean

The Middle-Income Trap and China's Growth Prospects

【练习题】

1. 从专栏 15.1 的延伸阅读材料中,总结两条反对中等收入陷阱概念的理由,并对它们进行反驳。

2. 阅读 Rodrik(2016),从中总结早熟的去工业化的时间和地区特征。

3. 阅读 Su and Yao(2017),从中总结深入的工业化如何帮助一个国家跨越中等收入陷阱。

4. 在网上寻找关于泰国和马来西亚的资料,用本书介绍的理论说明它们无法较快地跨越中等收入阶段的原因。

5. 阐述制造业对于发展中国家持续发展的一个理由,并用一个国家的例子加以说明。

6. 文献中发现,世界范围内制造业劳动生产率收敛的速度快于其他产业的速度。为什么会出现这样的结果?

7. 南北差距拉大是最近一段时间国内经济学界讨论的一个话题,差距拉大的一个原因可能是南北省份去工业化速度的差异。请查找 2012 年以来河北省与安徽省三大产业增加值和就业数据,对比这两个省第二产业的变化并计算这个变化对这两个省 GDP 增长的贡献。

8. 计算 15.5 节中对中国经济增长的预测。

贫困与饥荒

第 16 章

16.1 引言

2021年,中国完成了脱贫攻坚计划,消灭了绝对贫困,实现了第一个百年奋斗目标,实现了小康这个中华民族的千年梦想。[①] 历史上的贫困和饥荒正在离我们远去。但在世界范围内,虽然大范围的饥荒已经很少见,但慢性饥荒(营养不良)仍然很普遍。即使是在一些发达国家,贫困问题也仍旧存在。那里的贫困可能不是绝对贫困,而是相对贫困,但问题的严重性并不亚于发展中国家的贫困。因此,认识贫困和饥荒的形成机理对于我们理解经济发展很有必要。

本章首先讨论贫困的度量问题,并介绍几个常用的贫困指标,说明不同的贫困指标适用于不同的政策目标。然后讨论贫困在家庭中的分担机制。贫困者的行为可能不合"常理",但是一旦理解了他们所面对的约束条件,我们就会发现,他们的行为和常理无异。在这之后,本章将介绍阿马蒂亚·森关于饥荒的权利假说。通常,人们认为饥荒是缺乏食物的结果,森的理论却认为,多数现代社会的饥荒并不是缺乏食物的结果,而是因为穷人失去了获取食物的权利。最后,本章将简要探讨中国1959—1961年三年严重困难的成因。

学习目标:

理解各种贫困度量指标及其背后的福利经济学原理。

理解家庭内部资源分配的机制。

理解森的权利假说,并能够熟练地用它分析现实中的饥荒和营养不良问题。

16.2 贫困的度量

度量贫困的第一步是定义贫困。尽管贫困有许多表现,但最基本的表现是收入不足,即人均收入低于一定的水平。这个水平就是贫困线,低于贫困线的人口就是贫困人口。本节首先介绍几个确定贫困线的方法,然后讨论与贫困定义相关的两个对比问题,即绝对贫困和相对贫困的对比,以及静态贫困和动态贫困的对比。

[①] "两个一百年"奋斗目标在1997年党的十五大上被首次提出,它们是:到2021年中国共产党成立一百年时全面建成小康社会,到2049年中华人民共和国成立一百年时建成富强民主文明和谐的社会主义现代化国家。

16.2.1　贫困线的确定

目前,国际上通行三种确定贫困线的方法,即营养摄入法、特定支出法和相对收入法。对于发展中国家而言,绝对贫困仍然是反贫困所关注的重点。在这种情况下,以营养为确定贫困线的标准是合适的。成年人每天需要摄入的热量大约为 2 200 大卡,营养学家能够将这些热量转化为相应的食物摄取量,加总到一年,就可以得到一个人一年需要摄取的食物量,再乘上食物价格,就可以得到维持生存的必要支出水平。当然,在现代社会,除满足生存所需的营养摄入之外,人们还要购买其他生活必需品,包括衣着、子女教育、必要的交通工具等。把这些必需品开支与食物支出相加,就可以得到贫困线。世界银行专家马丁·瑞瓦利昂(Martin Ravallion)在这方面做了大量的工作(参见 Ravallion, 2008)。值得注意的是,营养摄入法得到的贫困线在不同地域的差别可能非常大。譬如,北京的食品价格远远高于甘肃农村,而且其他生活必需品的内容和成本也与甘肃农村不同。在北京上下班通常需要乘坐地铁或公共汽车,而在甘肃农村却不需要。在中国,农村地区采用的贫困线是一致的(参见 16.2.3 节),而各个城市采用的贫困线则相差甚大。

特定支出法按照特定支出,特别是食物支出占总支出的比重,即恩格尔系数来确定贫困线。我们知道,恩格尔系数随着收入的增加而下降(中国城乡恩格尔系数的变化情况参见图 3.9),且在家庭之间的差别很大,极端贫困家庭可以达到 80% 以上,因此用它来确定贫困线是可行的。但是,使用这个指标存在一些技术上的困难,需要测量每个家庭的总支出和食物支出,不像收入标准那样简单。

相对收入法是发达国家普遍采用的贫困标准,按照这个方法,属于收入分布最底层的一定比例的人口自动成为贫困人口。因此,这种办法定义的是相对贫困,而不是像前两种定义那样反映的是绝对贫困。森认为,发达国家存在"相对剥夺"现象(森,2002)。他举的一个例子是,美国黑人的收入水平远高于中国和印度一般人的收入水平,但是黑人男性的死亡率高于中国和印度克拉拉邦男性的死亡率,前者的预期寿命也低于后两者,美国男性的整体预期寿命为 75 岁左右,中国男性的预期寿命为 70 岁,而美国黑人男性的预期寿命只有 65 岁左右。但是,问题在于,收入分布永远不可能实现完全均等,人的境遇更不可能完全一致,因此相对剥夺总是存在,消除这个意义上的贫困就变成一个无法完成的任务。从这个意义上讲,发达国家的贫困标准是为收入再分配而设定的,并不是为了消除绝对意义上的贫困。

16.2.2　贫困指标

对于发展中国家而言,比较通行的贫困线是由营养摄入法确定的。世界银行通常将每人每天 1 PPP 美元作为贫困线。中国历次公布的贫困线也基本上与这个通行的贫困线相当。但是,确定贫困线只是度量一个国家(地区)贫困率的第一步,我们还需要一个指标来衡量一个国家(地区)的贫困率。为此,以 p 表示贫困线收入,以 y_i 表示第 i 个人的收入,n 表示人口总数,则 $m = \frac{1}{n}\sum_i y_i$ 为全部人口的平均收入。目前国际上有三个通行的贫困率度量指标。

第一个指标是贫困人口比例(head count ratio,HCR)。这是最简单的方法,也是应用最广的方法。贫困人口(head count,HC)指收入低于贫困线的人口,因此贫困人口比例指贫困人口占总人口的比重,即

$$HCR = HC/n$$

这个指标的优点是简便易行,但也有缺点,其中一个是可能助长扶贫过程中政府的"嫌贫爱富"倾向。若政府希望迅速降低贫困人口比例,则会倾向于给接近贫困线的贫困人口更多的收入转移,这样就能使贫困率迅速下降。这样,最贫困的那群人反倒不会得到任何好处。

第二个指标是贫困差距比例(poverty gap ratio,PGR)。它是贫困人口收入与贫困线收入的差距之和占全国总收入的比重,即衡量要使贫困人口脱贫所需的资源占全国总收入的比例,因此

$$PGR = \frac{\sum_{y_i < p}(p - y_i)}{n \times m}$$

这个指标可以克服 HCR 导致的"嫌贫爱富"问题,因为离贫困线收入越远的贫困人口对 PGR 分子部分的贡献率越大,这样即使政府优先使相对较高收入的贫困人口脱贫,PGR 的分子部分仍旧可能很大。但是,PGR 也有另外一个问题,即它对贫困人口数量不敏感,而且与 HCR 类似,它对贫困人口收入的分布也不敏感。譬如,在相对比较富裕的国家中,有可能 PGR 的分母很大,但有很多贫困人口集中在贫困线以下附近,因此分子较小,这样 PGR 的数值可能较小,但是实际上仍然有很多人处于贫困状态。

第三个指标是收入差距比例(income gap ratio,IGR),它的定义是:

$$IGR = \frac{\sum_{y_i < p}(p - y_i)}{p \times HC}$$

其中,分子部分与 PGR 一样,但分母为贫困线收入乘以贫困人口数量,因此它衡量的是消除贫困所需的资源占贫困人口的贫困线收入之和的比重。这个指标的关键之处在于加入了 HC,因此对贫困人口数量比较敏感,从而部分克服了 PGR 对贫困人口数量不敏感的问题。但是,这个指标仍旧对贫困人口收入的分布不够敏感。

以下通过一个例子,说明根据上述三个指标,可以得出完全不同的扶贫政策含义。假设一个国家的贫困线为 1 000 元/年·人,处于贫困线以下的人口为 200 人,并分成两组:一组人均收入为 500 元/年·人,另一组为 800 元/年·人,两组人数相等各 100 人。这样:

$$HC = 200 \tag{16.1}$$

$$\sum_{y_i < p} (p - y_i) = 100 \times (1\,000 - 500) + 100 \times (1\,000 - 800) = 70\,000 \tag{16.2}$$

假设政府有 20 000 元扶贫预算,要决定如何分配给 200 个贫困人口。考虑两种分配方法,即平均分配和极端分配,前者指的是给每个贫困人口同等数量的扶贫款,即每人得到 100 元,后者指的是把全部扶贫预算平均分配给第二组的 100 人,每人得到 200 元,而第一组的人得不到一分钱。下面我们按照上述三个指标来比较这两种分配方法所得到的扶贫效果。

(1) HCR。在平均分配方案下,每个贫困人口的收入增加 100 元,即使是第二组的人也没有一个脱贫,HCR 不变。在极端分配方案下,则第二组人的人均收入变为 1 000 元/年,全部脱贫,HC 和 HCR 均下降一半。因此,如果按照 HCR 来衡量贫困水平,那么政府若想要讨好老百姓,则将采用第二种分配方案,先帮助收入离贫困线较近的那一组人。

(2) PGR。在平均分配方案下:

$$\sum_{y_i < p} (p - y_i) = 100 \times 400 + 100 \times 100 = 50\,000 \tag{16.3}$$

小于式(16.2)给出的值,因此贫困程度下降。在极端分配方案下,第二组人全部脱贫,第一组人的情况不变,则:

$$\sum_{y_i < p} (p - y_i) = 100 \times 500 = 50\,000 \tag{16.4}$$

贫困程度下降的幅度和平均分配方案下一样。因此,政府在两种分配方案中无差异。

(3) IGR。在政府分配之前:

$$IGR = \frac{70\,000}{1\,000 \times 200} = \frac{7}{20} \tag{16.5}$$

在平均分配方案下:

$$IGR = \frac{50\,000}{1\,000 \times 200} = \frac{1}{4} \tag{16.6}$$

贫困率下降了。而在极端分配方案下:

$$IGR = \frac{50\,000}{1\,000 \times 100} = \frac{1}{2} \tag{16.7}$$

贫困率反倒提高了。因此,政府会采用平均分配方案。

值得注意的是,所有上述三个指标都不满足“弱转移支付原则”(练习题中要求读者证明)。弱转移支付原则指的是,若贫困人口数量不变,则让较贫困的人向较富有的人转移收入,必定提高贫困率。这是一个符合道德直觉的原则。因此,要想构造一个符合一些先验的道德标准的指标,是比较困难的。森从一些公理出发,构造过一组衡量收入分配和贫困的指标,通常被称为“森贫困指数系列”(Sen poverty indices)。但是,这些公理未必得到所有人的认可。

16.2.3 中国的减贫成绩

自改革开放以来,中国在减贫方面取得了巨大的成就。图 16.1 显示了中国 1978—2015 年农村贫困线(现价)和贫困人口的变化趋势。当国家在 1978 年首次确定贫困标准时,贫困线定得很低,仅为每人每年 100 元,没有达到每人每天 1 美元的国际标准。之后逐年提高,2010 年提高到 1 274 元,2011 年更是一次性提高到 2 300 元,超过了每人每天 1 美元的国际标准。[①] 与此同时,农村贫困率从早期的 30% 下降到 2010 年的 3% 以下。由于贫困线大幅提高,2011 年的贫困人口再次增至 1.2 亿人以上,但很快就下降到 2015 年 5 000 多万人。值得注意的是,中国农村减贫最快的时期是 1978—1984 年,贫困人口从 2.5 亿人下降到 1.5 亿人以下。这段时间是农村改革的高峰时期,人民公社制度瓦解,家庭生产得到确认,国家的粮食收购价格大幅提高。显然,制度变革是这一时期农村贫困率迅速下降的主要原因。为了便于减贫工作的组织,中国政府于 1986 年开始确定国家级贫困县,后来对国家级贫困县的标准、数量均有调整,对它们进行重点扶贫。其中,政府于 1994 年公布实施《国家八七扶贫攻坚计划》,要求在 20 世纪最后 7 年内基本解决农村万贫困人口的温饱问题,国家对扶贫的投入力度大大加强。在这一背景下,农村贫困率在 20 世纪 90 年代下降得也比较快。进入 21 世纪之后,农村贫困率下降的速度明显降低。其中一个原因是 21 世纪早期农村收入增长缓慢,另外一个原因是剩下的贫困人口多居住在偏远闭塞的山区,脱贫的难度非常大。更为重要的是,农村贫困中因病致贫的比重增大。自农村改革之后,中

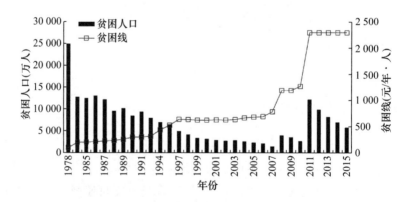

图 16.1　中国农村的减贫进程(1978—2015)

资料来源:国家统计局。

注:2008—2010 年的贫困人口包括原农村低收入人口,数据与其他年份的不可比。

---

① 按照国际货币基金组织公布的购买力平价(PPP)计算,2011 年人民币兑国际元的汇率为 4.17 元/国际元,而美元兑国际元的汇率是 1.03 国际元/美元,因此人民币兑美元的 PPP 汇率是 4.31 元/美元,中国 2011 年的贫困线相当于每人每天 1.46 PPP 美元。

国农村地区长期缺乏医疗卫生投资,在2003年农村新型合作医疗启动之前,只有10%左右的农村人口享受医疗保障。在这种情况下,疾病成为农村贫困的一个重要原因(参见专栏16.1)。2000年之后,农村贫困人口被纳入国家低保救助范畴,并在2004年之后加速推进(见图16.2)。

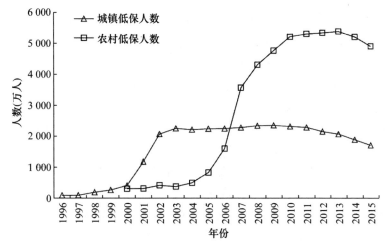

图16.2 城乡低保覆盖人口(1996—2015)

资料来源:民政部。

与农村脱贫攻坚相对应,中国政府自1997年开始实施城市低保项目,对城市低收入家庭给予生活补贴。90年代是中国城市经济发生根本性变化的时期,80%的国有企业要么倒闭,要么被改制为私人企业,1995—2005年近5000万名国企职工下岗或失业,与之相伴的是城市贫困人口剧增。城市低保项目大大缓解了由此带来的一系列经济和社会问题,其标准的制定原则和农村贫困线的确定原则是一致的,即满足贫困人口的基本食物需求和日常必需品的支出。图16.2显示,1997—2003年是城镇低保人口增长最快的时期,之后略有上升,2010年达到2500万人,之后开始下降。这样中国在城乡都建立了低保体系,只是低保标准尚未统一。

2015年10月,中共十八届五中全会审议通过《中共中央关于制定国民经济和社会发展第十三个五年规划的建议》,提出五年脱贫攻坚战略,计划通过精准扶贫,到2020年年底前解决贫困地区和贫困人口问题。2021年,中国政府宣布,中国顺利完成脱贫攻坚,实现了第一个百年奋斗目标。

专栏16.1
疾病与动态贫困

通常的贫困定义是一种静态定义,即以一户人家当前的收入水平定义它的贫困程度。但是,有一些贫困是"节衣缩食"的贫困。让我们看下面一个假想的例子。一对夫妇有两个儿子,夫妻俩本来都可以参加劳动,因此生活还算小康。但是,天有不测风云,父亲在一次车祸中失去了右腿,从此失去了劳动能力。此时两个儿子都刚刚初中毕业,夫妻俩要决定是否让儿子们接着读高中。如果儿子们立即工作,那么这个家庭仍然可以保持小康生活水平。但是,夫妻俩认为儿子们都很聪明,决意让他们接着读高中,将来上大学。于是,这个家庭只能靠母亲一个人的收入生活,从而成为贫困户。但是两个孩子一旦大学毕业,整个家庭就可以很容易脱贫,它的贫困是暂时的,是夫妻俩自我选择的结果。相反,有一些人家看上去没有达到贫困标准,但正在失去收入能力,因此可能发生贫困。还以刚才那户人家为例。如果夫妻俩决定让两个儿子中断学业,则当前收入会提高,但以后保不准会陷入贫困(比如,其中一个儿子生了一场大病)。因此,研究贫困不仅要看当前的贫困,而且要看动态贫困。这对减贫政策的有效性具有很大的意义。减贫的目标是让贫困人口永久地脱离贫困,因此减贫政策应该以消除未来贫困为基准,也就是"授之以渔"。

在中国农村,致贫的一个很重要的原因是生大病。大病会带来两个问题:一是减少当前的收入,二是农民需要对家庭消费、资金使用、资产以及子女教育等进行较大的调整。看病需要现金,而农民恰恰缺少现金收入,因此只好去借贷,由此背上一个包袱。其中一个后果是资产积累的速度下降,从而导致长期收入下降。如果没有生大病,则农民可能本来计划买一台拖拉机或者小型运输车,但现在一旦有钱就要去还债。另外,农民也可能不得不让孩子辍学,从而降低这个家庭的长期收入。孙昂和姚洋的一项研究(Sun and Yao, 2010)表明,如果一个农户的一个主要劳动力生大病,这个农户的孩子由小学升入初中的概率就要降低9个百分点。另有研究表明,大病头年就可以使农户的收入下降9.3%,第8年下降到最低点,这一年比正常收入低30%。以后逐步上升,但是直到大病之后第15年农户的收入仍然低于正常收入10%。以第8年到第15年的收入增长速度推算,农户需要等到第18年才能恢复到正常的收入轨道上去。这个结论表明,疾病是中国农户陷入长期动态贫困的一个重要原因。中国从2003年开始实施的农村新型合作医疗制度是完全必要的,它降低了农民陷入贫困的可能性。

资料来源:Sun and Yao (2010)。

16.3 贫困在家庭内部的分担

16.3.1 "救生筏伦理"

在极端贫困的条件下,家庭的行为可能有别于我们日常所观察到的行为,但是这些行为仍然可以从新古典经济学的角度加以理解。事实上,我们习以为常的一些习惯,可能也是我们的祖先在早期非常贫困的条件下形成的。比如,祖孙三代围着一张桌子吃饭是中国的一个传统,这在今天的多数中国农村仍是一个比较普遍的现象。这个传统在形成之初就可能与家庭内部的食物分配有关。由于食物有限,一家的长辈——通常是祖父——会把食物首先分配给孙辈中的男性,其次是父辈中的男性,最后才是家庭中的女性。围着一张桌子吃饭既可以体现家庭团圆,又可以便于长辈监督食物的分配。微观发展经济学的一个分支是研究家庭内部的分配问题,这个领域的研究让我们对家庭有了更深入的了解。

具体到贫困问题上,贫困家庭的内部分配可以用"救生筏伦理"来概括。倘若一只救生筏只能容纳两个人,再上来第三个人小船就会沉没,三位逃生者因此必须面对一个道德难题:要么牺牲一个人,挽救其他两个人的性命;要么三个人一同沉入海底。这个道德难题是没有一个令所有人满意的答案的。但是,人类在其进化过程中要面对无数这样的道德难题,人类解决它们的办法是实用主义,即不寻求一个统一的原则,而是找到一个迎合当下最迫切需要的解决方案。对于一个贫困家庭而言,当下最迫切的需要是一家人活下去,因此保障主要劳动力的劳动能力就是第一位的任务。这样做可能意味着其他人要做出牺牲,但这种牺牲是值得的。

16.3.2 营养—效率假说和市场价值假说

由救生筏伦理可以推导出营养—效率假说。在较为富有时,人们往往在消费食物方面毫无顾忌,甚至吃得过多造成对身体的损害。在较为贫困时,人们就需要考虑营养向体力的转化。在营养较低时,一个人增加食物摄入量可以快速提高体力;当营养达到一定程度时,更多的食物摄入的边际效用就会下降。因此,我们说,营养和效率之间存在一个S形的关系。根据这个关系,我们可以理解贫困家庭的救生筏伦理。

在图16.3中,横轴为营养摄入量,我们也可以简单地把它等同于一个人在家庭中分得的收入份额;纵轴为一个人的劳动效率(产出)。图中的S形曲线表示的是营养摄入量和劳动效率之间的转化关系。通过不断调整,我们必然能找到曲线上的一个点B,连接B点和原点所得到的一条射线与曲线交于另外一个点A,两点之间满足以下关系:A点的横轴坐标值和纵轴坐标值都恰好分别为B点坐标值的一半。假设家庭中有两个人,B点所对应的情形是,全部家庭收入y^*都给了其中一个人,家庭产出为F^*;A点所对应的情形是,家庭收入在两个人之间平均分配,每个人得到$y^*/2$,此时每个人的劳动效率也正好是$F^*/2$,即家庭产出仍然是F^*。因此,收入y^*所对应的平均分配和极端分配在劳动效率上没有差异。如果家庭收入小于y^*,则极端分配的劳动效率更高。

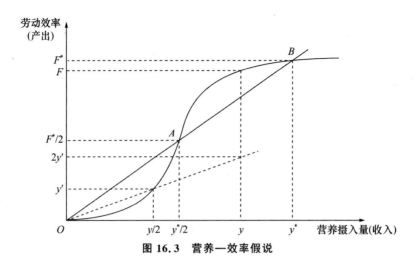

图 16.3　营养—效率假说

为了证明这个结论,我们任找一个小于 y^* 的收入,譬如图 16.3 中的 y。由图可知,极端分配下产出是 F;而平均分配下每个人所获得的收入为 $y/2$,相对应的产出分别为 y',因此两人的产出之和只有 $2y'$,明显小于 F。之所以产生这种情况,是因为 A 点为营养—效率转化速度上升最快的时候,如果全部家庭收入小于 B 点对应的收入,则平均分配下两人所获得的营养都要比 A 点对应的收入少,营养转化效率较低。

可以证明,当全部家庭收入大于 B 点所对应的收入 y^* 时,则家庭会偏好平均分配,在习题中将请读者对此给出证明。

由营养—效率假说可以衍生出市场价值假说:一个家庭成员在市场上挣得的收入越高,则其在家庭内部资源分配中所得到的资源越多。对这一假说的一个早期验证来自 Rosenzwig and Shultz(1982)对印度的研究。在这个研究中,他们发现,样本地区女孩的受教育程度受到成年女性找到工作概率的影响,成年女性找到工作的概率越低,则女孩的受教育程度也越低,且营养状况越差。成年女性找到工作的概率是她们的市场价值的体现,若她们的市场价值很低,则女孩得到的家庭关怀就较少。

但是,市场价值假说可能会低估女性对家庭的贡献。我们都知道,在传统社会里,女性在家庭内部扮演的角色主要是照顾丈夫、孩子和老人的生活起居,她们对家庭的贡献主要体现在家务劳动上,而市场价值假说恰恰忽视了女性在家庭内部的这些贡献。高梦滔和姚洋对中国农村的一项研究表明,家庭对医疗资源的分配在一定程度上照顾到了女性的非市场价值(Gao and Yao,2006)。我们发现,在 21—40 岁这个年龄段,女性看病的概率比男性高,即家庭分配给这个年龄段女性的医疗资源多于分配给同年龄段男性的医疗资源。但是,这个年龄段的男性的收入能力一般都高于女性,因此我们的发现和市场价值假说相左。我们同时也发现,到了老年阶段,男女之间的差别就消失了,有些年龄段男性看病的概率甚至更高。如果考虑女性在家庭内部的非市场价值,则我们的发现可以从一个家庭的动态角度来加以解释。在壮年时期,男性的市场价值更高,因此需要不断地在外工作赚钱,看病的机会成本太高;而女性在这个时期需要担负养育后代的责任,因此得到更多的照顾。到了老年时期,男性看病的机会成本下降,女性对男性也要有一定的回报:丈夫在年轻时受了不少苦,年老时理应得到更多的照顾。

16.4　饥荒

一般的观点认为,饥荒是因粮食产量急剧下降而造成的,如《白鹿原》里所描写的1929年关中大饥荒,就是因大旱而造成的。通常情况下,我们很难想象在粮食够吃的情况下还会发生饥荒。但是,现实情况是,许多饥荒是在粮食较为充足的前提下发生的。就全球范围来看,全世界肯定不缺粮食。如果一些粮食生产大国(如美国、阿根廷等)开足马力进行生产,非洲就不会出现粮食短缺问题。

森在1982年提出了关于饥荒的权利假说,认为饥荒是穷人丧失了对食物的权利所致(参见森,2001)。这里的权利(entitlement,或称禀赋)是指穷人可以用来换取食物的所有物,如粮食储备、劳动能力、银行存款、房产和土地等。这些禀赋中的一些(如粮食)可以直接变成食物,另一些(如存款)则可以通过市场直接换取食物,还有一些需要先变现(如房产和土地)或出租给他人(如劳动能力)才能换取食物。森认为,饥荒可以由两种情况产生,即直接权利的失败和交换权利的失败。

直接权利的失败是指禀赋数量的下降或权利数量的下降。正如专栏16.1所显示的那样,家庭的主要劳动力生了一场大病,丧失了劳动能力,这个家庭换取食物的权利数量就下降了。但是森指出,直接权利的失败还不是饥荒的最重要原因,饥荒最重要的原因是交换权利的失败。

交换权利的失败是指权利在交换过程中的贬值,比如工资的突然下降导致劳动力的贬值。森以1942—1945年发生在他的家乡西孟加拉邦的大饥荒为例,说明它的产生是劳动力工资的急剧下降导致的。这场饥荒导致三百多万人丧生。当时,日本军队在南亚战场上由东向西快速推进,大批难民涌入西孟加拉邦,从而大大压低了当地的工资水平。森用数据证明,在饥荒初期,即使把难民计算在内,西孟加拉邦的人均粮食拥有量也没有低至发生饥荒的水平。但是,工资的急剧下降致使城市工人和农村无地农民丧失了大部分交换权利,从而发生饥荒。森发现,此次饥荒主要发生在城市;在农村地区,因为大部分人拥有土地,所以饥荒不是很普遍。

除了劳动力贬值,交换权利的失败也可以发生在其他生产要素上。比如,1929年关中大饥荒是大旱引起的,但是饥荒的加深可能部分和土地价格的下降有关。例如,白嘉轩的儿子白孝文在饥荒中把自己名下的土地和房产卖给鹿家,价格比平时低得多,即使卖了地,他的老婆还是饿死了。事实上,在饥荒年间变卖土地无疑是饮鸩止渴。穷人卖地不一定能救亲人的命,而且等到风调雨顺想买回自己的土地时,往往会发现价格连翻了几番,赎回土地成为不可能之事。

我们可以用图 16.4 来更加详细地解释森的权利假说。图中横轴代表非食物的权利(禀赋),纵轴代表食物,A 代表维持生命的最低食物需求。假设一个农户的初始禀赋点位于 X,即拥有的食物量为 F,权利量为 E。此时 F 小于 A,农户如果不用权利交换食物就会挨饿,将一部分权利转化为食物就不会挨饿。比如,我们可以将权利想象成劳动力,E 就是劳动力禀赋量。这个家庭能够获得多少食物就取决于工资有多高。如图所示,假设工资率为 w_0,通过做过 X 点的与工资线平行的直线,可以看出,只要把闲暇时间减少到 E_1 以下,这个家庭就可以换取足够多的食物。通过出卖劳动力,这个家庭的权利量可以到达 X' 点,虽然闲暇时间损失很多,但是食物量高于生存所需。

那么,如果一个家庭的初始禀赋中没有食物,则在 w_0 这个工资率下,它至少要投入多少劳动时间才能够换取不至于挨饿的食物量呢?在图中,AE_0 线段上的 E_0 点就是对劳动时间的最低要求。AOE_0 所构成的区域就是相对于工资率 w_0 的饥饿集,这是因为如果一个家庭的初始禀赋属于这个集合,则无论它怎样努力将权利换成食物,还是要挨饿。显然,在最低食物需求确定的前提下,饥饿集的大小由权利与食物的相对价格决定,这个价格越大,饥饿集就越小。

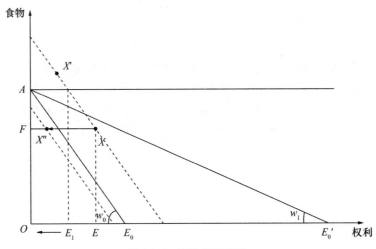

图 16.4　森的权利假说

直接权利的失败意味着家庭禀赋数量的下降。比如,农户的主要劳动力因生病而失去了劳动能力,它的禀赋点从 X 变到 X'',进入饥饿集,就要挨饿。交换权利的失败则意味着权利相对于食物价格的下降。比如,工资率从 w_0 下降到 w_1,此时饥饿集由 AOE_0 变大为 AOE_0',把初始禀赋 X 也包括进去。

森强调交换权利的失败,旨在批评市场在饥荒中扮演的角色。我们已经指出,地球上的潜在粮食产量足以避免世界上任何一个角落里发生饥荒或粮食短缺。但是,一些粮食生产大国(如美国)有意控制产量(美国政府要求农户每年必须休耕 12% 的土地),以维持较高的粮食价格,致使一些发展中国家(特别是非洲和南亚国家)的穷人无法买得起足够的粮食,从而导致饥荒和营养不良。

16.5 "大跃进"和三年严重困难

1958年到1960年,我们习惯称为"大跃进"年代。在这三年里,由于对社会主义建设经验不足,对经济发展规律和中国经济基本情况认识不足,中央和地方不少领导同志没有经过认真的调查研究和试点,以短期内实现国家工业化为目标,在经济工作中急躁冒进,加上当时自然灾害和苏联政府背信弃义地撕毁合同,我国国民经济在1959—1961年发生严重困难,国家和人民遭到重大损失。三年严重困难的原因是什么?

我们知道,生活困难主要发生在农村地区,而当时与"大跃进"相伴随的是农村地区的快速公社化,分散的农户几乎在一夜之间被集中到人民公社进行生产。林毅夫是国内学者中首次讨论三年严重困难原因的经济学家。在他1990年发表的论文中,林毅夫认为,这是农民被剥夺了退出公社的权利造成的(Lin,1990)。由于没有退社权,公社内部就会发生严重的"搭便车"现象,从而导致粮食产量的下降。这篇文章发表之后引起了经济学界的广泛关注。林毅夫的退出权理论受到董晓媛及其合作者的挑战,她们的理论模型表明,丧失退出权并不必然导致"搭便车"问题(Dong and Dow,1993)。① 另外,生活困难是否是粮食产量下降造成的,也是一个值得探讨的问题。

图16.5显示了中国1952—1965年农业成灾面积和人均产量。1960年和1961年两年的成灾面积的确比较大,可能对生活困难起到了加剧作用。但是,就人均产量而言,1958年和这一历史时期的最高产年份(1956年)没有多大差别,且1959年的人均产量比1962年和1963年的还高,而1961年后严重困难时期已经结束。这说明生活困难至少在开始时不是粮食太少造成的。那么,是什么原因导致了生活困难的启动呢?

首先,国家粮食征购任务过重导致农民的存粮不足以及国家赈灾不力是导致生活困难的最重要原因。"大跃进"时期盛行"浮夸风",各种产量被大大夸大。中央政府虽也意识到各地上报产量中的浮夸成分,但是依然估计不足,最后确定的粮食征购基数仍然远高于实际产量(薄一波,2008)。

其次,人民公社的"公共食堂"加剧了农村的生活困难。在人民公社化运动中,全国上下一度沉浸在"明天就实现共产主义"的狂热之中,公共食堂应运而生。文贯中和刘愿(2010)认为,公社食堂是发生生活严重困难的最重要的原因。中国历史时期的人均粮食拥有量基本上只能维持温饱,一个家庭必须精打细算分配各个季节的粮食消费

---

① 对于一个团队来说,在没有退出权的情况下,可能出现两个均衡:一个是大家都"搭便车",另一个是大家都努力劳动。究竟哪个均衡出现,可能取决于团队成员的信念和"搭便车"后果的严重性。如果"搭便车"的后果是成员的福利趋于负无穷(死亡),这个均衡就可能不会出现。比如,几个在大海里挤在一只救生筏上的人大概都会努力划水,希望在淡水耗尽之前到达陆地,而不是大家什么都不做,因为那样等于等待死亡。

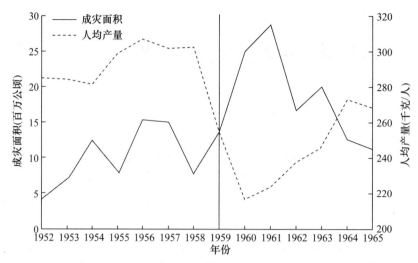

图 16.5　1952—1965 年中国农业的成灾面积和人均产量

资料来源：文贯中和刘愿(2010)。

才不至于挨饿,而公共食堂恰恰破坏了家庭的节约机制。公共食堂多成立于 1958 年"大跃进"的高峰时期,尽管 1958 年的收成很好,但公共食堂在这年冬天就使粮食消耗了很多,因此第二年就遇到了困难。可以对比的是,1962 年和 1963 年的人均产量比 1958 年的还低,但是由于公共食堂被及时取消,家庭消费恢复,家庭的节约机制重新发挥作用,农民得以维持一年的生计。

最后,信息沟通不畅是困难得以延续的重要原因。森曾比较了中国和印度。尽管存在长期慢性的营养不良,但印度自独立之后再没有发生过类似严重困难的情况,主要是因为一旦有生活困难的苗头,报纸和电视等媒体就会反映出来,并及时制止。三年严重困难时期的中国却不同,庐山会议未能及时纠正已经觉察到的问题。直到 1960 年冬天,党中央才开始纠正农村工作中的左倾错误,采取了一系列正确的政策和果断的措施;1962 年 1 月召开的七千人参加的扩大的中央工作会议,初步总结了"大跃进"中的经验教训,开展了批评和自我批评。农村在系列紧急措施下,困难得以缓解和消失。

总之,三年严重困难是综合因素造成的,其背后最深层的原因是"大跃进"所实践的对社会和经济进行巨型规模的工程改造的思想。这种思想不是把社会和经济看作有其自身规律的有机体,而是相信它们可以通过工程式的改造在一夜之间发生改天换地的变化。在《国家的视角:那些试图改善人类状况的项目是如何失败的》一书中,詹姆斯·斯科特(James Scott)对 20 世纪的许多社会工程(如苏联的集体农庄、坦桑尼亚的村庄计划、巴西的巴西利亚建设等)进行了深刻的批判,揭示了它们背后的共同原因,即对社会有机体的忽视和对机械改造思想的推崇(斯科特,2004)。他的批评也适用于中国的"大跃进",我们对此还需要更多的反思。

16.6 小结

本章首先讨论了贫困的度量问题,特别指出了采用不同的贫困标准可能导致不同的政府政策;之后,探讨了贫困在家庭内部的分担问题,介绍了理解贫困家庭决策的营养—效率假说;最后,介绍了森关于饥荒的权利假说,并用这个假说解释了中国1959—1961年的三年严重困难。本章的议题比较沉重,特别是三年严重困难,追忆历史不是要对当时进行评判,而是要总结教训,让我们不再重复历史的错误。

【练习题】

1. 证明16.2节介绍的三个贫困指标都不满足"弱转移支付原则"。

2. 森提出了一个合成的贫困指标:
$$P = \text{HCR} \times \left[\text{IGR} + (1 - \text{IGR}) \times G_P \right]$$
式中,G_p 是贫困人口的基尼系数(具体定义参见下一章)。这个指标分别克服了HCR、PGR和IGR的哪些缺点。

3. 在救生筏模型中,证明当收入大于 y^* 时,平均分配比极端分配好。

4. 梳理市场价值假说的原理和成立条件,说明家庭内部生产和相互关照如何改变这个假说。

5. 如下图所示,一个人满足一个月温饱的必要食物消费量为15千克粮食。假设一个人拥有1单位的劳动力和7千克的粮食,而劳动力一个月的工资相当于7千克的粮食。

(1)画出该工资率下的饥饿集,并说明这个人为什么会挨饿。

(2)要使这个人不挨饿,月工资最低不能低于多少公斤粮食?画出此时的饥饿集。

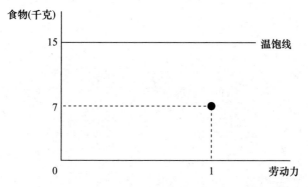

6. 在对中国1959—1961年三年严重困难的解释中,你认为哪些体现了森所说的直接权利的失败,哪些体现了交换权利的失败?

不平等与
经济发展
第 17 章

17.1　引言

20世纪90年代之前,受库兹涅茨曲线的影响,经济学家通常把收入分配不平等的增加看作一定时期内经济增长的副产品。90年代之后,经济学家越来越关注不平等与经济增长之间的关系问题。这里的不平等不仅包括收入不平等,而且包括机会不平等以及社会和政治不平等,后面这些不平等可能比收入不平等更为重要。这个转变主要得益于东亚和其他地区的对比研究。东亚各经济体的财富和收入分配一直比较平均,社会分层也没有其他地区严重,经济的对内和对外开放度比其他地区高,多数经济体都保持了持续的经济增长。相比之下,其他地区的财富和收入分配非常不均,而且社会分层明显,与东亚相反,多数经济体没有实现持续的经济增长。由此提出一个问题:不平等是否阻碍经济增长? 如果答案是肯定的,则不平等阻碍经济增长的途径是什么?

本章首先介绍收入不平等的度量指标,然后介绍中国的收入分配状况并简略分析成因。接下来,本章将讨论以库兹涅茨曲线为代表的传统观点,然后从经济和政治两个方面探讨不平等影响经济增长的可能途径。在经济方面,不平等通过限制需求和人力资本的提高以及放大信贷约束等途径阻碍经济增长;在政治方面,不平等可能导致过度的再分配,也可能强化强势集团对经济的垄断,并可能扭曲政府行为,而这些都将降低一个国家的经济增长前景。最后,本章将讨论不平等与中等收入陷阱之间的关系,完成第15章留下的内容。我们将特别关注不平等对人力资本积累的限制。

学习目标:

理解和掌握不平等的度量指标以及它们的局限性。
把握收入和财富不平等产生的机制。
理解不平等影响经济发展的各种途径。
把握中国收入和财富不平等的现状与形成机制。

17.2　不平等的度量

计划经济的教训告诉我们,完全平等的收入分配不利于激励民众的工作热情,适度的收入差距不仅是无害的,而且有利于一个国家的健康发展。然而,任何事情的发展都有正反两方面的后果。收入差距如果过大,就可能反过来阻碍经济增长。本节讨论不平等的度量问题,后面将辟专节讨论不平等如何阻碍经济增长。我们下面讨论的度量指标以收入为例,但对其他方面的不平等(如财富分配)也适用。

17.2.1　洛伦茨曲线

衡量一个国家(地区)收入不平等最常见的指标是基尼系数。要了解这个系数是如何构造的,我们必须先理解洛伦茨曲线。图 17.1 显示了这条曲线的构造方法及其性质。图中横轴是人口按收入由低到高排列的占全部人口的累积比例,纵轴是收入占全部人口总收入的累积比例。洛伦茨曲线就是表示累积人口比例与累积收入比例之间关系的曲线。如果这条线与 45°线重合,则任何比例的人口的收入比例等于其人口比例,此时收入分配完全均等化。由于横轴上的人口是按收入由低到高排列的,因此只要存在任何的收入分配不均,洛伦茨曲线必然在 45°线以下。在图 17.1 中实线显示的洛伦茨曲线上,最穷的 10% 的人口只拥有 4% 的全部收入,而最穷的 30% 的人口只拥有 14% 的全部收入。显然,洛伦茨曲线离 45°线越远(如图中虚线的位置),收入分配就越不均。

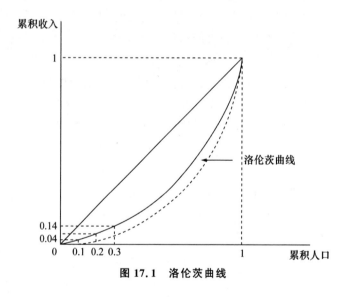

图 17.1　洛伦茨曲线

用洛伦茨曲线来表示收入分配的好处是它满足四个直观的准则,即匿名准则、人口准则、相对收入准则和道尔顿准则。匿名准则指的是,这条曲线的位置只与收入分配有关,而与某个人拥有特定的某个收入无关。人口准则指的是,如果人口增加,而各累积人口的收入比例不改变,则曲线不变。相对收入准则指的是,洛伦茨曲线与一个国家(地区)的绝对收入没有关系,而只与收入分布有关。满足人口准则和相对收入准则使得我们可以进行收入分配的国别比较。在图 17.1 中,不管人口是 1 000 万人还是 1 500 万人,也不管人均收入是 1 000 元还是 10 000 元,只要 10% 的人口占有收入的 4％、30％的人口占有收入的 14％,洛伦茨曲线就不会改变。也就是说,大国与小国之间、穷国与富国之间都可以进行比较。最后,道尔顿准则指的是,如果收入进行累退式转移,即由穷人向富人的转移,则不平等程度上升。显然,这样的收入转移降低穷人收入的占比,提高富人收入的占比,从而洛伦茨曲线会下移(如移至图中虚线的位置),不平等程度上升。

洛伦茨曲线也可以用来表示财富分布,衡量一个国家(地区)人均或家庭财富分配的不平等程度。但是,洛伦茨曲线无法对所有收入(或财富)分布给出完全排序,如果两个国家的洛伦茨曲线交叉,则我们无法判断哪个国家的收入(或财富)分配更不平等。这时,基尼系数就可以弥补不足。

17.2.2 基尼系数

基尼系数是洛伦茨曲线与 45°线之间所围成的新月形的面积占 45°线下方与横轴所围成的三角形的面积的比重(见图 17.2)。由于该三角形的面积是 0.5,基尼系数就等于新月形面积的两倍。很显然,基尼系数的取值范围在 0 到 1 之间,值越大,代表收入分配越不平等。特别地,当洛伦茨曲线是 45°线时,基尼系数为 0;当一个人拥有全部收入,而其他所有的人的收入都是 0 时,基尼系数为 1。与洛伦茨曲线一样,基尼系数也可以用来衡量财富分配的不平等程度。

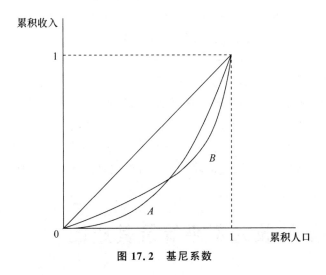

图 17.2　基尼系数

如果有对全国居民收入的随机抽样调查,我们就可以做出全国的洛伦茨曲线,并直接计算出基尼系数。当数据量比较少时,我们可以用式(17.1)近似地计算基尼系数:

$$G = 1 + \frac{1}{N} - \frac{2}{N^2 m}(y_1 + 2y_2 + 3y_3 + \cdots + Ny_N), \quad y_1 \geqslant y_2 \geqslant \cdots \geqslant y_N$$

(17.1)

其中,N 是人口数,y_i 是收入排名第 i 位的个人的收入,m 是人均收入。

基尼系数的优点是具有一定的理论基础,可以反映收入分配的整体情况,而且简单直观。它的缺点是对处于极端位置的收入人群不太敏感。比如,在图 17.2 中,A、B 两条洛伦茨曲线相交,但两者的基尼系数相等。两者的区别是,低收入人群的收入在曲线 A 上的占比比在曲线 B 上要低,反过来,高收入人群的收入在曲线 B 上的占比比在曲线 A 上要低。在这种情况下,一般人都会倾向于认为,收入分配 B 比收入分配 A 好一些。因此,一个国家在公布基尼系数时,一般也会同时公布最富有的 20% 的人口的收入比例和最贫穷的 20% 的人口的收入比例。

一般认为,当一个国家的基尼系数超过 0.4 时,这个国家的收入分配就是比较不平等的;超过 0.5,则是非常不平等的。目前,北欧国家是世界上收入分配最平等的国家,其基尼系数在 0.3 以下;而最不平等的国家主要分布于非洲和拉丁美洲,其基尼系数超过 0.55;亚洲国家处于两者之间,通常在 0.4—0.5。中国的基尼系数自改革开放以来上升很快,已经引起学术界和政策部门的高度重视。

17.2.3 收入不平等、政治不平等和社会不平等

除了收入不平等,经济学家也经常讨论政治不平等和社会不平等。事实上,就影响经济发展而言,政治不平等和社会不平等可能比收入不平等更重要。如果政府和民众都赞同,则收入不平等是比较容易通过再分配校正的。收入不平等之所以得以持续,在很大程度上是因为政治不平等和社会不平等。

政治不平等是由国家通过强制力决定的公民权利的不平等。社会不平等则是由社会规范决定的不平等。就消除的难度而言,社会不平等是最顽固的不平等。印度的种姓制度是一种典型的社会不平等。它不是国家设置的,而是两千多年前少数精英通过神话和宗教设置的,直到印度独立之前,它都是得到社会包括低种姓人群认可的。政治不平等和社会不平等的共同之处,是从根本上决定了机会的不平等,而收入不平等往往是机会不平等的后果,因此消除不平等首先应该消除政治和社会的不平等。

17.3 中国的收入不平等及其成因

17.3.1 收入不平等的历史和现状

图 17.3 显示了 1981—2012 年中国农村内部、城市内部和全国家庭人均收入的基尼系数。20 世纪 80 年代初期,中国的总体基尼系数在 0.3 以下,城市内部更是低于

0.2。1985年之后,除个别年份之外,三种基尼系数都持续上升,但城市的基尼系数始终低于农村的基尼系数。到2010年,全国的基尼系数达到0.52,而城市的基尼系数超过了农村的基尼系数,但2012年全国的基尼系数略有下降。图17.4显示的是国家统计局公布的2003—2020年全国的基尼系数,全国的基尼系数于2008年达到最高点0.491,之后逐步下降,2015年达到0.462,但之后又有所上升,2020年达到0.474。国家统计局数据与CFPS等调查数据之间的差距,主要来自各种调查在样本上的差距(参见专栏17.1)。

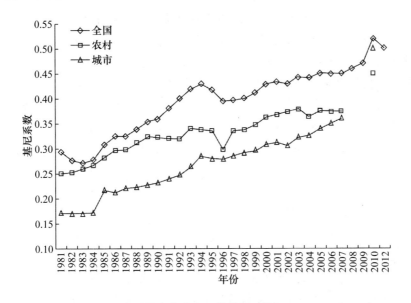

图17.3 中国家庭人均收入的基尼系数(1981—2012)

资料来源:2007年及以前的数据来自程永宏(2007)根据国家统计局住户调查数据的计算结果;2008年、2009年的全国基尼系数数据来自李实和罗楚亮(2011);2010年、2012年的数据来自北京大学"中国家庭追踪调查"(China Family Panel Studies,CFPS)。

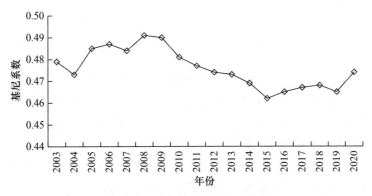

图17.4 国家统计局公布的全国基尼系数(2003—2020)

任何国家的收入调查都必须面对一些无法回避的困难,其中最显著的是抽样偏差和漏报(瞒报)问题。抽样偏差会导致样本失去代表性,而漏报(瞒报)会扭曲收入分配。

在抽样方面,几乎所有国家的收入调查都无法获得最高收入1%人口的代表性样本,原因是这些人往往拒绝回答问卷。国家统计局的居民收入调查依赖于住户调查,因此要求调查户具有一定的文化程度,这在农村地区会导致一定的样本偏差——把文化程度较低的农户(一般是贫困的老年户)排除在调查之外。这是为什么国家统计局公布的基尼系数低于其他调查得到的数字的原因。发达国家解决高收入人群偏差的办法主要是依赖报税记录推算高收入人群的收入。中国的报税记录不完整,这一办法的可行性较小。李实和罗楚亮(2011)利用几个财富榜和上市公司高管工资的信息估计了最高1%人群的收入,由此得到的2010年的全国基尼系数与CFPS得到的数字接近。

漏报(瞒报)问题更难解决。产生漏报(瞒报)的原因很多,既可能是被调查者有意为之(特别是当收入来自灰色地带或不合法来源时),又可能是他们的记忆不准确。目前,学界的最新进展是利用国民收入账户推算漏报(瞒报)总量,并根据一定的收入分布函数分配给各个收入阶层。国民收入账户(在中国,由国家统计局做的《资金流量表》汇报)是从生产方统计的,对居民收入的统计比较准确。由此得到的居民收入总量一般会大于根据住户调查数据推算的居民收入总量,其中的差距就是漏报(瞒报)的总量。一般认为,收入分配符合某种形式的帕累托分布,如果能够比较准确地估计出这个分布的参数,漏报(瞒报)总量就可以分配给各个收入阶层。在这方面,皮凯蒂与他的合作者做出了开创性的工作。

【线上延伸阅读】

Distributional National Accounts: Methods and Estimates for the United States

全国收入差距的一个重要组成部分是城乡收入差距。图17.5显示了1978—2020年城市人均可支配收入与农村人均可支配收入的比值。可以看到,农村改革时期(1978—1984)年,这一比值下降;之后,除90年代中期以外[1],这一比值一直上升,到2007—2009年达到最高峰,超过3.3倍。可喜的是,2009年以来城乡收入差距大幅缩小,2020年缩小至2.56倍(当然,这一比值仍然属于收入差距较大的国家行列),主要原因是城市特别是沿海城市经济增长速度放缓,而内陆农村地区的经济增长速度没有较大的下降。

---

[1] 中国在这一时期经历了较严重的通货膨胀,而其中主要是食品价格上涨,农民从中得益。

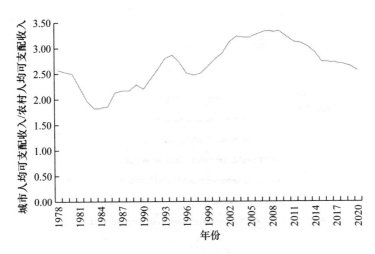

图 17.5　城市人均可支配收入与农村人均可支配收入之比（1978—2020）
资料来源：国家统计局。
注：2015 年之前，农村收入为人均纯收入。

17.3.2　影响中国收入差距的原因

皮凯蒂在其极具影响的著作《21 世纪资本论》中提出了一个简单但有力的假说：在稳态资本主义经济条件下，资本将向少数人手中集中，资本/GDP 将上升，资本收入/GDP 也将上升（参见专栏 17.2）（皮凯蒂，2014）。他使用发达国家特别是法国 19 世纪以来的历史数据证明了这个假说。但是，这个假说没有得到中国数据的支持。我们在前面的章节中看到，自 20 世纪 90 年代初期以来，中国的劳动收入占 GDP 的比重经历了一个 U 形曲线，而不是像这个假说所预测的那样一直下降。影响收入差距的原因可能会因各国情况的不同而不同。本节只讨论影响中国收入差距的原因，包括以下几个：市场对个体差异的放大，教育差距的拉大，地理集聚，制度障碍，政府有限的收入再分配，以及一次分配中的收入转移。下面分别对它们进行讨论。

个体差异和教育差距　个体差异可以反映在智力、家庭背景和社会网络等因素上。在计划经济条件下，这些差异被国家的强制分配抹平。随着市场化进程的深入，个体的成就越来越经由市场而不是国家获得。市场根据要素的边际产出确定要素价格，智力高、家庭背景好以及拥有更多社会资源的人士就能够得到更高的回报。教育差距是个体差异的一种，但是它比其他个体差异的影响更大。根据 Li et al.（2012）的研究，中国的教育回报率提高得很快，目前，初中以上每增加 1 年教育，收入就会提高10%。图 17.6 是根据 CFPS 提供的数据制作的 2016 年城乡教育金字塔。可以看到，男性比女性的教育水平高，但年轻组的差距明显缩小；另外，城市各年龄组的平均教育水平都高于农村同年龄组的平均教育水平，而且差距没有随时间下降的趋势。平均而言,城市的教育水平比农村高出 2.8 年,仅此一项就意味着城市收入平均比农村收入高出 28%。

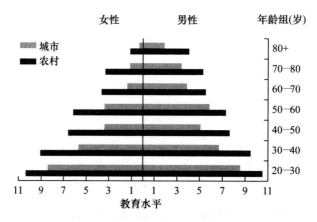

图 17.6　2016 年城乡教育金字塔

资料来源:CFPS。

然而,反对人士可能会说,市场在长期会消除个体之间的差距,特别是那些非智力(如家庭背景、教育和社会网络)的差距。比如,既然教育回报率很高,农村居民就会去获得更多的教育。但是,图 17.6 所显示的持续的城乡教育差距告诉我们,这在现实中并不容易发生。反对人士的前提是,市场的运作是完美无缺的,其中包括能够完全预测未来事件的个体决策者。但是,市场中充满了不确定性,要个体对未来进行全面预测是不可能的。即使个体能够把不确定性转化为风险,他们在做决策时也只能做到"事前有效",即最大化未来的期望效用。但是期望值不等于实现值,后者可能高于或低于前者,如果低于前者,个体就会遭受损失。在没有完全保险的条件下,个体之间就会产生分化。

地理集聚　经济地理理论告诉我们,由于城市具有规模经济,集聚是经济发展的必然趋势之一。然而,集聚并不必然导致收入差距。如果所有的要素流动都是充分自由的,则集聚的效果是同时提高各种要素在全国的整体回报率。但是,在集聚的过程中,一些生产要素比另一些生产要素的流动性更大,更容易产生集聚。这里最重要的差别是在资本和劳动力之间。资本在一国内部的流动基本没有限制,因此很容易集聚到城市地区;而劳动力的流动总是要受制于一些非经济因素,如家庭、文化和社会认同等。由于存在这种差异,城市居民所拥有的资本就会高于农村居民所拥有的资本,从而获得较高的工资收入。我国数据也表明,区域内部的城乡收入差距大于区域之间的收入差距;城市所产生的集聚效应在其中起到重要作用。

制度障碍　中国的城乡收入差距居世界前列,这与严格的户籍制度有关。计划经济时代的城乡收入差距已经很大,1978 年城市收入是农村收入的 2.7 倍。2003 年之后,国家对农村居民进城的多数限制被取消,但是并没有根本消除。目前,最大的限制是非本地户口居民的子女无法在本地升学。这不仅影响从农村到城市的劳动力流动,而且影响城市与城市之间的劳动力流动。另外，政府对一些行业，特别是这些行业里的国有企业给予巨额的补贴和金融支持，人为拉大了行业之间和所有制之间的收入差距，这可能是最近城市内部收入差距增大较快的一个主要原因。

有限的再分配　北欧国家的收入差距属于世界最低行列，其原因主要是政府的税负非常高，同时再分配的力度非常大。通常情况下，太多再分配会打击高收入者的积极性，最终降低经济增长的潜力。但是，北欧国家保持了较平稳的经济增长，其速度在长期来看也不低于其他发达国家。我们在 17.5 节会再讨论这个问题。相比之下，中国政府的再分配比例是比较低的。按照一般预算口径统计，中国政府的财政收入占全国 GDP 的 22%，但按照全口径计算，则达到 1/3 以上。[①] 然而，政府把 30%—40% 的财政收入用在了基础设施投资和各种生产性及科研活动上，直接用于民生的支出比例较低（Chen and Yao，2011）。

一次分配中的收入转移　在第 4 章讨论结构变化时，我们知道，制造业份额的驼峰形变化会引起劳动收入占比的 U 形变化，即在经济发展早期，劳动收入占比下降是正常现象。但是，中国的居民收入（其中 90% 以上是劳动收入）占比自 20 世纪 90 年代中期以来从近 70% 下降到 2008 年的 58% 左右，速度明显过快，而且相比于其他国家，最终的占比也偏低。这个趋势的反面是企业和政府部门收入占比的上升，由于企业分红有限，而政府的再分配也有限，全国的收入分配格局在 2008 年前恶化就可以理解了。除了结构转型原因，中国劳动收入占比下降可能还与政府对生产者的大量补贴有关。政府补贴的形式包括压低生产要素（如资本、环境、土地、劳动力等）价格，补贴企业的创新活动和其他特定领域的活动（如节能技术）。这些补贴来自财政收入，最终还是要普通民众买单，因而构成一种逆向的收入转移。2010 年之后，跟随中国的去工业化进程，一次分配中劳动收入份额上升，成为分配格局改善的重要原因之一。

专栏 17.2
皮凯蒂关于收入和财富分配的理论

根据皮凯蒂自己的说法，《21 世纪资本论》主要是一本研究收入和财富分配历史的书；换言之，他认为这是一部经验研究著作。但是，人们更关注的是书中提出的那个简单而有力的假说：在稳态资本主义经济条件下，资本将向少数人手中集中，资本/GDP 将上升，资本收入/GDP 也将上升。这个假说的前提条件是：① 经济处于稳态增长状态；② 资本回报率 r 高于经济增长率 g；③ 高资本拥有者的储蓄率较高。在这三个条件下，我们就很容易在理论上证明，皮凯蒂的假说在长期（如几代人的时间里）是成立的（练习题第 5 题要求给出证明）。皮凯蒂利用欧洲和美国的历史数据证明，他的假说在长期是成立的。

① 政府全口径收入除一般预算收入外，还包括政府基金性收入、预算外收入、土地出让金和社保收入。参见中国社会科学院财政和贸易研究所 2010 年发布的《中国财政政策报告》（2009—2011）。

《21 世纪资本论》出版之后,得到国际社会的广泛赞誉,但也受到许多质疑。然而,许多质疑都是对他的理论的误解,没有搞清楚他的假说成立的前提条件。要对皮凯蒂提出批评,就要看他的三个前提条件是否成立(有人提出劳动收入对储蓄的贡献问题,但这不是问题的要害,因为劳动收入高的人——如美国的企业高管——一般情况下也是高资本拥有者)。条件②和③应该没有问题。第 12 章告诉我们,条件②对于保证一个经济体进行储蓄是必要的,而条件③是一个适用于任何国家的经验常态。可能有问题的是条件①。它保证资本回报率和经济增长率都是常数,而且经济结构也不发生变化。这在现实中显然是不成立的。中国的劳动收入占比之所以出现 U 形变化,就是因为中国经济在国际金融危机前后出现了结构性变化:国际金融危机之前,资本密集度较高的工业吸收劳动力;国际金融危机之后,劳动力从工业流向劳动力密集度较高的服务业。事实上,发达国家在第二次世界大战之后也发生过与中国类似的结构变化(特别是工业化和去工业化导致的变化),条件①对它们也是不成立的。在这种情况下,即使 $r > g$ 成立,我们也不一定能够得到资本收入占比上升的结论(详见习题 6)。

如果我们把眼光放到世界范围,则不仅条件①不成立,皮凯蒂的结论也不成立。20 世纪 90 年代以来,由于中国和印度收入水平的提高,世界范围内个人间的收入差距缩小了(尽管各国国内的收入差距扩大了)。显然,这个结果是世界范围内结构变化导致的。

【线上延伸阅读】

About Capital in the 21st Century

17.4　库兹涅茨曲线

西蒙·库兹涅茨(Simon Kuznets)在 20 世纪 50 年代研究美国的历史数据时,发现美国的收入不平等与人均收入之间呈现一个倒 U 形关系,即当收入较低时,不平等程度随着收入的增加而提高,当收入超过一定水平之后,不平等程度随着收入的增加而下降(Kuznets,1955)。后人把这个发现称为"库兹涅茨曲线"。在很长的一段时间里,经济学家因此把不平等看作经济增长的副产品,而不去研究它对经济增长可能产生的反向作用。那么,为什么会出现库兹涅茨曲线呢?

从纯经济角度来看,库兹涅茨曲线的形成与人口的分化和趋同有关。在一个国家经济起飞之前,人口分化并不明显;而在市场经济条件下,经济起飞的基础是市场在深度和广度上的扩展,从而如同我们在前面讨论中国的情形时所指出的,人口分化加深,收入不平等程度自然提高。市场经济条件下人口分化的一个重要表现是财富的货币化进程。当经济不甚发达时,个人财富往往仅是消费来源,不能带来更多的财富;随着市场的扩展,财富(既包括现金,又包括土地、房产等非现金财富)的变现和互换变得更加灵活与多样,因此比较容易带来新的财富,从而扩大个人之间的收入差距。随着收入水平的提高,资本的影响越来越小,人力资本的作用越来越大,而人力资本的积累较资本的积累来得容易一些,因而收入差距比资本差距要小很多,不平等程度会下降。

从政治角度来看,库兹涅茨曲线和民主化有关。19世纪,西欧经历了民主化过程,其特征是精英向普通百姓让渡权利,政府的决策不再被少数精英垄断,而是要通过民主程序由民意决定。在这种情况下,社会再分配就会增加,普通百姓得到更多的机会提高教育水平,从而导致收入不平等程度下降。

库兹涅茨曲线是从美国一个国家的历史数据总结出来的,它在其他国家成立吗?由于多数国家缺乏长时期收入分配的历史数据,要进行国别检验是非常困难的。一个替代是做跨国比较,看收入不平等是否在国家之间呈现倒U形关系。图17.7显示了部分国家2005—2015年平均人均国民收入与平均基尼系数的散点图以及趋势线和包络线。从趋势线来看,人均国民收入与基尼系数之间呈现弱倒U形关系;而从包络线来看,倒U形关系非常明显。因此,总体而言,库兹涅茨曲线是存在的。

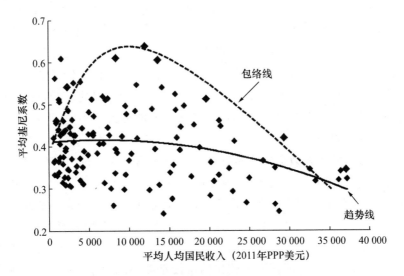

图17.7 世界人均国民收入和基尼系数的关系(2005—2015)
资料来源:世界银行 WDI 数据库。
注:图中未包括人均收入高于4万美元的几个国家。

17.5 不平等影响经济增长的途径

不平等是对一个国家(地区)人口结构的描述,而经济增长是一个总量现象。因此,探讨不平等对经济增长的影响就必须说明结构是如何影响总量的。这并不是一件不证自明的事情。比如,为什么财富向富人集中就会导致一国财富总量下降呢?富人财富的增长本身就是财富总量增长的一部分,要说明富人财富的超比例增长会导致财富总量的下降,我们就必须证明穷人的财富不但会因此下降,而且下降的幅度要大于富人财富增长的幅度。为此,我们必须关注结构性因素的放大效应。下面我们分经济和政治两个方面探讨不平等可能对经济增长的阻碍作用。

17.5.1　不平等影响经济增长的经济机制

不平等限制市场大小　根据凯恩斯的消费理论,边际消费倾向(因而平均消费倾向)随着收入的增加而下降。低收入者可能将其收入的 90% 甚至更多用于消费,许多极贫困者不得不靠借债维持消费,而高收入者的消费可能只占其收入的 20%。在这种情况下,收入不平等加剧、收入向高收入者集中,则全社会的消费倾向就会下降。根据凯恩斯的消费乘数理论,消费倾向越高,经济运转速度越高,则经济增长也越快。因此,收入不平等降低经济增长速度。较高经济增长速度的一个前提是形成一个“大众消费”市场,这样市场容量才会足够大,大规模生产才有可能。而富人的消费往往追求高端小众产品(譬如手工打造的劳斯莱斯汽车)而不是低端大众产品(譬如流水线上生产的福特汽车),收入向富人的集中因此会限制市场规模,从而降低经济增长速度。

不平等提高生育率　根据贝克尔的“质量—数量替代”理论,人们在收入较低时,往往通过多生孩子替代个体收入的不足。当社会上的穷人较多时,人口生育率较高,经济增长速度就可能慢下来。

不平等降低全社会人力资本积累速度　也是根据贝克尔的“质量—数量替代”理论,穷人会倾向于让子女少接受教育,因此在不平等的社会里,穷人的教育水平会比较低。另外,富人教育水平的提高无法弥补穷人教育水平低下所带来的负面影响。一个原因是,富人的数量很少,他们的教育水平的提高对全社会平均教育水平的影响有限。另外一个原因是,教育与生产力之间的关系符合我们在第 16 章所讨论的营养与效率之间的关系,即教育的边际回报上升较快的阶段是高中和大学,大学之后趋于平缓甚至下降,因此富人教育水平的提高所增加的生产力无法弥补穷人教育水平低下所损失的生产力。

阿马蒂亚·森在论及中国和印度经济增长表现的差距时,总是要提到中国和印度在人类发展方面所采取的不同策略(森,2002),即中国比印度更重视普通百姓的教育和健康水平的提高。1978 年,中国的人均 GDP 只有印度的 3/4,但是中国的识字率远远超过印度,1982 年中国的成人识字率达到 65.5%,而印度 1981 年仅为 40.8%;另外,1978 年中国的期望寿命达到 66 岁,而印度仅为 54 岁。可以对比的是,1978 年印度的高等教育粗入学率为 4.9%,而中国仅为 0.7%。[①] 显然,印度所采取的策略是精

---

① 　上述数字均来自世界银行 WDI 数据库。

英导向的,而中国所采取的策略是平民导向的。

不平等阻碍企业的发展　企业的发展离不开信贷,但是信贷总是有限的,银行往往需要贷款者提供一定的保证(如抵押物)才发放贷款。然而,多数穷人没有充足的抵押物,因此无法得到贷款。这样,能够开办工厂的人只是少数富人,其结果是初始的不平等导致更多的不平等。我们将在 17.6 节专门介绍阿比吉特·班纳吉(Abhijit Banerjee)和安德鲁·纽曼(Andrew Newman)的模型,揭示不平等影响个人职业选择和经济增长的途径。

17.5.2　不平等影响经济增长的政治机制

不平等导致静态过度再分配　中位投票者理论认为,民主社会所采纳的政策总是中位投票者所偏好的政策。所谓"中位投票者",就是处在一个分布(财产、收入和社会意向等)的中位数上的选民。在多数原则下,中位投票者代表多数人的意见,因此他的偏好能得到采纳。在不平等的收入分布下,多数原则就可能导致过多的再分配。我们可以用图 17.8 来说明这个论断。该图显示的是一个社会的收入分布密度。通常情况下,收入分布不是对称分布,而是偏向低收入一侧,即中位数收入低于平均收入。收入分布越是不平等,密度函数就越集中在低收入一侧,中位数收入与平均收入之间的差距也越大。但是,处在中位收入上的人是中位投票者,如果允许再分配,他们就会要求再分配,直至他们的收入等于平均收入。[①] 不仅中位收入者要求再分配,所有处在其左侧的人都会要求再分配。换言之,社会中超过一半的人要求再分配,在民主体制下,再分配因此就会成为政府的政策。起始收入分布越不平等,再分配的力度就越大。再分配提高了全社会的消费,但是同时减少了储蓄,前者提高经济增长率,后者降低未来的经济增长率。可以想见,当再分配不是很严重时,前者的正面作用会超过后者的负面作用,但是当再分配很严重时(此时往往是起始收入分配很不平等的时候),后者的负面作用就可能大于前者的正面作用。

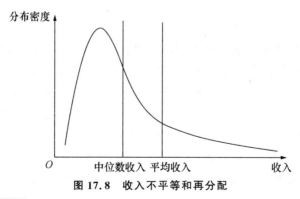

图 17.8　收入不平等和再分配

---

① 随着再分配的推进,平均收入会下降,中位数收入会上升,最终两者汇合在中间的一点上。

不平等导致动态过度再分配　前面讨论的是不平等的静态效果,在现实中,我们可能还要关注不平等的动态效果。在一个政治或社会不平等的社会里,经济增长的成果被精英阶层垄断。普通人明白再分配会导致储蓄率的下降,从而影响未来的收入增长,但他们也明白,他们从未来收入增长中得到的份额很小。在这种情况下,即使初始收入分配比较平均,他们也会要求更多的再分配。

不平等影响社会和谐　当社会收入分配很不平等时,人们总是处于相互争夺的状态中,社会难以形成共识;换言之,不平等降低一个国家的社会资本。斯堪的纳维亚半岛国家的政府掌握一半以上的国民总收入,多数用来再分配,整个社会因此非常平等。按照通常的理论,这种情况下的经济表现不会好。但是,这些国家的人民安居乐业,企业没有都转移到其他国家,经济增长率也没有低于其他发达国家。其中一个可能的原因是,平等使得这些国家容易形成共识,在政策制定过程中,人们不用为了自己的利益而发生争斗,可以把更多的精力投入"做大蛋糕"。

不平等导致资源与生产力之间的错配　在一个民主体制里,资源配置与利益集团的游说能力有关,强势集团的游说能力更强,因此能够得到更多的资源。但是,它们的生产力未必比弱势群体的高,此时就会出现资源与生产力之间的错配,从而损失效率(Esteban and Ray,2006)。在一个非民主体制里,谁能得到更多的资源取决于政府的选择。此时,平等可以促进中性政府的产生。所谓中性政府(disinterested govern-ments),就是不偏向任何利益集团、也不被任何利益集团俘获的政府(贺大兴和姚洋,2011)。[①] 在一个不平等的社会里,政府必须面对强势集团的挑战,为了保住自己的统治地位,政府必然要把更多的资源分给强势集团,但是和一个民主社会一样,强势集团的生产力未必比其他集团的高,从而也会发生资源的错配。相反,在一个平等的社会里,不同群体之间可以保持均势,政府无须照顾任何群体,从而会更关注经济增长,因为增长为它自己带来利益。

17.6　不平等、信贷和经济发展

作为一个例子,本节通过一个模型深入解释不平等如何与信贷约束共同作用,阻碍经济发展。这个模型是班纳吉和纽曼模型(Banerjee and Newman,1993)的简写版,它的出发点是经济中存在信贷约束,特别的,银行贷款需要抵押品。每个人可以选择成为工厂主、工厂工人或自给自足者,三者的收入由高到低排列。成为工厂主的前提是得到贷款。如果初始条件下财富分配非常不均,则只有少数人能够提供抵押品、得到贷款开办企业,这样工厂能够雇用的工人就很少,多数人只能成为收入很低的自给自足者,一代代人复制下去,社会就会陷入停滞。如果初始财富分配比较平均,则更多

---

①　对中性政府更详细的讨论见第 19 章。

的人能够成为工厂主,且更多的人能够成为高工资的工人,随着时间的推移,社会就会变得更为平等。

假设开办一个工厂需要的投资量为 I,工厂雇用 m 个工人,产出为 q;此外,利率为 r。以上参数均为外生给定。工人的工资为 w,是模型的内生变量之一。工厂的利润因此是:

$$\pi = (q - wm) - (1+r)I \tag{17.2}$$

工厂主开始时没有自有资金,必须向银行申请贷款,为了得到 I 数量的贷款,他必提供价值为 W 的抵押品。这里的抵押品可以是任何形式的财富,如银行存款、住房、厂房等。如果工厂主到期还款,则银行归还抵押品;否则,银行收走抵押品,工厂主损失 $(1+r)W$。同时,银行还收走企业 λ 比例的利润(相当于罚款)。另外,企业必须面对法律的额外惩罚 F(可以想象为下监狱的惩罚折算的货币量)。因此,要诱使一个工厂主还贷,不还贷的损失应大于还贷的损失,即

$$W(1+r) + F + \lambda(q - wm) \geqslant I(1+r) \Leftrightarrow W \geqslant I - \frac{F + \lambda(q - wm)}{1+r} \triangleq W_0 \tag{17.3}$$

此处 W_0 是对工厂主财富的最小要求。可以看到,法律惩罚 F 越大,或被没收的利润比例 λ 越高,则 W_0 越小,即法律惩罚可以降低银行对抵押品的要求,因为银行此时承担的风险更小。若利润和法律惩罚都是零($F = \lambda = 0$),则 $W \geqslant I$,也就是说,如果没有丝毫的法律保障,则抵押品数额至少要和贷款额相等。显然,在这种情况下,信贷市场就和当铺无异了。若利润和法律惩罚增大,则 W_0 就会减小,社会发生金融深化过程,社会资源被调动起来。总之,W_0 是因信贷市场的道德风险而存在的最低进入门槛,银行只会给初始财富大于 W_0 的人放贷,这样财富分配的不平等就可能降低工厂的开办数量。

进一步假设劳动力数量给定,经济中存在三种职业,即自给自足者(可以理解为从事传统农业的农民)、工厂工人和工厂主。假设工厂主的净收益为 $\bar{w}$,自给自足工资为 z,两者均为外生给定。模型剩下来需要求解的是工人工资 w 以及选择三种职业的人的比例。由于工厂主的数量由初始财富决定,因此我们只需要确定工厂工人的比例。

首先考察劳动力供给曲线(见图 17.9)。假设自给自足部门最多只能雇用 L_0 的劳动力。倘若自给自足部门存在,则劳动力供给曲线会是一条水平线,即当生存部门雇用的劳动力小于 L_0 时,只要工厂主支付的工资稍稍高于自给自足工资,劳动力就会流动到现代部门工作。过了该点之后,供给曲线开始上升,直到达到 $\bar{w}$。在此之后,供给曲线本来仍然可以向上走,但是只要工资略高于 $\bar{w}$,所有的人都想做工人(没有人愿意做工厂主了),因而供给曲线在 $\bar{w}$ 处又变成一条水平线。这样,整个劳动力供给曲线是一条 S 形曲线。

再看劳动力需求曲线(见图 17.10)。假设 L_1 为满足初始财富大于或等于 W_0 的工人人数。当工人人数小于 L_1 时,劳动力需求曲线为一条水平线。这是因为工资被工厂主的净收益 $\bar{w}$ 限制住了,工资高于 $\bar{w}$,工厂主宁愿自己变成工人,工厂就不存在

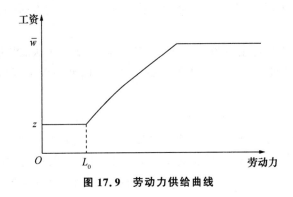

图 17.9　劳动力供给曲线

了。当工人人数超过 L_1 之后,随着劳动力数量的增加,劳动力的边际产出下降,劳动力需求曲线向下倾斜。

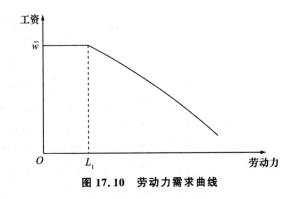

图 17.10　劳动力需求曲线

有了以上准备工作,我们就可以讨论初始不平等如何影响经济增长和未来的收入分配。

情形 1:非常不平等的初始财富分配

此时只有少数人满足 $W \geqslant W_0$ 的条件,因此只有少数人成为工厂主,他们雇用的工人也很少,绝大部分劳动力将在自给自足部门就业,经济均衡可以由图 17.11 来表达。

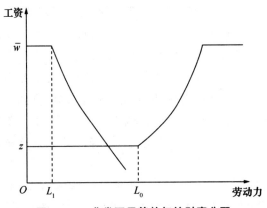

图 17.11　非常不平等的初始财富分配

此时,劳动力供给曲线和劳动力需求曲线的交点在劳动力供给曲线的水平段上,工人人数较少,且均衡工资为自给自足工资 z。这样初始的不平等得到强化,下一代中能够做工厂主的人仍然很少,工人数量也较少,社会比较贫困。

情形 2:非常平等的初始财富分配

此时会有很多人都满足 $W \geqslant W_0$ 的条件,劳动力需求曲线上 $\bar{w}$ 处的水平段很长。结果,劳动力供给曲线和劳动力需求曲线(为区别起见,劳动力需求曲线以虚线表示)相交在劳动力需求曲线的水平段上(见图 17.12),此时在工厂就业的人数很多(自给自足者消失),且工资达到 $\bar{w}$,做工人和做工厂主无差异,社会达到绝对平等。

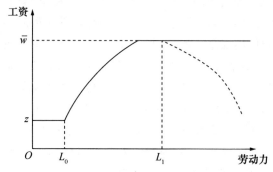

图 17.12　非常平等的初始财富分配

情形 3:较为平等的初始财富分配

此时一个比较可能的情形是图 17.13 的情况,即劳动力供给曲线和劳动力需求曲线相交于两者的中间位置,所有人要么是工厂主、要么是工人,自给自足者消失,工资水平 w 处于 z 与 $\bar{w}$ 之间。在这种情况下,如果代际存在财富传递,则满足 $W \geqslant W_0$ 条件的人会越来越多,最终经济会收敛到情形 2 的情况。

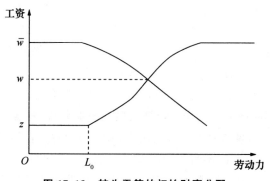

图 17.13　较为平等的初始财富分配

总结起来,如果初始财富的分配非常不平等,则能够成为工厂主的人很少,现代部门雇用的人数有限,经济中存在自给自足部门,财富分配不平等将持续和加强;如果初始财富的分配比较平等,则较多的人可以成为工厂主,从而使得所有人脱离自给自足部门,经济就会最终收敛到完全平等的状况。

17.7　不平等和中等收入陷阱

　　第 15 章的数据表明,落入中等收入陷阱的国家大都是不平等程度很高的国家,如拉丁美洲在 20 世纪 80 年代和 90 年代的情况。那么,为什么不平等会导致一个国家落入中等收入陷阱呢? 我们首先注意到,不平等在一个国家具有长期特征,因而我们要回答的问题的症结是,我们要同时解释为什么不平等在早期没有阻碍经济增长,而到了中等收入阶段却可以阻碍经济增长。我们在前面所列举的不平等阻碍经济增长的因素,在任何阶段的作用都是负面的,但其中一些可能在中等收入阶段更加阻碍经济增长。本节关注教育不平等问题,揭示不平等如何通过妨碍低收入者提高教育水平而限制中等收入国家的经济增长,却不会过度阻碍低收入国家的经济增长。

　　我们的出发点是第 16 章的营养—效率假说。图 17.14 中的 S 形曲线是对图 16.3 的复制,差别是横轴变成了社会教育投入,纵轴变成了全社会的教育回报(社会产出)。假设社会中存在两类人,富人和穷人,前者的人口比例为 β,后者的人口比例为 $(1-\beta)$,富人和穷人分别是同质的。假设富人的人口为 1,则社会总人口为 $1/\beta$。那么,我们可以找到从原点出发的一条射线,它和 S 形曲线的两个交点 A 和 B 具有下面的性质:如果 A 点对应的教育投入 E^* 为社会全部教育资源(包括政府和家庭的)——此时它也是当社会全部教育资源均匀地分配给富人(穷人什么都不得)时每个富人获得的教育投入,则 B 点对应的教育投入为 βE^*,即当社会全部教育资源均匀地分配给社会中的每一个人时每个人获得的教育投入;且如果 E^* 对应的每个富人贡献的社会产出为 F^*,则 βE^* 对应的平均分配下的每个人贡献的社会产出为 βF^*。此时,无论教育资源是只在富人当中平分还是在所有人当中平分,社会总产出都是 F^*,即极端分配和平均分配无差异。那么,像图 16.3 一样,我们可以证明,如果社会全部教育资源少于 E^*,则富人得到全部资源(极端分配)好于平均分配;反之,如果社会全部教育资源多于 E^*,则平均分配好于极端分配。一个国家教育投资的多寡,取决于这个国家的收入水平。收入水平较低时可用于教育投资的资源也较少,随着收入水平的提高,能够用于教育投资的资源也相应增多。这样在经济发展的早期阶段,社会全部教育资源可能少于图 17.14 中的 E^*,而且这时的教育支出主要由家庭负担,富裕家庭更可能把较多的资源投资于子女的教育,此时不宜做过多的再分配,不平等的教育资源分配对经济增长是有利的。随着收入水平的提高——比如,当社会进入中等收入阶段时——社会全部教育资源就会多于 E^*,此时进行适当的再分配,让穷人和富人获得同等数量的教育资源对经济增长更有利。反过来,如果不平等状况持续下去,则富人教育投资的回报必然受到边际报酬递减的限制,经济增长就会放缓。这样我们就用一个简单的模型解释了为什么不平等的教育资源分配可以帮助一个国家摆脱贫困陷阱,但可以让它落入中等收入陷阱。

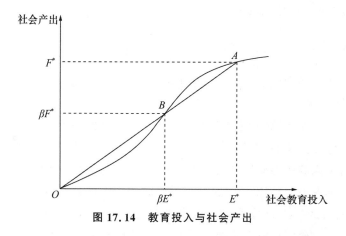

图 17.14 教育投入与社会产出

我们还可以把上述逻辑应用到资本积累和消费上。当一个国家的收入水平较低时,最缺乏的是资本,消费市场不是最大的问题,而资本主要靠富裕人群积累,穷人的收入基本上用于消费,因而一定程度的不平等可能有利于经济增长。当一个国家进入中等收入阶段之后,劳动力成本上升,产品的国际竞争力减弱,国内市场因此变得更重要,此时不平等对消费的抑制就会减缓经济增长。总之,一个国家进入中等收入阶段之后,更加平等的收入和财富分配有利于扩大国内市场规模、提高国民的人力资本水平,从而保持持续的经济增长。

17.8 小结

本章探讨了不平等的度量、中国收入不平等的现状和成因,以及不平等特别是收入和财富不平等影响经济增长的途径。一定程度的收入不平等为社会成员提供激励,因此收入不平等本身不一定是一个问题。但是,收入不平等可能反映了更加严重的政治不平等和社会不平等,而后两者几乎总是阻碍经济增长;此外,严重的收入不平等限制人口中很大比例的人群获取人力资本、选择职业和自由发展的机会,从而成为阻碍经济增长的重要因素。

中国的收入差距扩大,既有经济本身的原因,又有制度和再分配不足方面的原因,而且后者的作用越来越明显。中国政府在制度和分配形式的改进方面做了很多努力。各地都取消了城乡户籍划分,破除了城乡隔离的藩篱。目前,各地都在推出一些新的户籍管理制度,给常住人口颁发"居住证",逐步弱化并最终代替户籍制度。然而,政府在再分配领域的改革步伐仍然较慢,原因在于这一改革涉及政府职能转变问题,需要政府从"生产型"政府转变为"福利改进型"政府,即减少对经济领域的投资,增加民生方面的投资。在完成脱贫攻坚任务之后,政府把重点转移到推进共同富裕上来。在未来的一段时间内,政府将大力推动城乡融合发展、更高层次的养老和医疗保障统筹,以及更加合理的收入分配格局的形成。

【练习题】

1. 为什么洛伦茨曲线总是在45°线的下方？试证明基尼系数满足第16章中定义的"弱转移支付"原则。

2. 简述收入不平等、政治不平等和社会不平等之间的关系。

3. CFPS数据表明,2012年中国最富有的10%的家庭拥有全国家庭财富的53%,最贫穷的20%的家庭的相应比例只有1%,中间70%的家庭的相应比例是46%。假设最富有的10%的家庭能够用40%的财富再投资,中间70%的家庭只能用10%的财富再投资,而最贫穷的20%的家庭没有可供投资的财富。再假设投资回报率都是一样的,为每年5%。试分别计算5年和10年之后全国财富的分布状况。

4. 针对中国城乡收入差距拉大的问题,有人认为,目前的计算方法没有考虑城乡之间的物价差距,因而夸大了城乡收入差距。请给出一个反驳这种说法的理由。另外,也有人认为,目前的计算方法没有把进城务工人员算作城市居民,因而也夸大了城乡收入差距。请在网上查找近年来按户籍计算的城市人口比例、按常住地计算的城市人口比例、按户籍人口计算的人均城市收入、按常住人口计算的人均城市收入以及农村人均纯收入,然后分别计算按户籍人口和常住人口作为城市人口两个统计口径下的城乡收入差距。

5. 假设经济增长率g和资本回报率r为常数。在初始状态下,社会中的个人拥有不同的资本存量。资本可用于投资并获取收入。高资本存量的个人具有更高的储蓄率。试证:在不考虑劳动收入转化为储蓄的情况下,皮凯蒂的假说是成立的。

6. 和第5题不同,现在假设所有人都是一样的,拥有相同的资本存量和储蓄率,但经济中存在两个部门,一个部门的资本回报率显著高于另外一个部门。更具体的,以$\beta_i = rK_i/Y_i$, $i=1$, 2表示部门i的资本收入占比,两者均为常数,且$\beta_1 > \beta_2$。假设随着GDP($Y=Y_1+Y_2$)的增长,部门1的占比Y_1/Y下降,部门2的占比$Y_2/Y=(1-Y_1)/Y$上升。以$K=K_1+K_2$表示全社会的资本存量。试证:资本收入占比(rK/Y)和资本/GDP(K/Y)都下降。

7. 考虑一个由一群普通人和一群富人所组成的社会,普通人的人数远远多于富人的人数。公共决策采用多数原则。在起始点上,每个富人拥有的资本存量相同,每个普通人拥有的资本存量也相同,但前者远远大于后者。在任何一年,每个人的收入y取决于他在期初的资本存量K_i, $i=$富人或普通人,$y=bK_i$, $b>1$。政府对所有人的收入征收相同税率的税。以τ代表税率。交税之后,每个人要么把收入消费掉,要么把收入转化为储蓄,提高资本存量。假设每个人的效用是收入的线性函数,再假设每个人拥有同样的储蓄率和时间贴现率,分别以s和ρ表示。

(1)考虑两个公共政策:① 政府把每期的税收平均地分配给每一个人,但不指定用途(消费或储蓄);② 政府把每期的税收平均地分配给每一个人提高资本存量。给出第②个政策被公共决策采纳的条件。

（2）现在，改变第②个政策，变成：政府把每期的税收按照每一个人期初的资本存量进行分配。给出第①个政策被公共决策采纳的条件。

8. 在 17.6 节的模型中，为什么劳动力供给曲线在两端都是水平线？为什么需求曲线在前端也是水平线？

9. 在图 17.14 中，证明当教育投入大于 E^* 时，更加平等的教育资源分配可以提高社会总产出。

制度和制度变迁
第 18 章

18.1　引言

　　前面章节基本上是从纯经济学的角度讨论经济发展的规律及其影响因素,本章和第 19 章则探讨制度和国家在经济发展中所扮演的角色。一个国家的经济得不到发展,可能是因为经济本身的问题(如起点太差等),但更可能是因为这个国家的制度不利于经济发展或者政府没有采取好的经济政策。制度和政策都是人制定的,那么,为什么一些国家采取了有利于经济发展的制度和政策,而其他国家却没有呢? 这是本章和第 19 章要回答的问题。

　　制度和政策是高度相关的,"好的"制度是好的政策的前提。在这里,"好的"制度不一定是纯洁的制度,而是能够使得行为人和机构对私利的追求与社会的整体利益保持一致,即满足社会利益与个体利益之间的激励相容条件。"好的"制度因此能够引导官员在满足个人追求的同时做出对全社会有利的政策决策。但是,我们也不能陷入制度决定论的窠臼。既然制度是人决定的,就可以在短期内改变;因此,对于长期经济发展而言,制度就是内生的,而其他一些"慢变量"——如人口结构和人力资本水平——就可能变得更为重要。

　　在下面的 18.2 节里,我们先讨论制度的定义,特别地要对比新制度经济学和老制度经济学中对制度的定义;另外,我们也要探讨制度的目的性和实施问题。接下来,在18.3 节里,我们将介绍道格拉斯·诺斯的制度主义学说,由此说明制度在经济发展中所扮演的角色。在 18.4 节里,我们转向讨论制度变迁的规律,特别是探讨诺斯等人发展的效率假说,以及这个假说成立的条件。在这之后,我们将在 18.5 节里对制度主义学说给出一些总结性的评价,特别地将进一步讨论"好的"制度的本质作用,并论述几个可能比制度更具持久影响力的变量。18.6 节总结全章。

学习目标:

掌握制度的定义,区分正式制度和非正式制度。

理解诺斯的制度主义学说及其局限。

理解有效制度变迁假说及其在现实中失效的原因。

18.2 制度

18.2.1 制度的定义

在日常用语中,"制度"一词的含义广泛。在诺斯的定义被接受之前,学术界对制度的使用也比较随意。诺斯是第一位利用新古典经济学系统研究制度对经济增长影响的经济学家,在《制度、制度变迁与经济绩效》(*Institutions, Institutional Change and Economic Performance*)一书中,他给出的制度的正式定义是:制度是一个社会的游戏规则,或者更正式的,是定义人类交往的人为约束(North,1990:3)。这一定义有两个关键之处:一是"人为",二是"约束"。制度是"人为"的,因此人的目的性可以在制度设计和演进中起到关键性作用。这里的"目的"不仅指个体利益,而且包括社会目标。诺斯认为,制度的最主要功能是规范个体行为,使得它对他人而言具有可预测性,从而降低社会交往中的不确定性和交易成本。在这里,诺斯不同于奥地利学派,后者强调制度的"自发性",即制度是自利的个体在交往过程中产生的"不经意的"结果,从而否定个体在制度形成和演进过程中具有超越个体利益的目标。对于诺斯而言,制度是一种约束,这意味着制度要求个体必须牺牲一定的个体利益。比如,交通法规要求每个行人在过街时走人行横道,很多时候这会让行人多走一些路,因此遵守交通规则就意味着行人必须付出更多的精力。用更加严谨的语言来说,制度定义并限制个体选择集的大小。

诺斯关于制度的定义和老制度学派对制度的理解不同。老制度学派的代表人物约翰·康芒斯(John Commons)对制度的定义是:制度是控制、解放和扩展个人行动的集体行动。[1] 为什么说制度是一种集体行动呢? 我们可以从下面两个方面来理解:其一,制度是一种人为的规则,因此必须经过一定的集体程序才可能建立。最直接的集体程序是立法过程。即使是长期潜移默化形成的道德,也必须经由一定的集体过程才可能确立。[2] 其二,制度的执行者必须是集体认可的组织,如政府、社会团体等。经济学家喜欢研究所谓"自我实施"的制度,但这种制度可能根本是不存在的。关于这个问题,我们下面还会更深入地讨论。那么,如何理解制度控制、解放和扩展个人行动呢? 首先,制度是控制个人行动的集体行动,这一点和诺斯关于制度是一种人为约束的观

---

[1] 老制度经济学指的是第二次世界大战之前在美国占据主流的制度经济学派,代表人物有康芒斯、索尔斯坦·凡勃伦(Thorstein Veblen)等。目前的代表人物是丹尼尔·布罗姆利(Daniel Bromley)等人。此处的制度定义参见布罗姆利(2006)。

[2] 这里的集体过程的主要载体是社会组织及其蕴含的权威。中国农村地区的宗族就是这样的社会组织。历史上,国家对基层的控制很弱,宗族组织就成为管理中国基层社会的主要力量。关于组织和制度之间关系的一个案例研究,参见杨雷和姚洋(2002)。

点是一致的。其次,在康芒斯看来,制度还解放个人行动。这是因为,制度对人的限制并不总是合意的,对制度进行改造建立新的制度,就是对个人行动的解放。比如,美国南方的奴隶制是对黑奴的一种约束,当林肯发表《解放黑人奴隶宣言》时,黑奴得到解放成为自由人。最后,制度扩展个人行动,是因为制度可以赋予个人超越其能力的权利。比如,当一个人受到比他强悍的人的欺负时,他可以求助警察来制止强悍者对他的欺凌,此时他的个人行动便得到扩展。

对比新、老制度学派对制度的定义,我们可以发现,以诺斯为代表的新制度学派强调制度规范社会交往的功能,而以康芒斯为代表的老制度学派更强调制度对权利的分配过程和结果。由于新古典经济学理论更适用于对功能的研究,新制度学派得以发展出一系列基于现代经济学的制度理论;相比之下,老制度学派由于强调人的主观性而与现代经济学渐行渐远,未能发展出可以传承的经济学理论。

诺斯还对制度做了两个区分:其一,他把制度和组织区分开来。在诺斯之前,这两者往往混用。诺斯则明确指出,制度是一种规则,而组织可以看作制度的参与者之一;制度好比球场上的规则,国家则是执行规则的裁判,而组织和个人是球队和球员。其二,诺斯区分了正式制度和非正式制度,前者是指那些书面的、成文的并明确由国家或组织执行的制度,后者则是不成文的、很多时候没有明确执行者的制度。正式制度一定是经由集体同意的制度,即通过某种社会加总机制,被利益相关者同意、接受的制度,而非正式制度没有很明确的加总过程,可能是在长期的演进过程中形成的一种社会均衡。正式制度的一个典型例子是国家的法律,而非正式制度的一个典型例子是道德。新制度经济学往往强调制度的自我实施能力,而且一种流行观点是非正式制度是自我实施的,也就是说,非正式制度是个体间的一个均衡结果,每个个体都会自愿服从制度的约束。但是,我们在下面将要看到,这种观点是偏颇的。

18.2.2　制度的实施

以哈耶克为代表的一些经济学家认为,研究自发秩序是经济学家的唯一任务(哈耶克,1997)。所谓自发秩序,就是行动个体从个体利益出发形成的自我认同的秩序。用博弈论的术语来说,自发秩序是一个基于个体理性的博弈均衡,此时我们也说制度是自我实施的。最简单的自我实施制度的例子是,在汽车靠右行驶的国家,当街上有很多人相向行走时,多数人会自然地靠右行走。自我实施制度的好处是,它无须第三方来实施,因此节省成本。但是,在现实生活中,这样的制度少之又少。这里的主要原因在于,制度是对个体行为的约束,因而必然存在机会主义行为,即使是在上述简单的例子中,我们也很容易发现一些人为了图方便而逆着人流走。事实上,人类的几乎所有制度都和防止机会主义行为有关,因而都需要第三方来实施。下面我们用囚徒困境博弈作为例子来说明这个问题。

在图 18.1 所示的囚徒困境博弈中,(背叛,背叛)是一个优势策略均衡,而(合作,合作)是 A 和 B 收益之和最大的策略组合,亦即社会最优结果。如果博弈只进行一次,则 A 和 B 无法得到这个社会最优结果。如果博弈重复无穷次,则根据无名氏定理,A 和 B 可以通过冷酷策略得到合作结果。冷酷策略是指双方一开始就采纳合作策略,直到对方采纳了一次背叛策略,从此一直采纳背叛策略。这里有两点值得注意:一是冷酷策略中的惩罚机制本身是一个均衡,因此它是可信的;二是相较于社会最优结果,实施惩罚的人自己也受到惩罚。

<table>
<tr><td></td><td></td><td align="center">合作</td><td align="center">B</td><td align="center">背叛</td></tr>
<tr><td rowspan="2">A</td><td>合作</td><td align="center">(-2, -1)</td><td></td><td align="center">(-7, 0)</td></tr>
<tr><td>背叛</td><td align="center">(0, -5)</td><td></td><td align="center">(-3, -2)</td></tr>
</table>

图 18.1　囚徒困境博弈

但是,在现实中,人们会采取这样的惩罚机制吗?让我们想象原始社会里一个部落与另一个部落发生战争,部落的士兵当中有一些第一次打仗的年轻人,当他们接触敌人时,会因胆怯而逃跑。这相当于囚徒困境博弈中的背叛策略,按照无名氏定理,要使这些年轻人不逃跑,部落首领在战前要宣布"如果有人逃跑,那么所有的人都会逃跑"。但是,这等于给了所有士兵逃跑的通行证。尽管逃跑的结果极有可能是大家最终都被敌人杀死,但是总有人觉得自己能够逃过一劫。显然,没有哪位首领会愚蠢到以集体逃跑惩罚最初的逃跑者的地步。每位首领都会做相反的事情,即在战前宣布"凡逃跑者格杀勿论"。

事实上,无名氏定理的贡献不是证明了合作是一个自我实施的制度,而是为合作提供了某种建立在个体理性基础上的合理性辩护。问题是,我们是否一定要从个体理性出发为符合社会利益的制度进行合理化辩护?坚持个体的选择权利,是古典自由主义的核心思想,但是阿马蒂亚·森曾证明,我们不可能脱离社会来定义个体选择的"私人空间"(Sen,1970)。制度实际上就是经由一定的正式或非正式的社会或政治机制对个体的选择集进行定义。构造自我实施的制度的目的是节省制度的实施成本,而不是找到在现实中无须第三方实施的制度。

18.3　诺斯的制度主义学说

诺斯是一位大器晚成的学者,他最重要的贡献都是在 47 岁以后做出的。他在 1966 年发表的关于美国经济史的著作中,首次展示了他的制度主义思想(North,1966)。这一思想在 1973 年与罗伯特·托马斯(Robert Thomas)合作的《西方世界的兴起》(诺斯和托马斯,1999)一书中得到了较为完整的展现。在随后于 1981 年发表的《经济史中的结构与变迁》(North,1981)一书中,他进一步阐述了制度变迁的决定因素,特别强调了国家以及制约国家行为的交易成本对良性制度变迁的阻碍作用。在1989 年与巴里·温加斯特(Barry Weingast)合作的论文中,诺斯深化了《西方世界的兴起》一书中对英国光荣革命的研究,提出了制度作为"可信承诺"对经济发展的正面作用(North and Weingast,1989)。本节着重介绍《西方世界的兴起》中关于土地产权的论述,以及之后发展的可信承诺理论。[①]

18.3.1 土地产权与英国的兴起

在《西方世界的兴起》一书中,诺斯和托马斯试图从产权的角度解释西欧特别是英国的兴起。他们开篇就指出,资本积累和教育等这些通常被人们认为是经济增长源泉的东西其实只是经济增长本身的一部分,经济增长的真正源泉是制度。他们考察了西欧 9—16 世纪土地产权形成的历史,认为产权的形成是西欧经济起飞的根本性因素。

中世纪的时候,欧洲在查理曼帝国之后分裂为许多小公国,每个公国都有自己的城墙,城墙内居住着王公贵族,周边是为他们提供粮食和其他服务的农奴。土地私有产权尚未建立,农奴在国王的公地上进行三年一轮回的轮作。变化起始于 14 世纪的黑死病。1300 年欧洲人口有 7 300 万人,到 1400 年只剩下 4 500 万人,欧洲遭遇马尔萨斯陷阱。瘟疫带来的人口锐减当然是件坏事,但同时也提高了劳动力相对于土地的价格,农奴的谈判地位上升,这样一些人就可以通过赎买变为租佃国王土地的自由人。在这段时间里,欧洲的商业活动开始恢复,农奴主倾向于收取货币地租而不是实物地租,从而进一步淡化了农奴与农奴主之间的关系:原来农奴与农奴主之间是人身依附关系,现在变为金钱交易关系。这些都促使西欧朝着一个方向发展,即土地产权的建立。到了 16 世纪,西欧人口恢复增长,生活水平提高,服装需求大增。纺织业成为一个重要产业,社会对羊毛的需求大增。当时,大部分土地还是公地,养羊业者和纺织业者有很强烈的动机圈占土地、据为己有,从而形成所谓的"圈地运动"。这招致农民的剧烈反抗,英国为此发生多次农民起义。但是,圈地运动得到了当时英国王室的支持,因而得以持续。尽管圈地运动很残酷,但是它的一个直接结果是进一步建立和巩固了土地私有产权,使得养羊业和纺织业得到较快的发展。英国因此避免了马尔萨斯陷阱的再次光临。

从以上简要的概括中我们可以看到两条线索:第一,诺斯和托马斯在研究英国土地产权建立的过程中,采用的诱导性制度变迁理论的原理,即制度的演进趋向于有利于较为稀缺要素的方向。我们在 18.4 节将详细讨论这一原理。第二,产权确定了土地收益的边界,鼓励所有者对土地进行改进和投资。用规范的经济学语言来说,产权内化了土地的成本和收益,消除了公地所蕴含的外部性问题。在诺斯之后,这两条线

---

① 诺斯后期还完成了两部著作,试图在更抽象的层次上总结人类秩序演进的逻辑。对诺斯的完整评介,参见姚洋(2022)。

索成为新制度经济学研究的两个基本取向。

但是,诺斯和托马斯的制度变迁理论也招致很多批评,其中最集中的是认为他们没有关注国家在制度变迁中扮演的角色,因而无法解释为什么有效的土地产权没有在当时的先进国家(如西班牙)发生。为了应对这些批评,诺斯在1981年发表了《经济史中的结构与变迁》一书。在这本书里,他把国家置于一个核心地位,试图解释为什么一些国家阻碍了有效制度的产生。他的解释主要围绕两个变量展开,即意识形态和交易成本。意识形态为一个人观察和评判社会提供了一个预设的框架,因此节约成本。但是,意识形态的变化比较慢,因而会阻碍有效制度的产生。制度变迁需要不同主体之间的协调,较高的交易成本因此也会妨碍有效制度的产生。在西班牙,土地私有产权迟迟不能建立,就是因为交易成本太高。当时,西班牙国王的主要财政来源是畜牧业主缴纳的税收,而畜牧业主需要一定的游牧区域,因而反对土地的私有产权。国王无法在短期内完成从畜牧业税收到农业税收的转换,因此不愿意得罪畜牧业主,从而土地私有产权的建立出现迟滞。在这里,诺斯已经意识到政治过程对有效制度变迁的重要性,并且进行了一定的分析,但是他的分析方法基本上还是停留在成本—收益分析的范畴,更深入的研究则需要应用博弈论的分析工具。

18.3.2　光荣革命与可信承诺

在《西方世界的兴起》一书中,土地制度对经济增长的正面作用是内化了土地的成本和收益。但是,制度的作用不止于此。在1989年和温加斯特合作的长篇论文中,诺斯提出了制度的另一个作用,即为经济行为主体提供可信承诺。根据诺斯的总结,制度的作用之一是限定行为主体的行动范围,因而确定其行为的可预测性。对于国家而言,这等于促使国家对社会做出一个可信承诺,告诉社会国家会做什么、不会做什么。可信承诺是宏观经济学发展出来的一个概念,指的是国家政策在时间上可以保持一致,此时的政策叫作"时间一致性"政策。诺斯和温加斯特(North and Weingast,1989)借用时间一致性概念,把国家不会反悔的承诺称为"可信承诺"。他们研究的对象是英国王室在1688年光荣革命前后的财政问题。我们因此先简单回顾一下这一时期英国的历史。

英国的现代化进程始于17世纪初期。1603年,统治英国45年的伊丽莎白一世去世。由于她终身未嫁,没有子嗣,谁来继承王位就成为问题。最终,她把王位传给了自己的外甥苏格兰国王,名号为詹姆士一世。英格兰和苏格兰因此统一。但是,詹姆士一世是一个非常狂妄自大的人,在赴任的路上就大肆宣扬"君权神授"观念,说他的权力是上天赋予的。詹姆士一世去世之后,王位传给了他的儿子查理一世。查理一世与议会之间冲突不断,长时间不召开议会会议。另外,查理一世是天主教徒,迫害新教徒,最终招致新教徒和议会的联合。1642年,英国爆发革命,并最终以议会的胜利而告终,查理一世被送上断头台。革命领袖克伦威尔开始想把权力全部交给议会,但最终自己当了摄政王,实行独裁统治。这样他就得罪了议会,查理一世的儿子查理二世因此趁机多次谋反。但是,直到克伦威尔死后,查理二世才得以复辟。查理二世和他的弟弟詹姆士二世都是天主教徒,而议会以清教徒为主;此外,两个人都毫无节制地向议会借款却不讲信用,常常赖账。最终,议会打败詹姆士二世,邀请他的女儿玛丽及其丈夫威廉从荷兰回到英国,让他们做了联合国王。这就是1688年的光荣革命。之所以叫光荣革命,是因为没有流血,以詹姆士二世的自我流放而告终。

玛丽和威廉于1689年签署了《权利法案》,该法案一方面确立了议会的最高权威,并大大限制了国王的权力。这主要体现在以下几个方面:第一,税收成为议会专有的权力;第二,国王可以提出预算,但预算必须得到议会的批准;第三,受王室控制的星法庭被废止,普通法法庭的地位得到加强。另一方面,议会的权力也受到限制。议会无权提出公共支出项目,开支的权力仍然由国王掌握;同时,议会的行动也必须置于法庭的监督之下。最后,代表新兴商人利益的辉格党人在议会中占据绝对优势,他们不愿干涉普通法法庭的运转和权威,从而加强了法庭的独立地位。总之,光荣革命之后,英国初步形成了王权(行政)、立法和司法三权分立的格局。

光荣革命之后,英国不仅在政治上获得稳定,而且国王的财政能力大大增强。光荣革命之前,国王往往言而无信,大肆拖欠向议会的借款,结果是他能够借到的款项越来越少,并最终被议会推翻。国王手中拥有的无限权力成为打败他自己的武器。光荣革命之后,国王的预算必须经议会批准,这种分权使得国王的还款承诺变得可信了,国王能够借到的款项不但没有减少,反而增加了。英国因此发生了一场财政革命,英国政府的财力大幅增强,进而增加了对海外战争的支持。与此同时,英国的私人金融业高速增长,股票市场交易量由17世纪90年代的每年30万英镑增长到20世纪头十年的每年1100万英镑,利率则由1690年的8%—14%下降到1730年的3%;继英格兰银行之后,多家私人银行出现,到18世纪20年代达到25家。

总之,光荣革命奠定了英国经济起飞的制度基础。政府向公众提供关于政府行为的可信承诺,可以让普通人知晓政府行为的底线,从而放心地开展商业活动。另外,政府虽然好似绑住了自己的手脚,但是长期而言却改善了自己的处境。

18.4 制度变迁

好的制度有利于经济增长,但是为什么世界上绝大多数地方没有产生好的制度呢?要回答这个问题,我们需要理解制度变迁理论。本节着重介绍诺斯关于制度变迁的效率假说,然后围绕政治科斯定理讨论这个假说成立的条件,最后我们引进制度企业家的概念,讨论人的自由意志和组织在制度变迁中所起的作用。

18.4.1 效率假说

在《西方世界的兴起》一书中,诺斯已经提出一个制度变迁理论,即制度朝着节约使用更稀缺要素的方向发展。这就是所谓的"诱导性制度变迁假说"。这个假说的一个推论是制度变迁的效率假说,即制度演进的方向是提高经济运行的效率。两者的灵感都来自诱导性技术变迁假说。诱导性技术变迁假说认为,如果更稀缺要素的相对价格提高,企业就会采用更密集地使用相对便宜的要素的技术,以此节约生产成本。诱导性制度变迁假说的思路与此相似。当黑死病使得劳动力相对于土地的价格提高时,农奴制就会被自由租佃制取代,后者给予劳动力更大的自由度,有利于发挥劳动力的生产积极性,从而有利于提高整个社会的产出。到了后期,对羊毛的需求提高了土地的价值,从而产生了对土地产权进行分割的要求,而土地私有产权的建立有利于对土地投资的增加,进而有利于提高社会的总产出。

诱导性制度变迁的结果之一是有效制度变迁,但是它不是后者的必要条件。为此,我们可以看一下普通法对效率的改进这个例子。起始于英国的普通法系的传统与大陆法系非常不同。在大陆法系中,法律是议会制定的,法官的作用只是执行法律;普通法系的传统则不同,它没有成文法(英国连成文宪法都没有),法律由法官的判例构成。换言之,在普通法系的传统中,法官具有"造法"功能。在 Gennaioli and Shleifer (2007)中,研究者从三个方面来论证普通法对效率的改进:第一,由于普通法造法过程的分权性质,普通法比成文法更具有灵活性,更容易针对具体情形的变化而发生改变,从而可能给经济和社会提供更多的自由。第二,尽管普通法法官具有自己的政治见解,并根据这些政见判决案件,但是法官政见的多样性保证了判例的多样性,从而从长期来看,普通法在平均意义上仍然能够改善效率。第三,通常情况下,民间的争端往往起源于效率不高的制度,比如,一个人被生意伙伴钻了空子,蒙受了损失,这可能恰恰说明法律的不完善,当这些争端被诉诸法庭时,法庭就会改变这些制度。在这里,普通法的有效性来源于它的分权性质、法官的多样性及案件的挑选过程。

在普通法对效率的改进这个例子中,法官是唯一的制度制定者,在一定程度上,我们仍然可以采用成本—收益分析方法来分析他们的行为。但是,现实中的多数制度变迁不是由单一的行动主体完成的,而是要涉及多个甚至无数个行动主体。在这种情况下,有效制度变迁是否仍然可能发生?

18.4.2 政治科斯定理

当我们把制度变迁看作许多行为主体参与的结果时,我们就必须考虑他们之间的政治过程,即他们是如何相互作用的,他们的决策机制是什么,等等。这样制度变迁就转化为一个政治决策过程,我们的问题因此变为:是否存在一个政治过程,它的结果是产生一个新的改善效率的制度?要回答这个问题,我们需要注意两个方面的挑战:其一,效率假说是建立在功利主义原则基础上的。功利主义认为,一个社会应该最大化个人效用之和或使社会产出最大。它暗含的一个假设是个人之间的效用是可比的,而且给个人之间的比较强加了一个平等条件,即每个人的效用单位是相等的[①],但两者都与现代自由主义的理念相左,因为后者坚持个体的独立性和个体效用的相对性。其二,制度变迁的收益不是平均分配给每一个参与者的,而且制度变迁是有成本的,成本在人群中的分布也不是平均的。在这一背景下,制度变迁的参与者会就制度变迁的分配结果产生分歧和争夺,从而可能阻止有效制度变迁的发生。考虑以上两个方面的挑战,姚洋(2004)的理论研究对效率假说给出了一个负面答案:如果政治过程只关注个人偏好,不允许个人间的效用比较,不允许收入转移,且满足马斯金单调原则[②],则不可能存在这样的一个政治过程和新的制度。这个答案背后的直觉是:效率假说要求制度在效率维度上随着环境的变化而发生线性变化,而政治过程要求制度变迁考虑每个参与者的效用且不允许简单的效用加总,从而导致制度变迁相对于经济环境变化的“黏性”。但是,姚洋也证明,如果允许制度变迁的净得益者补偿其中的净损失者,则有效制度变迁是可能发生的。有效制度变迁提高整个社会的加总效用,因此为补偿提供了基础,如果补偿是可操作的,帕累托改进就可以发生。

这就引出了所谓的政治科斯定理。我们知道,科斯定理说的是,如果不存在交易成本且初始产权是明晰的,则无论谁拥有初始产权,涉事双方都可以通过谈判重新分配产权,以获得最大社会产出(Coase,1960)。这一定理成立的关键是,即使初始产权拥有者不喜欢新的社会配置方案,得益者也可以对他进行补偿,赎买其产权。科斯定理的强大之处在于,它给出了市场不适用条件下(如存在外部性的情况)最大化社会效率的可能性。显然,制度变迁是在市场之外进行的,而且涉及大量的谈判过程,因此一个希望是把这一定理推及制度变迁领域。这就产生了政治科斯定理:无论哪个社会群体掌握政治权力,社会中的政治和经济交易都会促使社会产生有利于全社会效率的制度或政策(Acemoglu,2003)。与科斯定理一样,政治科斯定理成立的关键是群体之间可以进行有效的补偿。比如,少数地主掌握土地,而土地的集中不利于经济增长,穷人要促成土地改革,就必须给予地主足够的补偿。但是,这种补偿可能出于下面几个原因而无法进行。

其一是交易成本。在上述土地改革的例子中,穷人可以从中得益,但是每个穷人的得益很小,要补偿地主,就必须通过政府进行。然而,地主对政府的决策有很大的影响力,在许多情况下(如一些南亚和拉丁美洲国家),他们控制着政府,因此不一定会愿意接受补偿。其中一个原因是,土地拥有者对土地的估价往往高于土地的市场价格,

---

① 更多讨论参见第 20 章的内容。

② 马斯金单调原则是:如果选项 A 是起始个人偏好下的社会选择结果,而它在所有人的排序中没有下降,则 A 应该是新的个人偏好下的社会选择结果。

特别是那些长期的土地拥有者,他们对土地的估价可能非常高,政府能够负担的补偿无法达到他们的要求。在更多情况下,人们并不清楚土地的价值,也不能就土地改革带来的好处形成一致意见,各种利益和意见的交锋化为高昂的交易成本,最后只好不了了之。

其二是强势利益集团的阻挠。即使社会可以就补偿达成一致意见,但是如果失利方是强势利益集团,它们也会阻挠制度变革。这里的原因是,一个集团(或个人)所看重的不仅有金钱利益,还包括现有地位所蕴含的权力,在许多时候,后者可能更重要。比如,地主阶级可能愿意接受失去土地的金钱补偿,可一旦他们失去了土地,随即也就失去了相应的社会地位,无法再对佃户颐指气使,也无法再对地方和国家事务发挥影响。在这种情况下,他们就会反对土地改革。更一般的,强势利益集团往往通过控制政府获得某种垄断地位,后者给予它们高额的租金,如果失去了这一地位,它们也就失去了一大块无形的利益。这是强势利益集团阻挠制度变革的主要原因。

其三是可能存在一个可信承诺问题。即使补偿足够令失利者满意,它们也可能担心得利者的补偿承诺是不可信的:得利者几乎总是有动机在失利者答应放弃权利之后反悔,不兑现自己的承诺(Acemoglu,2003)。当然,这个问题总是可以通过制度来解决。比如,达龙·阿西莫格鲁(Daron Acemoglu)和詹姆斯·罗宾逊(James Robinson)就认为,西欧的民主化进程就是因精英阶层无法兑现对平民的承诺而导致的(Acemoglu and Robinson,2005)。[①] 因此,从根本上讲,高昂的交易成本和强势利益集团的阻挠是有效的制度变迁无法实现的主要原因。

多数经验研究也表明,政治科斯定理在现实中很难成立,除非是在小型社会里。在大型里,利益集团之间力量的不平衡几乎总是导致社会的停滞。我们将在第 19 章对此进行更深入的讨论。

18.4.3　观念、制度企业家、组织和制度变迁

在研究人的行为时,经济学家往往只关注外在条件的变化对这些行为的影响,而不是研究人本身的思想变化如何影响他的行为。在很大程度上,这个研究取向是经济学的学科性质决定的:经济学的研究对象是可以度量的经济现象,而不是比较模糊的思想意识。但是,人们设计制度是为了实施一定的目标,而不是盲目听任外在条件的指使[②],用布罗姆利在《充分理由:能动的实用主义和经济制度的含义》一书中的说法,

---

[①] 从本质上讲,阿西莫格鲁和罗宾逊对西欧民主化的描述与马克思的阶级斗争理论是一致的,他们增加的内容就是所谓的可信承诺问题。他们认为,精英本来可以通过答应给平民更多的福利来避免权力的丢失,但是精英的这个承诺不具有时间一致性,因而平民也不可能相信他们的承诺,而是会要求参与决策过程,从而推动民主的产生。但是,这里的可信承诺只是一个不必要的理论褶皱而已;平民希望掌握自己的命运,这种愿望不是精英的金钱和福利赎买所能抵消的。

[②] 哈耶克的看法与此不同。他认为,自发秩序——人们相互作用过程中形成的秩序——是唯一合理的秩序,而由少数人设计的秩序往往导致强制。参见哈耶克(1997)。

人们在设计制度时是在"从未来思考现在"——我们首先想象一个正义和美好的世界，然后再思考如何设计我们的制度以到达这个世界(布罗姆利，2008)。我们可以用布罗姆利在这本书中举的一个例子来说明这个问题。美国威斯康星州的一群农民拥有一块湿地。随着商业需求的增长，这块土地的商业价值增加，农民们就想把湿地里的水排干，然后进行商业开发。根据法律，他们必须向县政府提出申请，变更土地用途。但是，他们的申请遭到县政府的否决，理由是，毁掉湿地会影响野生生物的生存环境。农民们不服，最后把官司打到威斯康星州最高法院，但是州最高法院的法官维持了县里的判决，理由是，农民们当初购买的是湿地而不是商业用地，县里的决定并没有侵犯农民的所有权。这似乎有一丝诡辩的意味。但是，州最高法院的裁决反映了社会整体对环境和生态认知的变化，人们意识到，自然生态是一种稀缺资源，而且具有很强的外部效应。从这个例子中我们得到的一个结论就是：社会观念的变化是制度变迁(或停滞)的一个重要原因。这一点与诺斯对意识形态在制度变迁中的角色的强调是一致的。

但是，意识形态是如何变化的呢？诺斯认为，意识形态节约人们认识世界的成本，它的变化总是比较缓慢，更多时候是成为制约有效制度变迁的绊脚石。布罗姆利则更多地强调意识形态的突变，并把这种突变看作社会整体变动的结果。在现实中，意识形态的改变可能是与制度变迁相互作用的结果，中国的改革就是这样的一个例子，可参见姚洋(2008b：81—84)。

当我们讨论意识形态与制度变迁之间的相互作用时，我们通常把意识形态作为定义和改变群体行为的抽象概念来加以讨论。但是，意识形态在人与人之间存在巨大的差异，因此我们需要进入对个体的研究，讨论个体层面的观念如何决定和改变制度变迁的方向。

在这方面，经济学家倾向于从原子化的个体出发，研究制度，特别是好的制度，是如何从个体的理性选择和博弈过程中涌现出来的；换言之，经济学家倾向于研究哈耶克的自发秩序。但是，正如我们在前面讨论制度的实施时所看到的，个体之间的博弈是不可能杜绝违规者存在的，根本原因在于人的机会主义倾向。事实上，当我们把社会看作由原子化的个体组成时，我们就回到了人类的原初时代，而那个时代的特征是，氏族内部是专制的，氏族之间则受丛林法则约束。从实证主义的角度出发，一个比较可靠的解释人类制度的思路似乎应该是：某些具有抱负的、关心氏族存亡且能力非凡的人通过一些行动——如勇敢杀敌、多捕获猎物等——获得氏族的认可，成为氏族首领，然后实施一定的制度。这些人可以被称为"制度企业家"。他们制定制度的主要目的是保障氏族的延续，因此必然包括一些苛刻的惩罚措施，也包括维护首领地位神圣不可侵犯的严刑酷法，但是也可能创造了延续至今的人类普遍持有的道德准则，如不偷窃、不损人利己、相互尊重、勇敢等，因为它们对于氏族的延续也是重要的。当然，我们今天无法观察到人类早期制度发展的历程，但一些研究仍然可以从侧面帮助我们理解。

杨雷和姚洋(2002)通过观察《石器时代》这款网络游戏中玩家的行为，为我们理解组织在制度形成和执行中的作用提供了一个有趣的案例。《石器时代》是一款早期群体在线游戏,它模拟远古人类的生活,一大特点是允许多个玩家组成狩猎和战斗小组,共同完成一些任务并获得积分。但是,个别小组成员即使不出力也可以获得积分,这就产生了典型的"搭便车"问题。通过几个月的在线观察,杨雷和姚洋发现,一些积分很高的玩家开始发起组织"部落",自称"首领",制定严格的部落守则,并为弱小成员提供保护,如当他们受到他人欺负时去惩罚那些"坏人"。《石器时代》的游戏现场俨然成了人类早期进化过程的浓缩版。

那么,制度企业家又是如何出现的呢？当然,做制度企业家是有收益的,在古代,这意味着一个人可以成为万民的统治者。但是,这些收益是极端不确定的,在初期,个人还要付出极高的代价。在《石器时代》这款游戏中,"部落首领"们的收益完全是虚拟的,但他们付出的成本是实实在在的,至少他们要花很多超额的时间挂在线上,时刻准备为"部落"成员提供保护服务。行为经济学家和心理学家的一些实验为这些人的行为提供了解释(参见 Fehr and Rockenbach,2004)。在一般的公共品实验里,研究者总是发现搭便车行为。恩斯特·费尔(Ernst Fehr)等人对公共品实验进行了改进,允许那些做出贡献的人惩罚搭便车者。他们发现,即使惩罚是有成本的,也会有一些人愿意采取惩罚措施。后来,他们又进一步加入心理学成分,用仪器测试实施惩罚者的脑电图,发现他们在实施惩罚的过程中获得心理满足感。从这些实验得到的结论是,社会中存在一些打抱不平的"罗宾逊",是因为惩恶扬善给予"罗宾逊"心理愉悦。这为社会秩序的建立提供了一个生物学基础。

总结本节的讨论,我们大体上可以理出从制度企业家到制度的建立和变迁的一个脉络:社会中存在一些能力超强的"江湖豪杰",他们从惩恶扬善的义举中获得心理满足感,当他们拥有一定数量的支持者之后,他们就会建立组织,并通过组织实现他们的目标,为此他们要建立一定的制度,并根据外部环境的变化对制度进行改进。在当下的现实生活中,我们不一定能够观察这个脉络的全过程,但仔细思考之后我们就会发现,这个脉络总是若隐若现地出现在现实生活之中。

18.5　对制度主义的批评

以诺斯为代表的制度主义学派强调制度是决定经济增长的根本因素,本节来讨论对这个命题的批评意见。特别的,我们将关注两个问题:第一,是否存在最优的制度？以及与此相关的:制度是否可以移植？制度主义者,特别是阿西莫格鲁和罗宾逊,会倾向于对这两个问题给出肯定的回答,但其他人包括诺斯本人会给出否定的回答。第二,长期而言,制度是可变的,那么我们是否还可以说制度是决定经济增长的根本因素呢？特别的,是否存在其他比制度更为根本的因素,如地理环境、历史文化及人力资本等,能够决定一个国家的长期经济表现呢？

18.5.1 纯洁的制度和有效的制度

在《经济史中的结构与变迁》一书中,诺斯强调路径依赖对一个国家锁定在特定制度的重要性。所谓路径依赖,指的是现存制度限制了未来制度演进方向的现象。用诺斯的话来说就是:"历史是起作用的。"这不等于说制度突变是不可能的,但是有一些沉淀在一个国家文化和历史进程中的东西是不可能在短期内改变的,从而会对制度突变起到修改的作用。比如,爱德华·弗里曼(Edward Friedman)在观察华北一个村庄的基础上撰写了《中国乡村,社会主义国家》(Friedman,1991)一书,其主要观点是,尽管中国在国家层面是社会主义,但在村庄层面,中国仍然保留着传统的人文风貌,并对国家的社会主义干预进行"修正"。另一个例子是,东欧剧变之后,西方的经济学家兴奋不已,为苏东国家的经济转型设计了"休克疗法",即在"一夜间"完成经济的私有化过程、引进市场机制。但是,"休克疗法"的后果是,几乎所有国家的经济都陷入30%—40%的倒退,有些国家15年之后才恢复到1991年剧变开始时的水平。

由此提出的一个问题是:是否存在放之四海而皆准的最优制度?"休克疗法"的支持者们显然是相信存在这样的制度的。然而,一个好的制度是要解决问题的,而问题是因国家和地区而不同的。好的制度的本质特征是能够引导个体在追求私利的同时增进社会利益。但是,在引进一个新的制度之前,个体不是生活在制度真空里的,而是生活在一个制度网络里的。任何制度变迁都只能改变这个网络的一部分,其他没有改变的部分会继续起作用。所以,任何好的制度都必然和制度网络中的其他制度有着较好的耦合关系。另外,现实世界变化很快,这也要求制度做出相应的改进。出于这些原因,好的制度不一定是"纯洁"的制度,但它们一定是有效的制度——能够引导个体在追求私利的同时增进社会利益的制度。

中国在经济转型过程中发明了许多不那么"纯洁",但在当时的情形下非常有效的制度。比如,20世纪80年代发展起来的乡镇企业没有"纯洁"的制度安排,但为中国的工业化进程做出了巨大的贡献。在当时,私人企业还不被官方承认,但是富裕起来的农民中冒出来许多企业家,他们不得不与乡镇政府或村委会合作,把企业注册为集体企业,这就是乡镇企业的由来。在这些企业内部,产权是不明晰的。从法理上讲,企业属于乡镇或村集体,但是企业的实际拥有者和控制者往往是企业家自己,乡镇政府和村委会不过是收取固定比例的收益而已。从一个标准的经济学理论出发,这样的产权安排肯定不可能保证企业的良好运作。但乡镇企业之所以取得成功,是因为企业家与政府之间存在一个非正式的制度安排,补充了正式制度安排的不足。价格双轨制是另外一个例子。于1985年正式开始实行的价格双轨制是在两种倾向——完全抛弃和继续坚持计划定价——之间的一种妥协。它允许国有企业在完成国家计划配额之后在市场上自由销售产品和购买原材料,而市场价格往往高于国家计划价格。通常情况下,这种一物二价的制度安排肯定要失败的,因为它会造成国有企业在两种价格之间的投机套利活动,最终摧毁自己,中国也因此出现过"官倒"现象。但是,价格双轨制完成了两件非常了不起的事情:第一,它降低了改革的阻力,让中国平稳地完成了价格改革,刘遵义等人因此把它称为"没有失利者的改革"(Lau et al.,2000)。第二,它防止了苏东国家"休克疗法"之后的恶性通货膨胀,把价格改革的成本降到了最小。

我们还可以列举出很多这种有效但不那么"纯洁"的制度,它们的叠加完成了中国从计划经济向混合经济的过渡。这对其他发展中国家的制度改革提供了有益的经验。发达国家的经济学家在向发展中国家提供政策建议时,往往给出"最佳实践"(best practices),然后要求发展中国家照办。但是,"橘逾淮而为枳",发展中国家采纳这些"最佳实践"之后不但没有取得经济增长,反而出现很大的混乱。中国的转型经验表明,发展中国家应该根据自身的发展轨迹提出务实、可行的改革方案,采用"小步快跑"的方式实现制度变革。

18.5.2 人力资本、地理环境和制度

当谈到制度的重要性时,制度主义者往往会举韩国、朝鲜的例子,韩国实行市场经济,朝鲜实行计划经济,两者的经济表现具有天壤之别。然而,像韩国、朝鲜这样强烈的对比并不多见,我们看到的多是介于市场和政府干预之间的混合经济以及介于直接民主和独裁之间的混合政治体制。回顾第二次世界大战后的历史可以发现,那些成功实现经济赶超的国家或地区(如东亚的经济体)都曾经历一段时间的"威权体制",多数国家(地区)的政府还对经济进行较重的干预。另外,它们的制度建设往往发生在经济高速增长一段时间之后,而且是威权统治者自己开始的(Glaeser et al.,2004)。这似乎说明存在一些比制度更深层次的变量,它们导致了这些国家(地区)在早期的高速经济增长。

第一个变量是人力资本水平。在这里,人力资本指的不仅是教育水平,还包括经验、组织能力、交往能力等内容,换言之,它指的是一个国家的广义人口素质。制度可能在短期内发生变化,但是人口素质不可能在短期内提高,它不仅取决于当前的教育投入,而且取决于过去的历史传统。我们在第3章讨论农业时,为中国的小农体系提供了一个理论支持:小农体系不仅不是阻碍中国经济增长的落后制度,而且通过对人力资本的培养促进中国的长期经济增长。

由于土地资源贫乏,东亚地区(如中国、日本和朝鲜)在历史上非常重视对人力资本的开发,相对于西欧的工业革命(Industrial Revolution),东亚发生的则是杉原熏(Sugihara Kaoru)所说的"勤劳革命"(Industrious Revolution)。[①] 工业革命创造了工业文明,勤劳革命则是对人力资源的挖掘,其在短期内显然不可能跟上工业文明前进的步伐,但是当东亚开始吸收欧洲工业革命的成果时,勤劳革命带来的人力资本水平

---

① 参见 Arrighi et al.(2003)一书中杉原熏撰写的章节。

的提高就变成了优势。比如,在小农体系下,每个小农都是一个企业家,他不仅要掌握与农业生产相关的生产和气候知识,而且必须是一个好的商人,对市场有一定的了解和预测能力,能够根据对市场的把握规划作物的组合,并在恰当的时候出售自己的产品。我们可以把中国的农民和南非新获得土地的黑人农民做一个比较。在种族隔离时代,南非的黑人农民多数是农场工人,专门做特定的农活。种族隔离之后,他们获得土地,但是他们没有农业生产的全面知识,更不懂如何经营一个农场,因此许多人荒弃土地,再次到城里打工。即使经历了近三十年的集体化,中国的小农并没有失去他们的人力资本,农村改革之后,这些人力资本开始发挥更大的作用,在沿海地区,农民企业家纷纷涌现。

总之,人口素质是历史时期长期养成的后果。沿着这个思路走下去,有人认为,不同地区人口的生物特征是决定长期经济增长的原因。目前的人类学知识告诉我们,现代人类大约是在 15 万年前从东非发展起来的,之后逐步向欧亚大陆扩散。现代基因研究发现,欧亚大陆居民的基因比其他地区原住民的基因更加多样,此外许多测试表明,欧亚大陆居民的智商高于其他地区原住民的智商。但是,我们无法从这些证据中得到欧亚大陆居民比其他地区原住民在生物学意义上更聪明的结论,原因有二:其一,目前的智商测试并不能完全反映一个人与生俱来的智力水平,而更可能是受到后期教育的影响。其二,欧亚大陆是人类文明的发祥地,欧亚大陆居民的智商高完全可能是这个地区文明发展的累积结果,与人的生物特质无关。

第二个变量是社会结构,它可能比制度更具深层意义。经济学家所研究的制度(如所有权、领导人的产生方式等)多数是正式制度,而社会结构在很大程度上决定着一个国家的非正式制度,而且社会结构可能制约一个国家正式制度的形式和变化。具体的,社会结构主要通过阶层、种族、宗教等利益集团等实施影响。我们将在第 19 章专门讨论利益集团是如何限制经济增长的,这里就不再赘述。

第三个更持久的变量是地理环境。对于人类历史来说,自然地理环境几乎是不会发生改变的,直到今天,人类也不可能完全摆脱地理环境的约束。关于地理环境对长期经济增长的作用,贾雷德·戴蒙德的《枪炮、细菌与钢铁:人类社会的命运》(Diamond, 1999)给出了令人信服的解释。这是一部宏大的著作,简而言之,它的核心思想是,人类诸社会之所以达到不同的文明高度,不是因为人种的差异,而是因为各个社会所处地理环境之间存在巨大的差异。在这方面,欧亚大陆具有得天独厚的优势。我们知道,人类文明发源于今天的伊拉克北部,主要原因是那里拥有最多的可供人类驯化的动物和植物。欧亚大陆的特点是东西方向上拥有连续的陆地,这有利于作物和动物沿相同气候带扩散。从现有人类学和考古学证据来看,无论是西方的埃及文明和地中海文明,还是东方的中国文明,都得益于文明从其起始点的扩散。相比之下,非洲和美洲就没有那么幸运了。这两个大洲南北长、东西短,作物和动物的扩散需要跨越不同的气候带,因而变得非常艰难。这就决定了这两个大洲上的人类社会在初始阶段就落后于欧亚大陆各社会的发展水平。由于文明发展的累积性,这也导致了它们在近代的落后。

第四个深层次的变量是气候变化。戴蒙德的地理环境叙述停止在人类文明的早期阶段,他的一个遗留问题是:为什么欧亚大陆上会发生东西方文明的分岔?莫里斯在戴蒙德地理环境叙述的基础上加入后发优势和气候变化,试图解释东西方两大文明之间此消彼长的历史(Morris,2010)。事实上,东西文明分岔出现不止一次,而是三次。第一次是两万年前,人类脱离蒙昧时代,文明在西方兴起[①];第二次是公元5世纪,罗马帝国衰落,东方文明开始领先西方文明;第三次才是18世纪末之后西方文明对东方文明的再次赶超。地理环境在三次转换中均起到了作用,比如莫里斯认为,中国之所以没有成为首先发现美洲新大陆的国家,是因为中国离美洲大陆太远。但是,我们也不能忽视气候变化在其中的作用。对于欧亚文明来说,打击最大的是气候变冷。一旦气候变冷,北方游牧民族就会发起对南部农耕文明的进攻,而历史规律是,面对骁勇的游牧民族的进攻,农耕文明总是以失败而告终。罗马帝国的衰落起始于气候变冷导致的一场规模空前的鼠疫,终止于北方蛮族受寒冷驱使的进攻。中国古代文明的衰落始于北宋时期北方游牧民族的进攻。当时,北半球再次变冷,汴京周围的树木被大量采伐,最后一半的人口开始使用煤炭。明朝多数年份的气温正常,但到末期气温下降,农业大量歉收,国库吃紧。崇祯皇帝锐意改革,举措之一是裁撤官吏,被裁的人当中就有"邮差"李自成。另外,满族从北方游牧民族的混战中脱颖而出,继而开始进攻中原地区。内外交困,明朝没有不亡的道理。

工业革命之后,农耕文明掌握了游牧民族弓箭无法比拟的武器,征服的方向从此改变。但是,人类也并没有完全摆脱气候变化的袭扰。今天,我们要担心的不是气候变冷,而是气候变暖。尽管我们无法确定气候变暖对世界各地的确切影响,但是正如我们在第14章所提到的,如果地表平均温度上升2℃,则人类面对极端气候灾难的风险将大大增加。

第五,经济增长可能是综合社会发展的一部分。莫里斯就持这种观点(Morris,2010)。他使用能量获取能力、城市化水平和军事动员能力三个变量构造了一个"社会发展指数",指数的最大值定为1000,由三个变量2000年的取值决定。这三个变量反映了人类社会征服自然、自我组织和抵御外敌的能力,因此可以用来对超长历史阶段进行比较研究。莫里斯发现,在工业革命之前,东西方两大文明的社会发展指数都没有超过45这个"天花板",但凡接近45,两大文明都开始衰落。但是,相较于欧亚大陆之外的地区,欧亚大陆诸社会的社会发展总是超前的。具体到中国,我们拥有不间断的文明发展轨迹;我们曾经为世界贡献了以四大发明为标志的众多技术革新;我们在很早的时候就发明了社会管理的一整套制度,其中一些如有效的官僚系统直到今天仍然发挥着巨大的作用;我们创造了灿烂和持久的文学与艺术;我们非常重视教育,父母宁可食不果腹也要供子女完成学业;我们为世界贡献了不朽的思想,儒家和道家哲学不仅主宰了中国两千年的文化传统,而且为解决今天的世界冲突提供了备选方案;等

---

① 莫里斯采用逆推法定义东西方两大文明,这样西方文明的源头就是今天伊拉克北部的台地,而东方文明的源头是中国的黄河中下游地区。当他考察文明的转移时,他主要是考察文明核心地区的转移。

等。正如莫里斯在其著作结尾处所预示的,我们没有理由不相信中国会追上西方文明进步的步伐。

总之,我们可以说,地理环境以及基于其上的社会发展,包括技术、社会管理、人力资本、文学艺术等诸多方面,是决定一个社会长期经济增长表现的根本因素,气候变化则是悬在文明头顶上的达摩克利斯之剑,随时可以摧毁文明的进程。制度的作用则主要表现在中短期,在长期,制度本身是社会发展的一部分,会随着其他因素的变化而变化。

18.6　小结

本章讨论了制度的定义,以诺斯的制度主义学说为例说明了制度对经济增长的作用,并以较大的篇幅讨论了制度变迁的机制,最后对制度主义进行了检讨,讨论了比制度更深层次的几个影响长期经济增长的变量。本章显然没有穷尽制度与经济增长之间关系的所有理论和经验研究,有兴趣的读者可以进一步阅读本章提到的参考文献。

自 2000 年以来,制度研究有所转向。其中一个显著特点是从诺斯和科斯的成本—收益分析方法转向博弈论的应用;另一个特点是重视对国家和利益集团的研究。这一转向的结果是导致新政治经济学的兴起。我们因此专辟第 19 章对此进行深入的讨论。

【练习题】

1. 如何理解诺斯和康芒斯对制度的不同定义?

2. 当无名氏定理被应用到对制度的研究时,为什么说它只是为制度提供了一个规范性的(合理性的)辩护? 组织在制度的建立和实施过程中扮演什么样的角色?

3. 举出两个反对有效制度变迁假说的理由。

4. 什么是可信承诺? 请查阅相关文献,用可信承诺理论分析中国的财政分权是否实现了钱颖一和温加斯特所言的"保护市场的财政联邦主义"。

5. 政治科斯定理不成立的原因之一是,在一定的起始制度(产权安排)条件下,科斯定理所预示的最终制度(产权安排)使得交易一方的效用受损。请查阅科斯 1960 年的《社会成本问题》这篇文章或其他相关文章,然后构造这样一个例子。

6. 按照老制度学派的意见,制度的一大功能是分配权利。试从这个角度反驳诺斯的效率假说。

7. 什么是"好"的制度? 为什么"纯洁"的制度未必是"好"的制度? 请以中国改革过程中的一个例子进行论证。

8. 东亚地区人多地少,按照诱导性技术变迁理论,当地应该更多地发明节约土地的技术。那么,如何解释东亚文化对人力资本积累的重视?

国家、利益集团
和发展
第 19 章

19.1 引言

按照标准的经济学教科书的说法,国家的作用是制定和执行法律以及纠正市场的缺陷。但是思考一下就会发现,在过去的150年间,从美国和德国开始,实现赶超的国家都是在某一段时间内中央政权比较强大的国家,相反,那些中央政权比较弱的国家的发展都不太好。国家在经济赶超中扮演何种角色,是值得深入探讨的问题。如果可以重走一遍英国走过的工业化道路,那么或许等待二三百年,中国最终可以赶上发达国家;但是,没有一个人愿意等待那么长时间。所谓发展,就是落后国家赶超先进国家的过程,就是把目前发达国家的发展历程浓缩起来的过程。发展中国家实现赶超的一个有利条件是后发优势,即可以通过接受发达国家的技术扩散实现技术的跨越和生产力水平的提高。但是,一个国家能否很好地利用后发优势,并不是一个自发的过程——至少,一个自发的过程无法满足赶超的需求——而是需要政府从中协调和组织,特别是在早期阶段,政府在教育、资本积累、基础设施和科技进步方面的投入可能决定一个国家能否实现赶超。

但是,纵观世界历史,在欧洲以外的国家当中,能够实现赶超的国家屈指可数。原因何在?一个可能的原因是多数国家的领导人不懂经济学原理,因而采取了错误的经济政策。这在过去是可能的,但在资讯如此发达的今天,这种可能性应该很小。更多数的情况是,国家领导人即使懂得经济学原理,也会因种种限制而无法采取好的经济政策。在这方面,经济学家的一致观点是,利益集团之间的争利以及对政府的影响是限制政府采取好的经济政策的主要原因。

本章的目的是探讨国家(政府)在经济增长中的作用以及利益集团对国家(政府)的限制。我们以为什么需要国家这个话题开头,在接下来的19.2节讨论市场与国家的关系,明确政府在经济活动中的三大作用,即矫正市场缺陷、克服分散政治决策的弱点和实施一定的社会目标。我们将强调政府作用的阶段性,即随着经济和社会的发展,政府的作用需要进行调整。在19.3节,我们讨论国家形态,特别是民主与经济发展之间的关系。在19.4节,我们介绍并评价发展主义国家及其在东亚地区的表现。在19.5节,我们转而讨论利益集团对经济发展的限制作用,重点讨论曼瑟·奥尔森(Mancur Olson)的利益集团和泛利性组织理论。根据泛利性组织理论,如果执政者来自一个泛利性组织——其利益和国家利益重合度较大的组织——一个国家就可能实现经济增长。在19.6节,我们进而阐释中性政府的概念,并说明为什么中性政府会采取好的经济政策,以及社会和政治平等如何有利于一个国家产生中性政府。最后,19.7节总结全章。

理解国家与市场之间的关系,以及国家形态与发展之间的关系。

把握发展主义国家的概念,以及它在东亚奇迹中的作用。

理解奥尔森的利益集团理论,并能够用它解释现实问题。

把握泛利性组织和中性政府的概念,并能够用它们理解现实问题。

19.2 国家能做什么

19.2.1 市场不能做什么

在讨论国家能做什么之前,我们需要先知道市场不能做什么。市场的最重要功用是发现商品的统一价值。对同一个商品,每个人给出的价值都不一样。比如,一个干渴到极点的人可能愿意花 100 元去购买一瓶矿泉水,而一个一点儿都不渴的人可能 1 分钱也不想付。在这种情况下,生产计划就无法进行,除非企业专门为每个消费者进行生产。市场给出一个统一的价值,即价格——比如,矿泉水 3 元一瓶——生产者按照这个价格来配置生产资源,而消费者按照这个价格来计划消费。在一般均衡条件下,产品之间的边际转换率等于产品对每个人的边际效用之比,且等于产品之间的相对价格。

同时,我们也应该看到,市场在定价的同时也在分配财富。比如,当一幅画的价格达到 1 000 万元时,很明显地具有财富效应。在前面讨论饥荒问题时,我们讲述了森的权利理论。根据该理论,当市场对劳动力的定价太低时,就会发生饥荒。显然,市场的财富分配功能对普通人具有重要作用。

那么,市场不能做什么呢? 在经济学中,市场缺陷经常被提及并作为政府干预经济的基础。让我们回顾一下市场缺陷的种类:第一种情况是当市场中存在公共品时。公共品的特点之一是消费不具有排他性,这样提供公共品的私人收益就小于社会收益,如果让私人来提供公共品,公共品的数量就无法达到社会最优水平。第二种情况是当市场中存在较为严重的信息不对称时。对于局部的信息不对称,市场可以通过自发的机制予以纠正。比如,在经典的"柠檬汽车市场"的例子中,市场会自发地生长出一些中介公司,帮助买家鉴定汽车的质量。但是,对于严重的信息不对称,市场本身就显得无能为力了。比如,如果卖家不能确定买家是否会按时付款,此时法律保护就变得至关重要了。第三种情况是当市场需要协调行动时。我们前面学习过的大推进理论就是一个例子。事实上,当市场的自发结果是产生多重均衡时,从坏的均衡向好的均衡的过渡都需要行为者之间的协调,但市场本身通常是无法提供这种协调的。

除了上述市场缺陷，我们还必须意识到，市场不关注其分配结果的合意性，用更准确的语言来说，市场是分配中性的。几乎所有的社会都关注平等和公平问题，差异只是关注的面向不同——比如，有些社会更关注结果的平等，而有些社会更关注起点的平等——但是，市场的功能之一是奖励成功、惩罚失败，结果必然是造成不平等。另外，市场也不提供自身赖以存在的基础。卡尔·波兰尼（Karl Polanyi）是一位马克思主义历史学家，在1944年出版的《大转折：我们时代的政治与经济起源》一书中，他考察了英国资本主义的发展历程（Polanyi，1944）。他认为，资本家实际上并不喜欢市场，他们最喜欢的是垄断，所以他们要求英国政府提供很多的保护。在政府的保护之下，资本家不顾工人的诉求，肆意妄为，最终导致社会的分崩离析。这时社会本身就会出现反抗力量，而社会反抗恰恰产生"市场赖以存在的基础"，比如对穷人和工人的社会保护以及对资本家垄断权力的限制。

19.2.2　国家的作用

对比市场不能做的事情，我们比较容易认清国家的作用，具体而言，国家可以在以下三个方面发挥促进经济发展的作用，即矫正市场缺陷、克服分散政治决策的弱点以及实施一定的社会目标。

首先，市场的三个缺陷为国家（政府）在经济发展过程中扮演一定的角色提供了基础。通常情况下，政府必须担当起提供公共品的职责，特别是在教育、公共卫生、基础设施和科技进步等领域，政府的作用是不可替代的。但是，需要指出的是，这不等于要求政府亲力亲为，政府的作用可能更多的是在组织、筹资和计划方面，具体的实施可以通过恰当的机制交由私人部门进行。政府的另一项重要职责是为私人交易提供有效的法律保护，由此克服市场中因信息不对称而产生的机会主义问题。政府还可以在一些领域担任协调人的角色，把分散的私人决策引导到有利于社会整体利益的轨道上来。在这方面，产业政策是一个广受争议的话题。

在许多发展中国家，产业政策是政府实现经济赶超的主要手段之一，日本和韩国在经济起飞时期就大量倚重产业政策。政府实施产业政策的主要手段包括价格管制、信贷配给、财政补贴和税收优惠等。这些措施都是对市场信号的干预，比如按照政治经济学家艾丽斯·阿姆斯登（Alice Amsden）的话来说，韩国政府在实施产业政策时，不是要把价格搞对，而是有意"把价格搞错"（Amsden，1992）。林毅夫也强调，一个国家要推行比较优势发展战略，政府的协调作用必不可少（林毅夫，2012）。但是，产业政策的效果到底如何，学术界的争论非常激烈。在《东亚奇迹：经济增长与公共政策》这份报告中，世界银行肯定了政府在东亚经济发展中的作用，但是对产业政策仍持谨慎态度（世界银行，1995）。亚洲金融危机之后，东亚增长模式受到更多的质疑（参见Stiglitz，2001）；而在现实中，韩国得到政府巨额信贷补贴的大企业纷纷出现严重的财务危机，进一步动摇了人们对产业政策的信心。在中国，产业政策仍然是政府干预和指导经济活动的重要举措,其中一些取得了成功,但失败的例子也很多。如何进一步合理化产业政策,仍然是一个值得认真研究的课题。

其次,国家可以克服分散政治决策的弱点。在一个民主国家,政治决策可能是非常分散的。阿罗不可能定理从理论上证明,在满足四个条件的情况下[①],任何集体决策都不可能形成具有逻辑一致性的结果。比如,当社会面对 A、B、C 三个选项时,集体决策对这三个选项的排序不可能满足逻辑一致性,如出现 A>B、B>C 及 C>A 的情况,这显然不符合偏好的传递性原理。在现实生活中,美国加利福尼亚州在重大事务上的全民公决为阿罗不可能定理提供了一个佐证。加利福尼亚州开发非常晚,到 19 世纪末时还非常混乱。"进步运动"开始之后,加利福尼亚州形成了重大事务须经全民公决的传统。在这种情况下,增加税收的提案往往被否决,但增加支出的提案往往被通过。比如,加利福尼亚州是美国最富有的州之一,但其教育质量位居末尾,原因是加利福尼亚州的房产税税率很低,而教育经费是由房产税提供的。显然,低房产税和高教育质量都是老百姓想要的,但最后只能是鱼与熊掌不可兼得。全民公决是直接民主的一种,长时间依靠它进行公共决策就可能产生事与愿违的结果。解决这个问题的出路是代议制民主,即由民众推选出一批代表,由他们来选择领导人(议会制)或监督直接选举产生的领导人(总统制)。代议制的优势在于,民意代表可以通过充分的辩论了解决策的原委和影响,并因此做出更加理性的决策。

中国是一个在经济方面尤其财政高度分权的国家,地方政府一般公共预算收入约占全预算收入总额的一半,另外还有巨额的预算外收入;同时,地方政府一般公共预算支出占全国预算支出总额的 80% 以上[②],该比例属世界各国最高之列。财政分权被认为是中国经济高速增长的源泉之一(参见 Xu,2011);但是,并不是所有财政分权的国家都实现了高速经济增长。从理论上讲,财政分权对经济增长既有促进作用,又有阻碍作用,前者包括给予地方官员强烈的发展激励、鼓励地方创新和改善经营环境等,后者包括过度竞争、地区壁垒、为腐败提供方便等。一种观点认为,中国的财政分权之所以有利于经济增长,是中国拥有一个强大的中央政府(Blanchard and Shleifer,2001)。中央政府主要通过两个途径影响地方政府:一个是财政收入转移,另一个是人事任命(包括执政者的升迁)。两者都可以帮助中央政府实施统一的政策目标,控制财政分权的负面作用。一个可以对比的例子是印度。和中国不同,印度实施的是"财政集权+政治分权"体制。在这种体制下,中央政府的权威被严重削弱,决策变得异常困难;而且,政府决策倾向于照顾分利集团的利益,而不是国家的长远发展。

最后,国家还实施一定的社会目标。国家不是一个被动的实体,而是在很大程度上具有主动性。成功实现赶超的国家,至少在其早期都确立了明确的发展目标,即使是美国这样被认为是当今最放任自由的国家也是如此。更为重要的是,国家还实施许

---

① 这四个条件是无限制性偏好原则、两两独立原则、帕累托原则和无独裁原则。参见阿罗(2010)和百度百科"阿罗不可能定理"条目。

② 地方政府支出超出收入部分由中央政府转移支付补充。

多社会目标,如提供公共教育、减少贫困、收入均等化、普及医疗服务等。欧洲的"福利国家"是这方面的典型例子。在进步运动之前,美国的社会政策很少,但是经历进步运动、罗斯福新政和约翰逊的"伟大社会"计划之后,美国也在向福利国家靠近。

总之,在现代社会,撇开国家(政府)谈论一个国家的经济发展是不可能的。在经历了长期的无效援助之后,国际社会最终认识到,非洲国家经济发展的首要任务是国家建设(state building)(如 Fukuyama, 2004)。所谓国家建设,指的是国家加强其能力的过程,内容包括加强国家认同,提升税收能力,改进官僚体系的效率,增加政策实施的效力等。在中国,王绍光和胡鞍钢是较早提出国家能力问题的学者,一般认为,他们于 1993 年出版的《中国国家能力报告》一书对中国现存财政体制的设计产生了较大的影响(王绍光和胡鞍钢,1993)。

19.2.3 国家角色的阶段性

一个国家的经济发展具有阶段性,不同的阶段需要国家完成不同的任务,因此国家的角色需要根据经济发展阶段的不同而进行调整。根据我们前面章节的讨论,我们大体上可以把一国的经济发展分成三个阶段。

经济起飞阶段 在这个阶段,一个国家面对的最大问题是如何跳出贫困陷阱。根据我们前面章节的讨论,此时的关键性因素是资本积累,因此国家的主要任务应该是动员和集中储蓄。在这个阶段,国家必须建立起一定的税收能力,并有能力把一定比例的税收转化为有效投资。同时,国家还必须对金融部门实施一定的控制,指导银行和资本市场把资金集中到少数具有增长潜力的行业上来。在这个阶段,储蓄几乎完全来自农业,国家能力较强的政府无一例外地从农业汲取剩余,用以补贴工业的资本积累。另外,成功实现赶超的国家也几乎无一例外地在对外贸易方面实施了重商主义政策,通过税收和汇率等方面的政策打击进口、鼓励出口,从而加速国内的资本积累。

中等收入阶段 当一个国家成功跨越贫困陷阱、进入中等收入行列之后,这个国家的经济增长就将面对不同的挑战。一方面,随着收入水平的提高,居民储蓄率提高,资本积累不再是一个紧迫的问题;相反,资本积累的边际报酬递减规律日益成为一个限制因素,技术进步和产品创新的作用越来越大。另一方面,随着经济体量的增大,一个国家继续在对外贸易方面实行重商主义政策所面对的国际压力越来越大,扩大国内市场势在必行。在这种情况下,政府的角色应该做相应的调整:第一,政府应该把更多的资金投入教育、科技创新和基础设施建设,以提升创新能力、改善投资环境;第二,政府应该关注收入和教育资源的平等分配,以扩大国内市场和提升全体国民的人力资本水平;第三,政府应该减少对经济的直接干预,减少对经济的管制,让市场发挥更大的作用,以最大程度地实现成功的创新;第四,政府还应该把更多的注意力从经济增长转向对民众福利的改善,为持续的经济增长提供和谐社会的保障。

高收入阶段 进入这个阶段之后,政府应该全面退出对经济的直接干预,把更多的注意力放在提升人力资本水平、加强基础研究能力和改善民众福利这些更为基础的方面。

19.3 国家形态与经济发展

国家形态指的是一个国家的政治组织形式,特别是政府的产生过程。比如,在民主制度下,政府是通过公开选举产生的;而在个人独裁下,政府是独裁者个人意志的产物。在民主和个人独裁之间存在广阔的灰色空间,国家形态形形色色。事实上,即使是在公认的民主政体内部,也存在非民主的成分(如美国的联邦最高法院),而即使是地位最稳固的个人独裁者,也要诉诸某种形式的民主以获得一定的合法性。在当今世界,更多的民主是绝大多数发展中国家追求的目标之一。那么,更多的民主是否有利于经济发展呢? 这是我们下面要探讨的问题。

19.3.1 民主与经济发展

由于民主和个人独裁之间存在广阔的灰色地带,如何定义民主就变成一件困难的事情。为了归类的方便,研究者通常将政府是否通过民选投票产生作为民主政体的标志(如 Acemoglu and Robinson,2005;Przeworski et al.,2000)。这个定义虽然不完美,但非常清晰,且道出了民主最重要的特征,因此我们这里也采用这个定义。

在这个定义的基础上,从理论上讲,民主既有促进经济增长的一面,又有阻碍经济增长的一面。下面几个原因可以解释民主对经济增长的促进作用:第一,民主要求政府对民众的诉求负责,激励政府发展经济;第二,民主平衡各种利益集团的诉求,限制强势利益集团对经济的垄断;第三,民主有利于收入分配的均等化,从而可能促进普通民众在教育等方面的投资。而下面几个原因可能导致民主阻碍经济增长:第一,民主造成过多的再分配和现期消费,从而打击高能力人口的生产和投资积极性;第二,民主造成政治对经济的过多干预,促使政府设置过多的管制;第三,利益集团之间的争利行为可能导致政府资源的错配,即不是把资源分配给生产力最高的群体,而是把资源分配给政治力量最强大的群体;第四,在政治力量分散的情况下,民主制度容易导致一个国家的不可治理性,即国家失去对重大事务做出决策的能力。

在这一背景下,我们很容易理解,为什么经验研究没有发现民主与经济发展之间存在稳定的关系。另外,研究者发现,民主制度在人均收入较低的国家非常脆弱,在遇到经济衰退时很容易瓦解并演变为独裁政体;而当国家的人均收入较高时,民主制度更容易延续和稳定下来。[1]

但是,多数经验研究的一个问题是,它们把民主当作可以独立于其他条件而发生作用的制度,研究在给定其他条件不变的情况下民主与经济发展之间的关系。但是,在现实中,民主制度的运作效果和其他社会、经济、政治条件密不可分。首先,民主制度要发挥监督政府的作用,就必须拥有健全的法制、开放的媒体和知情的民众,缺少其中任何一个条件,民主的作用就会大打折扣。其次,民主制度需要一个比较平等的社会结构的配合,因为在一个非常不平等的国家,强势集团比较容易通过各种手段左右选举结果,并逃避民众的监督。最后,民主制度的良好运作还需要国民对国家有认同感。在多民族国家,如果各民族对国家的认同感较低,民主制度的运作就会比较困难。发展中国家要满足上述三个条件非常困难。非洲的多数国家是殖民者在第一次世界大战之后的凡尔赛会议上强行划分的,以前没有多少联系的族群被划分在同一个国家,导致认同感很低。殖民者离开之后,这些国家纷纷实行民主制度,但绝大多数都经历了严重的内乱,直到进入 21 世纪之后才稳定下来。在许多发展中国家,由于没有发生过社会革命,不平等的社会结构得以在民主制度下保存下来,成为阻碍民主制度运作的巨大障碍。[2]

因此,研究民主与经济发展之间的关系不应该把民主和非民主进行对比,而是应该研究在那些实行民主制度(通过选举产生政府)的国家当中,哪些条件有利于民主促进经济发展,哪些条件不利于民主促进经济发展。另外,正如国家的角色随经济发展阶段而应该有所不同一样,民主与经济发展之间的关系也可能和经济发展阶段有关。比如,在经济发展的早期阶段,国家的任务是动员和集中储蓄,此时民主制度就可能不是最合适的制度。原因之一是民主制度下很难做到对资源的集中使用;原因之二是民主制度导致过早的再分配,从而会降低国民储蓄率。事实上,有研究认为,实现赶超的国家往往在早期都经历过一段时间的"独裁政体"(Glaeser et al., 2004)。但是,当进入中等收入国家行列之后,民主制度就可能帮助一个国家保持经济增长的动力,原因是民主制度下的再分配会促进普通民众对教育的投资,并有利于扩大国内市场需求。

19.3.2　非民主与经济发展

如前所述,这里的民主政体指的是政府由民选投票产生的政体,非民主政体就是所有其他形式的政体。正如民主政体一样,非民主政体的经济表现也存在巨大的差异。有些非民主政体,特别是东亚的非民主政体曾经取得过巨大的经济成功,而多数

---

[1]　关于民主与经济发展之间的关系有很多经验研究,有兴趣的读者可以参考 Przeworski et al. (2000)。

[2]　菲律宾是一个典型例子。在近代历史上,菲律宾先是西班牙的殖民地,然后又沦为美国的殖民地。西班牙和美国殖民者利用当地的社会精英统治菲律宾。独立之后,这些精英仍在,成为垄断地方政治和经济的"独裁者"(despots)。菲律宾不平等的社会结构是阻碍其经济增长的主要原因。20 世纪 60 年代,菲律宾是发展中国家的明星,人均国民收入是当时中国的 5 倍;而 50 年之后,中国的人均国民收入是菲律宾的 2.2 倍。

其他非民主政体要么没有取得经济增长,要么昙花一现没有取得持续的经济增长。因此,和对民主的研究一样,我们关注的不应该是非民主是否有利于经济增长,而是什么样的社会、经济和政治条件有利于非民主促进经济增长。

文化差异是最容易想到的条件。韦伯是最早把文化和经济发展联系起来的学者。在《新教伦理与资本主义精神》一书中,他认为基督教(新教)要求信徒直接与上帝交流,并把自己奉献给上帝,因而养成了勤劳、节俭和奉献的资本主义精神(韦伯,2010)。在日本和东亚"四小龙"取得经济成功之后,以杜维明为代表的新儒家学派开始挖掘儒家文化对经济发展的作用。儒家文化强调统治者的德行,统治者与被统治者之间的互惠关系("礼"),以及对统治者施加一定的道德约束。同时,在儒家思想的熏陶和科举制度的保护之下,中国古代的士大夫阶层具有较为强烈的道德抱负和国家意识,向上起到了约束皇权的作用,向下起到了照顾百姓的作用。由此,中国古代还形成了一个较为有效的官僚体系,而后者是国家能力的中坚力量。

但是,讨论文化与经济发展的关系的一个陷阱是,强调文化的作用可能仅仅是一个民族在上升期表现出来的对本民族文化的一种自我肯定。韦伯撰写《新教伦理与资本主义精神》时正是德意志民族的顶峰时期,而新儒家也是东亚经济复兴进入高潮时出现的。每种文化都有促进经济发展的一面,也都有阻碍经济发展的一面,单独强调某一个方面都是片面的。比如,新教指导下的资本主义会导致过度的竞争,最终毁掉资本主义赖以存在的社会基础(从这个角度看,俾斯麦在普鲁士率先建立社会保障体系是一个非常有远见的行动);而儒家文化的中庸和私隐思想往往导致法治的不张,最终不利于经济发展。因此,经济学家的任务应该是把文化"打碎",分析文化的具体片段对经济发展的促进或阻碍作用。

政治学文献中对非民主经济表现差异最重要的解释是政体的制度化程度。这里的"制度化"指的是一个政体在代际交接、组织和决策等方面所设立的制度性措施。制度化使得一个非民主政体具有较高的可预测性,不受领导人个人意志的左右,因而更可能促进经济发展。

经济学文献中对制度化的研究比较少,其中斯科特·吉尔巴克和菲利普·基弗(Gehlbach and Keefer, 2011)及莘莫西·贝斯利与其合作者(Besley and Kudamatsu, 2007)的研究值得一提。吉尔巴克和基弗构建了一个数理模型,直接对执政党的制度化进行刻画。在他们的模型中,制度化的含义是党内信息的共享,以及成员对领导人的监督。他们证明,在一定条件下,这个机制可以限制领导人的掠夺行为,从而让成员可以放心大胆地进行投资。他们以执政党的党龄为制度化的度量指标,对 20 世纪以来的非民主政体进行的回归分析表明,执政党制度化程度较高的国家的经济表现更好。贝斯利则从执政党权力的稳固性方面探讨执政党制度化的途径。其思路是,如果执政党的权力不稳固,它的成员就会投鼠忌器,不敢惩罚胡作非为的领导人,因为这样做可能导致党内的混乱,从而被其他政党取代;相反,如果执政党的权力非常稳固,它的成员就不用担心他们会失去已有的特权,从而更可能惩罚不称职的领导人。

以上两个研究的共同点是,他们都认为制度化到位的非民主政体为执政党内部提供了制衡机制,限制了领导人的行动。但是,这样的制度化没有解决执政党与普通民众的关系问题。执政党制度化再往前走一步,就是要在宪法框架内确定执政党在国家构架中的具体地位。

对非民主制度下经济表现的研究仍然处在方兴未艾的阶段。如同对民主的研究一样,关注非民主制度下经济表现的社会、经济和政治条件,以及非民主制度的角色的阶段性,将可能产生有意义的研究成果。

专栏 19.1
改革开放以来中国共产党的制度化进步

在 19 世纪 30 年代之后的一百年里,中国经济占世界经济总量的份额急剧下降,1949 年是中国由衰落走向复兴的起点。不过,之后的多次政治运动,特别是"文化大革命"使党、国家、人民遭到严重的挫折和损失。"文化大革命"期间,党内政治生活不正常,经济决策被泛政治化,造成了极大的混乱。改革开放之后,中国共产党在制度化方面取得了长足的进步,为中国经济的高速增长提供了强有力的制度保障,这体现在:

第一,在人事安排方面,党明确了内部的权力交接。苏联解体的原因很多,其中之一是领导人的老龄化,勃列日涅夫在其执政后期近乎丧失语言能力。改革开放初期,邓小平力排众议,果断地实行从中央到地方的干部退休制度,为干部队伍的年轻化和知识化提供了保障。国家领导体制和领导形式实现了中共中央总书记、国家主席、中共中央军委主席"三位一体"的格局,代际权力交接实现了平稳过渡。

第二,在组织方面,党建立了比较统一的干部培养和选拔制度,继承和发展了儒家文化中的贤能体制传统。自隋朝设立科举制度以来,科举就成为中国官僚体系的核心组成部分之一。因为科举,"朝为田舍郎,暮登天子堂"不再是神话,中国因此成为古代社会中社会流动性最高的国家。党的干部制度是对科举制度中贤能体制成分的借鉴与完善。研究表明,那些能够实现经济增长的官员更可能得到提拔(Li and Zhou, 2005;姚洋和张牧扬,2013),其结果是党内集中了一批有能力管理国家的人才,保证了中国经济的持续增长。

第三,在决策方面,党摒弃了"文化大革命"期间"政治挂帅"的倾向,吸收了大量的技术人才进入政府重要决策部门,决策的科学化水平大幅提高。另外,决策的制度化水平也有所提高,集体领导取代了"一言堂",人民代表大会在重大决策中的地位得到加强。

第四,党内民主得到完善和加强,并成为制度化的措施。随着市场化的推进,党的吸引力没有像一些人预测的那样降低;相反,党员人数和 20 世纪 80 年代相比翻了一番以上。这部分得益于党内权力的分享。同时,人民代表大会、政治协商会议等体制内机构的作用得到加强,成为收集和处理民众意见的重要场所。权力分享使得党和体制内机构成为各种意见角力与妥协的舞台,较好地起到了消解社会矛盾、理性决策的作用。

第五,在意识形态方面,党完成了从"革命党"到"执政党"的转变,其关键性步骤就是"三个代表"的提出。党既是工人阶级的先锋队,又要代表先进生产力、先进文化和最广大人民的根本利益。通过这个转变,党已经不是西方意义上的一个政治党派,而是变成中国国家机构的一部分。

总之,改革开放以来,中国共产党在制度化方面做了大量工作,为中国的经济增长提供了保障,也开创了一条政党转型的新型道路。

资料来源:姚洋(2008a)。

19.4 发展主义国家

发展主义国家(the developmental state)的概念始自 20 世纪 80 年代初期,是对东亚地区经济赶超过程中国家角色的总结,后来也被用来描述欧洲和其他地区赶超时期的国家行为。这个概念和自主性国家(the autonomous state,参见 Skocpol,1979)的概念有很强的关联性。自主性国家这一概念描述的是国家本身具有自己的目的和行动逻辑,而不仅仅是各种利益集团角力的场所或它们的一个简单加总。发展主义国家在自主性国家的基础上,还为国家指定了经济发展作为其行动的目标,特别是发展主义国家通过财政、金融和产业指导等手段干预市场运作,以期加快经济增长的速度。按照政治学家禹贞恩的总结,发展主义国家具有以下几个特点(Woo-Cumings,1999):

一是民族主义诉求和重商主义经济政策。早期东亚地区的政治领袖们都具有显著的民族主义倾向。日本在兴起过程中的一个冲动是在西方列强面前证明自己民族的价值;孙中山领导的中国同盟会在早期具有浓厚的反清倾向;毛泽东带领的中国共产党致力于维护国家统一和民族自立;朴正熙于 1961 年发动政变上台,1965 年发表著作《我们国家的道路:社会复兴的思想》(朴正熙,1988),直抒一个韩国民族主义者的胸怀。按照重商主义传统,国家直接干预经济运作,在国内集中资源发展战略产业,对外实施进口保护、鼓励本国战略产业的出口。从前面章节的讨论中我们可以看到,当国内产业发展存在规模经济或面对发展陷阱时,这些举措可能是有效的。

二是对金融系统的重视。禹贞恩认为,金融是国家的神经,通过控制金融,国家就可以调动一国的人力和物力资源,以实现一定的政策目标。由于直接金融具有分散性的特点,发展主义政府很自然地选择了间接金融,即通过控制银行体系来调配社会资源。简单回顾一下历史就会发现,19 世纪的后发国家(如法国和德国)都不约而同地选择发展银行业,而不是先发国家(如英国和荷兰)所发展的资本市场。接下来,日本向

19世纪最成功的赶超国家德国学习,而甲午战争之后中国又开始向日本学习。作为日本曾经的殖民地,韩国也自然采纳了日本的制度。结果是东亚地区形成了以银行为主导的金融体系,为这一地区的发展主义国家提供了经济制度基础。

三是有效的官僚体系。发展主义国家的经济政策不可能仅仅依赖市场就可以得到贯彻,国家的干预手段需要一个高效的官僚体系。东亚地区的官僚体系有很长的历史,近代以来,这一地区的官僚体系吸收了西方国家的现代管理模式,决策更加理性化。由于这个传统,相比其他地区,东亚地区的行政部门在国家架构中的地位非常突出,国家的重大决策往往来自行政部门而不是立法部门。就社会总体而言,东亚地区的民众也比较认可行政部门的权威,从而为官僚体系发挥更大的作用提供了一定的合法性基础。[1]

四是强调政府和商界的协调。发展主义国家并不排斥市场,而是利用市场为发展服务。国家也设立国有企业,但更多的是通过财政、金融和产业指导等手段引导私人企业服务一定的国家目标。为此,国家天然地会偏好大企业,因为控制大企业的成本较低,而且大企业更容易执行国家的意图。在日本,这主要表现为主银行制度,即企业围绕着一个大型银行组织起来;在韩国,财团则是主要的组织形态;在中国,国有企业是实施政府产业部署的主要工具。

尽管发展主义国家不一定需要威权体制(authoritarian regime)的配合[2],但威权体制与发展主义国家之间存在许多契合之处,主要表现是威权体制在制度层面为发展主义国家提供了方便。例如,发展主义国家必须为发展制定明确的目标,在民主制度下,由于民众意见的分散化,这可能变成一件非常困难的事情,而在威权体制下,民众没有充分参与决策过程的机会,官僚体系就可以比较容易地拿出方案来。在执行层面,威权体制也比较容易实现对重大项目和目标的控制。

发展主义国家在现实中的表现如何呢?在亚洲金融危机之前,多数研究都对发展主义国家持赞赏态度,但是亚洲金融危机似乎敲响了警钟,提醒世人关注发展主义国家带来的问题。其中最主要的问题是国家对金融的控制所导致的道德风险,以及相关的资源浪费。韩国的大财团在金融危机中暴露出严重的高杠杆债务问题,为了得到国际社会的金融援助,韩国银行体系不得不接受国际货币基金组织的重组要求。在中国,金融财政化倾向在20世纪90年代初期非常严重,90年代末开始得到较为彻底的治理,但2008年国际金融危机之后又卷土重来,其后果值得我们警惕。

发展主义国家的产业政策是否有效,也是一个争议非常大的问题。世界银行在《东亚奇迹:经济增长与公共政策》报告书肯定了东亚的出口导向发展模式,但对其他产业政策持谨慎态度(世界银行,1995),后期的《东亚奇迹的反思》则进行了更多的反

---

① 笔者的一位美国朋友长期在新加坡居住,当被问到对新加坡的评价时,他回答说:"新加坡的独特之处在于,它有一个会治理的政府,同时也有愿意被治理的人民。"

② 如芬兰在第二次世界大战之后实现了经济赶超,其间芬兰政府也被称为发展主义政府,但芬兰实行的是民主制度。第二次世界大战之后的日本也不再是一个威权体制,但通常认为,当时的日本奇迹是发展主义国家的一个典范。

思(斯蒂格利茨和尤素福，2003)。同时，由于发展主义国家的产业政策容易滋生寻租和腐败，一些人甚至认为，发展主义国家实际上实行的是"裙带资本主义"，即少数强势集团和国家结盟主导的资本主义。

对发展主义国家理论最根本的质疑是：为什么国家会以发展为目标？发展主义国家理论没有回答这个问题。这给这一理论带来两个冲击：其一，它假定了一个"好人"政府，然后分析这个"好人"政府如何会把国家治理好，这显然有玩"套套逻辑"之嫌。其二，即使"好人"政府的确在一些国家存在过，我们也不能期待所有国家的政府都是"好人"政府；换言之，发展主义国家没有可复制性。这样我们有理由怀疑，发展主义国家不是一个带有普遍意义的理论，而不过是对特定国家或地区和特定时期内政府行为的总结而已。总之，发展主义国家理论没有给"为什么一些政府采取了好的经济政策"这个根本性问题提供答案。

19.5 利益集团和泛利性组织

要回答"为什么一些政府采取了好的经济政策"这个问题，我们必须考察政府政策制定过程中的政治经济学过程——政治与经济之间的互动过程。具体来说，我们需要研究政府自身的决策逻辑和利益集团如何影响政府决策。在这方面，奥尔森做出了开创性的贡献。本节重点讨论他在1982年出版的《国家的兴衰：经济增长、滞胀和社会僵化》一书中提出的利益集团和泛利性组织（encompassing organizations）[①]理论（奥尔森，2007）。

19.5.1 利益集团

在《国家的兴衰：经济增长、滞胀和社会僵化》这部著作中，奥尔森提出一个问题：为什么英国这样一个老牌资本主义国家在第二次世界大战后变得一蹶不振？他给出的答案是，英国稳定的民主制度造就了过多的分利性的利益集团。这个答案是从他早期著作《集体行动的逻辑》中引申出来的（奥尔森，2011）。根据在那本书里的分析，奥尔森提出了关于利益集团的9个命题：

（1）不存在任何一个国家，其所有具有共同利益的人都可以形成对等的组织，并通过广泛的讨价还价达成最优结果。

（2）在边界不变的稳定社会中，随着时间的推移，将会出现大量的集体行动组织或

[①] 《国家的兴衰：经济增长、滞胀和社会僵化》的译者按照张宇燕的建议，将"encompassing organizations"译成"共容性组织"，但这个译法没有体现这些组织在利益方面的特性，固本书采用笔者自己的译法。

集团。

（3）"小集团"的成员具有达成集体行动的不成比例的组织力量……

（4）……特殊利益组织或联盟降低社会效率或总收入，并且加剧政治生活中的分歧。

（5）泛利性组织有动力使它们所在的社会更加繁荣……

（6）分利集团做出决策通常要比它们所包含的个人或企业做出决策慢得多……

（7）分利集团会削弱社会采用新技术的能力，减缓为回应不断变化的条件而需对资源进行的重新配置，并因此降低经济增长率。

（8）分利集团一旦大到可以成功的规模，就会成为排他性的……

（9）分利集团的增多会提高管制的复杂性、政府的作用和惯例的复杂性，并且改变社会演进的方向。

命题（1）为奥尔森的分析提供了基础，它的反面是科斯定理。在《社会成本问题》一文中，科斯认为，如果不存在交易成本，则无论初始权利分配如何，任何两个个人或组织都可以通过讨价还价实现资源或权利分配的帕累托最优（Coase, 1960）。但是，在现实中，由于交易成本广泛存在，而且个人与组织之间的政治权力不是对等的，因此有效的讨价还价很难发生。命题（2）可以解释英国和其他长期稳定的社会（如古代印度和中国）的情形。在一个长期稳定的社会中，外延扩张的机会很少，人们因此把注意力更多地放在如何分配现有收入上，从而滋生分利集团。命题（3）解释了"对多数的歧视"这一现象。在多数社会中，占多数比例的群体（如消费者）总是被政府政策歧视，而占少数比例的群体（如烟草生产厂家）总能得到政府政策的青睐，原因是人数较少的群体更容易组织起来，而且其成员从政府优惠政策中的平均得益更高。命题（4）和（5）是对两种对立性的组织——特殊利益组织和泛利性组织——的总结，其中泛利性组织和我们这里的讨论相关性很大，因此我们专辟 19.5.2 节对它进行详细的论证。命题（6）—（9）则是对"特殊利益组织阻碍经济增长"这个命题的详细论证。总体而言，在一个稳定的社会中，外延式的经济、社会和军事扩张减缓乃至停滞，因而分利组织纷纷涌现，它们的目的不是做大蛋糕，而是在现有蛋糕中多分一些，为此它们会为一些蝇头小利锱铢必争，从而进一步降低社会的反应能力，使得社会变得更加复杂和僵化，经济增长也就无从谈起。

19.5.2　泛利性组织

奥尔森认为，一个国家要想保持发展的态势，一个泛利性的执政组织可以提供很大的帮助。所谓泛利性组织，就是其自身利益与全社会利益的重叠性比较大的组织。如果这样的组织执政，则它在追求自身利益的同时也在追求全社会的利益。而且，在再分配方面它会比较小心，因为再分配是有成本的，而其中由泛利性组织承担的部分比较大。在这里，执政组织为社会做好事，不是出于对社会利益的追求，而是出于对自身利益的追求。这显然与发展主义国家理论要求国家从本质上就必须关注发展有很大的不同。但是,正因为泛利性组织追求社会利益是策略性选择的结果,这一概念才具有可推广的价值;只要我们找到产生泛利性组织的条件,我们就可以把泛利性组织推介给任何一个国家。

奥尔森认为,苏联早期的成功就得益于苏联共产党的泛利性。我们也可以把这个逻辑运用到中国共产党身上。中国共产党拥有9 000余万名党员,这些党员来自各个阶层和各个行业,具有广泛的代表性,我们因此可以说中国共产党是一个泛利性组织。奥尔森还认为,美国具有赢者通吃性质的选举制度造就了美国的两党制体制,在一定程度上保证了执政党的泛利性。相反,印度则是不存在泛利性组织的典型例子。印度1947年独立,国民大会党执政四十年,20世纪80年代末开始国民大会党日益衰落,地方性政党层出不穷,参选政党个数甚至超过1 000个,国民大会党即使赢得大选,也不得不与其他政党组成联合政府。在这种情况下,联邦政府的决策变得异常困难,在各种事情上举步维艰。各个政党追求的都是选票的最大化,而不是国家的长远发展。一个足以证明奥尔森泛利性组织理论的证据是,自1988年以来,随着人民院(印度下院)最大党席位比例的下降,其政府在经济发展方面的支出比例也同步下降。如图19.1所示,1988年之前,最大党(国民大会党)占据人民院3/4以上的席位,与此相对应,政府发展性支出占GDP的比重一度超过20%;1988年大选,国大党席位比例下降一半,政府发展性支出占比也随之下降5个百分点以上。在此之后到2006年,两大党(国民大会党和人民党)的席位比例都在35%的低位徘徊,政府发展性支出再也没有超过GDP的15%。

图 19.1　印度政治分散化与政府发展性支出的下降
资料来源:Cheten et al. (2006)。

那么,什么因素决定一个国家是否产生泛利性执政组织呢? 一个显见的因素是执政组织的大小。一个较大的组织具有更高的代表性,它的利益追求因此也更容易反映全社会的追求。上述苏联、中国和印度的例子恰恰说明了这一点。一个国家的历史也是一个重要因素。比如,共产党成为中国的执政党、国民大会党成为印度独立之后一段时间内的主导政党,都与两个国家的近现代史休戚相关。另外,文化传统可能也是一个因素。例如,东亚国家(地区)政府能够成为发展主义政府,可能与儒家传统有关。但是,所有这些因素几乎都和特定国家(地区)联系在一起,从而大大削弱了泛利性执政组织推广的可能性。然而不幸的是,除了这些因素,我们不太容易确定有利于产生泛利性执政组织的其他条件。在一个民主社会里,更多的民众监督并不能保证执政党的泛利性。民众属于不同的利益集团,民众监督因此只能是从自己利益集团的角度给出的监督,本身就不具有泛利性。事实上,在很大程度上,奥尔森所担心的政府的"不可治理性"恰恰是属于不同利益集团的民众争利的结果。反过来,我们也不清楚,除了一些不可复制的特定因素,为什么有些非民主体制出现了泛利性执政组织,而其他多数非民主体制没有出现。

19.6　中性政府

发展主义国家要求国家具有"好人"性质,而泛利性执政组织要求执政组织的规模足够大,最终这两种概念可能都是对特定国家在特定时期政府的描述,因而不具有可复制性。社会科学研究者的任务是发现适用于多数国家和较长时间段的一般性规律。要找到这样的规律,研究政府与其他行动者所面对的社会、经济和政治约束是比较可行的思路。沿着这个思路,本节提出中性政府的概念,并以一个模型探讨中性政府产生并有助于经济增长的条件。

19.6.1　中性政府的定义[①]

所谓中性政府(disinterested governments),就是其经济政策不受社会集团非生产性特征影响的政府(姚洋,2009,2021;贺大兴和姚洋,2011)。在这里,"非生产性特征"指的是社会集团的社会地位和政治权力等与生产力无直接关系的特征。如果政府的经济政策被某些社会集团的社会地位或政治权力左右,则我们一般认为,政府是和这些社会集团结盟或被其俘获的。从这个意义上讲,中性政府是不与任何社会集团结盟,也不被任何社会集团俘获的政府。在美学文献中,"disinterestedness"一词有三层含义:对所观察的事物不感兴趣,在观察事物时不带入个人感情,在行动或感情中不掺

---

① 本小节参考了贺大兴和姚洋(2011)。

杂个人诉求或利益(Peng,2009)。此处在使用这个词来定义中性政府时,意思接近它的第二层含义,也就是说,中性政府在对待社会群体,特别是当它们之间发生利益冲突时保持一种中性中立态度。我们排除了"disinterestedness"的另外两层含义,因为中性政府并不是不对社会群体感兴趣,在制定政策时也不是不掺杂自己的利益诉求,相反,中性政府也是自利的,也可能对社会群体采取掠夺性行为,只不过它的掠夺和群体的非生产性特性无关。

中性政府要求政府具有一定的自主性,因此这个概念和自主性国家是相通的。但是,和自主性国家不同,中性政府对政府施加了一定的政策指向。同时,中性政府也和发展主义国家不同。发展主义国家要求政府主动地以经济发展为政策导向,而中性政府只对政府施加一个禁止性限制,要求它不得与社会集团结盟。我们可以用主动自由与被动自由之间的差别来说明发展主义国家与中性政府之间的差别。所谓主动自由,指的是"能做……的自由";所谓被动自由,指的是"免于……的自由"(Berlin,1969),两者是区分激进自由主义和古典自由主义的根本性指标。对于古典自由主义者而言,追求主动自由可能导致对个人权利的限制和践踏,甚至为法西斯主义打开大门;而对于激进自由主义者而言,仅仅强调被动自由往往等于没有自由。[①] 显然,两派人士的观点水火不相容。和主动自由类似,发展主义国家可能赋予国家过多的权力,导致权力的滥用,最终可能损害民众的利益。中性政府则和被动自由类似,只要求政府免于被社会集团俘获或被迫与之结盟,因而是对政府的限制而不是赋权。

中性政府的理论渊源可以追溯到马克思主义的国家理论。在论证国家起源时,恩格斯指出,为了使"这些经济利益互相冲突的阶级,不致在无谓的斗争中把自己和社会消灭,就需要有一种表面上凌驾于社会之上的力量,这种力量应当缓和冲突,把冲突保持在'秩序'的范围以内;这种从社会中产生但又自居于社会之上并且日益同社会相异化的力量,就是国家"(恩格斯,2012:187)。通常情况下,"它照例是最强大的、在经济上占统治地位的阶级的国家""但也例外地有这样的时期,那时互相斗争的各阶级达到了这样势均力敌的地步,以致国家权力作为表面上的调停人而暂时得到了对于两个阶级的某种独立性"(恩格斯,2012:188—189)。此时,国家就是中性的。另外,中性政府也与乔万尼·阿里吉(Giovanni Arrighi)所谓的"斯密意义上的资本主义"相通。在《亚当·斯密在北京:21世纪的谱系》一书中,阿里吉区分了两种资本主义:一种是马克思意义上的资本主义,即国家是管理资产阶级公共事务的委员会;另一种是斯密意义上的资本主义,即国家属于全社会,而不服务于特定的阶级。阿里吉认为,中国实质上是"斯密意义上的资本主义"(阿里吉,2009)。中性政府的概念比"斯密意义上的资本主义"更具体,更有助于对具体政策的分析。

---

① 参见第20章对分配正义的讨论。

19.6.2 中性政府与经济表现

什么条件有利于中性政府的产生呢？上述恩格斯的论断已经为此提供了线索："那时互相斗争的各阶级达到了这样势均力敌的地步，以致国家权力作为表面上的调停人而暂时得到了对于两个阶级的某种独立性。"也就是说，当社会比较平等，因而不存在占据绝对优势的社会集团时，中性政府更可能产生。此时，政府无须担心被某个社会集团取代，因而也无须与任何社会集团结盟。在这种情况下，它也更可能采纳有利于经济增长的经济政策，因为这样做，一来可以提高其成员的收益，二来可以获得执政的合法性。此时，中性政府就是一个泛利性执政组织。但是，这个组织无须是一个大型组织，而且由于平等的社会结构是可以通过一定的干预措施实现的，中性政府因此是可以复制的。下面我们就通过一个简单的模型说明社会平等是如何促进中性政府的产生并提高社会总产出的。

考察一个由两个社会群体（集团）和一个（自主性的）政府组成的社会。每个群体都拥有一定的政治力量（政治动员、组织以及反抗政府或另外一个群体压迫等方面的能力），记为 $v_i, i=1,2$。政府也具有一定的政治力量（政治动员、镇压等方面的能力）。两个群体中个体数量相等，每个个体拥有一定数量的资本，同一个群体中的个体拥有的资本量相等，记为 $K_i, i=1,2$。政府拥有一定数量的资源 G，需要决定如何在两个群体之间进行分配。[①] 一旦分配，政府的资源就变成单个群体的公共品（或俱乐部产品）。记每个群体得到的公共品数量为 $G_i, i=1,2$。每个个体的生产函数是 CES 形式：

$$y_i = A(K_i^\alpha + G_i^\alpha)^{\frac{1}{\alpha}}, \quad A > 0, 0 < \alpha < 1 \tag{19.1}$$

其中，A 代表全要素生产率，它在人群中是相同的。这个假设有两层意义：其一，我们关注的问题是公共资源在两个政治力量不同的群体之间的分配，但我们没有先验的理由相信生产效率和政治力量有何关联。其二，这个假设让我们避免了生产效率可能产生的效应，让我们的模型变得相对简单，专注于回答我们主要关切的问题。

前面说过，有偏政府被某个社会群体俘获，而中性政府不被任何群体俘获。这里进一步假设，有偏政府必须把所有资源分配给俘获它的群体。假设这个群体是群体 1，则 $G_1 = G$，$G_2 = 0$。此时，社会总产出是：

$$y^b = A(K_1^\alpha + G^\alpha)^{\frac{1}{\alpha}} + AK_2 = AK[k_1(1+g_1^\alpha)^{\frac{1}{\alpha}} + k_2] \tag{19.2}$$

其中，$K = K_1 + K_2$，$k_i = K_i/K$，$g_1 = G/K_1$。

中性政府则可以在两个群体之间理性地分配资源。一个自然的想法是，它的理性选择是最大化社会总产出，即

---

① 这里没有考虑政府自己的消费（腐败）问题，但这不会影响我们的主要结论。

$$\underset{G_1,G_2}{\mathrm{Max}}\, y^d = A(K_1^a + G_1^a)^{\frac{1}{a}} + A(K_2^a + G_2^a)^{\frac{1}{a}} \tag{19.3}$$

$$G_1 + G_2 = G$$

很容易求得，$G_i = k_i G$，$i = 1，2$。此时的社会总产出是：

$$y^d = AK(1 + g^a)^{\frac{1}{a}}, \quad g = G/K \tag{19.4}$$

由于函数 $(1+x^a)^{\frac{1}{a}}$ 是 x 的凹函数，而 $g = k_1 g_1 + k_2 \times 0$，所以比较式(19.2)和式(19.4)，我们就可以得到 $y^d > y^b$，即中性政府下的社会总产出大于有偏政府下的社会总产出。

那么，什么样的条件可以保证产生中性政府呢？可以想象，如果两个群体之一拥有比政府还强大的政治力量，这个群体就可以俘获政府。此时，只有当政府与另外一个群体结盟，且联盟的政治力量之和大于第一个群体的政治力量时，政府才可能免于被俘获。这就要求：

$$v \geqslant |v_1 - v_2| \tag{19.5}$$

但是，政府也不能过于强大，以至于两个群体结成联盟也无法制衡它，因为若果真如此，政府就不会把公共资源分配下去，而是留作自己消费了。所以，我们也要求：

$$v \leqslant v_1 + v_2 \tag{19.6}$$

图19.2给出了上述两个条件的直观形式。轻阴影区域是中性政府存在的区域，重阴影区域满足式(19.5)，但不满足式(19.6)。

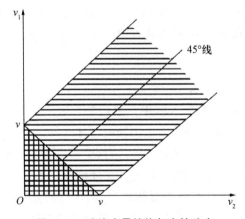

图 19.2　政治力量结构与中性政府

从图19.2我们可以得到两个有意义的结论：其一，较平均的社会政治力量分布有利于产生中性政府。此时，两个群体的政治力量组合 $(v_1，v_2)$ 靠近45°线，即使政府的政治力量较小，这个组合也仍然可以落在轻阴影区域。其二，较强大的政府政治力量可以允许中性政府在比较不平等的社会结构中生存。表现在图中，就是阴影区域的扩大，即使两个群体的政治力量组合 $(v_1，v_2)$ 离45°线比较远，也仍然可以落在轻阴影区域。如果我们把政府的政治力量理解为国家能力，则这个结论意味着国家能力更高的政府更可能成为中性政府。

最后值得说明的是,从中性政府的资源分配解 $G_i = k_i G$,$i = 1$,2 来看,中性政府的资源分配并不是平等的,而是与群体自己拥有的资本成正比。从这个意义上讲,中性政府的政策是有偏的——偏向生产能力更强的群体。它能够这样做,恰恰是因为它不在政治上偏向任何群体,而不是像有偏政府那样,必须把资源都分配给政治上强大的群体,即使这个群体的生产能力并不是最强的。

19.6.3 改革开放以来的中性政府

中国改革时期的高速经济增长得益于中国政府的中性性质。改革开放之初,中国的社会结构非常平均,不存在明显的强势利益集团,因而为政府成为中性政府提供了条件。要详细论证改革时期的中国政府是一个中性政府,需要一篇长文,超出了本章的范畴。这里我们将采取举例的方式,试着说明中国政府既没有屈服于精英的力量,又没有迁就民众的短期利益,经济政策的制定和实施主要是以国家的长远经济发展为导向的。

反映第一方面的一个例子是价格双轨制改革。于1985年正式开始实行的价格双轨制是在两种倾向——完全抛弃和继续坚持计划定价——之间的一种妥协。价格双轨制允许国有企业在完成国家计划限额之后在市场上自由销售产品和购买原材料,而市场价格往往高于国家计划价格。最明显的例子是1981—1994年实行的双重汇率制度,中央政府维持一个官方汇率,同时在上海等地开放外汇市场,企业可以在这个市场上以较高且浮动的汇率自由买卖外汇。价格双轨制使经济激励开始在国有企业的决策过程中发挥重要作用,但它也导致了众多始料未及的结果,远比其本身对国有企业的影响更为深远,其中之一是为非国有企业提供了发展空间。Lau et al. (2000)认为,价格双轨制为中国带来了帕累托改进,即在没有伤及任何人利益的前提下改善了多数人的状况。但是,价格双轨制也带来了一些严重的后果,其中之一是价格差异创造了寻租空间,企业和控制配额的政府官员可以通过把配额卖给其他企业与个人而轻易致富。20世纪80年代末,"官倒"成为一个流行词汇并激起了公众的极大不满。控制配额的往往是一些强势人物,因此对很多学者来说,像价格双轨制这样的部分改革会造就一些坐享好处的利益集团,从而使进一步的改革变得非常艰难。但是,中国的发展证明这种预言错了。20世纪90年代初,双轨制价格开始被统一成单一的市场价格,到1994年,最后的双轨制价格即双重汇率被取消。在这里,借着价格双轨制而成长起来的市场力量起到了关键性作用。从20世纪80年代中期开始,乡镇企业异军突起,到90年代初已经占到工业增长和出口的半壁河山(Lin and Yao,2001)。另外,私营企业也在90年代初发展起来。但是,乡镇企业与私营企业的原材料和产品都依赖市场价格,它们的快速发展是在夹缝中发生的。这样,价格双轨制就发生了"资源的错配",即较低效的国有企业享受了过多的好处,因此需要改变。

反映第二方面的一个例子是国有企业民营化。邓小平南方谈话之后，广东顺德和山东诸城开始了国企的民营化。经过广泛的调研和讨论，中央政府于1995年出台"抓大放小"政策，决定保留500—1 000家大型国有企业，允许较小的企业租赁或转让。从"放小"政策衍生出"改制"，在很多情况下，改制就是民营化。到2005年年底，1995年的国有工业企业中的76.7%都已经民营化或破产(Garnaut et al.，2005)。与民营化相伴随的是国有企业就业数量的下降。裁员的高峰发生在1998年，这一年国有企业中有2 000万员工下岗或失业。1995—2005年，近5 000万国有部门的职工经历了下岗或失业(Garnaut et al.，2005)。这是一个巨大的挑战。政府解决这个难题的办法是：低调进行民营化，同时尽最大可能帮助下岗失业工人再就业。这一策略被证明是有效的。2005年，国有企业改革接近尾声，大多数下岗和失业工人找到了新的工作或进入了城市最低生活保障。

我们的理论模型的一个推论是，一个中性政府会采纳有利于经济增长的政策，哪怕这些政策会造成收入的不平等。回顾一下中国政府在过去四十多年所采纳的经济政策，可以发现，就短期而言，它们都不是利益中立的，而总是"偏向"某些群体，长期而言，这些政策将导致收入的不平等。中国政府之所以采纳这些看似歧视性的经济政策，恰恰是因为它的中性：因为并不特别地照顾任何群体的利益，它才可能放开手脚采纳有偏的经济政策。城乡收入差距和对外开放就是两个很好的例子。

农村改革一开始是一个"有偏"的改革，它以提高农产品价格为核心，从而让农民得益、城市居民受损。家庭经营的重新确立，进一步提高了农民的生产积极性，他们的收入进一步提高。尽管政府对城市居民的食物补贴也增加了，但总体而言，农民收入的增长速度超过了城市居民，一个重要的证据是，城乡收入差距由1978年的2.8倍缩小到1985年的1.8倍。但是，自1985年之后，城乡收入差距急剧扩大，直到国际金融危机之后才开始缩小。国际金融危机之前城乡收入差距扩大的原因比较复杂，但政府对城市投资力度的加大难逃其责。然而，从纯粹经济收益的角度来看，投资城市比投资农村的收益大得多，因此这既符合政府的利益，又在一定程度上符合整个社会的利益。

对外开放是比农村改革更加"有偏"的举措。对外开放以特区为先导。在特区设立之初，中央政府给了它们非常优厚的政策待遇，其他地区对此表现出极大的不满。中央政府的反应不是取消特区，而是确立了沿海开放政策，给予沿海开放城市和特区差不多的待遇。这一政策使沿海与内陆的差距拉大，但对经济起飞起到了关键性的作用，中国大陆由此完成了中国台湾地区和韩国在20世纪60年代初期完成的从进口替代战略到出口导向战略的转型。加入世界贸易组织是完全融入世界经济体系最后也是最重要的一步。入世之前，国内对入世可能对中国经济造成的冲击有许多讨论，普遍观点是，入世将对中国的农业、汽车制造业、零售业、金融业及电信服务业产生巨大的冲击。然而，政府并没有被这些担心左右，入世之后的结果也表明，入世之前的悲观预测多数是错误的。除大豆和棉花之外，多数农产品的出口增加了；汽车市场发生了"井喷式"增长，自主品牌不仅没有萎缩，反而有了巨大的发展；金融业和电信服务业并没有受到很大的冲击,只有零售业受到的冲击较大。总体而言,中国的出口自 2001 年入世到 2007 年金融危机爆发之前保持了年均 29% 的高速增长,速度接近 20 世纪 90 年代的两倍。

能够避免利益集团的干扰,是中国政府能够实施有利于长期经济增长政策的一个重要原因。推进国家治理体系和治理能力现代化,是中国共产党和中国政府努力实现的目标。中性政府的概念为研究国家治理提供了一个强有力的分析工具。

19.7　小结

本章概括地介绍了国家和利益集团如何影响经济发展的文献,并重点讨论了发展主义国家、泛利性组织和中性政府三个理论。本章的内容属于"新政治经济学"的范畴。在过去的十几年间,新政治经济学取得了长足的进步。它与新制度经济学有相通的地方,即都研究制度如何影响经济发展以及制度是如何形成和演进的,但也有许多不同之处:从研究对象来看,新政治经济学比新制度经济学更关注经济和政治的互动;从方法论来看,新政治经济学大量应用博弈论和一般均衡分析,而新制度经济学主要是应用成本—收益分析。由此,新政治经济学在问题方面是对 19 世纪政治经济学的回归,但在研究方法和研究视角方面发生了质的飞跃。本章无法囊括新政治经济学的所有研究成果,有兴趣的读者可以参考达龙·阿西莫格鲁(Daron Acemoglu)及其合作者的一些著作(如 Acemoglu and Robinson, 2005; Acemoglu et al. , 2005; Acemoglu and Robinson, 2012)。

新政治经济学是一个方兴未艾的领域。中国过去一百多年的政治和经济变迁为新政治经济学提供了丰富的研究素材,对中国的研究可以极大地丰富新政治经济学的理论。但是,中国学者在这个领域的声音还很小,而国外学者对中国的研究一般不能深入细节,因而可能无法理解中国的真实情况。如何阐释中国的政治经济学,并与世界主流文献接轨,是摆在中国经济学家面前的一大任务。

【练习题】

1. 根据本章关于国家角色的讨论,你如何看中国当前阶段国家和政府角色的转型?

2. 什么是政党的制度化?为什么政党的制度化有利于非民主政体的经济增长?

3. 阅读奥尔森(2007)的相关章节,解释为什么泛利性组织有利于经济增长。

4. 回顾上一章,什么是政治科斯定理?试讨论一个使这个定理失效的原因。

5. 什么是中性政府?在政策层面,它是否对所有社会群体实施相同的经济政策?为什么?为什么一个中性政府比一个有偏的政府更可能采纳有利于经济增长的政策?

6*. 在 19.6.2 节的模型中,我们没有考虑物质资本可以转化为政治力量的情况。由于拥有较大的政治力量可以让一个群体俘获政府从而得到所有公共资源,因此,当社会政治力量分布处在中性政府区域时,群体有动力投资政治力量。但是,一旦一个群体进行投资,另外一个群体也可能投资,从而达到新的平衡,社会政治力量分布仍然处在中性政府区域内,这样投资就变得没有意义了。假定期初社会的政治力量结构已经满足中性政府条件,即位于图 19.2 的轻阴影区域,然后两个群体同时决定是否进行政治投资,接下来 19.6.2 节的模型才启动。政府的政治力量假定为固定的。

(1) 证明:对于群体 i,要么不投资,要么一旦启动投资,它的投资量为

$$I_i = v + v_{-i} - v_i$$

其中,v_{-i} 表示另外一个群体的政治力量。

(2) 写出两个群体投资博弈的标准式,即给出各种结果构成的收益矩阵。

(3) 证明:当且仅当下列两个条件满足时,(不投资,不投资)是一个纳什均衡:① 两个群体的政治力量差距较小;② 两个群体的资本拥有量差距较小。

请尽可能写出这两个条件的显性表达式。

发展的规范问题
第 20 章

20.1　引言

任何社会科学都可以分成实证研究和规范研究两个组成部分。所谓实证研究，就是探究事物运行规律的研究，回答"是什么""为什么"和"如何做"的问题。我们前面各章所涉及的内容都属于实证研究的范畴。所谓规范研究，就是评判事物运行结果的合意性的研究，回答"应该是什么"和"好不好"的问题。自由市场经济可以带来最大产出，因此被认为是最有效率的经济制度，但是它的分配机制和分配结果一定是合意的吗？对利润的追求是否会破坏我们引以为豪的价值体系？以环境破坏为代价追求经济增长是否值得？我们是否要忍受经济增长所带来的不平等的增加？等等。要回答这些问题，需要人文和社会科学各学科的共同努力，而每个学科所关注的问题和看问题的角度都会有所不同。就经济学而言，我们更关注和经济运行直接相关的话题，特别是资源和财富的分配问题。在政治哲学领域，这是分配正义问题，但与政治哲学家的不同之处在于，经济学家在研究取向上更多地采用数理和结构分析方法。

围绕分配正义的核心争论是对合意性的争论；不同的政治哲学学说对此有不同的出发点，因此也有不同的结论。本章的重点之一是介绍并评论三种主要政治哲学学说的观点，它们是古典自由主义、功利主义和罗尔斯主义。这三种学说的起点不同，得到的结论也大相径庭，但它们都无法绕开平等这个主题。古典自由主义强调程序的平等，功利主义强调效用单位的平等，而罗尔斯主义强调个体总体效用的平等。因而，在评介这三种学说之后，我们将详细讨论平等问题。最后，我们注意到，所有政治哲学学说都依赖它们的公理假设，从不同的公理假设出发，它们得到不同的结论。在理论层面，这一点儿也不奇怪，因为哥德尔不完备定理证明，任何理论都不可能被其自身证明；但在现实层面，这导致了无休止的争论乃至暴力斗争。本章结尾提请读者关注务实主义的态度取向，讨论如何以一种务实的态度去争取更加合意的结果，并提出将帕累托改进作为现实的分配正义理论。但是，在进入正式讨论之前，我们有必要澄清几个政治哲学的概念。

学习目标：

把握与分配正义相关的几个概念。
理解不同的政治哲学学说的核心逻辑和政策主张。
理解作为分配正义理论的帕累托改进。

20.2　几个概念

在日常生活中,我们经常使用公正、正义和公平这样的概念,但往往没有严格区分它们的含义。在政治哲学的讨论中,对它们进行严格的区分是必要的。

在日常用语中,当我们说一个人办事公正的时候,往往是指这个人不偏不倚、秉公执法,而当我们说一个人受到不公正待遇的时候,往往是指这个人没有获得自己应得的待遇。也就是说,公正总是与其背后隐含的特定规则相关联。在政治哲学中,公正(justice)是指评价社会分配方式和分配结果的理论,是对美好社会的构想①,亦即我们日常会话中暗指的规则。当我们说某件事物是可以接受的时候,我们总是指这件事物符合我们预定的某个标准;同样,当我们说一个社会是一个公正的社会的时候,我们的脑海中一定有一个关于美好社会的想象,而对这个美好社会的想象就是一个公正理论。在这里,公正理论没有道德含义,也就是说,一个公正理论无须和我们习得的全部道德准则相兼容。② 举一个极端的例子。法国大革命处决路易十六,对于革命者而言是公正的,但未必和传统道德准则相兼容——现在的史料发现,路易十六在革命爆发之前已经开始对旧体制进行改革,但革命者并没有因此而放过他。我们将看到,20.3节介绍的三种公正理论都只强调了我们自然习得的道德准则的某些方面,而与另一些方面相左。在日常会话中,我们把公正作为一个褒义词使用,是因为我们所想象的美好社会就是我们习得的道德准则所认可的社会。但是,我们习得的各种道德准则之间是有冲突的,这些冲突在平时可能隐藏不露,但在危急时刻就容易显现出来。比如,女孩经常问男友的一个问题是:如果我和你妈妈都掉河里了,你先救哪一个? 男友的任何直接回答都会让女友对他的人品产生怀疑;如果先救女友,他就是一个不孝之子;如果他先救妈妈,他对女友的爱情就不真挚。正是由于这些冲突存在,我们才能看到不同的公正理论。

正义(justness)是基于一个公正理论的价值判断。当我们说一个社会是一个正义的社会时,我们已经预设一个关于正义社会的公正理论。正义是有指向的,特别的,它总是和我们习得的道德准则相呼应。当两股势力进行你死我活的争斗时,双方都会强调自己一方是正义的,而另一方是邪恶的,其意都在唤起大众的支持,而大众所秉持的评判标准往往是习得的道德准则。德国法西斯在第二次世界大战中大肆屠杀犹太人,但没敢对世人公开,显然法西斯分子自己都不认为这是道德的行为。但是,并不是所有的"正义"行为都是符合道德的,"以正义的名义"往往是以某个集团的公正标准为名

---

① 从这个意义上说,约翰·罗尔斯(John Rawls)的 *A Theory of Justice* 应该翻译成《公正论》而不是《正义论》。

② 在这里,"道德"指的是我们通过家庭和社会习得的行为准则以及由此衍生的对美好社会的看法。我们无法对它进行系统性的描述,但面对具体事物,我们总是可以从它那里得到指导。

义——比如,处死路易十六不是以道德和法律的名义做出的决策,而是以革命者自己的公正标准做出的决策。

公平(fairness)是一个比正义弱的评判标准。首先,正义适用于对社会整体的评判,而公平适用于对社会局部的评判。比如,当我们要对市场经济做出一个全面的评价时,我们就需要一个公正理论。事实上,当我们考虑市场经济是否具有正义性时,我们总是要把它和另一个相对立的制度——比如计划经济——进行比较。但是,公平往往是在给定大的制度的前提下使用的概念。比如,我们常说的"公平交易"指的就是在市场经济条件下,交易双方在不受外力干扰的情况下达成的交易。在这个意义上,"公平"和"公道"的意义是一致的。其次,狭义上的公平更多的是指人与人之间的一种特殊的平等关系——如果你和对方互换位置之后都觉得各自新的处境是可以接受的,则你和对方之间就是公平的。换言之,公平就是一种"己所不欲,勿施于人"意义上的平等。我们常说,以权谋私是社会不公的表现之一,就是因为我们认为以权谋私者获得财富的方式和我们获得财富的方式不同——我们依靠的是辛勤劳动,而他们依靠的是手中掌握的权力。最后,公平更多的是从我们习得的道德准则中衍生出来的行为准则,而正义可以是基于一个公正理论强加于社会的。在幼儿园里,孩子们在交往过程中学会的第一个准则恐怕就是公平——不能以大欺小、不能有意妨碍他人、每个人都应该得到平等的对待等。但是,由于我们习得的道德准则之间是有矛盾的,公平作为评价一个社会整体好坏的标准是不完备的。

20.3　三种公正理论

19世纪以来,古典自由主义、功利主义和罗尔斯主义这三种公正理论在西方政治哲学中占据主导地位。古典自由主义也可以称作右翼自由至上主义(libertarianism),它继承的是苏格兰的经验主义传统,强调社会的自然发展和个体自由,反对社会设计。功利主义(utilitarianism)从个体出发,强调社会整体利益的最大化。在经济学领域,对经济增长的追求符合功利主义的原则,一般均衡的结果也符合功利主义的原则。罗尔斯主义(Rawlsianism)是罗尔斯在《正义论》(罗尔斯,2009)这部著作中发展出来的公正理论,是对古典自由主义的修正,也奠定了当代(左翼)自由主义(特别是美国自由主义)的理论基础。本节不可能对这三种公正理论进行全面的评介,而是仅简要地讨论它们的分配正义理论。

20.3.1　古典自由主义

要理解自由主义,我们就必须先理解什么是自由。按照古典自由主义代表人物之一哈耶克的解释,自由是一个人不受制于另一人或另一些人因专断意志而产生的强制的状态(哈耶克,1997)。以赛亚·柏林(Isaiah Berlin)进一步区分了被动自由和主动自由(Berlin,1969)。所谓被动自由,就是哈耶克所定义的自由,即"免于……的自由";而主动自由是行动的自由,即"能……的自由"。森从另一个角度区分了自由的两个方面,即自由的程序方面和自由的能力方面(森,2002)。程序自由并不完全等同于被动自由,它既包括程序所规定的个人免于他人侵害的自由,又包括程序所规定的允许个人做事和行使特定权利的自由。反映后者的例子很多。比如,当一个人受到他人侵害或威胁时,他可以报告警察,让警察出面制止施害者;在一个民主社会里,每个公民都有投票的权利,因而也间接地获得管理国家事务的权利。但是,享受这些程序规定的权利不等于一个人就有能力行使这些权利。这就是森所指的自由的能力方面。即使一个人享有警察保护的自由,也不意味着他总是可以得到这种保护——对于一个无助的穷人来说,他可能根本不知道警察局在哪里;同样,一个公民拥有投票或不投票的自由,但他未必就此获得了管理国家事务的权利——在投票和管理国家事务之间存在很长的链条,其中任何一个环节发生故障都会让链条的传导机制发生断裂。

古典自由主义者只承认被动自由而否定主动自由。由此出发,他们认为个人拥有一定的私域,在私域之内政府无权对个人行为做任何干涉;国家的角色是"守夜人",唯一职责是为民众提供并执行法律。在分配方面,古典自由主义的分配正义理论以罗伯特·诺奇克(Robert Nozick)的"应得之物"(entitlement)为代表(诺奇克,1991)。所谓"应得之物",指的是个人因遗传、继承或努力而获得的收益或物件以及个人占有的无主之物,是他人不可侵犯的东西。如果我们承认应得之物的合法性,则任何形式的税收和再分配都是不合法的,我们只能接受现实经济运作所产生的所有结果。

古典自由主义的自由观受到森的挑战。在一篇短小但影响深远的论文中,森证明古典自由主义的自由原则和帕累托原则是矛盾的(Sen,1970)。前者可以表述为:在所有社会选项中,至少存在一对选项 A 和 B,如果一个人认为 A 比 B 好,则社会也必须这么认为;后者可以表述为:对于任意一对社会选项 A 和 B,如果所有人都认为 A 比 B 好,则社会应该认为 A 比 B 好。森证明,在不对个人偏好和社会选项施加任何限制的情况下,这两个原则是矛盾的。我们用一个简单的例子来说明这背后的道理。

假设社会由两个人组成,社会中存在三个选项 A、B、C。甲、乙两个人对这三个选项的排序如下:

甲:A>B>C

乙:B>C>A

现在假设 A 和 B 之间的排序是甲的私域,而 C 和 A 之间的排序是乙的私域,则社会必须认为 A 比 B 好,C 比 A 好。又由于两个人都认为 B 比 C 好,根据帕累托原则,则社会也应该认为 B 比 C 好。这样社会的排序就必须是 A>B,B>C,C>A,即出现了排序循环,这显然不符合逻辑。

森的结论是,上述矛盾意味着不存在天然的个人私域,它们的定义需要社会集体来完成。比如,"私人财产不可侵犯",只有当这句话被写入宪法时我们才可以确信我们的个人财产获得了无条件的保护；所谓的"人生而平等"也不是对现实的实证性描述，而是经由宪法等法律文件授予公民的规范性权利。由此观之，古典自由主义者对个人权利和应得之物的自然主义解读显得苍白无力。

20.3.2　功利主义

功利主义的源头可以追溯到 18 世纪末杰里米·边沁（Jeremy Bentham）的思想，他认为，世间的对错应该由最大多数人的最大幸福来决定。用现代经济学的语言来说，功利主义作为一种关于分配正义的政治哲学理论，就是要最大化全体人民的效用总和。在这里，我们必须要求个人之间的效用是可比的，即要求我们使用基数效用而不是经济学通常使用的序数效用。从下面约翰·海萨尼（John Harsanyi）对功利主义社会福利函数的构造中，我们可以清楚地看到这一差别的意义。

海萨尼（Harsanyi，1955）证明，在允许个人间效用可比的前提下，社会福利函数可以表示为：

$$W = \sum_{i=1}^{N} a_i u_i \tag{20.1}$$

其中，W 为社会总福利，u_i 为每个社会成员的效用，N 为社会成员总数，a_i 为第 i 个社会成员获得的福利权重，其值为当 $u_i = 1$，而 $u_j = 0, \forall j \neq i$ 时 W 的取值。后期，海萨尼（Harsanyi，1978）借用罗尔斯的"无知之幕"假设，从契约论的角度对上述社会福利函数进行了改进。所谓"无知之幕"，就是假设社会中的所有人回归到原初状态，没有人能够确定未来自己在现实中的地位和处境，就好比我们每个人的眼前被拉上了一道厚重的幕布一样。那么，在"无知之幕"下，我们每个人会赞同一个什么样的社会福利函数呢？海萨尼假设，每个人的决策模型是期望效用最大化。在这一假设下，由于未来的现实中存在 N 个位置，而我们不知道我们将处在哪个位置，因此我们的选择就是同等对待这 N 个位置并最大化它们的期望效用，社会福利函数就是：

$$W = \frac{1}{N} \sum_{i=1}^{N} u_i \tag{20.2}$$

在人口数量给定的情况下，这个社会福利函数正好符合边沁对功利主义的定义。

假设社会资源总量为 y，社会计划者需要把它分配给社会中的每一个人。假设第 i 个人的所得为 y_i，则社会计划者的规划问题是：

$$\underset{y_i}{\text{Max}} \, W = \frac{1}{N} \sum_{i=1}^{N} u_i(y_i) \tag{20.3}$$

$$\text{s. t.} \quad \sum_{i=1}^{N} y_i = y$$

其一阶条件要求：

$$u_i'(y_i) = u_j'(y_j), \quad \forall i, j \tag{20.4}$$

即每个人的边际效用相等,或每个人最后一单位资源分配上的效用相等。森因此认为,功利主义要求每个人在效用单位上的平等。但是,这在现实中不一定成立。比如,一元钱给一个花花公子带来的效用总是比一元钱给一个残疾人带来的效用高,因为残疾人出门不容易,无法充分享受这一元钱可能带来的福利。在这种情况下,功利主义就会把这一元钱分配给花花公子,而这显然不符合我们的道德直觉。究其原因,还是因为功利主义要求效用在个人之间能够进行比较,从而把每个人在效用单位上拉平。

值得注意的是,功利主义社会福利函数式(20.1)可以得到一般均衡配置的支撑,其中每个人的权重 a_i 是他的边际效用的倒数;反过来,给定适当的个人福利权重,一般均衡配置也可以转化为一个功利主义社会计划者的计划问题。由于一般均衡配置无须假设个人间效用可比,因此这个结论具有很强的吸引力。但是,要得到这个结论,每个人的福利权重 a_i 就和他的分配份额正相关,这似乎很难通过道德直觉的检验。

20.3.3　罗尔斯主义

罗尔斯的《正义论》(罗尔斯,2009)是一部宏大的著作,我们在这里不可能对它的全部思想进行详尽的讨论,而只讨论其中和分配正义相关的差异原则。所谓差异原则,指的是社会分配的差异以最大化境况最差的人的福利为前提。罗尔斯采用契约论的进路来推导这个原则。假设社会中的每个人回到原初状态,原初状态和现实世界以无知之幕隔开。此时每个人会赞同什么样的分配原则呢?与海萨尼相信期望效用不同,罗尔斯认为,每个人的决策秉持最大最小原则,即先确定最坏的可能状态,然后尽量提高这个状态下的福利。比如,当我考虑明天的天气时,我意识到明天最坏的情形是下雨,因此我要准备好雨伞。在最大最小原则下,我们在无知之幕之后愿意赞同的原则就是差异原则:既然不知道我在现实中的角色,我的最好选择是避免当我成为境况最差的角色时不至于变得更差。

但是,森指出,在经典假设之下,最大最小原则必定导致效用的平均分配(Sen,1973)。让我们考虑一个由 A、B 两个人组成的社会,在有限的资源和新古典假设下(排除规模报酬递增和外部性),社会效用可能性边界如图20.1所示,即 A、B 两个人的效用呈相互替代关系。在最大最小原则下,社会福利函数为:

$$W = \text{Min}\{U_A, U_B\}$$

即社会福利等于 A、B 两个人当中效用较低那个人的效用水平。最大最小原则就是要让这个效用水平最大,即

$$\text{Max } W = \text{Max Min}\{U_A, U_B\}$$

在图20.1中,社会无差异曲线是一系列由 U_A 和 U_B 构成的直角线,所有直角的顶点均位于45°射线上。社会最优发生在社会无差异曲线和社会效用可能性边界相交于一点时,此点必定是社会无差异曲线的直角顶点,因而社会分配必然是 $U_A = U_B$。在这个意义上,森指出,与功利主义要求每个人在效用单位上的平等不同,罗尔斯主义

要求每个人在效用水平上的平等。

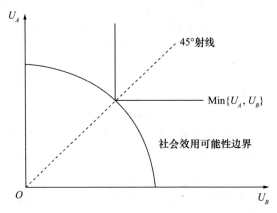

图 20.1　新古典假设下最大最小原则与平均分配

在回应他人批评的过程中,罗尔斯对他的理论进行了补充和重构,其中之一是回应上述森的批评。他认为,现实中个人之间的互动往往不满足新古典经济学假设,从而社会效用可能性边界可能出现图 20.2 所示的情形,即存在一段区间,如图中的 OM,A 和 B 两个人的效用同时增加。如果社会效用可能性边界的顶点 M 在 45°射线以下,则社会最优将不是 $\text{Min}\{U_A, U_B\}$ 的直角顶点,而是直角底边和社会效用可能性边界相切的点,而此点一定是 M。此时,A、B 两个人的效用不等。

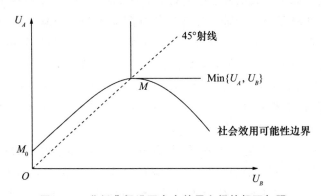

图 20.2　非经典假设下个人效用之间的相互加强

为什么会出现 OM 线段上两个人的效用同时增加的情形呢？主要是因为,在非经典假设下,经济中存在的外部性或规模经济足以让个人的收益外溢,增加其他人的收益。以第 17 章的图 17.14 为例,教育回报在高中和大学阶段具有报酬递增性质,因而不符合新古典假设。那么,假设图 20.2 中的 A 已经具有大学教育水平,而 B 只有初中教育水平。此时,政府对 A 征收一定的税用于补贴 B 的高中和大学教育,则全社会的生产力水平就会提高,从而不仅 B 的收入水平可以提高,A 的收入水平也可以提高,这样就会出现 OM 所示的两个人的效用同时增加的情形。

20.4 平等

正如森经常指出的,世界上的所有文明都强调平等,其差异只不过是各自所强调的面向不同而已。本节的重点是讨论平等的不同面向,但在此之前,我们有必要厘清平等的两个含义,一个是静态的,另一个是动态的。静态的平等强调当前的均等化(equality),即每个人在起始和结果处都要实现相等的状态。我们常说的"机会平等"和"结果平等"都是这类平等。动态的平等关注未来的平等,为此政府或社会在当前可能需要采纳一些非均等化的政策。比如,美国黑人在历史上受到不平等的待遇,为了矫正这种不公正,美国许多大型企业采取了向黑人倾斜的录取制度,它不是均等的(equal),但却是平等的(equitable)。区分平等的这两个含义有利于我们对平等的讨论。就实现平等的结果而言,关注动态的平等可能比关注静态的平等更重要。

20.4.1 程序平等

程序平等是自由至上主义者所认同的唯一的平等形式。"程序"不仅包括像法律这样的经由人民赞同形成的正规制度,而且也包括社会习俗(其中也包括经济交换规则)。程序平等具有两个优点:一个是具有兼容性,即一个人所得到的平等待遇不会以另一个人的损失为代价。比如,每个人都可以去打官司,也都可以请律师,这样做不会妨碍被告在法庭上的辩护,也不会妨碍他去请律师;每个人都可以去市场上买某样东西,也可以不买某样东西,这个决定不会影响其他人做同样的决定;等等。另一个是不涉及个人间的比较,因为平等的对应物——程序——是与个人没有关系的身外之物。我们将在下面看到,结果平等、禀赋平等、能力平等都会涉及个人间的比较,而一旦涉及个人间的比较,就会牵扯到个人的智力、秉性等方面的差异,这些差异导致结果平等、禀赋平等、能力平等变得很困难。

但是,程序平等也存在严重的问题。如果我们只关注程序平等,就会得出一些与道德直觉不符的结论。首先,它忽视个人利用程序的能力差异。比如,根据中国民间当时流行的"交易规则",杨白劳和黄世仁在市场交易中是"平等"的,因为交易中不存在一方强迫另一方的现象。但是,当我们听到"杨白劳和黄世仁在市场交易中是平等的"这个说法时,我们总会感觉在某个地方出了问题。杨白劳有什么平等的权利呢?他只有出卖喜儿的权利。这里的问题在于,杨白劳和黄世仁在利用程序的能力上存在极大的差异,杨白劳用喜儿抵债是他没有选择的选择。其次,程序平等忽视结果平等。对于程序平等的拥护者而言,结果平等是不相关的,但是对于我们日常道德判断而言,结果是重要的。比如,市场中常常存在很多随机的负面因素,对于市场总体而言,这些随机因素是可控的,但是对于那些少数"被概率击中"的参与者而言,可能是致命的,正如发生在杨白劳和喜儿身上的事情一样。我们能否就此关闭心扉,不对杨白劳和喜儿表示一点儿同情?最后,程序平等倾向于维持现状。程序——无论是社会习俗还是成文法律——都是经过较长时间的锤炼才得以形成的,它的变化总是比较缓慢的,而且经常得到社会中多数人的赞同。在普通法系国家,法律的形成更是一个渐变的过程,因此其合理性也更加被世人认同。在这种情况下,承认程序平等,就相当于认为没有什么需要改变的了。

20.4.2　结果平等

没有哪个文明强调结果的完全平等;通常情况下,各个文明都认可个体之间因为努力的不同而导致的结果不平等。但是,也不存在一个文明对结果的极度不平等视而不见;即使是在最崇尚个人成就的美国,在金融危机背景下也会发生"占领华尔街"的运动。人们关注结果平等,主要是出于下述三个原因:第一,结果不平等往往来源于程序不平等。比如,华尔街的富人一边接受政府的救助,一边又给自己开出巨额的工资和奖金,就是因为程序的设立或执行出了问题。矫正结果不平等,就是要矫正程序不平等。第二,结果不平等也可能反映人们在利用程序方面能力的差异。以杨白劳为例,在赤贫状态下,靠杨白劳和喜儿自己增强生存能力几乎是不可能的,他们没有足够的能力利用程序,国家或社会在某一时点上实施一定程度的再分配是必不可少的。第三,结果不平等还可能与个人无法控制的外部冲击有关。杨白劳四处扛活,一年到头也没挣到几个钱,不是因为他偷懒,而是可能因为劳动力市场不好,找不到活儿干。面对这种不确定性,尽管社会什么都不做也是一种公平——今天你被概率击中,明天我可能也被概率击中,在这个意义上我们是平等的——但是,尽社会所能,相互帮衬一把不是可以让这个社会变得更美好、更温馨一点儿吗?

但是,追求结果平等的一个显而易见的问题是降低激励,正如中国在计划经济时代所发生的那样。此外,结果平等不是外在之物,而是与个体特征相关联,个人在能力和志向方面的差异让结果平等在动态意义上变得不可能。我们必须承认,人与人之间存在能力方面的天然差异,每个人的志向也不尽相同,由此会导致结果的不平等分配。再分配可以实现暂时的平等,但是能力和志向的差异又会形成新的不平等。而且,无原则的再分配可能导致"养懒人"的制度,降低获得收入转移的人的工作积极性。

20.4.3　禀赋平等

法国大革命为世界带来一个口号:"人生而平等。"但是,事实是人生而不平等——我们来自不同的家庭、不同的地区、不同的社会阶层,拥有不同的智力水平。但是,正因为我们生而不平等，追求平等才变成一个有意义的目标——我生而为男人，难道还需要我追求做一个男人吗？在这方面，一种极端的理论是追求禀赋平等（或起点平等）。罗纳德·德沃金（Ronald Dworkin）的理论就属于这一种。他的出发点是，一切不通过个人努力得到的东西都是不道德的。由此，他的结论是，我们需要消除一切与个人努力无关的禀赋（包括智力）差异（德沃金，2003）。就政府政策而言，他认为政府政策应该"敏于志向，钝于禀赋"，即应该激励人们实现自己的志向，尽量减少禀赋造成的约束。在实践层面，这是一个具有极大诱惑力的口号。每个人都有一些独特的潜力，但是每个人又都面临这样或那样的禀赋约束，被限制了潜力的发挥。比如，一个农村孩子可能是位数学天才，但出生时他的父亲就不幸病逝了，他可能因此无法完成高中学业。此时，如果政府能够为他提供奖学金，供他读完大学，国家就不会失去这位数学天才。

但是，以诺奇克的"应得之物"观之，德沃金的起点平等就变成了古怪的说教：难道生而聪明是有罪的吗？即使是从常识判断，起点平等也是不合理的。智力无法在个人之间进行转移，要消除智力对结果的影响，只有通过事后的税收和再分配解决问题。但是，税收解决方案以谁之智力为平等的最终目标呢？如果使用一个中等水平的人的智力作为目标的话，就要向比这个人智力水平更高的人征税，补偿比这个人智力水平更低的那些人。但是，这就等于承认了中等水平智力的人是不可以被剥夺的，但他下面还存在很多更笨的人，这样就又等于承认了智力差异的合理性。要消除这种矛盾，最后的结果必定是以最笨的那个人的智力为平等的最终目标，拉平他与其他人之间的智力差距。显然，道德直觉告诉我们这样做是有问题的——难道我们应该以智力障碍者为智力标杆吗？况且，在现实中要实施这样的再分配也是极端困难的。

20.4.4　能力平等

能力的概念由森提出，指的是"一个人为实现有意义的目标所必须具备的功能组合"（森，2002）。所谓有意义的目标，是指通常情况下社会认可的目标，如当医生、志愿者等；功能则包括免于饥饿、行动自由、拥有学习能力、掌握一定技能、健康等基本要素，缺少它们就无从谈论实现自己的目标。比如，一个残疾人行动不便，如果社会不给予必要的支持（如提供出行便利设施等），他就只能待在家里。让每个人拥有基本能力，是他们获得能动性（agency）的必要条件。森进一步认为，每个人要成为一个对自我负责的人，首先需要社会对每个人负起责任，特别是当他失去基本能力时。比如，一个因病卧床的人，如果社会不伸出援助之手，他如何能够对自己负起责任？遑论对社会负起责任？

需要注意的是，能力是多维的，同时，每个人都可能在某个维度上具备比较优势，但同时缺失其他维度上的能力。比如，霍金是一位伟大的物理学家，同时他也是一个行动和言语都不方便的残疾人。因此，能力平等不是要把每个人的能力给拉平，而是要为他们补上短板,为每个人发挥自己的比较优势提供帮助,使每个人将自己在某个方面的能力或技能发挥到极致,就像让霍金的物理学才能发挥到极致一样。能力平等不需要禀赋平等,它不以结果平等为目的,而是以实现个人有价值的目标为目的。

能力平等需要面对两个诘难:第一,我们如何确认一个人的目标是有价值的呢?在《孔雀》这部电影中,患脑膜炎的哥哥喜欢棉纺厂的一个女孩,难道这不是一个有价值的目标吗?如果是,社会就要对女孩进行强制,或者进行巨额投资治好哥哥的病,把他变成聪颖的帅哥;如果不是,我们就必须承认,个人目标与个人特质(特别是那些增加个人机会的特质,如美貌、才能等)有关,所谓"量力而行",在这里是很适用的。但是,这样一来,我们就不得不面对下面的道德诘难:为什么特质差的人就只能拥有较低的个人目标呢?和前面的几类平等一样,能力平等也难免陷入两难境地。第二,按照森的意见,为每个人提供等量的能力不足以解决个人的能力缺失问题,因为每个人所缺失的能力都不尽相同。但是,我们怎样才能确认一个人缺少哪方面的基本能力呢?退一步说,即使我们知道每个人缺失的能力,我们又如何对他们逐个进行补偿呢?在这里,我们似乎需要一个全知全能的国家。

总结起来,程序平等的概念很清晰,但很冷漠;结果平等和禀赋平等涉及个人之间的比较,无法避免逻辑难题,且在道德上受到的诘难和道德上的感召力一样多;能力平等以预定的能力项为指针,因此避免了个人间的比较,但也无法避免道德难题,且对国家能力的要求甚高。

20.5　作为一种分配正义原则的帕累托改进

20.5.1　务实主义的进路

通过前面两节的讨论,我们意识到,没有一个公正理论或有关平等的概念是完备的。以哥德尔不完备定理观之,这一点儿都不奇怪。库尔特·哥德尔(Kurt Gödel)是20世纪伟大的数学家。简单地讲,哥德尔不完备定理包括两个定理:① 如果形式算术系统是无矛盾的,则它是不完备的;② 任意形式算术系统都不能在系统内部证明它的逻辑一致性。换言之,我们无法构造一个无须额外公理或自己证明自洽性的理论。[①]显然,我们前面讨论的公正理论之所以得到不同的结论,是因为它们使用了不同的公理:古典自由主义不允许个人间的比较,功利主义采纳期望效用原则,而罗尔斯主义采纳最大最小原则。而四种平等原则之所以都面对某种道德诘难,是因为人类的道德体

---

① 对哥德尔不完备定理的详细讨论,参阅百度百科的相关条目(http://baike.baidu.com/view/691772.htm),访问时间:2024 年 5 月 8 日。

系本身就是不完备的,且可能包含了矛盾。出现这种情况,是因为人类的道德体系是长期自然进化的结果,要解决很多面向的问题。一个道德准则可以较好地解决一个面向的问题,但把这些准则放在一起,就可能发生矛盾或出现无从选择的情况。现实中,我们解决这个两难境地的方式是相机行事,同时容忍不完美。比如,如果妈妈和女友都掉进河里了,化解"先救谁"这个难题的方式是先救那个离我们比较近的人。也许另外一个人会被水冲走,但我们至少救起了一个人,这远比因犹豫不决而让两个人都冲走好。我们会因失去一位亲人而悲伤,但这是我们不得不面对的不完美。

在这一背景下,务实主义也许是我们可以采纳的最好进路。务实主义(pragmatism)是在美国发展起来的一种哲学。与欧洲哲学不同,务实主义不以探讨终极真理为目标,而是旨在指导日常实践。就我们这里的讨论而言,务实主义的下述论断至关重要:现实是不完备的,是向未来开放的。世间没有永恒的真理,我们因此只能追求合理的(reasonable)而非完美的结果(布罗姆利,2008)。这与儒家的中庸思想具有相通之处,但与儒家思想不同的是,务实主义还特别强调社会的进步:今天是不完美的,但通过实践,我相信明天会变得更好一些。

就公正而言,自由、平等、和谐以及人类在进化过程中建立的众多道德准则,都是值得我们追求的东西;我们承认它们之间会发生矛盾,让我们无所适从;我们的目标是对社会进行边际上的改进。讨论这些改进超出了本书的范畴,我们在此只关注一个与本书内容相关度较高的问题,即分配正义问题。正如第18章所指出的,市场的功能之一是分配社会财富,其结果是否符合正义原则,是与每个市场参与者都有关系的事情,其中效率与平等之间的取舍是重要的事情。

显然,过度追求平等特别是结果平等有损效率,但是正如我们在第17章所看到的,极端的不平等也有损效率。然而,从社会整体的角度来看,追求平等具有激励作用。要实现平等,总是会降低社会中实施给予的那一部分人的生产积极性,但是获得给予的那一部分人的生产积极性可能提高。比如,土地改革对地主阶级是一个重大打击,但可以极大地激励获得土地的普通农民,事实证明,这一激励作用足以提高全社会的农业产出。再如,政府使用纳税人缴纳的赋税建立适当的医疗、养老和失业保障体系,可以解除个人的后顾之忧,让他们尽情发挥自己的能力,从而提高整个社会的生产力水平。总之,一个社会总是存在一些同时推进平等和效率的机会,此时把帕累托改进作为一种分配正义原则就可能是一个合理的选择。

20.5.2　帕累托改进[①]

不同于一般政治哲学理论,一种以解决问题为导向的务实主义的分配正义理论必须考虑现实中的资源约束和人的激励问题。就平等和效率而言,我们可以使用平等——

---

① 本小节内容参考了姚洋(2016)。

效率边界的概念,来讨论分配正义问题。图 20.3 给出了平等—效率边界的直观形式。根据 20.5.1 节末的讨论,平等和效率之间既存在相互加强的区域,又存在此消彼长的区域。这在图 20.3 上表现为平等—效率边界是一条倒 U 形曲线。沿着这条边界,在 U^* 之前平等和效率可以同时提高,在 U^* 之前和之后,平等和效率则是替代关系。因此,当社会从 U^1 向 U^* 移动时,平等和效率携手共进;而当社会从 U^* 向 U^{**} 移动时,效率提高了,但平等下降了(反过来,当社会从 U^{**} 向 U^* 移动时,平等提高了,但效率下降了)。平等—效率边界之外的所有平等—效率组合都是在现有资源和激励约束下无法获得的,而在平等—效率边界的内部,平等和效率都有提升的空间。比如,当社会起始于 U^0 点时,图 20.3 中所有处于阴影区域的点都是对 U^0 点的帕累托改进。

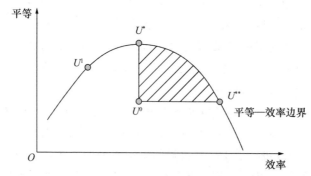

图 20.3 平等—效率边界和帕累托改进

作为一种分配正义原则,帕累托改进可以正式表述为:如果提高一种人类价值而不损害另外的人类价值,这个提高就是帕累托改进。[①] 这一原则具有两个重要的特征:其一,它既允许全局的改善(如果所有的价值都提高了,这当然是一种帕累托改进),又允许局部的改善(即使一种价值得到提高而其他所有价值都没有变化,也是一种帕累托改进),因此它又是务实主义的。其二,它不允许以改进某些价值为名牺牲其他价值,因此它又是改良主义的。这两个特征将帕累托改进与其他分配正义理论区分开来。由于它们的乌托邦性质,其他分配正义理论都是一个关于美好社会的全面理论,而帕累托改进是一个局部理论。

那么,把帕累托改进作为一种分配正义原则的基础在哪里呢?我们对帕累托改进进行论证的三段论是:各种分配正义理论所秉持的价值都是人类所推崇的,帕累托改进尽最大可能提高这些价值,因此帕累托改进是在各种分配正义理论之间进行取舍的最佳原则。本章通过对现有公正理论的评析说明了人类价值的多样性,因此对三段论中的大前提给出了证明。接下来我们把主要精力放在小前提上面,并把论证拆分成与帕累托改进两个特征相关的命题:① 局部改进是合理的;② 提高一种或一些价值,不能以牺牲其他价值为代价。

---

① 作为分配正义原则的帕累托改进和福利经济学中的帕累托改进的不同之处在于,前者的分析单位是"价值",后者的分析单位是个人福利。

第一,局部改进是合理的。我们的出发点是三段论的大前提。既然各种分配正义理论所秉持的价值都是人类所推崇的,社会制度安排就必须实现这些价值;然而,现实中存在许多境遇,阻碍我们同时最大程度地实现所有这些价值。社会价值边界对社会选择实施了约束,缺乏必要的信息也可能阻碍社会找到全面提升社会价值的途径。如果社会不想成为"布里丹的毛驴"的话,唯一的选择就是选择性地提高某些价值。这种务实主义的态度能够通过道德检验吗?对此,我们可以做一个思想实验:假定对一种价值的伸张已经达到我们所认可的程度,我们是否愿意去伸张另外一种价值?估计每一位理性的人士都会给出肯定的回答。比如,当个人自由得到充分保护、多数人的生活已经非常富有时,社会是否应该分配一些资源去救助那些无法依靠自己的力量获得生存能力的穷人?估计就连最保守的古典自由主义者也会对这个问题给予肯定的回答。① 相反,当社会平等已经达到一定程度时,难道社会把注意力全部放在提升效率上就是大逆不道了吗?估计就连最激进的平等主义者也会对此给出否定的回答。

但是,如果没有一种价值的伸张达到我们所认可的程度,我们选择性地伸张其中一种或几种价值的道德基础是什么呢?对这个问题的最好回答是反问:如果我们停留在原地,难道境况会更好吗?比如,面对落水的女友和母亲,我们的男主角却在岸上犹豫不决、思考人生,是不是非常滑稽呢?在这里,务实主义哲学可以给予我们很多启示。务实主义具有两层含义(布罗姆利,2008):其一,如果目的是合意的,则可以合理地推断手段是合法的。所谓"目的是合意的",指的是目的合乎人类的价值取向。达到这样的目的的手段可能有很多种,具体采取哪种手段,取决于一个社会所处的历史阶段;如果通过审慎的思考和实践发现,社会必须采取某种手段了,则我们可以合理地推断,这个手段可以通过正义的检验。邓小平的"猫论"是这一原则的一个现实版本,没有这个理论,中国的改革就不可能发生。其二,世界上没有永恒的真理,未来永远是开放的。在中国的语境里,这一原则可以概括为"实践是检验真理的唯一标准"。公正理论设定美好社会的终极图景,从务实主义的角度来看,这是不可能完成的任务。美好社会的愿景随人类社会的变化而改变,而人的预知能力是有限的,不可能知晓未来会发生什么,从而也不可能构造关于美好社会的终极图景。由此推断,对社会价值的追求必然是试探性的、局部的,而非终极的一次性了断。只要没有损害其他价值,我们就可以合理地推断,提升部分价值是一项正义的举措。在信息不完备的情况下,我们甚至不必去细究提升部分价值是否会帮助我们实现终极价值,因为终极价值本身就是在实践过程中不断被发现和更新的。

第二,提高一种或一些价值不能以牺牲其他价值为代价。这个命题的核心是价值之间是否可以"通约"的问题。价值之间可以通约,指的是价值与价值之间可以相互替代,正如福利经济学中的社会福利函数对各福利选项的假设一样。价值的实现是可以度量的,因此如果价值之间是可以通约的,那么一定意味着各种价值所使用的度量单位是一样的。此时,提高一种价值就可以替代对其他价值的提高;只要一种价值提高

---

① 事实上,哈耶克也并不反对建立社会保障制度。参见哈耶克(1997)。

得足够多,我们甚至可以以损害其他价值为代价。但是,一个符合道德直觉的分配正义理论不应该允许价值之间的通约。

每种价值都是人类所构建的美好世界的一个性质,它们在不同的维度里独自存在。我们保障权利,不是因为它能够提升经济效率,而是我们认为它可以保证社会秩序,让我们和平地生活在一起;我们追求平等,不是因为我们憎恶效率,而是因为我们天然地不喜欢不平等。我们在两种不同的价值之间设立一道堤坝,是因为我们喜欢生活在一个多彩的世界里,而不是受单一价值支配的无色世界里。使用同样的单位来衡量各种价值,意味着我们要进行一个统一的心理转化,从而摧毁我们所设立的堤坝,世界会因此变得单调和乏味。

在现实层面,不同的人群会更加关注某些价值,如果价值之间可以通约,就意味着个体间所秉持的价值(或用经济学的术语来说,效用)是可比的,这样我们就必然回归到某种形式的功利主义路径上去。实际情况可能比这还糟糕,因为它意味着一些人的价值可以被另一些人的价值替代,一些心怀恶意之徒就可以乘虚而入,打着弘扬某些价值的名义压制其他价值的伸张,从而对自由社会构成极大的威胁。所以,对某些价值的伸张不可以替代对其他价值的伸张,换言之,对人类某些价值的改善不能以损害其他价值为代价。这正是帕累托改进所坚持的原则。

20.5.3　罗尔斯测试

作为帕累托改进的一个应用,我们来看根据罗尔斯对森的批评所做的回应,如何确定一个国家再分配的数量。我们把由此得到的原则称为"罗尔斯测试"。图 20.2 中,罗尔斯认为,社会效用可能性边界存在 M_0M 这一效用相互加强的线段。可以想象,A 较为富有,B 较为贫穷,政府对 A 征税用以补贴 B。在初期,更多的税收和补贴不仅增加 B 的收入,而且增加 A 的收入,直到 M 点,之后更多的征税和补贴就会降低 A 的收入水平。罗尔斯测试就是看再分配是否超过了 M 点,更具体的,我们可以区分狭义的罗尔斯测试和广义的罗尔斯测试,其定义如下:

(1)狭义的罗尔斯测试。如果政府将 A 的一部分收入转移给 B,A 在下一期的收入水平不下降。

(2)广义的罗尔斯测试。如果政府将 A 的一部分收入转移给 B,社会在下一期的收入水平不下降。

如果再分配可以通过罗尔斯测试,就可以认为再分配是值得的;否则,就停止再分配。狭义的罗尔斯测试比广义的罗尔斯测试更严格,也就是说,满足后者不等于满足前者,但满足前者一定意味着满足后者。但是,如果允许潜在的收入再次转移,则后者可以转化为前者:即使 A 的收入水平下降了,但既然社会总收入水平没有下降,我们总是可以把一部分社会收入返还给 A,弥补他的收入损失。因此,罗尔斯测试是帕累托改进的一个应用。

本质上,罗尔斯测试反映了效率与平等之间的一个妥协。从社会整体来看,它要求对平等的追求不以牺牲效率为前提,而且在其背后存在一个命题,即收入转移对穷人具有激励作用,从而全社会的收入水平可能因此提高。但是,从个体层面来看,它也容忍"养懒人"的情况出现。比如,B在得到转移收入之后,其生产力没有得到提高,从而社会总产出不发生变化,收入转移变成了纯粹的再分配。罗尔斯测试容忍这种再分配,体现了对纯粹结果平等的关注。但是,它也拒绝以被征税者收入水平下降为代价的再分配。这里的收入指的是税前收入。有两个因素可以保证这个收入水平不下降:其一是被征税者的工作积极性不会因征税而下降;其二是得到转移收入的人的生产力提高,其溢出效应足以抵消被征税者工作积极性的下降——如果后者的积极性的确下降了的话。最终,能够通过罗尔斯测试的再分配既照顾到了平等,又无碍效率。

20.6　小结

本章所讨论的内容属于福利经济学的延伸,在一定程度上已经超出经济学的范畴。从学科分工的角度来看,经济学家应该把这些问题留待其他相关学科的研究人员乃至现实政治过程去解决。然而,出于两方面的原因,经济学家必须对这些问题做出自己的判断:首先,经济学研究本身并不是价值中立的,其成果可能被用来支持或反对某些政治哲学。经济学所推崇的经济效率是一个强有力的概念,因为没有人愿意生活在一个生活水平下降的社会里。一种政治哲学,无论它的逻辑如何一致,它的结论如何符合道德直觉,只要妨碍经济增长,它的可靠性就会受到质疑。然而,这不等于说经济逻辑具有普适性,处处强调效率的提高可能会让经济学家显得庸俗。在这个背景下,具备一些政治哲学的关怀,对于做好经济学研究也是重要的。其次,现实可能让经济学家无法回避诸如公平、公正及平等这样的问题,在中国这样处在高速增长和急剧变化的社会里更是如此。怎样的收入差距是合理的?如何矫正收入的不平等?诸如此类问题是经济学家必须直面以对的,否则经济学家就会失信于公众,甚至成为街头巷尾的笑谈对象,就像欧美经济学家在金融危机之后被公众质疑一样。经济学家应该敞开胸怀,参与到中国现实的讨论中去。事实上,经济学家掌握较为严谨的分析方法,因此可能为这些讨论贡献新的东西。

【练习题】

1. 古典自由主义对平等的定义在逻辑上有何优势?请提出两个对它的批评意见。

2. 森对自由的分类与柏林对自由的分类有何不同?有何关联?

3. 为什么说功利主义要求的是效用单位上的平等,而罗尔斯主义要求的是效用水平上的平等?相对于古典自由主义,它们的逻辑弱点是什么?

4. 思考 20.4.4 节电影《孔雀》中的"爱情难题",回答：

(1) 为什么婚姻中的匹配(sorting)在道德上是可以接受的？

(2) 由此推广开来,森的能力学说会遇到什么样的挑战？

5. 在《金钱不能买什么》这本书中,当代政治哲学家迈克尔·桑德尔(Michael Sandel)讲了一个故事:纽约市政府请市民免费欣赏歌剧,但需要市民领取免费门票。一段时间之后,就出现了雇人排队的现象,价格达到 120 美元。从效率的角度来看,这个现象合理吗？ 从古典自由主义的角度看呢？ 从功利主义的角度看呢？

6. 对作为分配正义原则的帕累托改进的一个批评是,如果社会的起始点已经很差,而且已经在社会效用可能性边界上(如图 20.3 中的 U^{**} 点),这个理论就是对不公正的社会现状的肯定。你如何面对这个批评,为帕累托改进做出辩护？

7. 在 20.5.3 节里,我们在社会效用可能性边界上讨论罗尔斯测试。在边界之内,罗尔斯测试还有意义吗？

8. 试举两个现实中的例子,说明如何使用罗尔斯测试制定收入转移政策。

参 考 文 献

英文文献

Acemoglu, Daron (2003). "Why Not a Political Coase Theorem? Social Conflict, Commitment, and Politics," *Journal of Comparative Economics*, 31(4): 620-652.

Acemoglu, Daron, and James Robinson (2005). *Economic Origins of Dictatorship and Democracy*, New York, NY: Cambridge University Press.

Acemoglu, Daron, Simon Johnson, and James Robinson (2005). "Institutions as the Fundamental Cause of Long-run Growth," In Phillip Aghion and Steven Durlauf eds, *Handbook of Economic Growth*, Vol. 1A, Amsterdam: North Holland: 385-472.

Acemoglu, Daron, and James Robinson (2012). *Why Nations Fail: The Origins of Power, Prosperity, and Poverty*, New York: Crown Currency.

Amsden, Alice (1992). *Asia's Next Giant: South Korea and Late Industrialization*, New York: Oxford University Press.

Arrighi, Giovanni, Takeshi Hamashita, and Mark Seldon (2003). *The Resurgence of East Asia: 500, 150 and 50 Year Perspectives*, London: Routledge.

Autor, David, David Dorn, and Gordon Hanson (2016). "The China Shock: Learning from Labor-Market Adjustment to Large Changes in Trade," *Annual Review of Economics*, 8: 205-240.

Banerjee, Abhijit, and Andrew Newman (1993). "Occupational Choice and the Process of Development," *Journal of Political Economy*, 101(2): 274-298.

Beck, Thorsten, Asli Demirgüç-Kunt, and Ross Levine (2000). "A New Database on the Structure and Development of the Financial Sector," *The World Bank Economic Review*, 14(3): 597-605.

Bello, Walden, Herbert Docena, and Marissa de Guzman, et al. (2005). *The Anti-development State: The Political Economy of Permanent Crisis in the Philippines*, London: Zed Books.

Berlin, Isaiah (1969). *Four Essays on Liberty*, Oxford: Oxford University Press.

Besley, Timothy, and Masayuki Kudamatsu (2007), "Making Autocracy Work," LSE STICERD Research Paper No. DEDPS 48.

Blanchard, Olivier, and Andrei Shleifer (2001). "Federalism with and without Political Centralization: China versus Russia," *IMF Staff Papers*, 48: 171-179.

Balassa, Bela (1964). "The Purchasing-power Parity Doctrine: A Reappraisal," *Journal of Political Economy*, 72(6): 584-596.

Blecker, Robert (2006). "Macroeconomic and Structural Constraints on Export-led Growth in Mexico," Department of Economics Working Paper 2006-05, American University.

Bloom, David, et al. (2007). "Demographic Change, Social Security Systems, and Savings," *Journal of Monetary Economics*, 2007, 54(1): 92-114.

Borensztein E., J. De Gregorio, and J-W. Lee (1998). "How Does Foreign Direct Investment Affect Economic Growth?" *Journal of International Economics*, 45(1): 115-135.

Briceño-León, Roberto (2005). "Petroleum and Democracy in Venezuela," *Social Forces*, 84 (1): 1-23.

Cai, Fang, and Dewen Wang (2005). "Demographic Transition: Implications for Growth," Working paper, Institute of Population and Labor, CASS, 2005.

Chen, Binkai, and Yang Yao(2011). "The Cursed Virtue: Government Infrastructural Investment and Household Consumption in Chinese Provinces," *Oxford Bulletin of Economics and Statistics*, 73(6): 856-877.

Cheten, Ahya, Andy Xie, and Stephen Roach, et al. (2006). *India and China: New Tigers of Asia*, Morgan Stanley Research Report.

Cheung, Steven (1969). *The Theory of Share Tenancy*, Chicago: University of Chicago Press.

Coase, Ronald (1960). "The Problem of Social Cost," *The Journal of Law and Economics*, 3: 1-44.

Conference Board (2010). *Long-term Wage Trends in China*, New York.

Deardorff, Alan (2010). "A Trade Theorist's Take on Global Imbalance," In Simon Evenett ed, *The US-Sino Currency Dispute: New Insights from Economics, Politics and Law*, Chapter 6, London: A VoxEU. org Publication.

Diamond, Jared (1999). *Guns, Germs, and Steel—The Fates of Human Societies*, New York and London: W. W. Norton & Company.

Dixit, Avinash, and Victor Norman (1980). *Theory of International Trade: A Dual, General Equilibrium Approach*, Cambridge: Cambridge University Press.

Dixit, Avinash, and Joseph Stiglitz (1977). "Monopolistic Competition and Optimum Product Diversity," *American Economic Review*, 67(3): 297-308.

Dong, Xiao-yuan, and Gregory K. Dow (1993). "Monitoring Costs in Chinese Agricultural Teams," *Journal of Political Economy*, 101(3): 539-553.

Elvinia, Jose (2011). "Is Land Reform a Failure in the Philippines? An Assessment on CARP," In Hirotsune Kimura, et al. eds, *Limits of Good Governance in Developing Countries*, Yogyakarta: Gadjah Mada University Press.

Engel, Charles, and John Rogers (2006). "The U.S. Current Account Deficit and the Expected Share of World Output," *Journal of Monetary Economics*, 53(5): 1063-1093.

Elvin, Mark (1973). *The Pattern of the Chinese Past*, Stanford: Stanford University Press.

Esteban, Joan, and Debraj Ray (2006). "Inequality, Lobbying, and Resource Allocation," *The American Economic Review*, 96(1): 257-279.

Fehr, Ernst, and Bettina Rockenbach (2004). "Human Altruism: Economic, Neural, and Evolutionary Perspectives," *Current Opinion in Neurobiology*, 14(6): 784-790.

Friedman, Edward, Paul G. Pickowicz, and Mark Selden (1991). *Chinese Village, Socialist State*, New Haven: Yale University Press.

Fukuyama, Francis (2004). *State-Building: Governance and World Order in the 21st Century*, Ithaca: Cornell University Press.

Galor, Oded, Omer Moav, and Dietrich Vollrath (2009). "Inequality in Landownership, the Emergence of Human-Capital Promoting Institutions, and the Great Divergence," *The Review of Economic Studies*, 76(1): 143-179.

Gao, Mengtao, and Yang Yao (2006). "Gender Gaps in Access to Health Care in Rural China," *Economic Development and Cultural Change*, 55(1): 87-107.

Garnaut, Ross, et al. (2005). *China's Ownership Transformation: Process, Outcomes, Prospects*, Washington, D. C.: World Bank Group.

Gehlbach, Scott, and Philip Keefer (2011). "Investment without Democracy: Ruling-Party Institutionalization and Credible Commitment in Autocracies," *Journal of Comparative Economics*, 39(2): 123-139.

Gennaioli, Nicola, and Andrei Shleifer (2007). "The Evolution of Common Law," *Journal of Political Economy*, 115(1): 43-68.

Gerschenkron, Alexander (1962). *Economic Backwardness in Historical Perspective: A Book of Essays*, Cambridge, MA: Belknap Press.

Gill, Indermit, and Homi Kharas (2007). *An East Asia Renaissance: Ideas for Economic Growth*, Washington DC: World Bank Group.

Girma, Sourafel (2005). "Absorptive Capacity and Productivity Spillovers from FDI: A Threshold Regression Analysis," *Oxford Bulletin of Economics & Statistics*, 67(3): 281-306.

Glaeser, Edward L., et al. (2004). "Do Institutions Cause Growth?" *Journal of Economic Growth*, 9(3): 271-303.

Hansen, James, et al. (2006). "Global Temperature Change," *Proceedings of the National Academy of Sciences*, 103(39): 14288-14293.

Hart, Gillian (2002). *Disabling Globalization: Places of Power in Post-Apartheid South Africa*, Berkeley: University of California Press.

Harsanyi, John (1955). "Cardinal Welfare, Individualistic Ethics, and Interpersonal Comparisons of Utility," *Journal of Political Economy*, 63(4): 309-321.

Hayek, Fredrick (1944). *The Road to Serfdom*, Chicago: University of Chicago Press.

Hayami, Yujiro, and Vernon Ruttan (1970). "Factor Prices and Technical Change in Agricultural Development: The United States and Japan, 1880—1960," *Journal of Political Economy*, 78(5): 1115-1141.

Hellmann, Thomas, Kevin Murdock, and Joseph Stiglitz (1997). "Financial Restraint: Toward a New Paradigm," In Masahiko Aoki, Hyung-Ki Kim, and Masahiro Okuno-Fujiwara eds, *The Role of Government in East Asian Economic Development: Comparative Institutional Analysis*, New York: Oxford University Press: 163-207.

Hirschman, Albert (1958). *The Strategy of Economic Growth*, New Haven: Yale University Press.

Hurwicz, Leonid (1969). "On the Concept and Possibility of Informational Decentralization," *The American Economic Review*, 59(2): 513-524.

Im, Fernando G., and David Rosenblatt (2013). "Middle-Income Trap: A Conceptual and Empirical Survey," World Bank Policy Research Working Paper, No. WPS6594.

Javorcik, Beata (2004). "Does Foreign Direct Investment Increase the Productivity of Domestic Firms? In Search of Spillovers through Backward Linkages," *American Economic Review*, 94(3): 605-627.

Jones, Matthew, and Maurice Obstfeld (1997). "Saving, Investment, and Gold: A Reassessment of Historical Current Account Data," NBER Working Paper, No. 6103.

Kaldor, Nicholas (1957). "A Model of Economic Growth," *The Economic Journal*, 67 (268): 591-624.

Knight, John, Deng Quheng, and Li Shi (2010). "The Puzzle of Migrant Labour Shortage and the Rural Labour Surplus in China," The University of Oxford, DoE Working Paper Series No. 494.

Kongsamut, Piyabha, S. Rebelo, and Danyang Xie (2001). "Beyond Balanced Growth," *The Review of Economic Studies*, 68(4): 869-882.

Krugman, Paul (1995). *Development, Geography and Economic Theory*, Cambridge, MA: MIT Press.

Kuznets, Simon (1955). "Economic Growth and Income Inequality," *American Economic Review*, 45(1): 1-28.

La Porta, Rafael, Florencio Lopez-de-Silanes, and Andrei Shleifer, et al. (1998). "Law and Finance," *Journal of Political Economy*, 106(6): 1113-1155.

Lau, Lawrence, Yingyi Qian, and Gerard Roland (2000). "Reform without Losers: An Interpretation of China's Dual-track Approach to Transition," *Journal of Political Economy*, 108(1): 120-143.

Lewis, Arthur (1954). "Economic Development with Unlimited Supplies of Labour," *The Manchester School*, 22(2): 139-191.

Lewis, Arthur (1955). *The Theory of Economic Growth*, London: George Allen & Unwin, Ltd.

Li, Hongbin, and Li-An Zhou (2005) "Political Turnover and Economic Performance: The Incentive Role of Personnel Control in China," *Journal of Public Economics*, 89(9-10): 1743-1762.

Li, Hongbin, Pak Wai Liu, and Junsen Zhang (2012). "Estimating Returns to Education Using Twins in Urban China," *Journal of Development Economics*, 97(2): 494-504.

Liang, James, Hui Wang, and Edward Lazear (2018). "Demographics and Entrepreneurship," *Journal of Political Economy*, 126(S1): S140-S196.

Lin, Justin Y. (1990). "Collectivization and China's Agricultural Crisis in 1959—1961," *Journal of Political Economy*, 98(6): 1228-1252.

Lin, Justin Y. (1995). "The Needham Puzzle: Why the Industrial Revolution Did Not Originate in China?" *Economic Development and Cultural Change*, 43(2): 269-292.

Lin, Justin Y., and Yang Yao (2001). "Chinese Rural Industrialization in the Context of the East Asian Miracle," In Joseph Stiglitz and Shahid Yusuf eds, *Rethinking the East Asian Miracle*, Oxford: The World Bank and Oxford University Press.

Lorde, Troy (2011). "Export-led Growth: A Case Study of Mexico," *International Journal of Business, Humanities and Technology*, Vol. 1, No. 1: 33-44.

Lucas, Robert E. (1988). "On the Mechanics of Economic Development," *Journal of Monetary*

Economics, 22(1): 3-42.

Mao, Rui, and Yang Yao (2012a). "Structural Change in a Small Open Economy: An Application to South Korea," *Pacific Economic Review*, 2012, 17(1): 29-56.

Mao, Rui, and Yang Yao (2012b). "Manufacturing-Finance Comparative Advantage and Global Imbalances," Manuscript.

Mao, Rui, Yang Yao, and Jingxian Zou (2019). "Productivity Growth, Fixed Exchange Rates, and Export-Led Growth," *China Economic Review*, 56: Article 101311.

Mendoza, E., V. Quadrini, and J. Rios-Rull (2009). "Financial Integration, Financial Development, and Global Imbalances," *Journal of Political Economy*, 117(3): 371-416.

Mitchell, Brian R. (1988). *British Historical Statistics*, Cambridge: Cambridge University Press.

Modigliani, F. and F. Brumberg (1954). "Utility Analysis and the Consumption Function: An Interpretation of Cross-section Data," In K. K. Kurihara ed, *Post-Keynesian Economics*, New Brunswick: Rutgers University Press.

Modigliani, Franco, and Shi Cao (2004). "The Chinese Saving Puzzle and the Life-Cycle Hypothesis," *Journal of Economic Literature*, 42(1): 145-170.

Morris, Ian (2010). *Why the West Rules-for Now: The Patterns of History, and What They Reveal About the Future*, New York: Farrar, Straus and Giroux.

Murphy, Kevin, Andrei Shleifer, and Robert Vishny (1989). "Industrialization and the Big Push," *Journal of Political Economy*, 97(5): 1003-1026.

Naughton, Barry (2007). *Chinese Economy: Transitions and Growth*, Cambridge: The MIT Press.

Ngai, L. R., and C. A. Pissarides (2007). "Structural Change in a Multisector Model of Growth," *American Economic Review*, 97(1): 429-443.

North, Douglass (1966). *The Economic Growth of the United States: 1790—1860*, New York: W. W. Norton & Company.

North, Douglass (1981). *Structure and Change in Economic History*, New York and London: W. W. Norton & Company.

North, Douglass and Barry Weingast (1989). "Constitutions and Commitment: The Evolution of Institutions Governing Public Choice in Seventeenth-Century England," *Journal of Economic History*, 49(4): 803-832.

North, Douglass (1990). *Institutions, Institutional Change and Economic Performance*, Cambridge: Cambridge University Press.

Olson, Mancur (1982). *The Rise and Decline of Nations: Economic Growth, Stagflation, and Social Rigidities*, New Haven: Yale University Press.

Peng, Feng (2009). "*Disinterested Government and Aesthetic Politics*," Manuscript, Department of Philosophy, Peking University.

Polanyi, Karl (1944). *The Great Transformation: The Political and Economic Origins of Our Time*, Boston: Beacon Press.

Prebisch, Raúl (1950). *The Economic Development of Latin America and Its Principal Prob-*

lems, New York: United Nations.

Pritchett, Lant, and Lawrence H. Summers (2014). "Asiaphoria Meets Regression to the Mean," NBER Working Paper, 20573.

Przeworski, Adam, Michael E. Alvarez, and Jose A. Cheibub, et al. (2000). *Democracy and Development: Political Institutions and Well-Being in the World, 1950—1990*, Cambridge: Cambridge University Press.

Quimpo, Nathan G. (2009). "The Philippines: Predatory Regime, Growing Authoritarian Features," *The Pacific Review*, 22(3): 335-353.

Quah, Danny (1993). "Galton's Fallacy and Tests of the Convergence Hypothesis," *The Scandinavian Journal of Economics*, 95(4): 427-443.

Ranis, Gustav, and John Fei (1961). "A Theory of Economic Development," *The American Economic Review*, 51(4): 533-565.

Ravallion, Martin (2008). "Poverty Lines," In Steven Durlauf and Lawrence Blume eds, *The New Palgrave Dictionary of Economics*, 2nd edition, London: Palgrave Macmillan.

Rodrik, Dani (1994). "Getting Interventions Right: How South Korea and Taiwan Grew Rich," NBER Working Paper, No. 4964.

Rodrik, Dani (2016). "Premature Deindustrialization," *Journal of Economic Growth*, 21: 1-33.

Romer, Paul (1986). "Increasing Returns and Long-run Growth," *Journal of Political Economy*, 94(5): 1002-1037.

Rosenstein-Rodan, P. N. (1943). "Problems of Industrialization of Eastern and South-Eastern Europe," *The Economic Journal*, 53(210-211): 202-211.

Rosenzweig, Mark R., and T. Paul Schultz (1982) "Market Opportunities, Genetic Endowments, and Intrafamily Resource Distribution: Child Survival in Rural India," *The American Economic Review*, 72(4): 803-815.

Samuelson, Paul (1994). "Facets of Balassa-Samuelson Thirty Years Later," *Review of International Economics*, 2(3): 201-226.

Sen, Amartya (1966). "Peasants and Dualism with or without Surplus Labor," *Journal of Political Economy*, 74(5): 425-450.

Sen, Amartya (1970). "The Impossibility of a Paretian Liberal," *Journal of Political Economy*, 78(1): 152-157.

Sen, Amartya (1973). "On Ignorance and Equal Distribution," *The American Economic Review*, 63(5): 1022-1024.

Sidel, John T. (2008). "Beyond Patron-client Relation: Warlordism and Local Politics in the Philippines," *Kasarinlan: Philippine Journal of Third World Studies*, 4(3): 19-30.

Singh, Inderjit, Lyn Squire, and John Strauss (1986). *Agricultural Household Models: Extensions, Applications, and Policy*, Baltimore: Johns Hopkins University Press.

Stigler, George (1951). "The Division of Labor is Limited by the Extent of the Market," *The Journal of Political Economy*, 59(3): 185-193.

Stiglitz, Joseph (1974). "Incentives and Risk Sharing in Sharecropping," *The Review of Eco-*

nomic Studies, 41(2): 219-255.

Stiglitz, Joseph (2001). "From Miracle to Crisis to Recovery: Lessons from Four Decades of East Asian Experience," In Joseph Stiglitz and Shahid Yusuf eds, *Rethinking the East Asian Miracle*, Oxford: The World Bank and Oxford University Press.

Skocpol, Theda (1979). *States and Social Revolutions: A Comparative Analysis of France, Russia and China*, Cambridge: Cambridge University Press.

Su, Dan, and Yao Yang (2017). "Manufacturing as the Key Engine of Economic Growth for Middle-income Economies," *Journal of Asia Pacific Economy*, 22(1): 47-70.

Sun, Ang, and Yao Yang(2010). "Health Shocks and Children's School Attainments in Rural China," *Economics of Education Review*, 29(3): 375-382.

Taylor, Alan (2002). "A Century of Current Account Dynamics," *Journal of International Money & Finance*, 21(6): 725-748.

Teehankee, Julio (2013). "Clientelism and Party Politics in the Philippines," In Dirk Tomsa and Andreas Ufen eds, *Party Politics in Southeast Asia: Clientelism and Electoral Competition in Indonesia, Thailand and the Philippines*, Chapter 10, London: Routledge.

Wen, Guangzhong James (1993). "Total Factor Productivity Change in China's Farming Sector: 1952—1989," *Economic Development and Cultural Change*, 42(1): 1-41.

Williams, John (2004). "The Strange History of the Washington Consensus," *Journal of Post Keynesian Economics*, 27(2): 195-206.

Woo-Cumings, Meredith (1999). "Introduction," In Meredith Woo-Cumings ed, *The Developmental State*, Ithaca: Cornell University Press.

World Bank (2008). *World Development Report*, Washington, D. C.: World Bank Group.

Xu, Chenggang (2011). "The Fundamental Institutions of China's Reforms and Development," *Journal of Economic Literature*, 49(4): 1076-1151.

Yao, Yang (2004). "Political Process and Efficient Institutional Change," *Journal of Institutional and Theoretical Economics*, 160(3): 439-453.

Yao, Yang (2014). "The Chinese Growth Miracle," In Philippe Aghion and Steven Durlauf eds. *Handbook of Economic Growth*. Chapter 7, Vol. 2B: 943-1032, Amsterdam: North Holland.

Zhang, Kevin (2001). "Does Foreign Direct Investment Promote Economic Growth? Evidence from East Asia and Latin America," *Contemporary Economic Policy*, 19(2): 175-185.

Zhou, Yu, William Lazonick, and Yifei Sun. (2016). *China as an Innovation Nation*, Oxford: Oxford University Press.

中文文献

阿里吉,乔万尼(2009):《亚当·斯密在北京:21 世纪的谱系》,路爱国、黄平、许安结译,北京:社会科学文献出版社。

阿罗,肯尼思(2010):《社会选择与个人价值》(第二版),丁剑峰译,上海:上海人民出版社。

阿罗,肯尼思、宾建成(2009):"全球气候变化:对现有政策的一项挑战",《经济社会体制比较》,第 6 期:14—16 页。

艾德荣(2005):"职权结构、产权和经济停滞:中国的案例",《经济学(季刊)》,第 1 期:541—

562 页。

奥尔森,曼瑟(2011):《集体行动的逻辑》,陈郁、郭宇峰、李崇新译,上海:格致出版社、上海人民出版社。

奥尔森,曼瑟(2007):《国家的兴衰:经济增长、滞涨和社会僵化》,李增刚译,上海:上海人民出版社。

白重恩、钱震杰(2009a):"国民收入的要素分配:统计数据背后的故事",《经济研究》,第 3 期:27—41 页。

白重恩、钱震杰(2009b):"谁在挤占居民的收入:中国国民收入分配格局分析",《中国社会科学》,第 5 期,99—115 页。

贝克尔,加里(1987):《家庭经济分析》,彭松建译,北京:华夏出版社。

薄一波(2008):《若干重大决策与事件的回顾》,北京:中共党史出版社。

波特,迈克尔(2002):《国家竞争优势》,李明轩、邱如美译,北京:华夏出版社。

BP(英国石油公司)(2011):《BP 世界能源统计年鉴》,北京:英国石油公司。

布罗姆利,丹尼尔(2006):《经济利益与经济制度:公共政策的理论基础》,陈郁、郭宇峰、汪春译,上海:上海三联书店,上海人民出版社。

布罗姆利,丹尼尔(2008):《充分理由:能动的实用主义和经济制度的含义》,简练、杨希、钟宁桦译,姚洋校,上海:上海人民出版社。

蔡昉 (2008):《刘易斯转折点:中国经济发展新阶段》,北京:社会科学文献出版社。

曹幸穗(1996):《旧中国苏南农家经济研究》,北京:中央编译出版社。

程永宏(2007):"改革以来全国总体基尼系数的演变及其城乡分解",《中国社会科学》,第 4 期:45—60 页。

德·索托,赫尔南多(2017):《资本的秘密》,于海生译,北京:华夏出版社。

德沃金,罗纳德(2003):《至上的美德:平等的理论与实践》,冯克利译,南京:江苏人民出版社。

恩格斯,弗里德里希(2012):《家庭、私有制和国家的起源》,《马克思恩格斯选集》第 4 卷,北京:人民出版社。

费孝通(2001):《江村经济:中国农民的生活》,北京:商务印书馆。

弗兰克,贡德(2000):《白银资本:重视经济全球化中的东方》,刘北成译,北京:中央编译出版社。

福山,弗朗西斯(2015):《政治秩序与政治衰败:从工业革命到民主全球化》,毛俊杰译,桂林:广西师范大学出版社。

国家统计局国民经济核算司(1997):《中国国内生产总值核算历史资料(1952—1995)》,大连:东北财经大学出版社。

国家统计局国民经济综合统计司(1999):《新中国五十年统计资料汇编》,北京:中国统计出版社。

哈耶克,弗里德利希·冯(1997):《自由秩序原理》,邓正来译,北京:生活·读书·新知三联书店。

贺大兴、姚洋(2011):"社会平等、中性政府与中国经济增长",《经济研究》,第 1 期:4—17 页。

黄仁宇(1997):《资本主义和二十一世纪》,北京:三联书店。

黄宗智(2000a):《华北的小农经济与社会变迁》,北京:中华书局。

黄宗智(2000b):《长江三角洲小农家庭与乡村发展》,北京:中华书局。

李伯重(2003)：《多视角看江南经济史(1250—1850)》，北京：生活·读书·新知三联书店。

李成瑞(1997)："大跃进'引起的人口变动"，《中共党史研究》，第 2 期：1—14 页。

李稻葵、刘霖林、王红领(2009)："GDP 中劳动份额演变的 U 型规律"，《经济研究》，第 1 期：70—82 页。

李谷成、冯中朝、范丽霞(2010)："小农户真的更加具有效率吗？来自湖北省的经验证据"，《经济学(季刊)》，第 1 期：95—124 页。

李嘉图，大卫(2011)：《政治经济学及赋税原理》，郭大力、王亚南译，南京：译林出版社。

李坤望、宋立刚(2006)："中国的贸易扩张及其对亚太地区贸易增长的贡献"，《经济学(季刊)》，第 1 期：591—608 页。

李实、罗楚亮(2011)："中国收入差距到底有多大？——对修正样本结构偏差的尝试"，《经济研究》，第 4 期：68—79 页。

李昕、关会娟、蔡小芳(2017)："基于价值链视角的 TPP 与 RCEP 亚太经贸合作研究"，《中央财经大学学报》，第 1 期：49—60 页。

李约瑟(1990)：《中国科学技术史：第一卷　导论》，袁翰青、王冰、于佳译，北京：科学出版社；上海：上海古籍出版社。

林伯强、蒋竺均(2009)："中国二氧化碳的环境库兹涅茨曲线预测及影响因素分析"，《管理世界》，第 4 期：27—36 页。

林毅夫(2003)："后发优势与后发劣势：与杨小凯教授商榷"，《经济学(季刊)》，第 3 期：989—1004 页。

林毅夫(2011)："新结构经济学：重构发展经济学的框架"，《经济学(季刊)》，第 1 期：1—32 页。

林毅夫(2012)：《新结构经济学：反思经济发展与政策的理论框架》，苏剑译，北京：北京大学出版社。

林毅夫、蔡昉、李周(1999)：《中国的奇迹：发展战略和经济改革》(增订版)，上海：上海三联书店，上海人民出版社。

林毅夫、李永军(2003)："出口与中国的经济增长：需求导向的分析"，《经济学(季刊)》，第 3 期：779—794 页。

刘厚俊、刘正良(2006)："人力资本门槛与 FDI 效应吸收：中国地区数据的实证检验"，《经济科学》，第 5 期：90—98 页。

刘澜飚、王博(2010)："门槛效应、管制放松与银行效率的改进：理论假说及其来自中国的经验研究"，《金融研究》，第 3 期：67—79 页。

刘晓光、卢锋(2014)："中国资本回报率上升之谜"，《经济学(季刊)》，第 3 期：817—836 页。

刘亚琳、茅锐、姚洋(2018)："结构转型、金融危机与中国劳动收入份额的变化"，《经济学(季刊)》，第 2 期：609—632 页。

刘遵义等(2007)："非竞争型投入占用产出模型及其应用：中美贸易顺差透视"，《中国社会科学》，第 5 期：91—103 页。

卢峰、姚洋(2004)："金融压抑下的法治、金融发展和经济增长"，《中国社会科学》，第 1 期：42—55 页。

卢锋、刘鎏(2007)："我国两部门劳动生产率增长及国际比较(1978—2005)：巴拉萨萨缪尔森效应与人民币实际汇率关系的重新考察"，《经济学(季刊)》，第 2 期：357—380 页。

罗尔斯，约翰(2009)：《正义论》，何怀宏、何包钢、廖申白译，北京：中国社会科学出版社。

罗素,伯特兰(2003):《自由之路》,李国山译,北京:西苑出版社。

麦迪森,安格斯(2022):《世界经济千年史》(精校本),伍晓鹰等译,北京:北京大学出版社。

马尔萨斯(1959):《人口论》,郭大力译,北京:商务印书馆。

诺奇克,罗伯特(1991):《无政府、国家和乌托邦》,何怀宏等译,北京:中国社会科学出版社。

诺斯,道格拉斯、罗伯特·托马斯(1999):《西方世界的兴起》(第2版),厉以平、蔡磊译,北京:华夏出版社。

帕金斯,德怀特(2005):"从历史和国际的视角看中国经济增长",《经济学(季刊)》,第3期:891—912页。

彭凯翔(2006):《清代以来的粮价:历史学的解释与再解释》,上海:上海人民出版社。

彭慕兰(2003):《大分流:欧洲、中国及现代世界经济的发展》,史建云译,南京:江苏人民出版社。

皮凯蒂,托马斯(2014):《21世纪资本论》,巴曙松等译,北京:中信出版社。

朴正熙(1988):《我们国家的道路:社会复兴的思想》,陈琦伟译,北京:华夏出版社。

恰亚诺夫(1996):《农民经济组织》,萧正洪译,北京:中央编译出版社。

钱纳里、塞尔昆(1988):《发展的型式 1950—1970》,李新华等译,北京:经济科学出版社。

瞿宛文(1995):"进口替代与出口导向成长:台湾石化业之研究",《台湾社会研究季刊》,第18期:39—69页。

Sachs,Jeffrey、胡永泰、杨小凯(2003):"经济改革和宪政转轨"《经济学(季刊)》,第3期:961—988页。

斯科特,詹姆斯(2004):《国家的视角:那些试图改善人类状况的项目是如何失败的》,王晓毅译,北京:社科文献出版社。

森,阿马蒂亚(2001):《贫困与饥荒》,王宇、王文玉译,北京:商务印书馆。

森,阿马蒂亚(2002):《以自由看待发展》,任赜、于真译,北京:人民大学出版社。

世界银行(1995):《东亚奇迹:经济增长与公共政策》,财政部世界银行业务司译,北京:中国财政经济出版社。

舒尔茨,西奥多·W.(1987):《改造传统农业》,梁小民译,北京:商务印书馆。

斯密,亚当(2009):《国富论》,郭大力、王亚南译,上海:上海三联书店。

斯蒂格利茨,约瑟夫·E.、沙希德·尤素福(2003):《东亚奇迹的反思》,王玉清等译,北京:中国人民大学出版社。

谭深(2011):"中国农村留守儿童研究述评",《中国社会科学》,第1期:138—150页。

田巍等(2013):"人口结构与国际贸易",《经济研究》,第11期:87—99页。

王怀斌等(2021):"中国光伏发电平价上网分析",《太阳能》,第8期:13—18页。

王丽敏、张晓波、David Coady(2003):"健康不平等及其成因:中国全国儿童健康调查实证研究》,北京:北京大学国家发展研究院,https://www.nsd.pku.edu.cn/attachments/f7def6d338e44c26a7be07d9c6064e1c.pdf(访问时间:2024年7月16日。)

王绍光、胡鞍钢(1993):《中国国家能力报告》,沈阳:辽宁人民出版社。

王泽填、姚洋(2008):"人民币均衡汇率估计",《金融研究》,第12期:22—36页。

王泽填、姚洋(2009):"结构转型与巴拉萨-萨缪尔森效应",《世界经济》,第4期:38—49页。

韦伯,马克斯(2010):《新教伦理与资本主义精神》,康乐、简惠美译,桂林:广西师范大学出版社。

文贯中、刘愿(2010)："从退堂权的失而复得看'大跃进'饥荒的成因和教训",《经济学(季刊)》,第 2 期:302—337 页。

武力(2001)："1949—1978 年中国'剪刀差'差额辨正",《中国经济史研究》,第 4 期:3—12 页。

徐建炜、姚洋(2010)："国际分工新形态、金融市场发展与全球失衡",《世界经济》,第 3 期:3—30 页。

严中平等(1955):《中国近代经济史统计资料选辑》,北京:科学出版社。

杨雷、姚洋(2002)："'石器时代'的规则",《经济学(季刊)》,第 2 期:654—670 页。

杨汝岱、姚洋(2008)："有限赶超与经济增长",《经济研究》,第 8 期:29—41 页。

姚洋(1998)："非国有经济成分对我国工业企业技术效率的影响",《经济研究》,第 12 期:29—35 页。

姚洋(2003)："高水平陷阱:李约瑟之谜再考察",《经济研究》,第 1 期:71—79 页。

姚洋(2004):《土地、制度和农业发展》,北京:北京大学出版社。

姚洋、郑东雅(2008)："重工业与经济发展:计划经济时代再考察",《经济研究》,第 4 期:26—40 页。

姚洋(2008a)："中国高速经济增长的由来",《南方周末》,2008 年 9 月 11、18、25 日,10 月 2、9 日。(收入苏力、陈春声主编《中国人文社会科学三十年》,北京:生活·读书·新知三联书店,2009 年 8 月。)

姚洋(2008b):《作为制度创新过程的经济改革》,上海:格致出版社。

姚洋(2009)："中性政府:对转型期中国经济成功的一个解释",《经济评论》,第 3 期:5—13 页。

姚洋(2016)："作为一种分配正义原则的帕累托改进",《学术月刊》,第 10 期:44—54 页。

姚洋(2022):《制度与经济增长》,上海:文汇出版社。

姚洋、崔静远(2015)："中国人力资本的测算研究",《中国人口科学》,第 1 期:70—78 页。

姚洋、张晔(2008)："中国出口品国内技术含量升级的动态研究:来自全国及江苏省、广东省的证据",《中国社会科学》,第 2 期:67—82 页。

姚洋、张牧扬(2013)："官员绩效与晋升锦标赛:来自城市数据的证据",《经济研究》,第 1 期:137—150 页。

姚洋、邹静娴(2016)："经济增长差异、生命周期假说和'配置之谜'",《经济研究》,第 3 期:51—65 页。

张五常(2017):《佃农理论》,北京:中信出版社。

赵冈、陈钟毅(2006):《中国土地制度史》,北京:新星出版社。

中国钢铁工业协会(2010):《中国钢铁工业年鉴 2010》,北京:《中国钢铁工业年鉴》编辑部。

《中国矿业年鉴》编辑部(2011):《中国矿业年鉴 2010》,北京:地震出版社。

中国宏观经济研究中心(2011):《就业扩张与工资增长(2001—2010)》,北京大学国家发展研究院,2011 年 5 月。

鸣　谢

我自 2004 年开始为北京大学中国经济研究中心（国家发展研究院前身）的经济学双学士学位本科生开设"发展经济学"这门课，至今已二十年的时间。起初受北京大学出版社林君秀女士之约，历经五六年的时间，方于 2013 年年初出版本书第一版。在这个过程中，我得到了许多人的帮助，两次修订亦是如此。可以说，没有这些帮助，我不可能完成本书的写作。

我首先要感谢我教过的几千名学生，他们不仅激发了我的写作热情，而且时常为我提供很好的建议。自"发展经济学"开设以来，前后几十名国家发展研究院的研究生曾担任助教，他们不遗余力地辅导学生，批改作业，并对课程提出了富有洞见的建议。我特别要感谢罗弥、曾垚、张珂、初宁四位同学，他们既当助教，又同时担任课堂记录员，为本书留下了宝贵的初稿。李相梁在做助教的过程中，也为本书提供了一些资料。我的博士后王泽填曾决定与我合著本书，并参与了部分章节的编写，但后来出于工作原因作罢。我的两位博士研究生柳庆刚和张牧扬负责收集与整理本书第一版的数据，两位硕士研究生崔静远和王梦琦负责补充与收集本书第二版的数据。没有他们的工作，本书不可能像现在这样完整。此外，我的另外一位博士研究生茅锐也为本书提供了资料。柳庆刚、张牧扬和贾坤阅读了第一版的大部分章节，改正了书中的一些错误，并帮助整理了参考文献。本书第一版的教学课件是由李相梁制作的，第二版的教学课件是由崔静远和王梦琦制作的。崔静远和王梦琦还提供了第二版的习题参考答案。

本书的部分章节参考了贾梅·罗斯（Jaime Ros）的 *Development Theory & The Economics of Growth*（密歇根大学出版社 2000 年出版）、速水佑次郎（Yujiro Hayami）的 *Development Economics：From the Poverty to the Wealth of Nations*（牛津大学出版社 2005 年出版了第三版）以及德布拉吉·瑞（Debraj Ray）的《发展经济学》（北京大学出版社 2002 年出版）。在此向三位作者以及《发展经济学》的译者表示感谢。

本书第一版的主体部分是 2011 年秋季我访问母校威斯康星大学和 2012 年春季访问华盛顿大学期间完成的；第二版的修订工作是 2017 年暑期我作为"亚洲学者"访问墨尔本大学时完成的。感谢这三所大学为我提供的良好的研究和办公条件。北京大学出版社林君秀与刘京女士为本书第一版和第二版付出了很多心血。本书第一版的写作拖了很长时间，中途多次搁置，如果没有林君秀女士的鼓励和支持，本书恐怕不可能与读者见面。本书第三版的修订工作主要是 2022 年暑期完成的。我的硕士研究生潘洋洋承担了数据的更新工作，北京大学出版社的徐冰编辑提出了很好的修订建议，在此一并感谢。

在本书写作过程中，给予我最多帮助的是妻子聂华。在威斯康星大学、华盛顿大学以及墨尔本大学访问期间,她一直陪伴着我,照顾我的起居,给予我精神上的支持。在华盛顿大学访问的两个月里,我们每天对坐在餐桌上伏案工作,时而抬头欣赏一下窗外的景色。虽然西雅图的冬天阴雨不断,但窗外郁郁葱葱,偶尔也会有阳光从阴云中射出。我们平静的生活因此充实而富足。2017年夏季的北京异常闷热,我们在南半球避暑,在蓝天白云的陪伴下,本书第二版的修订非常顺利。受疫情影响,2022年的暑假我们基本上在北京家中度过,第三版的修订也比较顺利。

　　本书是我送给妻子的一份礼物。

2024 年 6 月 27 日于北京